YUEQING REN
ZAI KEQIAO

乐清人
在柯桥

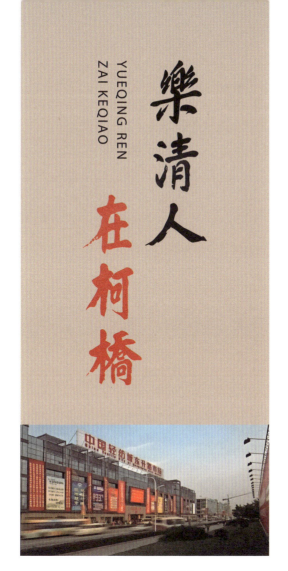

郑雅萍　主编

ZHEJIANG UNIVERSITY PRESS
浙江大学出版社
·杭州·

图书在版编目（CIP）数据

乐清人在柯桥 / 郑雅萍主编. — 杭州：浙江大学
出版社，2024.3
ISBN 978-7-308-24682-8

Ⅰ. ①乐… Ⅱ. ①郑… Ⅲ. ①纺织工业－工业史
－绍兴 Ⅳ. ①F426.81

中国国家版本馆CIP数据核字(2024)第041622号

乐清人在柯桥
YUEQING REN ZAI KEQIAO

郑雅萍　主编

责任编辑	杨　茜
责任校对	许艺涛
封面设计	陆少坎　侯行健　周　灵
出版发行	浙江大学出版社
	（杭州市天目山路148号　　邮政编码　310007）
	（网址：http://www.zjupress.com）
排　　版	杭州林智广告有限公司
印　　刷	杭州钱江彩色印务有限公司
开　　本	787mm×1092mm　1/16
印　　张	26.5
字　　数	519千
版 印 次	2024年3月第1版　2024年3月第1次印刷
书　　号	ISBN ISBN 978-7-308-24682-8
定　　价	128.00元

浙江大学出版社市场运营中心联系方式：0571－88925591；http://zjdxcbs.tmall.com

2023 年是中国改革开放四十五周年！

改革开放是决定中国前途命运的关键决策，中国从此从初步繁荣走向繁荣富强，中国的面貌深刻地改变了。

四十五年风雨同舟，四十五年春华秋实。

四十五年，弹指一挥间，全国第一家商品专业市场开办，全国第一张个体工商户营业执照诞生，全国首个小商品批发市场创办，全省第一个民企党组织成立，"温州模式"诞生……滚滚春潮中，无数个"第一"在浙江大地诞生；浙江民营经济从无到有、从小到大、从弱到强，从全国第一家个体工商户到全国第一家股份制企业，从家庭作坊的敲敲打打到数字经济的独领风骚，从鸡毛换糖的摇鼓吆喝到买全球卖全球，从家门口摆地摊到海外并购，浙江民营企业家演绎了一个又一个为人津津乐道的传奇故事。

"走遍千山万水、说尽千言万语、想尽千方百计、吃尽千辛万苦"，这就是浙江民营企业家的"四千"精神，是浙商创业历程的真实写照。浙江引领风气之先，逐步营造了良好的营商环境，为全国贡献了经济腾飞的样板；乐清人崇尚"经世致用，义利并举"，民间有着深厚的"求富"心理。他们走南闯北，在各行各业各显神通。

绍兴市柯桥区（原绍兴县）因纺织生产和贸易业发达，被誉为"国际纺都"，来自世界各地的商人在此从事纺织贸易与生产，他们为柯桥乃至浙江民营经济的发展做出了特别的贡献。20 世纪 80 年代末，一群乐清人来到了正在起步的绍兴轻纺市场，并迅速打开局面，在当地政府开明、开放、开流政策的引领下做大做强。如今的中国轻纺城，有五万多名乐清人在打拼，创下了千亿元产值。

与中国轻纺城发展同呼吸、共命运的中国轻纺城乐清商会，是成立最早、规模最大、实力最强的商会，从成立之初的数人发展到如今的数千人，从自发社团发展到如今的全国"四好商会"，是温州精神的最好诠释，也是浙商精神的生动体现，为经济社会发展注入了不竭的动力。乐清商会委托浙江工业大学之江学院和绍兴市布商研究中心编撰《乐清人在柯桥》一书，记录乐清人在柯桥的创业史、奋斗史及乐清商会的发展史，既有历史价值，又具时代意义。

作为一名乐清人，我也正好见证了这段历史，耳闻目睹了同乡们的创业故事，深为感动。因此，也借由这个机会，向开拓进取的企业家们致敬，向凝心聚力谋发展的乐清商会表示祝贺！

"四千"精神生动展现了当年民营企业家的闯劲、拼劲和韧劲，背后蕴含着民营企业家对市场的灵敏嗅觉、对机遇的过人胆识和对前景的坚定信心。站在新起点上，希望在柯桥的和曾经在柯桥奋斗过的乐清人，能继续发扬"四千"精神，心无旁骛谋发展、踏踏实实办企业，倾情助力共同富裕，为国家发展和人民幸福做出更大贡献。

正如习近平总书记所指出的："改革开放是当代中国发展进步的必由之路，是实现中国梦的必由之路。"[①] 相信在中国共产党的正确领导下，浙江必将有更美好的明天，我们乐清人在柯桥也将书写更华丽的续篇。

陈法文

中共浙江省委原副书记

2023 年 9 月

---

① 习近平.习近平主席新年贺词：2014—2018[M].北京：人民出版社，2018：4.

千年古县，乐音清扬
山海雁荡，流金乐清

我们是乐清人，家乡在距离柯桥 260 多公里之外的那片山与海之间。乐清湾赋予我们鱼盐之利，雁荡山赐给我们竹木山珍，山海养育了一辈又一辈人。

我们是乐清人，天生热爱商业贸易，血液里跳动着激情奋进；我们愿意向生活发起挑战，不喜欢在安稳中度过一生；我们越挫越勇，不喜欢坐享其成、平平无奇；我们遵循商业文明传统，怀揣契约精神四处求索；我们豁达豪迈，创新建业一路高歌。

春风吹来花满树。党的十一届三中全会后，在党中央改革开放的政策指引下，乐清人向着天南地北出发前行，"走遍千山万水，想尽千方百计，说尽千言万语，吃尽千辛万苦"（《浙南日报》，1983 年 1 月 11 日）。1989 年，当改革开放进行到第十一个年头，绍兴轻纺市场已然初具规模，并向全国招商，我们在机缘的召唤下，来到了柯桥。

这里，是越国旧都，是文化渊薮，是无数历史人物的"名士之乡"。商圣范蠡曾在这里建功立业，而后"事了拂衣去"，成为传说中的"陶朱公"、文财神与散财济困的楷模。这里的人们勤劳善良、艰苦朴素，乌毡帽下总是露出一张张友善包容的笑脸，而我们也就在这里停住奔忙的脚步，拂去身上的尘土，安顿下来，摆起货摊。这里是绍兴县柯桥镇（现为绍兴市柯桥区），我们在这里"脚踏实地"，潜心描绘木米布满全球的"千里江山图"。

日出华舍万丈绸，水载柯桥千金舟。

绍兴发达的乡镇企业，为我们提供了不竭的原动力。绍兴县委县政府"你们发财，我们发展"的主旨，为我们提供了诸多的创业助力。绍兴人民勤谨朴实、乐见其成的风范，为我们提供了融入此地的包容氛围。中国轻纺城建起来了，块状经济发展起来了。作为首批来到柯桥的乐清人，我们以实际行动回报这片富饶而温暖的沃土。门店挨着门店、市场连着市场，建立在一块布上的城市初见雏形。

成立商会，凝聚力量。在乐清与绍兴县委县政府的领导下，在乡贤郑文法司令的指导下，我们建立了商会党委、联络乡亲、发展党员，心顾大局，做大事业。我们协助轻纺城开展招商工作，支持市场升级改造；积极投身公益事业，响应"乡村振兴""共同富裕"号召，回报社会。

当中国轻纺城发展到一定规模后，富足和自信真真切切写在了每个人的脸上。有的乐商从柯桥再出发，向全国、海外进军，但是他们已经将亲人安顿在柯桥，这里就是"家"，是惦念与回归的原点，也是转身与跃升的支撑。更多乐商则依旧在柯桥创业守业，拓宽经贸领域，投入科技研发，重视环境保护，促进转型升级，丰富人文情怀。

编撰该书是为了记录在柯桥的乐清人发展的每一个脚印，并铭记省、市、区领导对在柯桥的乐清人的肯定与勉励。书中乐清人讲述自己的故事，都很真切朴实。在创业中缺乏资金、缺乏知识，也缺乏技术，乐清人克服了创业中的种种困难，把一根根丝线编织成美丽的七彩世界，在巴黎、米兰、香港、上海、北京等地的时尚T台上绽放异彩！

"布二代"们传承了父辈艰苦创业的精神，也承接了家族产业的责任，同时提档升级，涉足科技、教育、新能源、化工、跨境电商等行业，也拓展了海外市场，在越南、菲律宾、意大利、法国等国开设了工厂、研发设计基地、贸易公司，把东西方文化融为一体。他们脚踏实地、亲力亲为，每一张挂满汗水的脸上都露出灿烂自信的笑容，他们已在当地取得了不俗的成绩……

夕阳西下，瓜渚湖边，乐清女企业家"旗袍秀"风姿明媚、楚楚动人；明丽新城中，太极拳队、乐商跑团、篮球队、登山队等纷展雄姿，引来乐清亲友的无数关注与赞叹；蓝天大剧院里，来自家乡乐清越剧团的《洗马桥》与绍兴小百花越剧团的《狸猫换太子》隆重登场，乐语越音相融亲切；乐商在绍三十周年大会上，两地领导嘉宾殷切寄语，掌声热烈……

我们不舍乐清湾小海鲜，也爱霉苋菜臭豆腐，由舌尖的味蕾到说方言的舌根，再到赤诚的心怀。我们是"乐清人"，也是"绍兴人"！

五万多名乐商征战绍兴，年贸易额超千亿元，资产规模近千亿元，会员单位1500多家、注册会员2000人，这是我们的财富"家底"；全国"四好商会"，这是我们的荣耀；"两个健康"，是我们持之以恒的坚守；"四千"精神，是我们不竭的动力。

初心是歌，动力是词，奏出成功千万曲；理想是画，奋斗是笔，绘出蓝图万万幅。乐清人锐意进取，创新奋斗，为建设国际纺都、杭绍星城贡献我们的青春和力量。祝福乐清商会未来璀璨，再创辉煌！

中国轻纺城乐清商会会长

2023 年 9 月

前言

FOREWORD

一

白天，万商云集、人流穿梭；夜晚，一个个装载着布料的集装箱从这里发往世界各地……

中国轻纺城所在的浙江省绍兴市柯桥区，西邻杭州，东接宁波，位于杭州湾大湾区的黄金腹地，是绍兴大城市的经济和商贸中心。漫步城区，中国轻纺城老市场、东升路市场、东市场、联合市场、西市场、南区市场、北市场、北联市场、服装服饰市场、坯布市场、时代广场、跨境电商产业园等专业市场与商务大楼鳞次栉比，每个市场里的门面与摊档数以千计。可以说，柯桥虽然面积不大，却是真正"衣被天下"的中心都会。

来到柯桥的人都会被这里的繁荣所震撼。40 多年前，这里与鲁迅《故乡》中描绘的情景相类似，乡村里平畴沃野，人居处白墙黑瓦，人们乘乌篷船出行……外来者都会赞叹绍兴人的勤劳智慧，转眼就建好了一座现代化城市，但朴实的绍兴人会浅浅地一笑：多亏了来自天南海北的友商共同建设了这个城市。而在外来商户中，乐清商户功不可没。据柯桥老街乡亲回忆，20 世纪 80 年代末轻纺市场初建时，工商所挨家挨户推销铺面。绍兴本地人摇摇头："一个店面 6000 块钱，谁要啊？"但乐清人独具慧眼，他们买了。

乐清位于浙江省东南沿海，为温州市所辖，从柯桥往东南 260 余公里便是。其西北方为雁荡山山脉，东南方为海积平原，地理格局为七山二水一分田。1993 年 9 月，乐清撤县设市（县级）。自古以来，乐清人多地少，1990 年第四次全国人口普查时乐清的人口为 1021151 人，人口密度为每平方公里 870 人，人均耕地不到 0.4 亩，资源有限，劳动力供大于求。

改革春风乍起，乐清人身上"潜伏"的经商基因便显现了出来。有学者曾经概括，乐清人身上兼有山海品质：既有海的开阔，又有山的稳重。浙江改革开放先发之地是温州和义乌，正好是受永嘉学派、永康学派两个提倡"事功之学"的学派浸淫之地，两地的人都有着天然通透的"义利"观念与求富传统。没有地种，就外出做手艺；见多识广了，知道了各地价格差，便通过经商腾挪或回乡办厂来压缩成本，赚取利润。

据统计，1990 年，走出乐清从事社会经济活动的有近 9 万人。算上随行的老人、小孩等家属，乐清外出人口就有 12 万人左右，占全县户籍人口的近 12%（其中外出浙江省的人口达 72567 人，居浙江全省之首）。外出人口中 15～49 岁青壮年占 84%。他们流向广泛，全国 29 个省、自治区、直辖市及浙江省内 72 个县（市、区）都可以听到乐清乡音。

经商潮流浩浩荡荡。据 1992 年出版的《乐清人口与社会经济》一书介绍，他们中有 86.61% 的人从事商业、服务业，很多从事裁缝、服装销售、供销、饮食、修理等工作，特别是服装行业，有的提供产、供、销一条龙服务。1984 年，我国取消了布票，标志着纺织服装业由计划经济向市场经济转变。由于具有进入门槛低、市场大、投资少、收益快、技术障碍小、积累资金多、可以吸纳大量劳动力等特点，纺织服装业在这一时期得到了迅速的发展，乐清商人正好赶上了这一波潮流。

当初绍兴并不是乐清人的首选聚集地。甘肃、新疆、青海、山西、湖北……乘着改革的春风，乐清人的脚步遍布大江南北。其中，近万名乐清人来到北京，聚集在大红门一带从事服装生意，形成了赫赫有名的"浙江村"。1990 年，大约只有 398 位乐清人来到绍兴（据《乐清人口与社会经济》记录），但这个人数一直在增加。

20 世纪 80 年代，纺织产业结构在世界范围内发生了巨大的变化和重组。发达国家从传统纺织产业中逐渐退出，纺织业这一劳动密集型产业不断向新兴工业化国家转移。

随着改革的深化，中国城市化进程加速。农民进城经商与务工，正好承接了发达国家的产业转移大潮。各地因势利导，发展特色产业，次第形成了块状经济。义乌的小商品、石狮的服装、晋江的鞋履、海宁的皮草、柯桥的纺织及贸易……其中许多都是亲带亲、故带故，抱团发力形成的专业市场。诚如一位浙商所言："什么叫块状经济？就是一个人看准一件事，大家都纷纷来做，'块状'就形成了。"

二

绍兴以西有柯山，山下有河，古名柯水；水上有桥，因名柯桥。20 世纪 30 年代，上市赶集的人群挤满柯桥街头，航船、埠船停泊在河岸两旁，撑篙如林。柯桥镇上的"菜果山货行"和"水鲜鱼虾行"，在四时八节上行的杨梅、山笋、菜果和鱼虾，每日行佣金的总收入约抵一只金元宝的价值。于是"金柯桥"的美称随着河水流向四方。

20 世纪 80 年代，山会平原纺织机杼声此起彼伏，兴起了众多的织布厂和染坊。1983 年，柯桥老街上摆出了一些布匹摊位，是最初的布匹交易集市。戴着乌毡帽的当地农民也在乌篷船头招揽生意，带着客户游走于各乡镇织布厂之间。

1985 年，河边布街发展到一定规模，当地政府便盖起了 3300 平方米棚屋结构的轻纺市场。1988 年 1 月，绍兴轻纺市场破土动工，同年 9 月竣工，10 月 1 日隆重开业。绍兴轻纺市场筹建小组成员濮耀胜说，开业那天人挺多的，但到场的基本上都是绍兴人。后来市场很冷清，大家渐渐地失去了信心。1989 年夏季以后，生意就更差了，于是轻纺市场开始向全国招商，以盘活市场。

起初在北京、兰州、西宁、太原、石家庄等地游商卖布的乐清人为了降低成本，直接到绍兴各大布厂里进货，发到外地销售，后来又转移到轻纺市场进货。他们看到轻纺市场环境优良，离家乡又不远，便动了开店的心思。傅克波是最早来柯桥经营的乐清人之一，整个 20 世纪 80 年代他都辗转在全国各地批发、销售面料。哪里有发展机会，大家就呼朋唤友，互相通气，亲带亲，老乡带老乡……

乐清人的生意经也迥异于绍兴本地的经营户。此前，轻纺城的本地经营户大多是各个纺织厂的门市部，只有少数个体户，基本都是自产自销当地土布，没有一家店是综合批发面料的。乐清商户凭着多年经验，对当时信息较为单一、封闭的环境进行了充分剖析，决定从其他地区进货到绍兴做面料批发生意，甚至直接从印度尼西亚等地进口布料。这些布料颜色鲜艳、质量优异，极大地冲击了轻纺市场，带动了整个绍兴地区纺织业的"无梭化"革命。落地生根后，在当地政府的引导和支持下，他们改变了原始单一的传统交易模式，开启了公司化经营交易模式，许多商户率先获得了自主进出口贸易权，将柯桥纺织贸易推向全球。

那是一个突飞猛进的时代，乐清商人以积极的拓荒精神，壮大生意，也参与着一座新城的建设。独山村居、东升路农民房、轻纺市场三楼蜗居生活，他们或青春年少，或正值壮年，租住在简陋的出租屋里，不言苦、不说累。彼时柯桥水网纵横，道路不畅，过河需要摆渡，他们甚至不待水泥渡船过来，直接跳进河里泅渡到对岸，充溢着青春的激情。他们看着金柯桥大道和万商路路口装上了柯桥第一个红绿灯，看着轻纺大桥通车，也集资建设了华泰大厦、财富大厦、联合市场等高楼，一个水乡集镇终于发展成为现代化城市。

这也是一个波澜壮阔的移民时代，它在绍兴历史上的影响不会逊于永嘉年间的"衣冠南渡"。曾经，大批中原士族迁入，使剽悍的古越之地濡染了北方的先进文明风气，绍兴从此成为文化高地、文献之邦。而文教过度之后又近乎保守，在漫长的历史中演化为深沉内敛的"内陆性格"。直到今日，人们常会忽视，这座城市离杭州湾不过 40 公里。历史上，人们在海涂上垦荒种地，项带银圈的"少年闰土"在海边的沙地里守瓜刺猹。大海给这座城市带来的似乎只有倭寇与洋夷的侵扰，而没有舟楫之利、通商之便。这固然与没有深水良港有关，但更关乎地域意识。而乐清人从瓯越之地带着"海洋性格"来到这里，又将拓荒者的生猛朝气灌注到了越中民风里，让在绍兴治下的柯桥成了一个包容度大于绍兴整体的局部——当然影响柯桥的不只是乐清人，还有其他外省人。从几个乐清人到 5 万名乐清人流入这个城市，这不仅是一个数字，而是 5 万个具体的人的考量与选择。如今，柯桥主城区大约有 40 万人，5 万名乐清人占了其中不小的比例。他们与来自全国各地的同行们一道，再造了一个"家乡"。

绍兴人的包容，也让乐清人极为感怀。绍兴县政府提出"你发财，我发展"的口号，安定了商户的心。良好的营商环境，让漂泊多年的他们终于有了落地生根的想法。当地百姓对这些"外来户"的友善，也让他们记忆犹新。在乐清人聚居的独山村，房客当老板、房东帮忙拉板车运布的身份错位，让人忍俊不禁，但这些淳朴的绍兴人不以为意，对于他们来说，有小钱赚赚，有老酒"咪咪"，日子也很知足了。

城市的各项业态也发展起来了。除了纺织印染，新能源、跨境电商、房地产、餐饮娱乐、交通运输、科技环保、生物工程、航空航天、机械、教育文化等诸多领域也都遍布着乐清人的身影。

目前，乐清人在柯桥的投资已超千亿元。

三

今天，看到柯桥繁华的街景，人们可能不会想到，城市快速扩张及其过程所带来的另一面。

20 世纪 90 年代初期，我国的市场环境并不完善，尤其是柯桥这样的外来人口聚集地，打架、斗殴、偷盗等现象时有发生，与绍兴当地商户的利益冲突也不少；乐清商户开店时，常有无业人员往柜台外一站："借五千块钱用用……"物流业也被垄断，托运布匹三块钱一公斤还是五块钱一公斤，都由"行霸"说了算，以至于当时有说法：做布不如卖布，卖布不如拉布。不少乐清商户有苦难言。

抱团取暖，势在必行。在柯桥轻纺市场经商的乐清人先后成立了中共乐清县淡溪镇驻绍兴临时支部委员会、乐清县个体劳动者协会驻绍兴轻纺市场分会，这好比在柯桥的乐清人有了"娘家"。后者从诞生到发展壮大，最后发展成为中国轻纺城乐清商会。其历任会长和能人志士一起做出了不可磨灭的贡献。其中一位被大家尊称为"舅舅"的郑文法司令，功不可没。这位出生于乐清巨光村的农民子弟，于 1958 年入伍，1983 年调任绍兴军分区参谋长，后来又担任司令员。商会初创伊始，首任会长徐祥川找到郑司令，详细汇报情况。郑司令这才知道在绍兴艰苦创业的乐清同乡有这么多。他为同乡们的创业精神所感动，为人又特别热心，专门邀请了在绍兴和杭州从政的几个温州人，一起帮忙想办法，指导乐清人如何加强安全防范等。在他与绍兴市、县两级领导的积极沟通下，绍兴市出动联合巡逻队，护卫轻纺城的经营环境和柯桥的社会治安，有力地震慑了不法分子和欺行霸市者。也是从那时起，郑文法司令成为乐清商户们共同的"舅舅"——这是浙江地区对主持公道者的亲昵尊称。"舅舅"一直关心关爱着商会，1996年，郑文法从绍兴军分区司令岗位退休后，更是全心全意指导商会工作，义务为大家服务。他不仅亲身示范，还将红色基因植入商会，抓牢党建工作，完善了商会组织构架，号召商户们将各自为政、较为粗放的经商行为，转变成有组织、有纪律、有原则、讲道理的经营主体，使商会成为政府与商户之间的桥梁与纽带。

郑司令在受聘为商会高级顾问的这些年里，每天到商会办公室义务"上班"，帮助协调处理各种事务，周六、周日也不例外。面对商户们的感激之情，郑文法摆摆手："我退休以后也没事，要感谢商会，充实了我的晚年生活。"如今，年过八旬、定居杭州的他还常常自己开车回到柯桥走一走，回到乐清商会看一看。

2019年，在庆祝乐商在绍三十周年大会上，乐清商会特别向郑文法颁发了"崇高品格"杯，表达在绍乐清人对他长期以来以会为家、坐镇指挥、呕心沥血、无私奉献的至高敬意！

一位曾任柯桥区委常委、常务副区长的领导，对乐清商会的成功经验进行过这样的总结：第一，商会在会长领导下，理事会成员团结一致，拧成一股绳，劲往一处使，各项工作只要商会一声号令，大家就齐心协力，干净、利索地完成好任务。第二，商会还拥有郑司令这样德高望重的高级顾问。他老人家和蔼可亲，众望所归，全身心投入商会工作，值得敬佩和学习。第三，商会党组织不断完善，在商会工作中发挥了不可替代的作用。

四

中国轻纺城乐清商会的办公地点在柯桥时代广场G座14楼，而电梯只能到达13楼。出了电梯门，对面挂着一张铜匾，上面写着"中国轻纺城乐清商会"，底下有一行小字"更上一层楼"，连起来读，一语双关。

商会如今有会员企业1500多家，一个民间组织，不像政府、公司，成员之间并没有隶属关系，无法通过提拔和薪资形成约束力，怎么管理？商会借鉴了日本著名经营大师稻盛和夫的"阿米巴管理模式"。第一，采用值班制。每个月都有轮值的会长，体现商会的实在担当。第二，按商会成员在乐清的乡镇籍贯，分成9个分会，每个分会都有各自的会长、秘书长，把权力下放到各个分会，庞大的机构也变得有序起来。第三，商会分成9个工作委员会（财务监督、妇女工作、权益保障、公益事业、文体宣传、企业发展、贸易发展、青年联合、军民融合发展）和两个办公室，各司其职，服务会员。

生命在于运动，商会在于活动。商会要给每个会员带来参与感。商会有针对性地组织一些授课和企业之间的联谊交流活动等，增强商会和商户的感情和黏性。除了"锦上添花"的仪式活动，还有实实在在的"雪中送炭"。比如，会员们经常会碰到诸如孩子入学、门市转让、合伙人分家、花样版权纠纷等问题，商会都会本着为大家服务的初心，投入最大的热情，为他们逐个破解难题。

乐清商会在柯桥的影响力有目共睹。在轻纺城创业初期，市场招商，乐清商会呼朋唤友，积极协助招商工作；市场升级改造、三次创业，一度阻力较大，政府就和商会沟通，乐清商户顾大局、识大体，带头支持改造工作，提倡差异化发展，共同繁荣了市场；新市场建成后，乐清商户带头搬到新市场经营；整顿和发展物流市场时，乐清商户协助调研治理物流市场；建联合市场时，又是乐清商户联合经营大户集思广益，出资出谋，经营大户落户联合市场后，后续招商工作便非常顺利地完成了。

在慈善公益方面，乐清商会也当仁不让，结对帮扶山区脱贫，洪涝、地震、疫情发生时都积极捐款捐物，奉献精力自不必说。乐清商会妇女委员会成员还与鲁迅中学贫困学子结对，当起了"爱心妈妈"，资助他们到大学毕业……他们已经与第二故乡水乳交融。对于支持老家乐清的发展，他们当然也义不容辞。他们通过党组织与原籍乡镇保持密切联系，许多人还兼任村支部书记等职务，回乡投资、捐资助学、架桥修路、开发农业、带动就业……

可以说，乐清商会的各项工作都走在前列。

五

如今乐清商会的文化建设又一次走在了前列。以第六届商会会长吴建春为代表的商会班子成员，委托浙江工业大学之江学院、绍兴市布商研究中心编撰《乐清人在柯桥》一书，旨在通过此书，把乐清商会在柯桥的发展历史记录下来，把乐清人的创业精神和红色基因传承下去，并发扬光大。

本书一共分成十章，分别是：亲切关怀　亲清政商；星火引领　星途坦荡；继业兴家　继往开来；创业迭代　创新致远；勇立潮头　勇毅前行；青春织锦　青蓝接力；真情服务　真爱无价；回馈社会　回味初心；志在千里　志得气盈；以商会友　以诚聚财。这十章收录了近90位乐清商人及与乐清商人有关的部分浙江省、市、区领导和兄弟商会负责人的访谈，力求全方位展现乐清人的拼搏精神及乐清商会的发展历程。

2023年是改革开放45周年，也是"八八战略"实施20周年，伟大的时代给予了每个中国人创造辉煌的机遇。乐清商人顺应国内外市场发展大势，不断推进转型发展和创新发展。他们抓住我国加入世界贸易组织的机遇，大踏步挺进全球市场；抓住发达国家产业及分工转移的机遇，承接和融合全球产业链；抓住新一轮信息、网络等高新技术变革的机遇，提升企业科技创新水平；抓住生态文明掀起的机遇，推动新能源和生态产业崛起；抓住国内金融资本市场发展的机遇，提升资本经营和证券化水平。

在柯桥乐清商会，一支年轻的乐清商人队伍在快速成长。新生代接续老一代的创业情怀，正在意气风发地迈向新的创业征程。

放眼全球，世界正处在百年未有之大变局，我国的人口红利渐渐消失，用工成本日益增长，国际贸易摩擦有增无减，逆全球化潮流此起彼伏，后疫情时代经济增速放缓，其他发展中国家不断崛起……乐清商人也有着深深的紧迫感。顺境中的勇敢是自发而应然的，值得称道；而在逆境中的勇敢，是自为、智慧且更可贵的。

乐清商人走过了不平凡的岁月，又开启了新的序幕，继续书写"四千"精神的时代新篇章。

最后，让我们略带感性地说起地名掌故，似乎在冥冥中确定了乐清人的两个家园间的奇妙缘分——

柯桥，又名笛里，因东汉名士蔡邕取柯亭竹制笛而名。

乐清，周灵王太子晋在该邑垒台吹箫，乐音清扬，后人相沿，谓县名"乐清"。

笛里，乐音，清扬，延绵无尽……

《乐清人在柯桥》编委会
2023 年 10 月

中国轻纺城乐清商会发展史

1988 年，绍兴轻纺市场开业，乐清人傅克波、李国新等人闻讯率先进入市场经营布料；此后，随着轻纺市场的不断繁荣，越来越多的乐清人在柯桥经商。

1992 年，乐清县个体劳动者协会驻绍兴轻纺市场分会成立，徐祥川任首届会长。

1992 年，乐清市淡溪、蒲岐、南岳等乡镇先后成立驻绍兴临时党支部。

1995 年 4 月，乐清市人民政府驻绍兴办事处委员会成立，薛金乐任办事处主任兼书记。

1997 年，乐清县个体劳动者协会驻绍兴轻纺市场分会改名为乐清轻纺城商会，王美松担任第二届商会会长。

2002 年，王美松担任第三届商会会长。

2008 年 11 月 12 日，乐清轻纺城商会更名为中国轻纺城乐清商会，并选举徐杏地为第四届商会理事会理事长。

2008 年 11 月，商会向绍兴县关心下一代工作委员会捐款 10 万元，向"5.12"汶川特大地震灾区捐款 48 万元，向三位患病青年捐款 31 万元。

2008 年 11 月 12 日，商会召开第四届会员代表大会，绍兴市市长钱建民、绍兴县县长冯建荣到会讲话。

2009 年 3 月 8 日，妇委会成立，一届一次妇女代表大会顺利召开，王桂芬任首届妇委会主任。

2009 年，商会将每月 15 日作为法律咨询日，聘请法律顾问，为会员提供法律服务。

2009 年 3 月，老市场由于改造升级，营业房比原来减少了 45 间，商会出面多次与绍兴县和市场公司领导充分协商沟通，最后决定从别的市场给予补偿，圆满解决了会员们的需求，协助市场成功建设。

2010 年 4 月 12 日，乐清市委书记潘孝政、市人大常委会主任赵乐强、市政协主席章纪泉率乐清市党政代表团一行 50 余人到柯桥考察调研。

2010 年 4 月 22 日，青海省玉树地区发生 6 级地震，商会第一时间向绍兴县慈善总会捐款 869080 元。

2010 年 7 月 13 日，中共乐清市驻绍兴中国轻纺城乐清商会委员会成立，徐杏地

1

任书记。

2013年11月25日，中国轻纺城乐清商会第五届一次会员代表大会暨换届大会在蓝天大剧院举行，徐杏地当选为第五届会长。绍兴市委书记钱建民向商会发来贺电，省公安厅正厅级老领导蔡杨蒙、绍兴军分区原司令郑文法、柯桥区委副书记兼区长徐国龙等有关领导应邀出席。徐杏地会长代表商会向柯桥区慈善总会捐款40万元。

2014年1月3日，中国轻纺城乐清商会进行内设机构调整，经会长办公会议研究决定，商会下设9个分会及分会长。

2014年5月29日，浙江省工商联党委副书记、副主席黄正强，在绍兴市政协副主席兼工商联主席何小玲和柯桥区工商联主席陈张球等人陪同下，到商会考察调研。

2015年3月22日，乐清市副市长范晓东、招商局局长赵旺杰、市府办副主任管国强等一行来柯桥考察调研。

2015年7月28日，全国工商联副主席安七一一行在浙江省工商联副主席潘建漳、绍兴市工商联主席何小玲、柯桥区委常委兼副区长金晓明的陪同下，到商会考察调研。

2015年11月6日，商会会歌的MTV由绍兴电视台制作完成。

2015年11月28日，商会第五届第三次全体理事会议在柯桥富丽华大酒店举行。

2015年12月8日，浙江省委副书记王辉忠在绍兴市委副书记尹永杰、柯桥区委书记徐国龙等省、市、区有关领导的陪同下专程到商会调研。

2015年，石帆分会、四都分会、蒲岐分会、南岳分会和有关分会党支部等，多次发动党员和会员为家乡修桥筑路、扶弱济贫、关爱病患等募捐。商会会员共募善款88.8万元，全部送到家乡及病患手中。

2016年2月29日，商会在多功能厅召开五届五次会长办公会议，增补吴建春同志为商会副会长。

2016年7月1日，商会党委庆祝中国共产党成立95周年暨先进表彰大会在柯桥富丽华大酒店隆重召开。

2016年9月24日，商会会长、副会长专程赴杭州西子宾馆邀请在杭乐清籍老领导陈法文、蔡杨蒙等参加"迎国庆联谊会"活动。

2016年10月25日，柯桥区委常委、统战部部长王静静专程到乐清商会调研并出席座谈会。

2016年12月20日，中国轻纺城乐清商会第五届第四次全体会员大会在柯桥蓝天大剧院隆重开幕。

2016年12月，商会副会长、妇委会主任王桂芬获得2016年度浙江省"巾帼文明岗"荣誉称号。

2017年5月3日，商会青年工作委员会开展纪念"五四"青年节活动，组织26名团员青年代表到府山革命烈士纪念碑敬献花圈并举行宣誓仪式。

2017年6月28日，商会党委举行庆祝建党96周年暨先进表彰大会。

2017年9月14日，商会组成考察团到美国华盛顿、纽约、费城、波士顿、布法罗东部五城考察。

2017年10月19日，柯桥区委书记沈志江在时任区工商联主席陈瑾的陪同下，到商会调研并召开座谈会。

2017年10月，商会篮球队在柯桥"勤业杯"篮球联赛中获得总冠军。

2018年1月，商会出台《关于建立党委公益基金的有关规定》，正式实施党委公益基金计划。

2018年"三八"国际妇女节前夕，商会妇委会与鲁迅中学共同举行助学帮扶仪式，商会妇委会的8位"爱心妈妈"王桂芬、陈中芬、林频、卢桂飞、郑月薇、陈莉钗、王冬玲、郑彩萍与鲁迅中学的8名品学兼优、家庭困难的高三学生结对帮扶。

2018年6月30日，商会党委在富丽华大酒店举行庆祝中国共产党成立九十七周年暨落实"振兴乡村、百村结对""百企结百村、消灭薄弱村"结对帮扶签约仪式。

2018年8月，商会党委组织人员先后前往嵊州市孔村、乐清市界屿村实地考察调研，与当地镇村领导共同商讨扶贫具体项目，并捐赠扶贫项目启动资金30万元。

2018年8月23日，浙江省委统战部副巡视员杨卫敏一行在市委统战部调研员吴军、区委常委兼统战部部长王静静、时任区工商联主席陈瑾的陪同下，到商会视察。

2018年10月21日，中国民间商会副会长、红豆集团董事局主席周海江，德力西集团有限公司董事局主席胡成中，全联执常委、天明城建集团董事长姜明等一行来商会调研，省工商联李明霞副处长、绍兴市政协副主席、工商联主席何小玲，副主席陈国贤等陪同调研。

2018年11月7日，商会第六届会员代表大会在富丽华大酒店隆重召开。吴建春当选新一届理事会会长、王信友当选执行会长，并对组织机构再次进行了调整，增设常务委员会委员8名，增设9个工作委员会及各设主任1名，副主任2名，委员6名。

2018年11月27日，新疆生产建设兵团第·师阿拉尔市考察团副团长、副师长田玉成一行10人来商会进行商务考察。

2019年2月18日，商会被省工商联授予浙江省"四好"商会称号。

2019年3月7日，商会在富丽华大酒店隆重举行纪念"三八"国际妇女节109周年活动，并选举陈中芬为妇委会主任。妇委会荣获柯桥区2018年度"三八"红旗手集体称号。

2019年3月12日，绍兴市委统战部副部长、工商联党组书记江波携嵊州市甘霖镇党委书记李剑光一行，来商会座谈招商引资和企业发展事项。

2019 年 5 月 4 日，商会青年联合工作委员会组织 152 名青年代表在柯桥区明珠广场隆重举行纪念"五四"运动 100 周年活动，并前往浙东四明山根据地参观，接受革命的洗礼。

2019 年 6 月 17 日，商会高级顾问郑文法、薛金乐，党委书记、会长吴建春，执行会长王信友等一行 26 人，应邀到土耳其考察，并参加土耳其中国工商总会召开的座谈会，受到中国驻伊斯坦布尔领事馆副总领事钟洪糯、领事张宝齐、土耳其中国工商总会会长江小斌等人的亲切接见和热情接待。

2019 年 6 月 30 日，商会党委在柯桥富丽华大酒店隆重召开"庆祝中国共产党成立九十八周年暨先进表彰大会"。

2019 年 7 月 29 日，"八一"节前夕，乐清商会组织人员，冒着酷暑分别前往柯桥区人武部和武警某部开展慰问活动。

2019 年 8 月 2 日，乐清市人民法院党组成员、副院长范道敏，乐清市投资促进服务中心副主任赵海祥一行 6 人到商会授牌"司法服务联络站"，并召开了座谈会。

2019 年 8 月中旬，受超强台风"利奇马"影响，乐清地区发生了严重灾害，为支援家乡重建，吴建春会长带领部分副会长前往灾区慰问，为大荆、雁荡两地送去捐款 70 万元。

2019 年 9 月 29 日，商会在浙江西子宾馆隆重召开庆祝中华人民共和国成立 70 周年联谊会。

2019 年 10 月 1 日，湖北省孝感市委常委、统战部部长江浩一行，莅临商会招商引资。

2019 年 10 月 11 日，商会党委举行"不忘初心，牢记使命"主题教育活动，到绍兴周恩来纪念馆参观，并向周恩来铜像敬献花篮。

2019 年 11 月 29 日，商会组织副会长以上人员在绍兴市民兵训练基地开展军训活动。

2019 年 12 月 18 日，商会在绍兴柯桥东方山水金沙酒店举行庆祝乐商在绍三十周年暨六届二次会员大会。省、市、区有关领导和社会各界友人出席，总参会人数达 2000 余人。

2019 年，商会篮球队在"迎新杯"和"开元美途酒店杯"篮球联赛中分别获得亚军和优胜奖。

2020 年 1 月 29 日，在抗击疫情防疫物资十分紧缺时，商会第一时间动员全体乐商积极捐款，向柯桥区红十字会捐款 55 万元（其中党委慈善基金捐款 5 万元），向乐清市慈善总会捐款 50 万元。

2020 年 3 月 8 日，商会妇委会召开纪念"三八"国际妇女节 110 周年座谈会。

2020 年 3 月 12 日和 5 月 22 日，商会权益保障工作委员会先后与柯桥区相关公安部门召开警商合作座谈会。

2020 年 6 月 30 日，商会党委在跨境电商产业园礼堂隆重举行庆祝中国共产党成立 99 周年专题党课活动云直播，省委党校王景玉教授给党员上党课。

2020 年 8 月 11 日，商会党委班子成员赴杭州西溪国家湿地公园参观学习，深刻领悟"两山论"和习近平总书记考察西溪国家湿地公园时的重要讲话精神。

2020 年 9 月 11 日，商会党委开展"迎中秋慰问老同志"活动，组织班子成员专程赴乐清慰问离退休老干部和老同志，并举行了座谈会。

2020 年 10 月 25 日，值重阳节之际，商会妇委会到湖塘镇金色年华养老服务中心开展"情暖重阳、关爱老人"慰问活动。

2020 年 12 月 30 日，商会在富丽华大酒店隆重召开第六届第三次全体理事会议。

2020 年，会长吴建春在柯桥区工商联第一次会员代表大会上当选区工商联副主席、总商会副会长。

2021 年 3 月 8 日，商会妇委会与柯桥育才学校开展"关爱女性，温暖同行"庆"三八"联谊活动。

2021 年 4 月 13 日，商会党委召开党史学习教育动员部署会暨专题党课活动，党委班子成员、全体党员、入党积极分子和申请人、优秀青年代表近 300 人着正装参加了会议。

2021 年 4 月 17 日，商会组织青年代表 90 多人，参加"迎亚运，共参与"羊山攀岩活动。

2021 年 4 月 19 日上午，商会企业发展工作委员会组织人员前往平水镇考察调研。

2021 年 6 月 10 日，全国工商联经济部副部长罗力，浙江省工商联党组成员、副主席林建良，绍兴市委统战部副部长、工商联党组书记江波，时任区工商联主席陈瑾等领导到商会调研。罗力副部长亲自为商会颁发全国"四好商会"奖牌。

2021 年 6 月 11 日，诸暨市工商联副主席邵永建和诸暨市驻柯桥商会等领导到商会进行考察。

2021 年 6 月 28 日，商会在富丽华大酒店隆重举行庆祝中国共产党成立 100 周年庆典活动。

2021 年 7 月 10 日，绍兴市湖南商会会长唐秋仕、中国轻纺城湖南商会会长曹建梅及党支部书记曾科等到商会参观。

2021 年 7 月 14 日，马鞍山市政协副主席、市工商联主席贺应旭在绍兴市工商联党组书记江波的陪同下，到商会调研。

2021 年 9 月 28 日，商会在富丽华大酒店隆重举行"迎国庆，续新篇"庆祝中华人民共和国成立 72 周年活动。

2021 年 10 月 15 日，商会参加了乐清市人民法院以视频方式举行的驻外商会"共享法庭"启动仪式。

2021 年 11 月 24 日，商会党委参加了区工商联组织的"帮促共富"党建联盟活动，并与新昌县儒岙镇皇渡桥村党总支签订了党建联盟框架协议。

2021 年 12 月 9 日，柯桥区启动疫情防控 I 级响应，商会党委立即于 12 月 10 日下午召开加强疫情防控工作动员部署会。

2022 年 1 月 20 日，浙江省工商联一级巡视员赵小敏在市工商联党组书记周志刚，区委常委、统战部部长方优美等人的陪同下到商会考察调研，并给予商会"五个好"的评价：一是政治引领好，二是组织架构好，三是服务会员好，四是规范运行好，五是服务社会好。

2022 年 2 月，乐清市委两新科领导专程到商会拍摄视频，将商会党建工作有关亮点上报温州市委组织部，并作为先进典型进行广泛宣传。

2022 年 3 月 8 日，商会妇委会对 16 位残疾人女同胞及在社区防疫数据管理岗位上的 15 位女录入员进行慰问。

2022 年 5 月，关于国际物流拆迁赔偿事宜，商会领导十分重视，沟通后立即以商会的名义，致函中国轻纺城集团公司等有关部门，经过多次磋商，最后达成一致协议，问题得到圆满解决（此事涉及 70 多户商户、148000 平方米厂房，赔偿金额达 11 亿元）。

2022 年 5 月 16 日，商会组织班子成员和各支部委员到轻纺城展示中心拍摄"乐创纺都、清系柯桥"品牌口号短片。

2022 年 6 月 23 日，党委书记、会长吴建春代表商会在绍兴市"百企百会助共富"推进会上做"结对帮扶成果分享"发言。随后，被绍兴市工商联作为优秀案例推荐到浙江省工商联。

2022 年 7 月 29 日，浙江省工商联开展"两个健康"最佳案例答辩，商会案例荣获最佳案例奖。

2022 年 9 月 2 日，吴建春会长代表商会在柯桥区工商联一届二次执委会议暨促进民营经济"两个健康"推进会上做先进典型发言，得到了区委陈豪书记的点名表扬和肯定。

2022 年 10 月，绍兴全市工商联三季度工作例会在商会召开。

2022 年 11 月 16 日，国际纺织制造联合会主席、中国纺织工业联合会会长孙瑞哲在第五届世界布商大会上，为商会颁发"中国轻纺城"冠名 30 周年功勋奖。

2022 年 12 月 16 日，商会在富丽华大酒店隆重召开第六届第四次全体理事会议。

2023 年 2 月 9 日，浙江省工商联副主席、浙商总会党委书记吕晓峰一行到商会走访调研，绍兴市委常委、统战部部长叶卫红，绍兴市委统战部副部长、市工商联党组书记周志刚，柯桥区委常委、统战部部长方优美，柯桥区委统战部副部长、区工商联党组书记孙成荣等领导陪同并出席了座谈会。

2023年2月9日，中国银行乐清市支行与商会隆重举行银企合作座谈会暨签约仪式。

2023年2月15日，商会与金柯桥律师事务所开展"律护营商，法助共富"专项行动签约仪式。

2023年3月8日，商会隆重召开六届五次会员会议暨迎亚运动员大会，参加人数达2000余人。同日，妇委会召开纪念"三八"国际妇女节113周年暨妇委会三届四次会员大会。

2023年4月6日，乐清商会与贵州六盘水市水城区政府举行政企合作座谈会暨签约仪式。

2023年4月26日，武汉市招商办投资促进四处处长尹胜明一行到商会考察。

2023年5月7—11日，商会组织会长考察团40余人赴三亚考察并召开六届八次会长办公会议。

2023年6月8日，商会召开常务会议，专题讨论研究编撰《乐清人在柯桥》一书有关事宜，编撰工作正式启动。

2023年6月22日，党委书记、会长吴建春参加第三届柯桥乡贤大会。

2023年6月29日，商会党委在跨境电商产业园礼堂隆重举行庆祝中国共产党成立102周年大会暨专题党课活动。

2023年7月4日，为深入开展学习贯彻习近平新时代中国特色社会主义思想主题教育，进一步提高党委班子的党性修养和服务能力，商会党委组织班子成员到四川参观学习。

2023年8月11日，驻区政协机关纪检监察组组长胡成江一行到商会走访调研。

2023年8月19日，商会荣获"最具影响力商会"和"新时代同心共富十佳商会"荣誉称号。

2023年9月27日，商会隆重召开"迎中秋、庆国庆"联谊会暨六届九次会长办公会议。

2023年10月11日，商会党委开展"学讲话、悟精神、作奉献"主题党日活动。

2023年11月1日，绍兴市政协党组副书记、副主席吕丙率市政协调研组一行四人到会长企业调研并召开座谈会。

2023年11月3日，中纺联流通分会副会长、安徽省纺织行业执行会长叶梁一行到商会考察并进行座谈交流。

2023年12月12日，商会党委班子成员和各分会会长沿着习近平总书记的足迹，

先后来到"枫桥经验"陈列馆和浙东博物馆参观学习。

2023年12月30日，商会召开第七届第一次会员大会，吴建春连任会长。会上还举行了《乐清人在柯桥》出版试发仪式。

三十年砥砺前行。三十多年来，乐清商会在全体会员的共同努力下，精心耕耘，尽显芳华，一步步不断发展壮大，取得了令人瞩目的成绩。商会现有会员2000余人，党员456名，在绍乐商约有5万余人，涉及纺织、印染、跨境电商、商贸、物流、房地产、新能源、科技环保、生物工程、航空航天、文化、教育等领域，总资产达1000亿元、年产值超1000亿元。

新征程、新启航。商会将坚持以习近平新时代中国特色社会主义思想为指导，团结所有在绍乐商，加强合作，不断创新，共同发展，为会员企业提供全方位的服务，努力把商会打造成一个和谐健康、凝心聚力、朝气蓬勃的会员娘家，充分发挥桥梁纽带作用，更加擦亮"乐商"这张金名片，为助力柯桥乐清两地高质量发展做出新的更大贡献。

目
录

C O N T E N T S

第四章　创业迭代　创新致远

第五章　勇立潮头　勇毅前行

第八章　回馈社会　回味初心

第九章　志在千里　志得气盈

第十章　以商会友　以诚聚财

CHAPTER 1 第一章

亲切关怀　亲清政商

"领头雁"的勇敢，"行远路，谋正财"的风骨，"重情重义大家庭"的团结，"星星之火，可以燎原"的社会责任，"饮水思源"的家国情怀……

　　乐清商人，用人格魅力和商业品质折服了各行各业各界的人；而他们，帮助乐清商人，扶持乐清商会，或指路领航、或保驾护航，或雪中送炭、或锦上添花，皆以包容开放的胸怀、守望相助的情谊，让"异乡""故乡"都成家乡，让"乐清""柯桥"亲如一家。

　　知遇之恩、鱼水之情，乐清商人从来都不是孤独的行者，他们尽管闯荡拼搏，自有许许多多的"守护神"相伴左右。感恩，同行有你们。

安全稳定是最好的营商环境

人物名片

蔡杨蒙，温州乐清人，1934 年 1 月生。13 岁参加革命，1950 年 10 月加入中国共产党，1998 年 8 月离休，离休前为浙江省公安厅副厅长。

有这样一位特殊的乐清人，在背后默默地关心和支持着他的乡亲们，守护着一方的平安，为在柯桥奋力打拼的乐清商人营造安全稳定的营商环境……他就是浙江省公安厅原副厅长蔡杨蒙同志。

2023 年 7 月的杭州，骄阳似火，这位近 90 岁高龄的乐清乡贤冒着酷暑在浙江省公安厅老干部活动中心接受了我们的访谈。作为一位出生入死的老革命、老公安，蔡老谦逊低调，平易近人，令我们甚是感动。他精神矍铄，性格开朗，记忆力惊人，说起以前参加过的战斗，仍然激情满怀，豪情万丈。

作为土生土长的乐清人，蔡老始终铭记是家乡人民培养了他，这份恩情永记心头，当谈起乐清人在柯桥中国轻纺城艰苦奋斗所取得的成绩时，他深感欣慰。蔡老将这份朴素的感情化作实际行动，他说，虽然自己不直接和经济事务打交道，但是只要家乡人民需要他，他都会尽心尽力地去帮助他们，给他们鼓励和信心。

1994 年，主持侦破了震惊中外的"千岛湖惨案"

蔡老 1934 年生于乐清芙蓉镇。他先后在浙南游击纵队、温州专署公安处、杭州市公安局、浙江省公安厅工作，新中国成立前在游击队同国民党反动派作斗争，新中国成立初期与敌特反革命作斗争，后来与刑事罪犯斗智斗勇，尤其是主持侦破了1994 年发生的震惊中外的"3·31 千岛湖杀人抢劫案"。千岛湖事件，又称"千岛湖惨案"，为一宗发生在浙江省淳安县千岛湖的杀人越货、谋财害命的特别重大刑事案件。案件中 24 名台湾观光客及 8 名船工、导游遭到抢劫，并被凶手烧死。案件在社会上引发轩然大波，对海峡两岸关系产生了一定的冲击。在案件侦破中，蔡老因工作紧张，跌倒摔断两根肋骨而浑然不知，直到第 17 天大案告破后感觉疼痛就医时才发现。因指挥到位、表现突出，在侦破工作中做出了突出贡献，蔡老被公安部授予二等功。退休后，他则致力于从事公安理论研究工作，并一直担任离休干部党支部

浙江省委原书记车俊看望慰问蔡杨蒙

书记，努力服务好广大离休干部，曾被评为省直机关最美支部书记、全省"万名好党员"。

少年时期，当地老百姓帮我躲过了国民党的追击

"小的时候，我父亲参加革命，国民党反动派把我家房子烧掉了，我被迫逃到外面去。国民党反动派知道我所在的小学后，包围学校来抓我。幸亏当地的老百姓保护了我，帮我躲过了国民党的追捕。"蔡老对乡亲们有着特殊的感情，就是源于在革命斗争过程中老百姓救了他。1947年，蔡老参加了游击队，走上了革命的道路。"共产党如果没有老百姓支持，怎么能取得革命战争的胜利呢？干革命没百姓支持是不行的。"正因为有这样的经历，蔡老从小就立下了志向，干革命为百姓，干工作为人民，矢志不渝，听从党的指挥，服从组织安排。无论在什么岗位工作、无论身处何地，他总是把人民群众的利益放在第一位，千方百计帮群众解决实际困难。

1983年春，蔡杨蒙离开温州，调往浙江省公安厅，先后担任刑侦处长和分管刑侦的副厅长，工作重点是打击刑事犯罪。面对工作重点的转变，他迅速适应新情况，并调整了工作思路。"刑事犯罪有个演变的过程，之前主要是偷盗，后来是抢劫、杀人，再后来发展到持枪、爆炸等暴力犯罪，哪里有大案，我就奔向哪里。"蔡老说。

曾经，侦破一起30万元现金大巴上被盗案

蔡老一生办理的案件不计其数，在他印象中，有几件案子与在柯桥经商的乐清人是有些关系的。当问及其中的一些细节时，蔡老淡然地说，不值得一提，都是人民公安应该做的，更何况是在自己的老乡遇到困难时。蔡老特别能理解百姓创业的不易，为了给大家创造一个良好的营商环境，浙江省公安厅牵头对地痞流氓敲诈勒索等犯罪行为进行严厉打击，发现一个打击一个。渐渐地，市场环境有了明显的好转。

经过多方求证，我们了解到有这么一个故事。20 世纪 90 年代，做生意都是用现金交易，生意人经常随身携带大量现金。那时中国轻纺城发展迅速，市场日渐繁荣，在柯桥做面料生意的乐清人都赚到了钱。为了能有更大的回报，他们各方筹措资金，不断增加投入。赵典柳便是这一群体中的一位。他从温州老家向亲戚朋友以 2 分或 3 分利息借来资金，用于扩大面料生意。他随身携带 30 万元现金，坐上了从乐清开往柯桥的大巴车，那时交通不发达，没有高速公路，路上需要耗费七八个小时。在车子经过台州境内中途休息用餐后，赵典柳发现装有 30 万元现金的包不翼而飞，他立即报警。在台州公安的努力下，被偷走的 30 万元现金追回来了。但是按照当地的规定，为了安全起见，赵典柳不能马上领取现金，因为超过了规定额度。30 万元在当时的确不是一个小数目。心急如焚的赵典柳辗转找到了蔡老，蔡老在了解了事情的前因后果之后，心想这些生意人挺不容易的，还等着拿这些借来的钱去做生意，于是他出面跟台州公安沟通，在保证绝对安全的前提下，赵典柳顺利地拿回了这笔现金。赵典柳的感激之情无以言表，直到现在，他依然会经常去看望这位帮助过自己的恩人。

"如今，浙江可以说是全国社会治安最好的省份之一，人民群众安全感显著提高。这也从侧面见证了浙江公安随着祖国繁荣昌盛而不断发展进步的历史，浙江公安也为国家的政治稳定、政权巩固、社会安定、人民安居乐业做出了重要的贡献。"蔡杨蒙说。

乐清商会"好"在哪儿？四大特点很明显

"中国轻纺城乐清商会的年会我去参加过几次，对他们我有所了解。"蔡老说。乐清是我国民营经济和"温州模式"的重要发祥地，也是民营经济发展的重要风向标。改革开放 40 多年来，在党和国家方针政策指引下，乐清人民大力发扬"敢为人先、特别能创业创新"的精神，奋斗追梦，走出了一条具有自身特色的民营经济发展之路，为推进全省乃至全国的改革发展做出了突出贡献。

乐清人的足迹遍布全国乃至全世界，很多地方都有乐清商会，蔡老说他也去过其中的一些乐清商会，他觉得，在这些商会当中，柯桥的中国轻纺城乐清商会是办得比较好的商会之一。在他眼里，中国轻纺城乐清商会有以下几个明显特点：

第一，他们骨子里具有艰苦奋斗的创业精神。艰苦奋斗是温州文化的重要组成部分，也是乐清人的魂。做生意、办企业会碰到各种困难，尤其是早期来柯桥创业的乐清人，出去进货时都是住仓库、睡地板、挑扁担，劳力又劳心。同时他们还要承担巨大的人身财产安全风险，因为以前到外面经营生意，交易用的是现金，不是银行卡，也不能转账，现金一般都放在麻袋里，用扁担挑着。吃得苦中苦，方为人上人。中国轻纺城乐清商会的几千家企业的每一次成功和超越，都离不开艰苦奋斗

蔡杨蒙（第一排左五）参加乐清商会第六届第一次会员大会时和代表合影留念

的精神。乐清商会的布商们一路走来着实不易，他们的创业精神也必将为后人久久传颂。艰苦奋斗既是温州商人的工作作风，也是思想作风，是温州商人的优良传统和本色。今天，面对新的历史机遇，艰苦奋斗仍然是乐清人取得成功的重要保障。

第二，他们善于利用法律武器同不法分子作斗争，保护民营经济的发展。改革开放以后，人财物大流动，义乌、柯桥都是重要集散地，钱财多、人员杂，也是犯罪分子容易聚集的地方。欺行霸市、敲诈勒索的有本地人，也有流窜过来的外地人，他们还相互勾结一起敲竹杠，生意人整日提心吊胆，很难生存发展。市场上有些老板防范意识不强，有了钱之后，脖子上挂着很粗的金项链，手上戴着金戒指，非常招摇，一看就知道是"土老板""暴发户"。有经营户从市场里出来回暂住地的时候就被犯罪分子盯上了，于是发生过抢劫、凶杀的案子，蔡老说他也参与侦破过这一类型的案子。当时乐清县个体劳动者协会驻绍兴轻纺市场分会（商会前身）自发成立了治安队，团结起来与犯罪分子作斗争，保护乐清商户的人身和财产安全。改革、开放和稳定三者的关系，稳定是前提。公安系统也协同武警等有关单位，不断给乐清商户及广大经营户普及法律知识，提醒他们增强防范意识，同时加大打击违法犯罪力度。经过一段时间的教育和整顿，市场管理更规范了，经营户自我保护的意识提高了，防范意识增强了，"露富"情况少了，违法犯罪现象也就少了，社会稳定了，经营户可以更加安心地做生意。现在柯桥经济发达，人民安居乐业，人身财产安全得到充分保障。

第三，他们乐于履行社会责任，彰显企业责任担当。首先，我国的民营经济吸纳了很大部分人的就业，人有工作做，社会就会稳定，人民就会幸福。其次，民营企业自己发展了，也不忘回馈社会。企业家们积极参与公益事业，几乎每年都要举行大型的公益活动，为困难家庭、特殊群体和重大灾情灾区进行捐赠，担负起企业的政治责任、经济责任和社会责任，以实际行动诠释温州商人的"达则兼济天下"的人文情怀。商会积极推动和发展公益慈善事业，每次开会的时候都会讲到扶贫、助学、救灾的事情，对柯桥、对家乡乐清、对社会都很慷慨大方，捐款捐物量很大，彰显商会企业家们的社会责任感。会员们还情系桑梓，致力于促进家乡经济社会发展和乡村振兴，深受家乡党委政府和父老乡亲的赞誉。

第四，商会党组织发挥了战斗堡垒作用。商会党委积极做好党的路线方针政策和国家法律法规、商会发展新成效和党建工作亮点的宣传引导工作，深入会员企业开展调研，加强商会党组织建设和党建品牌创新力度，积极帮助会员解决实际困难和问题。乐清商会开起会来和政府机关开会差不多，内部管理非常有序，商会按照乡镇划分支部，充分发挥党员先锋模范作用，凝心聚力谋发展。商会会长是大家选出来的，德才兼备，努力为会员办好事，处理事情公平公正，尊重会员，带领会员发展经济，带头捐款捐物，积极争取地方政府领导的支持。商会党委会指导帮扶各党支部，把党建经验毫无保留地传授给商会的党务工作者，提高商会党务工作水平，引导帮助会员企业做好职工的思想政治工作，主动出谋划策，积极反映诉求，维护合法权益，化解矛盾纠纷，构建和谐的劳动关系。

蔡老也对乐清商会的发展寄予厚望："衷心地希望中国轻纺城乐清商会能在新时代更加奋发有为，继续继承和发扬'四千'精神，不忘创业初心、永葆创业本色，拿出企业家的锐气、胆气、勇气，逢山开路、遇水架桥，干出一番新事业、闯出一番新天地，勇当创新发展的排头兵。"

访谈时间：2023 年 7 月 11 日
访谈地点：浙江省公安厅老干部活动中心
访谈整理：周群芳　张增祥　杜嘉木

以史为鉴　述往思来

人物名片

冯建荣，浙江上虞人，1963 年 9 月生，中共党员，工商管理硕士，现任绍兴市文史研究馆馆长。2002 年至 2003 年，任绍兴县委副书记、代县长；2003 年至 2009 年，任绍兴县委副书记、县长；2009 年至 2017 年，任绍兴市副市长；2017 年至 2022 年，任绍兴市政协党组副书记、副主席。

乐清商人的"自知之明"

中国轻纺城乐清商会顾问郑文法同志电话邀请我接受采访，讲述一些乐清商会的往事，我欣然接受了。同时我也不禁感叹：乐清人总是走在前列，这一次也不例外。作为绍兴县的老县长，一直以来我对外来投资者抱有由衷的感激之心，在这些客商之中，乐清人有自己的独到之处，让我记忆尤其深刻。

乐清人总是"走在前列"，靠的是创新，是灵光。我举个"盘活一块窗帘布"的例子吧。乐清人没有把生意局限在服装面料上，他们率先把目光投向了家纺生意，在市场上最先开始做窗帘生意。其他商户看到了商机，也跟着一起做。而当大家都做窗帘的时候，乐清人则又转向做四季窗帘的生意，打破了中国家庭几年甚至十几年才换窗帘的模式，把窗帘卖出了"享受四季和生活"的情调。当大家再次跟风的时候，乐清人已经投身数字时代、智能家居，开发了数码遥控窗帘。这样的创新速度，着实让人望尘莫及。

中国轻纺城是轻纺产品的集散中心，乐清商人对产品的敏感度特别高，在 31 年前他们就意识到，经商不仅仅是买卖，更需要发展产业。门市部不能完全体现其经商实力，不参与生产就无法保证产品的质量和品种，他们意识到只有参与生产，才能让经营活动有稳固的根基。乐清人就是在这种超前的预判下，喝到了产业发展的头口水，轻纺城也因此形成了"产业—投资—产业"的良性循环。我多次说过，"没有乐清人，就没有轻纺城"。的确如此，乐清客商进入轻纺城市场，带来了新的面料、技术和发展思路。在激烈的竞争之下，本地商人"被迫"不断改革创新，置换无梭织机，产品多元化发展，整个市场由此而呈现出了朝气蓬勃的繁荣景象。

2009 年，冯建荣在绍兴县十三届人大第三次会议上做政府工作报告

　　由这本《乐清人在柯桥》的编撰可见，乐清人又在人文情怀和人生境界的升华上带了个好头。来柯桥经商的乐清商人给我一种带有文人墨客书卷气质的印象。他们平时温文尔雅、为人低调、穿着简朴，不说破，没人会知道他们是大老板，持有那么多资产。现如今，在以钱衡量成败的商界，他们却选择花时间和精力搞人文、办教育、写历史，展现了极强的人文情怀，这也是他们与时俱进的具体体现。历史是运动的，向我们传成功之道，授经商之业，解困难之惑；历史也是静止的，助我们明辨是非对错。以历史为师，可以温故而知新，述往而思来。在这个浮躁的时代里，当别人没有意识到历史的重要性时，乐清人意识到了；当别人忽视人文精神的时候，乐清人去重视了，这无不说明这个群体具有高度的历史自信和"自知之明"。

"信"是打开越地宝箱的密码

　　最近，我读到了清华大学"清华简"团队整理的《越公其事》。《越公其事》全篇共包含 75 支竹简，每支竹简上有 30 多字，共 2000 多字。这份史料记载了越国兵败于吴国之后越王勾践"十年生聚十年教训"的事迹，推翻了世人对他的一些负面评说。特别是其中他实施的"五政"中的一政，便是"好信"，也就是讲诚信，主要表现在三方面：一是君王垂范好信，二是官员带头守信，三是民众普遍诚信。因为"信"字，越国商人不以次充好、漫天要价，后人感慨"兴越国，功在商贾"。也因为这个"信"字，周边国家的官员和民众对越国这片乐土心驰神往。这就是"信"的力量。

　　几千年之前，越王的治国政策早就告诉了生意人，"信"是打开越地财富的密码。乐清商人显然解出了这个密码，这让他们在这片土地上经营得风生水起。我记得轻纺城在早期发展的过程中，比较突出的问题就是模仿，一家企业有了新的产品，其他人就竞相模仿。说是"模仿"，其实反映出整个轻纺市场知识产权意识薄弱的问题。为此，时任绍兴县法院院长，现任绍兴市中级人民法院副书记、副院长周剑敏同志，专门来向我说了在县法院设立知识产权法庭的想法，我表示全力支持，这是开浙江甚至全国先河的事。这个机构的快速成立也反映了侵犯知识产权的问题在当时相当严重。大环境就是如此，很多人抱着法不责众的心态，难免随波逐流。在这样的不良风气之下，乐清商人群体还是坚持通过自己的实力和创新做生意，守住诚信原则，保持诚信形象，这是非常难能可贵的，可以说是"出淤泥而不染"。这么多年过去了，时间早已证明他们选择的正确性。

在众多越地出土的青铜器当中，频繁出现了两个字眼——"中"和"身"，它们分别是"忠"和"信"的通假字，越人对"信"的推崇可见一斑。而春秋时，乐清是越国的辖地，乐清商人也是因为这个传统美德，在柯桥乃至全国的生意场中立于不败之地。

政企互动，重读"四千"精神

李强总理强调的浙商"四千"精神，在我看来不仅可以从企业角度解读，也可以从政府角度解读：商人走遍千山万水，政府需要提供优越的环境和平台让他们落地生根；商人说尽千言万语，政府需要听得进去，帮他们解决实际问题；商人有千方百计，政府需要提供政策的保障和支持；商人千辛万苦经营，政府就需要营造良好的经营环境。只有商人、政府"双向奔赴"，才能形成"四千"精神实践的良性互动。跳出轻纺城这个框架，乐清客商描绘、记录他们在绍兴柯桥的经商发家史，既给其他客商提供了宝贵的经验，也给地方政府提供了一次总结经验的契机。乐清人在柯桥是真心真意真创业，县委县政府当时就用诚心和诚意来成全他们的生意。现在回想起来，当时政企之间的关系，是高雅的、不庸俗的，是清白却又亲近的，是真正的亲清政商关系。

2002年11月15日是我到绍兴县政府报到的第一天。16日，县人大常委会开会任命我为副县长、代县长。我第一次按例主持召开县里各大商会会长的会议，征求各位会长的意见，听取他们对发展政策的建议。会上，有会长反映了一个问题：柯桥当时治安还比较差，往年春节回来以后，门市部常常被"撬掉"，他们觉得缺少安全感。我当即在会场向他们表态，今年春节，虽不能保证不出丝毫问题，但可保证跟往年相比，情况一定会有极大的改观。会议结束之后，我马上与现任浙江省公安厅副厅长、时任绍兴县委常委、公安局局长魏明同志研究这个问题。魏明同志高度重视这件事情，以最大的努力，兑现了政府的承诺。这是政府取信于企业的行动。

为了更好地服务商会，政府还专门为他们提供了集中的办公地点，便于大家交流和协商。政府就是通过这样一件件小事，用行动向企业证明，政府言而有信、诚待企业，由此不断改善了政企关系。

致力于营造坦诚相容的经商环境

中国人讲究"安土重迁"，离开自己的家乡，去别的地方求生存，对身心来说都是一件难事。乐清商人选择了柯桥，成为轻纺城的第一代客商，是轻纺城发展的功臣。县里也为此建立了"乐清村"，就是想让他们把这里当家乡，在这片土地上安居乐业。我多次提到过，绍兴县的特点和法宝是"坦诚相容"，而这四个字背后的特质，是乐清商人带给绍兴的。他们开创"贸易＋产业"的相容模式。他们在生意场上讲大局，做事大气，在响应政府号召时冲在最前面，真正做到了相容于本地、外来商户，相容于地方政府；这种坦诚相容是绍兴精神、绍兴经验的重要组成部分。

政府致力于营造良好的营商环境。当时流行四句话：

第一句是"可以办的事情立刻办"。企业提出要求来，如果是在政策允许范围内的，就马上给他们办好。

第二句是"可办可不办的坚决办"。企业想要办，政府有决定权的，那就同意他们办。

第三句是"办的过程当中可以这样办也可以那样办的，按企业的要求和办法办"。企业在前线投资经营，"春江水暖鸭先知"，他们的办法往往效率更高、更便捷。

第四句是"一个部门办不了的，联合其他部门办"，政府实行部门联动，主动服务企业。

真心总能换得真心，包括乐清客商在内的大批外地客商，离开家乡来到柯桥，又从柯桥到外地投资经商，最后再回归柯桥，这和政府开放包容的姿态、诚信待人的理念是密不可分的。

如今，时过境迁，第二代、第三代乐清商人还在致力于转型升级，把自己的企业做大做强。在我看来，现在他们什么都不缺了，金钱对他们而言也早已失去了原本的意义。如果第一代乐清人是为了求生存、改变生活才来到这里，时至今日，资本的积累已经完成，吃喝、置业、玩乐的需求也早已达成，大家反而都去追求低调的生活，返璞归真。这些乐清商人的后辈们，选择继续把企业做大做强，是出于对社会的责任感，出于为社会做贡献的信念。他们把企业办好，能为社会源源不断地提供产品、提供就业，服务民生，还能不断地向国家缴纳税金。

企业家为社会创造了不可估量的物质财富和精神财富，可以说企业家是全社会的宝贵财富。

地方党委政府如何真正做到善待企业家，是一个永恒的课题。在我眼里，公务人员都是服务人员，搞好服务是公务人员应尽的义务。我们应当进一步营造浓厚的尊重企业家、关心企业家、支持企业家、爱护企业家甚至宽容企业家的氛围，让企业家心无旁骛、心无挂碍地去办企业，一门心思、一心一意地去谋发展。

访谈时间：2023 年 7 月 13 日
访谈地点：绍兴市文史馆
访谈整理：司马伊莎 周群芳

"六个坚持"：商会"常青树"的宝贵精神财富

人物名片

叶建新，浙江温州人，1949 年 3 月生，中共党员。历任浙江省委组织部处长、首任乐清市委书记、杭州市下城区委副书记、杭州市委党史研究室主任等职务；杭州市乐清商会顾问。

柯桥是块"黄金地"，乐清人就来了

乐清于东晋宁康二年（374）建县，始称乐成，五代后梁开平二年（908）改名为乐清，该名字一直沿用至今。1993 年经国务院批准，撤销乐清县，设立乐清市（县级）。这是乐清建县 1600 余年后的大事件，已载入史册。我有幸见证并亲历了这一历史时刻。我既是乐清历史上最后一任县委书记，也是第一任乐清市委书记。撤县设市时，乐清市委、市政府提出了"亲和、求是、创新、自强"的乐清精神，意在政府亲民，社会和谐，力求从实际出发，靠改革创新和自立自强，走出一条乐清发展的新路子，为人民谋福祉。

乐清偏于海角一隅，区位制约因素多，诸如地少人多、资源匮乏、国家投资少等，而且交通也不方便，我在任时去一趟省城杭州，要坐 10 多个小时汽车。但一方水土养一方人，乐清背靠雁荡山，面向瓯江东海，使乐清人性格中，既有坚韧不拔的大山之沉稳，也有豪迈豁达的大海之胸襟。作为温台经济模式的主要发源地之一，这里的人们肯吃苦、有闯劲，而且富有经商头脑，改革开放的号角一经吹响，曾经的担货郎、摆地摊的小贩及许多纯粹的"种田人"，就像经历寒冬的种子一样破土而出，发现商机之后，该出手时就出手，毫不拖泥带水。乐清人凭借敢闯敢试、敢为人先的开拓精神，走南闯北，艰苦创业，书写了一部民营经济百舸争流、波澜壮阔的精彩篇章。

来自淡溪镇的一批乐清人在全国各地做服装买卖和制作服装的过程中，敏锐地发现了绍兴这个面料市场有着无限的商机，于是来到绍兴柯桥做面料生意。1988 年，轻纺市场从露天搬到室内，最先来到轻纺市场做生意的乐清人，把这一消息告诉了亲朋好友，带领越来越多的乡亲们加入在柯桥做面料生意的队伍中来。记得有位在柯桥的乐清商人说："村子里有人在这里赚到了钱，说柯桥是一块'黄金地'，我们就来了。"

1993 年，乐清撤县设市庆祝大会

乐清人就是这样，一发现商机，就会和乡亲们、亲戚们分享，一起组团出去创业。最早来到柯桥的乐清人，也是第一批在中国轻纺城创业的外地客商，他们从此在柯桥这片土地上画下了浓墨重彩的一笔，为后来绘就柯桥美好蓝图立下了汗马功劳。

常委会决定建立"驻绍"办事处和异地党组织

20 世纪 90 年代初，随着改革开放的逐步深入，市场经济迅猛发展，短短数年，就有数万乐清人来到轻纺城经商办企业，但是发展中的各种矛盾和问题也都一一暴露了出来。当时，姓"资"姓"社"问题的争论还余音未消，同时据多方面信息反映，乐清人在柯桥经商办企业也遇到不少困难和问题，诸如地盘争夺、不合规经营、打架斗殴，甚至有人吸毒等，严重影响到乐清商人的生产生活，甚至人身财产安全。对此，乐清市委、市政府也曾想过把乐清人召集回老家办自己的市场，可是由于产业基础、市场条件不同等原因而作罢。怎么办呢？既要引导经商者合法赚钱，又要维护他们的合法权益，这对当时的乐清市委、市政府来说的确是一个新课题。

1993—1994 年间，乐清市委、市政府派人去柯桥进行实地调查了解，并听取了情况反馈。1994 年秋，乐清市委在常委会会议上对这个问题进行了专题讨论，排除了对姓"资"姓"社"争论的顾忌，决定特事特办，建立乐清市人民政府驻绍兴办事处，委派薛金乐（当时是乐清中层领导干部）去柯桥做深入调研，并负责办事处的筹建工作。薛金乐到绍兴后不负所托，积极与有关部门沟通协调，取得了绍兴市的支持，随后乐清市人民政府驻绍兴办事处挂牌成立。办事处履行服务、维权、异地党建等职责，负责做好中国轻纺城乐清籍商户的管理和服务工作。薛金乐担任办事处主任。这是乐清市委、市政府顺势而为，把百姓利益放在第一位的一个重要决策。

办事处充分发挥了其在政企之间的桥梁纽带作用。通过与绍兴市（主要是绍兴县）的工商、公安、税务等相关部门对接，倾力服务在绍兴的乐清籍商人，维护他们的合法权益，引导他们合规经商、依法纳税，保障他们在异乡能安居乐业。办事处的成立，加强了乐清籍商人之间的交流与合作，建立了与家乡政府的信息沟通渠道，为企业家关心家乡、回报桑梓提供了一条新路径。

随着外出经商务工人员的增多，流动党员的管理也被提上了议事日程。1994年，轻纺城乐清商会已经有100多名党员，他们常年驻扎在柯桥，不能按时回乐清过党组织生活。这些党员大部分是商会的骨干成员、轻纺城市场的领头羊，在开拓市场、合法经营及回报家乡等方面都起到了很好的带头作用。为了更好地发挥共产党员的作用，推进基层党组织的规范化管理，乐清市委决定在原来临时党支部的基础上成立党委，由薛金乐兼任党委书记。党委把党建工作与商会工作深度融合，进一步发挥了党员的模范带头作用，也大大地增强了办事处和商会的凝聚力和号召力。

总结杭州商会"六个坚持"，借鉴了轻纺城商会做法

商帮自古就有抱团发展、行业自律的优良传统。聚集在中国轻纺城的数万名乐清人为了抱团发展，一开始他们便自发成立了乐清个体劳动者协会（商会的前身），第一任会长是徐祥川。他自幼练武，富有正义感，还特别有经商头脑，来轻纺城以前做过很多其他生意，在乐清商户中享有较高的威望，因此大家推选他担任会长。后来的多任会长更是青出于蓝而胜于蓝。

21世纪以来，我担任过杭州市乐清商会的顾问组副组长、组长，当然，是纯服务无报酬的。其间我与中国轻纺城乐清商会及其德高望重的顾问郑文法同志有一些来往，曾多次应邀参加了中国轻纺城乐清商会年会，也组织过杭州市乐清商会会员到该商会考察取经，深感轻纺城乐清商会办得有声有色，卓有成效。如今，30多年过去了，轻纺城乐清商会早已成为著名的全国先进商会，我真为他们感到高兴。回想起10多年前的2010年，我与杭州市乐清商会班子成员、顾问组各位领导共同讨论总结了杭州市乐清商会成立10周年以来的经验和做法，并将其归纳为"六个坚持"，其中有的经验和做法就是借鉴了轻纺城乐清商会的做法。

一是坚持服务立会。服务会员是商会办会的根本宗旨。通过招商引资搭平台、走访企业解难题、组织政企交流会、建立学习型商会等途径，不断拓宽服务渠道，丰富服务内涵，提升服务水准，把商会建设成为"会员之家"。

二是坚持核心强会。建设一个团结创新务实的会长领导班子，实行会长分工负责制，倡导实干奉献精神，稳步实现班子成员新老交替，做到结构合理、优势互补，为商会发展壮大提供坚强的组织保证。

三是坚持规范理会。通过建立并完善商会章程、会长例会制度、会长专题会议制度、监事会制度、秘书处工作制度、考勤考绩制度、活动制度、汇报制度、会费缴纳制度、财务管理制度等，使商会的各项工作都有章可循，规范操作，为商会可

叶建新（中）与访谈
人员合影

持续发展提供有效的机制保障。

四是坚持文化兴会。商会文化是商会的灵魂和统领，直接体现着商会的层次和品位。必须注重从文化层面去思考商会建设，力求通过培育团队文化、创业文化、感恩文化、和谐文化，形成快乐创业、健康生活的文化氛围，使商会成为会员的"精神家园"。

五是坚持顾问谋会。聘请一批德高望重、出类拔萃的各级党政机关领导干部、社会各界有关专家担任顾问，精心指导商会进一步明确发展思路，优化发展决策，创新发展举措，破解各类难题，为商会发展提供智力支撑。

六是坚持妇联助会。组织各类讲座，如健身美容沙龙、妇科疾病防治等养生保健讲座；组织各种活动，如时装走秀、登山比赛等；通过自编自演节目，增强她们的凝聚力；组织参观学习、出国出境旅游等活动，开阔她们的视野。使她们更加了解商会，积极支持商会工作，为商会增添一道亮丽多姿的风景线。

以上"六个坚持"，既是商会工作的基本经验，也是今后推动商会健康发展，使商会成为"常青树"的宝贵精神财富。在这里，我们也要特别感谢中国轻纺城乐清商会所付出的心血和努力。我衷心地祝愿中国轻纺城乐清商会越办越兴旺！

访谈时间：2023 年 7 月 15 日

访谈地点：杭州曙光路紫艺阁茶馆

访谈整理：陈 华 周群芳 翁 温

乐清商人很"特别" "地瓜经济"风景好

人物名片

陈棉权，浙江瑞安人，1957年12月生，中共党员。曾任中共乐清市委书记、乐清市人大常委会主任、乐清市市长；中共台州市委常委，台州市公安局党委书记、局长；浙江省审计厅副厅长等。

乐清商人特别能创业

温州地形素有"七山二水一分田"之称，地理特征决定了其环境和资源的局限性，迫使恋家不守土的温州人不得不经常走南闯北，以获取市场、信息和各种生产要素，这便为"地瓜经济"的发展与实践孕育了土壤。

乐清在外商会也是温州"地瓜经济"的重要组成部分，是域外经济的典型代表。在特定的历史情况下，大批乐清人外出闯荡打拼，到外面找工作、做生意、开公司，赚来的钱还是要用在老家妻儿、兄弟姐妹和父母身上。我们认为，表面上看藤枝是在外面，但是这个瓜还是落在当地。所以乐清党委和政府非常重视域外经济，把它作为整个经济的一部分来对待。从某种程度上说，乐清的域外经济比本地经济的规模还要大，可以说，乐清外面有一个更大的乐清，因此历届乐清党委和政府对乐清在外商会的工作都很重视。

2000年，我担任乐清市市长，外出走访的第一家商会就是中国轻纺城乐清商会，因为乐清商会当时刚成立不久，我去给他们打打气、鼓鼓劲。后来我担任乐清市委书记后，也多次去看望他们。即便是现在，我也时常通过网络等渠道，关注和了解中国轻纺城乐清商会的发展。这些年，我也应邀参加了几次该商会举办的大型活动。

中国轻纺城在刚刚开办的时候，正好遇上了乐清的这一批能人，很多人走遍千山万水，闯荡天下，最后落脚于有温度、有魅力、有底蕴、有商机的柯桥，成为中国轻纺城建设和发展过程中的第一批骨干。乐清人在柯桥刚起步的时候，工作和生活条件是非常艰苦的，不少是通过摆地摊起家的。乐清人发挥了特别能吃苦、特别能创业的精神，最后扎根柯桥。

乐清人在柯桥见证了中国轻纺城发展的各个阶段。他们在轻纺城卖布，从地摊到门店，从卖国产面料到卖进口面料，从国内贸易到国际贸易，他们历尽千辛万苦，说尽千言万语，把生意圈不断扩大；他们在卖布过程中，发现了更大的商机，开始直接办纺织厂、印染厂，从小企业逐步发展成为龙头企业；他们想尽千方百计，产值不断跃升，产业链不断拓展；他们积极响应国家"腾笼换鸟"号召，转型升级纺织产业，推进数字化改革，推进行业高质量发展。中国轻纺城乐清商会是浙江省最早成立的商会之一，其会员人数多，发挥的作用也大。特别是乐清商会的会长群体，是中国轻纺城第一批商业骨干，面对困难和挑战，他们不气馁，越战越勇，他们与时代同呼吸、共命运，他们目光远、格局大、立潮头，他们是温州商人的杰出代表，带动了柯桥经济的发展，也引领了社会的发展。

乐清商人特别爱家乡

乐清人记住乡情，记住乡愁，时时关心家乡的发展，这一点，我的体会是比较深的。在柯桥的乐清人虽然人在绍兴，但他们的根还是在乐清，对乐清每一次发生的重大灾情都闻风而动。

2004年，乐清遭遇百年一遇的台风云娜，台风从台州登陆后，正面袭击乐清市，当时全市断电、断水、断交通、断通信，损失很大。乐清在外打拼的商人，包括在柯桥的，都积极捐钱捐物，动作很快。尽管我们不是全靠他们解决问题，但是这种精神激发了当地人重建家园的热情，鼓舞了老百姓的士气，增强了抗击台风的信心。记得当初温家宝总理来灾区视察，问道：为什么这里的灾民和别的地方不一样，都是笑嘻嘻的呢？事实上，台风过后，乐清党委和政府立即启动应急预案，调查统计灾民数量，让民营企业与灾民一一结对子，对口帮扶、修缮房屋、重建家园，企业家们二话不说就将"温暖工程"落地了。在新冠疫情及早前的"非典"疫情发生后，他们都主动地献爱心，而且动作很快。

2010年乐清籍在绍
企业家座谈会

对外面信息的收集与回传也体现了乐清人的家乡情怀。乐清当地的信息是很灵通的，因为乐清人将自己的触角伸向了全国，包括在绍兴的乐清人。有好的思想、好的发展思路、好的商机，他们都在第一时间传回当地党委和政府，传递给当地老百姓，并带领更多的人走出去。他们经常回来同党委和政府交流，把全国各地好的经验和产业的发展趋势提供给我们，告诉我们哪些能做、哪些不能做。

我认为，一个地方的产业发展离不开两个条件，一个是信心，另一个是信息。信息比信心更重要。他们在外面那么困难的情况下能够把事业干成，那我们在当地为什么不能把事业干好？我们党委和政府在思考，老百姓也在思考。所以域外经济不是简单地把东西带出去，而是把发展的经验和信息带回来。有的地方不支持这么做，认为商人到外面去发展了，把当地的产业都带出去了，人才也带出去了，当地经济就不能发展了。其实"地瓜经济"理论当中有重要的一块，就是经济反哺、信息反馈、人员流动。这些商人对当地党政、企业和人际关系都非常熟悉，我们如果到外面调研，第一个想到的就是商会，商会对于经济发展的促进作用是不可小觑的。

历届乐清党委和政府都非常重视与外地商会的互动，每年春节都会组织全国商会骨干开会，把家乡的发展情况与他们讲讲，让他们的回乡时光更加温暖。乐清市还拿出一定的政协委员、人大代表名额给外地商会代表，让他们有荣誉感。因为经济发展到一定程度，人对精神层面的需求越来越重视。这些举措增进了异地商会对家乡的感情，激发了他们反哺家乡的热情。

乐清商人特别讲团结

温州人，包括乐清人，与其他地方人不一样，他们特别团结。当被问到是哪里人时，温州人往往回答"我是温州人"，然后问具体是温州哪里，他们会说是乐清

陈棉权（前排左六）参加中国轻纺城乐清商会庆祝新中国成立 70 周年活动

人。因为他们在骨子里有个大温州、大乐清的概念。特别讲团结尤其表现在温州人在外地创业中，在资金、能力、产业和各类资源方面，他们都能够互相帮助、相互整合，资金有困难，大家帮助筹集，缺技术人才，大家帮你介绍，温州人、乐清人都是这样做的。

我在这里要特别介绍一个人——郑文法同志，人称"郑司令"。他对轻纺城乐清商会的发展贡献是相当大的。郑文法同志是老党员，也是个退休老同志，他当时在绍兴军分区当司令员，是一个典型的亲清政商关系的代表。

郑文法是深受大家爱戴的一个乡贤。因为他的外甥叫他舅舅，也在轻纺城经商，所有的人也就跟着他的外甥叫他舅舅。后来，比他年纪大的也叫他舅舅，比他小的也叫他舅舅，我也开玩笑叫他舅舅，"舅舅"成了郑文法同志的一个代名词。因为"舅舅"的存在，轻纺城的乐清商人成了一家人。他对公益事业非常热心，在不违法、不违规的前提下，乐于帮助别人，商会有什么困难和事情，都请"舅舅"出面，毕竟他的人脉资源广，他亲自帮助他们办手续、跑节点，解决一些可以解决的困难。

郑文法对商会的前期组织发展贡献特别大。商会成立前后的几年时间里，他在无意当中充当了名誉会长的角色，非常有号召力。中国轻纺城乐清商会之所以发展得那么好、那么平稳，与舅舅有很大关系。郑文法同志对商会的关心同一般领导的关心不一样，一般领导的关心都是外围性的关心，而他关心的是商会的具体事情。有了他这样有影响力、有身份又能全力帮助商会办事的人，商会发展中的很多难题都更容易解决。对于政策方面的要求，郑文法同志又特别严格，按照规定及时给予指导，使商会发展得越来越规范化。难能可贵的是，他帮助商会做的是义工，从来没有收取过任何报酬。

乐清商人特别讲政治

温州是民营经济的重要发祥地，是我国非公企业党建的始源地。最初时民营企业老板是不能入党的。对于外出党员党建工作的探索和实践，乐清也是走在全国前列的。早在20世纪90年代初期，乐清便在绍兴轻纺市场成立了临时党支部，中国轻纺城乐清商会党委就是在临时党支部的基础上发展而来的。

中国轻纺城乐清商会的政治学习与政府机关的学习一样，甚至比有的政府机关的学习更深入。他们对党中央的决策都会及时组织学习和培训，第一时间收听收看中央重大活动和发布的重大政策信息，特别是党代会、人民代表大会报告，一场都不落下。

我曾经问过他们，为什么那么重视政治学习？他们就给我讲了一个道理。他们说，政治和经济永远是交缠在一起的。全国党代会、"两会"发布的产业发展政策就是我们国家未来发展的方向，最重要的信息都是在党代会、"两会"上公布的，比如某一提法，原来是这样说的，现在着重强调了，我们就会考虑政府下一步肯定会重视这一块，比如环保、绿色经济发展、企业转型升级等，如果不去关注大会的报告和总书记、总理的讲话，就无法跟上时代脚步，搏击商海更无从谈起，这些政策同我们发展的关系是实打实的。现在国家治理环境污染，假如你还去办个翻沙场、矿山或者冶炼厂，要想达到环保的要求，就需要很高的成本，这个就是讲政治的作用。他们这么一讲，我就豁然开朗了。

中国轻纺城乐清商会的政治学习、业务培训已经常态化。他们说，没有改革开放，就没有他们企业家的今天，是党给他们创造了一个时代，创造了机遇，创造了发展环境，他们的理解就是处处把社会的发展同自身利益紧密地联系在一起。商会对全体党员进行学习培训指导，经常邀请省委党校和行业内的专家来帮助企业家们提高政治觉悟和专业知识。随着商会与政府的接触越来越多，政府也越来越重视商会的党建工作。政府对政策的把握更深刻和准确，掌握得也比他们细致，主动与他们进行交流，对促进地方经济、社会发展非常有好处。

我衷心希望他们继续努力，跟上时代的步伐，把产业做得越来越好，同时也希望大家都身体健康，家庭和谐，对经济社会发展做出更大的贡献。

访谈时间：2023 年 7 月 11 日

访谈地点：杭州市上城区鲲鹏路 97 号新绿园小区

访谈整理：张增祥　周群芳　令狐京昕

乐清人，敢于立潮头！

人物名片

茹关筍，浙江绍兴人，1947年12月生，中共党员。历任绍兴县富盛供销社副主任，绍兴县陶堰、皋埠供销社主任，绍兴县供销联社副主任，绍兴县财政税务局副局长、局长、党组副书记，绍兴县副县长，绍兴县委常委、常务副县长，绍兴县委副书记、县长、县政府党组书记，绍兴市副市长，绍兴市委常委、常务副市长等职。中国轻纺城集团股份有限公司的创始人之一，中国轻纺城集团股份有限公司第一届董事会董事长。

放水养鱼，养鸡生蛋

1987年，顺应国家大力兴建市场的号召，结合当地产业特点，绍兴县决定建立轻纺市场。当时我担任绍兴县财税局局长，时任县长把我找去，谈了绍兴县产业特别是纺织产业发展的有关想法，希望依托产业发展把轻纺市场建起来，由工商部门牵头做这件事。他要求我们财政部门准备资金，以借款的方式给工商部门，支持纺织市场建设。

其间，政府投了500万元，初步建起了绍兴轻纺市场，很快乐清人就过来了。为扩大轻纺市场的知名度，绍兴县委、县政府提出"放水养鱼，养鸡生蛋"的市场培育思路，决定扩大宣传，面向全国招商，重点向温州商人推介市场经营环境。当时，全国各类市场都刚起步，都是"摸着石头过河"，没有统一的政策可循。经营户选择到哪里投资，主要看环境，找政策洼地，哪里环境好，哪里政策优惠，就会往哪里去。为了吸引经营户，我们出台了比较轻的税负政策来培育市场，从而吸引四面八方的顾客来柯桥。

当时，我们提出一个观点，叫"你发财、我发展"，也就是说，经营户到柯桥来投资创业，首先要营造一个良好的创业环境，使经营户来到柯桥能赚到钱，让经营户先发财。通过经营户发财推动市场发展，"为我所用、为我发展"，形成一个合作共赢的良性循环。在此过程中，政府提出围绕营造一流的营商环境，拿出最大诚意，让经营户满意，让经营户能感觉到温暖。公安、银行、财税等服务部门动脑筋、想办法，使出浑身解数主动作为……为了让经营户在柯桥有家的感觉，时任绍兴县委县政府主要负责人在中秋节到市场给经营户送酒、送月饼，还请经营户吃饭。我认为，政府这样做的确凝聚了人心，稳住了经营户这个市场的主体。

经过一段时间的培育，轻纺市场闯出了名堂，打响了名气。当时也有人提出质疑：这么大的市场，这么高的营业额，为什么收的税这么少？我们就解释，市场只是一个窗口，更多的税由市场背后的企业缴纳了，我们的出发点就是鼓励商户做大。商户们赚到了钱，政府非但不眼红，反而更开心。之后，商户们感觉政府和市场管理部门是真心实意地对自己好，许多市场管理上的要求，他们都会第一时间响应，同时，还会想办法做好市场经营，助力地方建设。

市场后续滚动发展、建设的资金主要是依托市场、依托经营户，政府只出了很少一部分资金。

我们的第一代市场由政府出资建设，第二代市场由经营户出资集资建设，到了第三代市场，摊位已经供不应求。经营户赚到了钱，市场是既赚到了钱又赚到了口碑。就这样，市场通过铺位招投标得到的资金，用于市场再发展。当时改革创新的做法成就了市场，大家都享受到了发展的成果，促进柯桥从一个古镇发展成为一座现代化的城市。

轻纺城的辉煌，乐清人功不可没

中国轻纺城能有辉煌的发展成就，站稳国际国内市场的主体地位，乐清人是功不可没的，尤其是在市场建设初期。乐清人身上有一股敢于拼搏、敢闯敢冒的韧劲，在改革开放和市场经济建设中敢于立潮头。1988年市场建立之初，他们率先进入市场，参与了市场从"星星之火"发展为燎原之势的全过程。他们不仅善于经营，还非常团结，相互分享信息，抱团发展事业。

茹关筠（左一）主持中国轻纺城集团股份有限公司A股上市新闻发布会

乐清人敢于冒险。市场成立初期，绍兴当地的纺织企业设备陈旧，生产出来的产品质量不够好，乐清商户就引进了日韩面料。当时这对市场的冲击比较大，本地纺织企业对此意见很大。绍兴县委、县政府认为，搞市场经济，就不能搞地方保护，市场经济是公平经济，不管经营户来自何方，都要一视同仁、公平竞争，这样才能更好地繁荣市场，促进经济发展。我们政府相关部门千方百计地做本地商户的思想工作，让他们拓宽思路，引导商户积极参与市场竞争，鼓励商户在市场竞争中锻炼自己、提升自己，不断进行设备的更新换代，引进国外先进的无梭纺机推进技术革新，提升产品质量，增加产品种类，提高产品竞争力。

通过政府的引导，一段时间后，本地企业家渐渐地和乐清等外地企业家成为好朋友，相互取长补短，慢慢地生产出符合市场需求的面料，提升了市场的档次。同时，政府也出台了加强产品专利保护的相关措施。通过不断培育，轻纺城市场成为全国轻纺产品交易中心，成为轻纺市场的领头羊。回头来看，乐清商户的敢闯敢干，极大地推动了轻纺市场及纺织产业的发展。他们给轻纺市场带来的不仅是多样化的产品，还带动了绍兴本地人经营理念、经营方式的根本转变。

乐清商会顾大局、识大体

乐清商会（当时叫乐清个体劳动者协会）成立于1992年，是中国轻纺城最早成立的外地商会，有凝聚力、有号召力、有正气，在市场发展的每一步都发挥了桥梁纽带作用，对柯桥的繁荣与发展起到了中流砥柱的作用。

中国轻纺城建成上市以后，由于工作调动，我曾一度离开柯桥。但我对轻纺城感情很深，始终关心关注着轻纺城的发展。2003年，我又回到了轻纺城工作。

托运和物流是轻纺市场的重要一环，经过一段时间的发展，人流、物流、资金

中国轻纺城中交易区开业典礼

流的聚集量越来越庞大，当时物流垄断倾向明显、乱象频生，必须加以整顿。当时我让市场公司负责人展开深入调研，摸清盘根错节的关系后，提出了整改方案，重新建立物流总部，要求所有物流公司必须持证照营业。该方案报经绍兴市运管办批准后开始实施。在调研和整顿过程中，乐清商会非常主动，积极配合，使联托运市场整顿得以顺利完成。中国轻纺城慢慢地建立起了有序、健康、正常的物流市场。

2004 年，时任绍兴县县长冯建荣找我商量，说轻纺市场发展空间受限，有一块 40 多亩的地，可以考虑规划建市场，但是地价较高，要 7 亿元左右。到底要不要建市场，是摆在轻纺城公司面前的一道选择题。如果建市场，成本太高，7 亿元在当时来说不是小数目；如果不建市场，会影响轻纺市场的发展。经过反复研究讨论，我们又想到了乐清商会。我们动员乐清商会发动经营大户翁金生、王新生等集思广益，他们积极响应，一起出谋划策并筹措资金，最后顺利拿下了这块地，建成了联合市场。

事实证明，联合市场的建设是非常成功的，使轻纺城的发展更上了一层楼。和联合市场同一天开业的，还有国际贸易区。国际贸易区里，温州商户占了 1/3；在主楼乐清商户也占了 1/3 以上。联合市场和国际贸易区的招商工作都非常顺利，在乐清经营大户带头入驻的影响下，其他商户也纷纷入驻。后期销售的商务楼供不应求，乐清商户和轻纺城公司实现了双赢。

东升路老市场建成最早、条件最差，2006 年政府决定改造提升市场。当时一间门店的转让费高达好几百万元，利益牵扯很多，因此改造阻力非常大。为了发展，改造势在必行。那时，乐清商会在老市场办公，我们首先找到商会，和他们沟通，提出同地段、同面积、同楼层，拆一还一，以旧换新，以及原先 6 年一租的房子，按照拆的 3 年退租金或延租 3 年的拆迁政策执行。经营户们识大体、顾大局，拆迁进行得很顺利。

总结市场繁荣发展的经验，我认为不是管出来的，而是"放水养鱼，养鸡生蛋"，放养出来的。宽松的政策、优质的服务，让经营户获利是最大的成功。如今，在中国轻纺城纺织产业数字化、国际化、高端化的发展背景下，勤劳智慧的乐清人和正能量满满的乐清商会将会有更大的作为，做出更大的贡献。

访谈时间：2023 年 7 月 12 日
访谈地点：中国轻纺城乐清商会会议室
访谈整理：周群芳　倪　皓

轻纺城功勋奖，乐商当之无愧

人物名片

王静静，浙江新昌人，1977 年 10 月生，中共党员，研究生学历，现任绍兴市社科联党组书记、主席。曾任绍兴市越城区人民政府副区长、党组成员，绍兴市柯桥区委常委、统战部部长等职。

乐清商会会员有军人般的风采

在我担任绍兴市柯桥区委统战部部长期间，与乐清商会有不少工作上的交集，因此我对他们非常熟悉。乐清人给我的感觉是非常团结，有着高度的凝聚力和向心力。中国轻纺城乐清商会作为乐清商人的一个社会组织，架构完善，是他们团结和凝聚力的保障。商会以会长为核心，下设副会长、常务理事及九个工作委员会，尽管是民间组织，但党委、妇女委员会、青年工作委员会等一个不缺，每项工作都由专人负责，运作有序规范。

乐清商会既团结进取，又充满活力。商会中有着一位乐清籍的重量级人物——郑文法司令。郑司令政治站位高，为人正直豁达、坚韧无畏，威望不言而喻，是商会的顶梁柱。商会的所有成员都亲切地喊他"舅舅"。这个公认的"舅舅"从绍兴军分区退休之后，义务服务于乐清商会，每次参加商会会议，他都会一丝不苟地提出要求，如学习党和国家的方针政策，严格经商纪律，倡导互帮互助、合作共赢等。郑司令这种为人处事的风格深深地感染了每一位会员，使会员们都有着一种军人般的风采，整个商会呈现出欣欣向荣的风貌。2018 年，吴建春出任乐清商会会长，他凭借出色的领导能力，将各项工作开展得更加有声有色。会员队伍不断发展壮大，不仅在轻纺城经营的乐清商人积极要求加入商会，而且从柯桥去外地经营的乐清人也渴望加入，这也从一个侧面反映出乐清商会的价值和吸引力。

乐清商会制度健全，管理规范。一个颇具规模的商会管理起来谈何容易，但乐清商会在郑司令的指导下，历任会长都能精打细算，为会员着想。乐清商会有完备的章程和一系列的规章制度，其中让人印象深刻的是财务管理制度和经费管理使用办法。吴建春会长上任后不直接分管财务，而是委托其中一位副会长来管理财务。在每年的理事大会上，通常由副会长做财务工作报告。商会秉持公开透明原则，向会员汇报财务收支情况；商会遵循量入为出和少花钱、多办事的原则，做到认真理财、合理支出、账目清楚、审批完备。商会会长及班子成员带头缴纳会费，经费充裕，这在柯桥区56多个商会中实属罕见。规范严谨的管理制度为商会健康发展提供了扎实的基础和有力的保障。

乐清商会的党建工作可圈可点。乐清商会党组织生活的规范性堪比政府机关部门。商会成员中党员占比约为1/5，党组织架构健全，党员活动丰富，定期举行"三会一课"。2021年中国共产党成立100周年前夕，我受邀参加了乐清商会的庆祝活动，一进会场就被震撼了。上千名会员统一着装、佩戴党员徽章、齐唱国歌、精神抖擞，如此壮观的场面，让我们每一位参与者都兴奋不已并为之动容。乐清商会党组织的政治觉悟和认知高度，为其他商会树立了榜样。与此同时，商会还非常重视文化建设，经常开展自编自导自演的文娱节目、时装秀等特色活动，成为商会一道靓丽的风景线。在商会这个和谐的大家庭里，党建不分你我。

乐清商会领导班子充满责任感

乐清人肯吃苦、敢创新，这是业内公认的。乐清商会领导班子成员为维护会员权益，敢说话、说实话。让我印象深刻的是，只要政府有政策出台，我们一传达，乐清商会就会立即响应；政府有要求，我们一提，商会会长就会满口答应，从不讨价还价，并且把它当作"光荣使命"去完成。

记得2020年春节，在柯桥经商的乐清人都回家过年了。乐清人把回家过年看得很重，一来是为了和家人团聚，二来是向家乡的亲朋好友传达一年在外打拼的好消息。那年正月，乐清、温岭疫情日渐严重。吴建春会长预判出形势不乐观，就提前回到柯桥，并把信息及时告诉了柯桥区工商联。我知道后就去找他，我说：疫情工作需要你的配合，大事当前，只能牺牲小我来成全大家。吴建春当即表态：无条件配合！这个看似"轻松答应"的背后其实是有压力的。为了防疫安全，柯桥区委区政府要求人员暂时不能流动，已经在乐清老家的人员继续留在当地……吴会长第一时

王静静出席乐清商会庆祝中国共产党成立100周年大会并与商会会员合影

间排查统计出在柯桥留守的乐清人，并积极发动党员群众做一线志愿者。商会事事有回应，件件有落实，让区委、区政府很放心，也很感动。

乐清商会领导班子充满责任感。他们主人翁意识强，会员中的一批"老绍兴人"总是义务帮助管理"新绍兴人"。我在柯桥任职期间，有一项配合消防督查整治，关停拆迁服装市场的棘手任务。当时，有许多商户一度存在别的想法，工作推进比较艰难。我召集了中国轻纺城各地商会会长开会，讲清道理，把有关商户的名单交给各位会长。乐清商会很快做通商户的工作，协调处理期间没有收到商户的任何抱怨。

因为工作上的关系，我和乐清商会相互合作，彼此理解，大家有着很深的感情。但即使我们很熟悉，商会会长们从不以个人关系跟我提要求，对区委、区政府提物质上的要求更是少之又少，唯一的要求就是希望我们多参加他们的活动，多给一些鼓励。

"'乐'创纺都，'清'系柯桥"，是品牌口号，更是踏浪赶潮

柯桥轻纺市场兴起，第一代乐清商人闻讯后第一时间进入市场做布料批发，随着市场的繁荣和营商环境的完善提升，一批又一批的乐清人陆续来到中国轻纺城。"'乐'创纺都，'清'系柯桥"不只是乐清商会的品牌口号，这八个字也凝结了广大乐商对中国轻纺城的感恩和对柯桥的热爱。

广大乐商在"四千"精神感召下，敢为人先、艰苦创业，紧跟中国轻纺城发展步伐，从少到多，一步步发展壮大。他们从单一纺织品经营发展到纺织品、服装、工贸一体化，行业涉及跨境电商、新能源、科技环保、生物工程、航空航天、教育、文化、房地产等十几个领域，经商人数从几十人发展到现在近5万人，年产值超1000亿元。乐清商会为中国轻纺城实现品牌战略、提升城市功能，为助推乐绍两地经贸互动、互利双赢，发挥了积极作用。

2019年，王静静在庆祝新中国成立70周年乐清商会联谊会上讲话

　　乐清商会因其突出表现，荣获"中国轻纺城成立30周年功勋奖"。正如颁奖词所言：如果说他们是赶海第一人，中国人都信服，但他们也是市场经济大海中的赶潮人，他们就是温州乐清人。乐清商人20世纪80年代末就敏锐地冲进柯桥，成为第一个参与轻纺城建设发展的外地商人团体。回望30多年，赶潮精神和"四千"精神一起迸发，从简单的纺织品买卖，到如今的跨越多产业、涉及多领域，年创产值1000多亿元。乐清人仿佛与中国轻纺城结成了经典的"量子纠缠"，全情参与、全心融入；乐清商会在柯桥踏浪引领，已经成为乐清与柯桥、柯桥与世界的领潮者和互动者。

　　2023年正逢"八八战略"二十周年，习近平总书记对"八八战略""浦江经验"和"千万工程"做出了重要批示。2023年9月，习近平总书记在浙江考察时强调："要完整准确全面贯彻新发展理念，围绕构建新发展格局，推动高质量发展，聚焦建设共同富裕示范区，打造新时代全面展示中国特色社会主义制度优越性的重要窗口，坚持一张蓝图绘到底，持续推动'八八战略'走深走实，始终干在实处、走在前列、勇立潮头，奋力谱写中国式现代化浙江新篇章。"绍兴市社科联目前的工作重点之一就是对绍兴实践经验的提炼和理论阐释，特别是对习近平总书记在浙江各时期与各地的调研、讲话的循迹溯源，整理研究其发展蝶变历程。"八八战略"中的浙江块状特色产业被新时代赋予了新内容，多地出现了融合发展的新生态。

　　乐清商人把握商机的能力出众，乐清人的"地瓜经济"藤蔓发达、根茎强壮：乐清人从乐清伸展到了绍兴，在绍兴扎根后又延伸到了浙江大地及海内外。乐清人正在拥抱新产业、开拓新蓝海。在这样的大环境下，他们再一次抓住了风向标，这次不是在投资方面，而是在文化方面。

　　进取创新的乐清商人在包容开放的绍兴生根，与温和的越商相辅相成、共谱华章。总结梳理他们的发家经验是绍兴地方经济发展的宝贵财富，寻访研究他们的转型轨迹也是区域经济再出发的重要内容。

访谈时间：2023年7月13日

访谈地点：绍兴市社科联会议室

访谈整理：司马伊莎　周群芳

亲商、重商、安商，积极建设"国际纺都"

人物名片

袁笑文，浙江绍兴人，1979 年 6 月生，中共党员，研究生学历。现任柯桥区委常委、中国轻纺城党工委书记。

　　中国轻纺城是全球规模最大的纺织品专业市场，30 多年来，它从一条自发形成的"水上布街"，到享誉全球的纺织品集散中心，再到建设中的现代化"国际纺都"，走出了一条传统向时尚、单一向多元、低端向高端的转型升级之路，创造出千亿元级的纺织产业集群，在改革开放历程中留下了浓墨重彩的一笔。中国轻纺城的发展壮大离不开企业、离不开商会。早在 1989 年，绍兴轻纺市场面向全国招商，一批温州乐清的经商人员进场设摊，成为最早进入市场的非绍兴籍人员之一。1992 年，经国家工商总局（现为国家市场监督管理总局）批准，绍兴轻纺市场正式更名为"中国轻纺城"，成为全国首个被冠名"中国"的专业市场。这一年，乐清商会的前身——乐清个体劳动者协会也成立了。

乐清商会是"中国轻纺城"建设的重要参与者

　　30 多年来，中国轻纺城乐清商会积极参与柯桥的经济建设，资产规模高达近千亿元。商会率先引进新工艺、新原料和进口面料，改变原先单一的传统交易模式，使经营项目从单一的纺织品经营逐渐发展为集纺织品、服装、工贸于一体的格局，涉及纺织印染、新能源、跨境电商、交通运输、科技环保、机械、教育文化等诸多领域，为乐清和柯桥两地经贸互动、经济社会发展做出了积极贡献。

　　中国轻纺城乐清商会在谋求发展的同时，也不忘肩负起社会责任，积极投身各项公益慈善事业。其参与的乡村振兴工作，与王坛镇银沙村结对，帮助其解决村级经济薄弱、发展思路局限、土特产销路不畅等问题，获得省、市、区工商联的充分肯定和表彰。在 2020 年疫情之初，商会与会员积极开展疫情防控献爱心捐款捐物活动，捐款总额达 500 多万元。在疫情防控一级响应、二级响应期间，商会立即紧起来、严起来、动起来；在大数据抗疫急需设备时，商会立即购买了 15 台笔记本电脑捐赠给柯桥街道各社区；在抗疫物资短缺时，商会两位副会长分别购买了 1 万件防护服、100 箱食品慰问一线工作人员。近年来，商会会员及会员企业投入救灾、扶贫济困、捐资助学等社会公益事业的资金达 3000 多万元。

中国轻纺城乐清商会荣获全国"四好"商会、柯桥区"最具影响力商会"等荣誉。在 2022 年第五届世界布商大会颁奖典礼上，中国轻纺城乐清商会被授予"中国轻纺城"冠名三十周年功勋奖。可以说，乐清商会见证了中国轻纺城 30 多年的巨变，不仅是中国轻纺城创业实干、创新发展的排头兵，也是民营经济力量饮水思源、回馈社会的实践者。

"国际纺都"的建设需要乐清商会继续参与

民营经济是推进中国式现代化的生力军，是高质量发展的重要基础，是推动我国全面建成社会主义现代化强国、实现第二个百年奋斗目标的重要力量。近年来，柯桥区委、区政府全面贯彻习近平总书记关于新时代民营经济统战工作和工商联工作的重要指示精神，牢牢把握"两个健康"主题，积极营造"亲商、重商、安商"的生态环境，不断推动民营经济高质量发展。

当前，柯桥区正聚焦现代化"国际纺都"目标，加快打造市场、产业、科创"三大高地"，全力构建现代纺织领域"五大中心"（全球最大的纺织品集散中心、国际纺织会展中心、现代纺织科创中心、纺织时尚品牌中心和纺织产业总部集聚中心）。希望中国轻纺城乐清商会和各会员单位能够立足优势、抢抓机遇，在稳住传统市场的基础上，千方百计开拓新兴市场，不断优化产业结构和出口产品结构，加快培育一批领跑行业的龙头企业，打造一批具备竞争力的一流品牌，做强一批"专精特新"隐形冠军企业，不断提升产业竞争力、产品附加值，为传统产业插上现代化的翅膀，以实际行动融入"双循环"新发展格局。

相信中国轻纺城乐清商会及其会员单位一定能够继续发扬敢于冒险、勤奋诚信、低调实干的品质，加强产业链的协同创新，敢于突破传统思维，不断推动纺织产业高端化、智能化、绿色化发展，为建设"国际纺都、杭绍星城"贡献更大力量。

访谈时间：2023 年 9 月 5 日

访谈地点：柯桥区政府会议室

访谈整理：徐显龙　王志浩

踔厉奋发创辉煌 勇毅前行谱新篇

人物名片

孙成荣，浙江绍兴人，1976 年 10 月生，中共党员。现任柯桥区委统战部副部长、柯桥区工商联党组书记。曾任柯桥区政府办公室副主任、区轨道交通建设指挥部办公室党组书记、主任，区招商投资促进中心主任等职。

世界纺织看中国，中国纺织在柯桥。中国轻纺城壮大辉煌的发展史，正是改革开放 40 余年柯桥的奋斗史，其中乐清人功不可没。乐清人是最早到柯桥经营纺织品生意的外地客商，他们筚路蓝缕、披荆斩棘的创业精神和吃苦耐劳、开拓创新的意识，令人感佩；他们为中国轻纺城从"一条布街"到轻纺市场，再到如今崛起壮大的"国际纺都"，做出了卓越贡献。

柯桥区工商联（总商会）下属有 56 个基层商会，其中有 16 个镇街商会，25 个异地商会，15 个行业商会。创立于 1992 年的中国轻纺城乐清商会是轻纺城第一个成立的异地商会。无论是在党建引领、组织能力、管理水平还是在文化建设及慈善事业等方面，乐清商会始终走在前列，是诸多商会的排头兵。其影响力得到了政府和社会的充分肯定，先后获得全国"四好"商会、省"两个健康"最佳实践案例、柯桥区最具影响力商会、"中国轻纺城"冠名三十周年功勋奖等荣誉。

旗帜的引领

乐清商会始终坚持以党建为引领，不断加强商会的凝聚力和战斗力。党的二十大以来，商会以习近平新时代中国特色社会主义思想为指导，认真落实"三会一课"制度，使党的二十大精神在商会落地生根、开花结果。对于柯桥区"聚焦产业迭代，全力在经济稳进提质，改革创新集成，城市能级跃升，共富示范先行，基层智治重塑上勇挑大梁"的决策部署和指示精神，商会积极响应，争做勇挑大梁的排头兵。

乐清商会党委组织机构健全，管理规范，运行有序高效。商会在 9 个分会设立了 10 个党支部，坚持每月开展特色鲜明的主题教育活动，支部党员轮流上党课，不断增强党性教育和政治引领作用。商会党组织特别注重构建新型的政商关系，努力成为政治思想的"引导员"、建言献策的"直通车"、沟通政商的"调解员"、宣传正能量的"传播站"。商会举办的庆祝中国共产党成立100周年等重大活动让人印象十分深刻，充分展现了商会听党话、念党恩、跟党走的思想路线。

商会还积极开展军民共建活动，增强军民融合。每年八一建军节前夕，乐清商会都会组织会员前往柯桥区人武部和武警某部进行慰问，并组织副会长以上成员开展"军事日"活动，进行队列、投弹、战术、实弹射击等科目的练习和比赛，进一步增强会员的国防观念和纪律意识。乐清商会注重教育和引导广大会员积极参与爱心活动，弘扬"致富思源、回报社会"的精神，鼓励和引导更多的会员企业投身慈善事业，为贫困地区奉献爱心，为困难家庭排忧解难。

在重大事务上，乐清商会始终与柯桥区委区政府保持一致，敢于担当，乐于付出。新冠疫情初期，乐清商会第一时间捐赠100万元。商会会长们则带头做志愿服务，他们到市场参与测温亮码、维护秩序等多项工作。商会上下坚定信心、同舟共济，扎实做好疫情防控和复工复产等工作，为抗击疫情捐款捐物累计500多万元，为打赢疫情防控阻击战发挥了积极作用。

近些年，柯桥区结对帮扶四川峨边彝族自治县和浙江省内的江山市，乐清商会积极响应，精准帮扶。商会根据柯桥区委组织部和区工商联的安排，主动结对帮扶王坛镇银沙村，全力打造商会共富先行样本。

传承中创新

青年是商会的未来，青年强则商会强。在绍乐商企业已进入传承、交接的重要阶段。"商二代"作为乐商的新生力量正在迅速崛起，如何加强对"商二代"的教育引导已成为当前在绍乐清籍企业家及商会的重要任务。商会充分利用青年工作委员会这一平台，在创业创新、青年联谊、培训教育等方面，发挥青年会员的积极作用，鼓励乐清籍青年更好地体验商会文化、参与商会建设，通过培训、交流、实地考察、

孙成荣（中）出席乐清商会"迎亚运　促发展"大会

组织大型活动等方式，吸收更多的优秀青年会员进入商会理事及会长队伍，造就一支高素质、善经营、懂管理、有创新的二代企业家人才队伍，进而促进商会会员企业走上可持续健康发展的道路。

有活力的组织才有力量。开展活动不仅体现了商会的特点，更是实现商会服务功能的重要手段。乐清商会各工作委员会开展主题丰富、形式多样，满足不同企业和适合各年龄段会员需求的活动，聚集人气，挖掘会员潜力，进一步凸显商会活力。商会坚持"企业发展、回馈社会"的宗旨，提升商会形象和知名度，引导会员企业参与光彩事业和慈善等公益事业。商会充分发挥妇女会员的作用，积极参与创建"巾帼文明岗"，传扬和扩展与家庭困难优秀学生结对的"爱心妈妈"精神，提高会员参与度。商会还开展颇具特色的体育健身活动，做到健脑与强体"两不误"。

近年来，柯桥不断推进"丝路柯桥·布满全球"行动计划，深入共建"一带一路"国家并建立紧密的合作关系。中国轻纺城乐清商会的企业家们既是见证者，又是践行者。未来，柯桥必定会深度融入"一带一路"建设，全面推进"地瓜经济"，提能升级"一号开放工程"，加快转化"市场＋产业＋科创"三大优势，全力打造现代纺织领域的"五大中心"，努力成为纺织领域双循环的战略枢纽基地，进一步推动全球纺织产业的发展。

希望中国轻纺城乐清商会抓住机遇、立足全球，以时尚为引领，做精、做专、做实、做强纺织产业，更好地共享创新成果，为柯桥的时尚成长提供更多的乐清商会元素。

访谈时间：2023 年 10 月 24 日

访谈地点：柯桥区创意大厦

访谈整理：徐显龙　沈尧如

孙成荣（右二）陪同浙江省工商联领导视察乐清商会

中国轻纺城乐清商会是个"标杆商会"

人物名片

　　孙永根，浙江绍兴人，1971年12月生，中共党员，高级经济师。绍兴市第五届至第九届人大代表，现任浙江天圣控股集团有限公司党委书记、董事长兼总经理，绍兴市工商业联合会副主席、柯桥区工商业联合会主席、绍兴市企业家协会常务副会长等职务。曾获浙江省劳动模范、绍兴市劳动模范、第四届全国乡镇企业家、全国纺织业优秀思想政治工作者、浙江省乡镇企业创业标兵、绍兴市优秀共产党员、绍兴市杰出企业家、绍兴市非公有制经济人士、优秀中国特色社会主义事业建设者等荣誉。

　　乡音难改，乡情难舍。自古以来，中国商人出门经商，都有同乡同行互相帮衬的传统，渐渐就形成了许多地域性的商帮。浙商与粤商、徽商、晋商、苏商一道，在历史上被合称为"五大商帮"，就说明其经济实力与凝聚力之强。乐清商人便是浙商中的典型代表。

轻纺城乐清商会拉开各地市场商会建设的序幕

　　我们先简要回顾一下绍兴的商会与柯桥区工商联的发展历程。

　　历史上，绍兴人口稠密，商品经济发达，纺织业尤其繁荣。清光绪三年（1877），绍兴布业同仁集资建造"布业会馆"，汇聚行业力量，协调行业发展，现仍保留在绍兴市越城区，为绍兴市级文物保护单位。绍兴外出经商游幕者众，在外也多设有会馆。因鲁迅寓居写作《狂人日记》而著名的"北京绍兴县馆"建于清代中后期，供在京的游商者、赶考者、出差者居住会商。今天，会馆虽已不复存在，但我们不能忘记它们曾推动过文化、经济、政治的发展。近代，随着经济社会发展，产生了更新、更完备的商业组织——商会。

　　绍兴的第一个商会组织是"山会商务分会"。它于清光绪三十一年（1905）正式成立，这在全国地方商会中也属较早的。民国元年（1912），山阴、会稽两县合并为绍兴县，山会商务分会改称为"绍兴商务分会"，其后许多同业商会陆续建立。1954年12月，绍兴县工商业联合会筹备委员会成立，主要宣传贯彻党和政府的政策法令，代表工商界的合法权益，调解劳资和工商业主之间的矛盾，特别是在对资本主义工商业的改造中发挥了重要的作用。1957 年 3 月 20 日，绍兴县工商联召开第一次代表大会，正式宣告成立。1980 年 5 月，绍兴县工商联恢复组织活动。1993 年 8 月 7 日，绍兴县工商联增挂了绍兴县总商会牌子，工商联一身二任，对内称工商联，对外称总商会（见《浙江档案》杂志《商会档案里的时光旧影》一文）。

孙永根在柯桥区工商联会议上讲话

乐清商人是轻纺城市场的开拓者之一，是轻纺城成长、壮大和繁荣的历史见证人，是轻纺城不可或缺的群体，为中国轻纺城的发展做出了特殊贡献。1992 年，中国轻纺城乐清商会（以下简称"乐清商会"）的前身——乐清个体劳动者协会成立，成为绍兴县（今柯桥区）工商业界成立最早、规模最大、实力最强的商会，可以说是标杆商会；在团结和带领乐清籍创业者合法经营、有效沟通、合作共赢、融合发展，促进柯桥经济社会发展的过程中，乐清商会功不可没；它也拉开了轻纺市场中地域商会建设的序幕。随后，中国轻纺城四川商会、江西商会、湖北商会、辽宁商会等相继成立。

全国"四好"商会，乐商是这样炼成的

在中国轻纺城 30 多年的发展历程中，广大乐清籍创业者与轻纺城同呼吸、共命运、主动融入柯桥、建设柯桥。

在柯桥的 5 万多名乐清籍经商人员、2000 多家乐清商会会员企业是柯桥发展的重要推动力。据了解，乐清籍创业者的经营项目从单纯的纺织品逐渐拓展到房地产、餐饮娱乐、交通运输、科技环保、教育文化等诸多领域，在柯桥创造了不平凡的业绩。一些乐清企业家关注实业，加快转型，以过人的胆识和魄力，抢抓机遇，加大投入。中国轻纺城跨境电商产业园，润昇新能源公司和迪卡侬等项目，都是乐清籍企业家投资的，是柯桥区重大招商引资项目的典型代表。

2021 年 1 月 26 日，全国工商联办公厅印发《关于认定 2019—2020 年度全国"四好"商会的通报》。按照有关要求，对照全国"四好"商会建设标准，从柯桥区工商联到绍兴市工商联逐级推荐、浙江省工商联审核把关、全国工商联组织专家评审上，经全国工商联主席办公会议审议通过，中国轻纺城乐清商会被认定为 2019—2020 年度全国"四好"商会。这是柯桥区工商业界的一件大事！

"四好"指的是"政治引领好、队伍建设好、服务发展好、自律规范好"，从这

些标准来看，乐清商会实至名归。

政治引领好。2022年10月，党的二十大召开后，乐清商会党委书记、会长吴建春及时组织学习习近平总书记的报告，并表态，乐清商会全体会员将紧密地团结在以习近平同志为核心的党中央周围，深入学习贯彻党的二十大精神，忠诚拥护"两个确立"，坚决做到"两个维护"，弘扬伟大建党精神，踔厉奋发、勇毅前行，团结奋斗，撸起袖子加油干，为奋力打造"国际纺都、杭绍星城"贡献更多更大的乐商力量，为实现中华民族伟大复兴做出新的更大的贡献。乐清商会党委自2010年7月成立以来，始终坚持把支部建在分会。据了解，乐清商会下设9个工作委员会和9个分会，商会党委成立了10个党支部，并设立了党委办公室，具体负责开展组织、宣传、统战、纪律检查等工作。截至2023年6月，乐清商会党委共有党员456名，其中在册党员203名、流动党员253名。各支部坚持每月举行一次主题党日活动，严格落实"三会一课"制度，开好党支部党员大会、党支部委员会议、党小组会，并按时上党课，组织在绍党员的学习、教育、服务和管理等工作。

队伍建设好。为了让更多的会员积极参与乐清商会的管理服务工作，商会党委广泛听取各方意见，对9个工作委员会委员、10个分会支部委员和9个分会的主任、副主任交叉任职。这样，可以保证每一个支部、每一个分会都能及时知晓并积极参与商会的工作，商会推进的事情能够在第一时间触达各个层面。商会还设置了轮值会长制度，每个月安排两名轮值会长，具体负责该月的商会内外事务。商会通过组织学习活动增强沟通、凝聚力量。每月11日，商会党委定期召开党委会，学习马列主义、毛泽东思想、邓小平理论、"三个代表"重要思想、科学发展观和习近平新时代中国特色社会主义思想等，学习党和国家路线、方针、政策，加强党委成员的思想、政治、组织和作风建设，会议结束后每个支部再进行传达学习。会长会议一年召开两次，讨论商会的重要事项。此外，商会每年都会举行4次大型会议，比如"三八"妇女节召开商会妇女工作会、7月1日召开商会党建工作会、10月1日召开欢度国庆大会、年底召开全体会员大会等。实践证明，这样的组织架构和学习交流制度是非常重要而有实操性的。乐清商会之所以有强大的凝聚力，就是因为每个成员都在参与，所有的副会长以上职位的人都管理着商会的重要事情，从而大大提高了商会成员的参与感与责任感。

服务发展好。商会的重要职责就是服务会员。会员平时遇见困难，如生病受灾或者发生经济纠纷等，很多事情都是商会学习和发扬"枫桥经验"来调解解决的，做到"小事不出村，大事不出镇，矛盾不上交，就地化解"。比如，龙禧中心是柯桥核心地块，2020年在出让遇到困难的时候，商会出面同会员深入谈心，做好思想工作，解决好各种问题，使龙禧中心成功出让。为了给会员提供更好的服务，从2012年开始，每月15日，商会专门聘请的金柯桥律所的法律顾问会到商会进行现场咨

2018 年郑文法司令一行赴嵊州市长乐镇孔村调研

询，为会员提供法律咨询调解服务，解决了许多问题。多年来，乐清商会紧紧围绕"两个健康"主题，有效承担统战工作的职能，按照区工商联工作部署和商会改革要求，积极响应和参加工商联组织的重要活动，完成工商联赋予的各项工作任务。乐清商会结对扶贫绍兴嵊州孔村与乐清界屿村，在接到任务后，乐清商会把它当作一项政治任务完成，"这是我们的光荣"。孔村位于嵊西革命老区，村集体经济比较薄弱。当时 77 岁高龄的商会顾问郑文法司令不顾舟车劳顿，带领商会领导登上海拔600 余米的孔村所在地，在村庄内走访了粗制茶厂、祠堂、村委办公室等地，听取了村支书、村主任的介绍，针对村集体经济现状、现有资源和劳动力的实际情况进行帮扶，并在此后根据柯桥区工商联关于助力全域推进共富的工作要求，又结对帮扶了王坛镇银沙村。

自律规范好。乐清商会非常注重清廉制度建设，积极开展清廉商会的创建工作。商会的管理制度非常详细具体，比如，每年商会的运转费用一方面来自会费（每位会员每年交会费 500 元），另一方面来自副会长以上职位成员的赞助，为了防止会长之间互相攀比，规定了赞助的最高标准。商会组织会员外出学习，设置了差旅标准，会长带头执行，这个标准是固定的，不给活动空间，一旦有活动空间了，那么这个标准就容易被突破，那规定就形同虚设了。这个制度多年来执行得很好，会员都很认同。商会对于会员参加会议的着装也有要求，特别是一些重大会议，参会代表必须着正装，提升商会的整体形象。乐清商会先后制定了《中共乐清市驻中国轻纺城乐清商会委员会工作规则》《乐清商会会费管理办法》《乐清商会各工作委员会工作职责》《乐清商会清廉八项规定》《乐清商会清正廉洁八项守则》等规章制度，并严格执行。

乐清商会根据工作需要，设置了9个工作委员会，分别是财务监督、妇女工作、权益保障、青年联合、文体宣传、军民融合发展、企业发展、贸易发展、公益事业工作委员会，并明确了各自的工作职责，明晰责权利，做到各司其职。

乐清商会的成绩有目共睹。时任全国工商联副主席安七一、时任浙江省委副书记王辉忠等领导先后到商会考察调研，并给予了高度评价和肯定。

为建设"国际纺都、杭绍星城"和"共同富裕"添砖加瓦

从1983年前后柯桥古镇悄然冒出一条自发的布街开始，经过各方的共同努力，如今"金柯桥"的美称誉满世界。无疑，民营经济是"金柯桥"发展的金名片，也是浙江作为经济大省的最大特色和最大优势。随着一系列政策举措的推出和落实，党和国家的政策红利正在加速转化为企业创新发展的强大动能。迈上新的征途，包括乐商在内的广大柯桥商户大有可为，亦大有作为。

潮平岸阔帆正劲，乘势开拓谱新篇。民营经济发展壮大的时代号角已经吹响，希望乐清商会继续深入学习习近平新时代中国特色社会主义思想和党的二十大精神，全面贯彻落实《中共中央 国务院关于促进民营经济发展壮大的意见》，大力弘扬"四千"精神和"干在实处、走在前列、勇立潮头"的浙江风采，以"八八战略"为引领，打造民营经济高质量发展新高地，为同心谱写共同富裕和中国式现代化华章彰显担当，为建设"国际纺都、杭绍星城"添砖加瓦。

访谈时间：2023年9月9日
访谈地点：柯桥区政府会议室
访谈整理：徐显龙　沈尧如

期待乐商在"数智纺城"中实现更新更大的价值

人物名片

潘建华，浙江绍兴人，1966年5月生，中共党员，大学学历，高级经济师。现任浙江中国轻纺城集团股份有限公司党委书记、董事长。

乐清人是中国轻纺城市场繁荣的重要功臣

中国轻纺城市场是在"四千"精神引领下，在绍兴县纺织产业蓬勃发展时期成立的一个面料交易平台，现已走过了30多个年头。市场的发展浓缩着一批批纺城人奋斗的心血。在整个轻纺城市场发展中有一个重要的节点，那就是1992年邓小平的"南方谈话"，"谈话"精神给市场带来了发展和机遇，也就在那时，一批乐清人涌现出来，为市场的跨越式发展带来了新的动能。

我可以这么说，没有乐清人，轻纺城现在的发展还是个未知数。当时本地商户面临的最大问题就是织机没有革新换代，面料竞争力不强，导致销售困难。绍兴县在这样的背景下围绕三个问题展开了大讨论：市场要不要做大做强？要不要引进更多的外来经营户？商品到底供应到哪里？讨论的结果是，市场引进了在广州的部分乐清商户，这批商户入驻轻纺城市场后，彻底改变了市场的竞争机制。这种外来新技术、新面料、新经营理念的冲击推动了绍兴纺织产业的升级提升。所以说，乐清人是中国轻纺城市场繁荣的重要功臣之一。

温州人聪明，乐清人更聪明，投资经商有远见卓识。如果当时没有大量的乐清人进入柯桥，能否把这个市场做大、做强还是个未知数。中国轻纺城市场沉淀的基础是前面有产能，后面有交易需求。以前大家只卖布，乐清人则不局限于卖布，一直试着往上游走，把市场的产业链延伸出去，他们投身的纺织产业反过来支撑了整个市场的发展，所以说乐清人在中国轻纺城发展历史上功不可没。

乐商向同行展示了如何才能"行远路、谋正财"

乐清人最初背井离乡到柯桥异地创业，其中的艰辛尽人皆知。兼容并包的柯桥让这些客商赚到了第一桶金，铸就了他们来日的辉煌。如今客人已经成为主人，柯桥人和乐清人共同成长，共生共荣。几乎在乐清人大批出现在柯桥的同时，他们就成立了自己的组织，也是现在柯桥最大的商会——中国轻纺城乐清商会。疫情放开以后，商会会员人数又增加了。乐清商会会员中有很多成功的跨界企业家，他们不仅做面料的销售，还做印染、做织造，甚至拓展到了其他各行各业中。

现任乐清商会会长吴建春早就冲锋在前，是跨界投资经商的标兵。他带着父亲"诚信走遍天下，失信寸步难行"的告诫外出闯荡。从兰州到广东，从广东到柯桥，又从柯桥到四川成都、香港，还只身一人去印度尼西亚，成为轻纺城里第一个去境外进货的乐清商人。吴建春的投资眼光开阔，紧跟时代潮流，生意从纺织转向数码和地产。如今，他的投资理念与柯桥区委区政府提出的"纺织产业提档升级，打造两个 2000 亿市场"不谋而合。2015 年，吴建春的中昆投资发展有限公司竞得柯桥区 CBD-16 地块开发权，用于建设中国轻纺城跨境电商产业园。该产业园现已引入多家大型电商和电商服务平台，可以称得上是柯桥的新中心、新地标。

曾任绍兴市温州商会会长的翁金生也是乐清人，他从布商到地产大亨，再到教育投资者，在各个产业都做得风生水起。翁金生先后投资创办了浙江金永来实业有限公司、浙江蓝城置业有限公司、绍兴金绿地房地产开发有限公司、绍兴市柯桥区宏泰小额贷款有限公司。2019 年，他投资创立的博雅学校占地 100 余亩，建筑面积达 6 万多平方米，以打造中国的伊顿公学为办学目标。

乐清商会中的企业家王旭东是木匠出身，年轻时做服装销售，30 来岁开办企业后，别人开印染企业搞印染，他开印染企业搞科技；别人还没有保护生态的意识，他已经开始着力节能减排。王旭东带头研发印染机械气流染色机，在 20 年前投入 1000 万元，自主开发企业信息化管理与自动控制系统工程，通过提高操作精确度来节约各项能源的消耗，2007 年就成功设计建设 8000 吨/日的高浓污水处理回用工程。他的"华东纺织印染"生产车间到处是他的"科技狠活"，机器上随处可见他施展"技术手术"的痕迹。在其他商人还没摸清门道的时候，王旭东靠着信息技术、节能减排科技，使企业收益节节攀升。

乐清商会最大的特点是创新，具有前沿性，乐清商人用自己的前沿经验向同行展示如何才能行远路、谋正财。现在，乐清人在整个市场交易过程中有很高的贡献度，这种贡献度和他们拥有的产业链又让他们的财富不断升级。他们的跨界投资眼光精准且独到长远，将各个看似不相关的行业协同起来投资发展，在轻纺城这个大环境下形成了"乐清气候"。

在数字化洪流中共建、共享、共赢

如今我们步入了数字化时代，轻纺城市场也要勇立潮头，转型升级。为适应新环境，中国轻纺城集团股份有限公司提出了"市场、数字、投资"三大战略，在数字化赛道里筹建中国轻纺城数字科技集团，推动数字化应用由"碎片化"向"系统化"转变，建立完整的数字化管理体系，同时利用元宇宙技术迭代升级网上轻纺城，赋能纺织面料和成品的线上交易流通。

我现在有一个理念，就是要"像卖空调一样卖窗帘"，我们用元宇宙技术构建体验式场景，买家按自己的使用场景和喜好选择窗帘，选定下单后，马上有人上门服务。以后大家想买窗帘，不是想到淘宝、拼多多，而是想到网上轻纺城；同时，我还有一个"服装大师"的思路，希望通过数字化应用，让买家从纺织的原始阶段就开始参与互动、体验，这样能大大增强网络平台的黏性。

除了元宇宙技术的应用，中国轻纺城集团股份有限公司还将搭建一个闭环化的服装设计师平台，用于解决小型服装企业养不起大设计师及"恨布不成衣"的问题。在物流方面，正在建设中的轻纺数字物流港项目，建成后将形成集产业集聚、电子商务、国际贸易、智慧物流、数字仓储为一体的国际化现代物流港，推动产业链协同发展。我们集团公司可以和乐清商会开展新一轮强强联手，以期达成共建、共享、共赢。

乐清企业家们早期拼搏进取、成果辉煌，其中国轻纺城发展生力军的作用毋庸置疑。现今，打造"数智纺城"是中国轻纺城的必然选择，在数字化洪流之中，我们可以合作共赢，在创新中创业，在创新中繁荣市场，在创新中推动纺织产业发展，在创新中实现乐清人更新、更大的价值。

访谈时间：2023 年 7 月 10 日
访谈地点：中国轻纺城乐清集团股份有限公司
访谈整理：司马伊莎　周群芳

与乐清人一起建设轻纺城的日子

人物名片

濮耀胜，浙江绍兴人，1950年11月生，中共党员。1969年6月到内蒙古通辽县插队下乡，1986年12月调回绍兴县工商管理局，历任轻纺市场工商所所长、绍兴县工商管理局副局长、中国轻纺城党委书记兼工商行政管理处主任等职。

在时代广场14楼的乐清商会驻地，73岁的濮耀胜聊起轻纺城初创的故事，他身后的窗外已然高楼林立、鳞次栉比，轻纺城国贸中心、金昌IFC、财富大厦尽收眼底。短短30多年，轻纺城从无到有，已经发展成了现代化的产业集群。濮耀胜是轻纺城早期的建设管理者，也是柯桥城市发展的参与者、见证者。

濮耀胜的记忆力极佳，30多年间乐清人创业的故事，每一个细节他都讲得很生动。从他的话语中，我们似乎都能看见第一批来到这里的乐清人身上的尘土与面孔上洋溢的青春。他讲述轻纺城创业的一个个片段，能让听者拼出一幅柯桥城市发展的壮丽图景。

七点一过，乐清人就开门营业了

改革开放初期，绍兴县委、县政府为带领人民摆脱贫困，下大力气狠抓乡镇集体企业的发展。而绍兴县自古是桑蚕之乡，那时纺织企业在绍兴县境内星罗棋布，到了20世纪80年代末，轻纺业产值占到全县经济总量的70%以上，绍兴县也是名副其实的纺织大县。如何把产业变成商品？勤劳智慧的绍兴人，发扬"走遍千山万水、说尽千言万语、想尽千方百计、吃尽千辛万苦"的"四千"精神，去全国各地推销自己生产的纺织品，在商品经济比较短缺的时期，给地方与企业创造了比较高的经济效益。

但由于当时机器设备陈旧，生产出来的产品质量也一般，加上新产品研发能力较低，几年后面料销售也就越来越难，随之库存积压越来越多，相当一部分企业陷入了困境。于是柯桥沿街开始有一些零星布摊。政府看到这种情况后因势利导，于1985年搭建了一个3000多平方米的简易棚顶市场，当时只能做一些零售和小批量的布匹生意，交易量不大，无法形成气候。

　　1987年，绍兴县人民政府果断决策，要在交通条件相对较好的柯桥镇104国道边上建一个大型室内轻纺市场，把本地企业生产的面料集中起来，通过市场销到全国各地去，并列入1988年要办成的十大实事之一，明确由工商行政管理部门负责实施。濮耀胜成为绍兴轻纺市场筹建工作班子的一员。

　　经过前期的一系列准备，这个大型室内轻纺市场于1988年1月正式破土动工，占地26亩，建筑面积为2.32万平方米，共有540间营业房。同年9月，市场竣工，并于10月1日隆重开业。轻纺市场开业后，生意却一直冷冷清清，人气不旺。究其原因，是市场内卖的都是清一色的绍兴布，产品单一。经营一段时间后，市场门市部很多都关门歇业了。

　　后来一段时间，经过政府对市场的宣传和主动招商，事情有了转机。第一批以乐清人为主的温州布商进入市场，他们卖的面料来自全国各地，对他们来说，柯桥是一个"新大陆"。他们特别能吃苦，特别能动脑子，敢于冒险，市场逐渐发生了变化。原本市场到了早上8点开门的还不多，但乐清人的门店，7点一过就陆续开门营业了，而且乐清人把门市部装修得整洁亮堂，样品布料挂得整整齐齐，营业员也打扮得漂漂亮亮。乐清人经营一些绍兴面料，但大部分是来自广东、江苏、山东及全国各地大企业的高档面料和进口面料。市场越来越旺，交易量直线上升，人流量越来越大。

　　乐清人做生意有一个特点：亲戚朋友抱团经营，男的在外进货，女的守店卖货。业务资金不够时，他们就利用高息借贷筹措资金。他们特别守信，年初借来的钱，年末连本带息归还。绍兴轻纺市场也由主要销售绍兴纺织品的窗口，变成了一个开放的、销售全国纺织面料的批发市场，外来经营者越来越多，外地面料销售所占的比例越来越大。

2021年濮耀胜赴商会与会长吴建春交流

外地高档面料，掀起了绍兴"无梭革命"的高潮

1990 年 7 月，时任浙江省省长沈祖伦同志亲临轻纺市场做专题调研。他去当地的纺织企业听取意见，找分管工业的乡镇长开座谈会，现场调研市场的经营状况，最后在调研会上强调，"我看这个市场搞得很好，市场经济要敢于面对竞争，要抓住机遇，加强发展"。

1990 年 8 月，绍兴县轻纺市场东交易区开始扩建，总投资近 3000 万元，建筑面积达 3.35 万平方米，并于 1992 年 1 月 8 日开业。

1992 年 5 月，轻纺市场中交易区 152 间营业房开始用图纸招商，有来自全国 9 个省市的 618 家企业和个体商户报名，其中绝大部分都是从外省市场赶来的，乐清人占了 1/3。这次采用公开竞投标的方式拍卖 6 年营业用房的租用权，成交额达 1806.7 万元，这在全国实属首创，也大大提高了绍兴轻纺市场在全国的知名度。拍卖历时三天，第一天上午，绍兴县四套班子领导全部坐在拍卖现场最后几排座位上观摩竞投标。看到现场火热的景象，领导的心里都有底了。

1992 年 6 月，绍兴县政府又顺势而为，果断决策打响"渡河战役"，筹措资金建造轻纺大桥，并在运河北侧建造规模更大、产品更齐全、定位更高的大市场，即占地 158 亩，总建筑面积达 14.8 万平方米的北交易区。

绍兴轻纺市场的红火繁荣，特别是外地进来的高档面料，推动了全县纺织企业技术改造的积极性，掀起了"无梭革命"的高潮，引进了喷气、喷水织布机，也大大提高了企业对新产品的研发投资和研发水平——"三天出小样，七天出面料进市场"。绍兴纺织企业在市场竞争中尝到了甜头。

乐清人用"大哥大"联络外地亲友来创业

北市场的招商，乐清商会出了大力。由于北市场容量大、门店多，招商有一定难度。另外，离市场不远的萧山商业城（主要经营纺织面料）基本建成，已定于 1992 年 10 月开业，总建筑面积达 20 万平方米，规模超过柯桥市场的总和。面对困难，县里主要领导勉励市场管理人员要敢于竞争，培育更好的营商环境和出台更好的政策来吸引全国各地的商人，用完善的服务来满足商户的需求，用最大的能量来帮助商户解决困难。

"我多次找到乐清商会、温岭商会，他们在市场上有一定的话语权，并且和有影响力的一些代表开座谈会征求意见，有现在还在乐清商会中担任常务副会长及以上职务的吴建春、王锦汀、王信友、王新生等，还有林银汉、薛金闹、王美松等当时商会党支部及商会负责人。另外，我们还找到绍兴商会及其他经商大户代表征求意见，他们都给我出了很多有用的好点子，并提出了一些他们需要帮助解决的困难。这对我们管理好市场起到了很大的作用。"濮耀胜说。

1992年7月20日，轻纺市场大门口贴了一张通告，宣布中国轻纺城北市场自8月8日起向海内外公开招商。乐清商会的朋友们第一时间用他们自己的"大哥大"联络在外地的乐清籍亲朋好友，邀请他们快来柯桥创业经商购门店，乐清商会根据统计情况，提前预订了商铺618间。温岭商会马上跟进，预订了商铺130间。招商还没有开始，748间商铺已经有主了，这个信息一传出，整个市场马上轰动了。8月6日晚上，招商会前两天，老市场工商所办公室外的走廊上就排起了数百人的长龙，有的还用100元钱一晚雇人来排队。当时为保证市场安全，濮耀胜组织市场管理人员用广播一遍又一遍地通知，将原定的"先交款，先选房"办法改为"公开报名、不分先后，择日公开抽签，并保证满足大家的需求，请大家回去安心休息，不要再排队了"。

8月8日早上6点，濮耀胜等安排了6个签约收款点，商户们提着大包小包的现金来办手续，用了整整7天时间圆满完成了北市场的招商工作。我们根据乐清商会的要求，帮助每间门店解决2万元贷款，累计落实贷款1236万元，这在当时还是破例办理的。乐清商人帮市场招商，市场帮助他们办点实事。

乐清商户："我们坚决从萧山商业城退出"

8月18日早上8点，北市场举行开工典礼，省市县的领导和各商会代表共同参与奠基仪式。当时，柯桥的建设可谓"只争朝夕"，开工典礼只用了短短20分钟。根据安排，绍兴县人民政府将于上午9点在柯桥工人文化中心礼堂召开中国轻纺城经营者大会。离开会只有5分钟了，千余个座位还有一半空着。县长陈敏尔问：能准时开会吗？濮耀胜回答：放心吧。

果然还差一分钟到9点时，现场已座无虚席，轻纺市场的商人们特别守信。县委书记纪根立亲自主持会议，县长陈敏尔做报告在会上提出了柯桥和轻纺城的发展规划，提出了"兴商建市，兴市建城""你发财，我发展"的共建目标，公开宣告在

濮耀胜接受浙江卫视采访

中国轻纺城经商，国营、集体和个人，本地商人和外地商人地位一律平等，鼓励大家放心、放手、放胆、放量做大生意，并提出了一系列扶持轻纺城发展的政策和措施，帮助外来商人解决住房、落户、子女读书及金融服务等一系列创新举措。台下，一位广东商户问濮耀胜："县长做报告，我可以录音吗？"

"可以。"

"如果县长承诺的事做不到呢？"

"如果做不到，你来找我，我带你去找县长。"濮耀胜回答道。

时隔多年，濮耀胜还记得对广东商人的这句承诺，商人要讲诚信，政府也要讲诚信。会上，乐清人王银姆代表全体商户发言，有两句话令他记忆犹新，一句是"我们与绍兴轻纺市场紧密联系在一起了，在绍兴县委县政府的领导下，一定为兴旺繁荣轻纺市场做贡献"；另一句更实在——"我们坚决从萧山商业城退出"。

每到中秋，县委、县政府领导都会给外地商户代表送黄酒、月饼，腊月二十三市场休市，县里主要领导会为外地商户代表送行，宴请各外地商会代表，这让包括乐清人在内的外地商户都非常感动——"我们在柯桥真有地位，也真幸福"。

中国轻纺城的发展史上永远有乐清商人的名字

乐清商会现任会长吴建春刚来绍兴轻纺市场时还不足 20 岁，经过 30 多年的艰苦创业，现在和朋友一起在柯桥建成了总投资 15 亿元、总建筑面积达 19 万平方米的中国轻纺城跨境电商产业园。执行会长王信友、常务副会长王锦汀、王旭东、王新生、孙家珍等，他们都是中国轻纺城第一代商人，30 多年来，为轻纺城的发展做出了重要贡献。

1995 年，浙江省人民政府发出市场扶贫建校的倡议，濮耀胜等人只开了一次动员会，用了不到半个月时间，就收到了市场经营户捐款 170 余万元，是全省完成最快、捐款额最多的市场，其中乐清商会捐款超过 55 万元，占了整个市场捐款的 1/3。

濮耀胜当时邀请乐清商会代表一起将扶贫建校捐款 170 多万元送到绍兴县结对的贫困县丽水云和县，专款用于建设中国轻纺城云和中学。一年后，学校建成，在石碑上刻着捐款千元以上者的名字。

乐清商会是轻纺城成立最早、活动最多、实力最强、贡献最大、最有作为的经商联合体，敢为人先、艰苦创业、诚实守信、勇立潮头、无私奉献的乐商精神定能继续发扬光大，推动中国轻纺城的创新发展迈上新的台阶，中国轻纺城的发展史上永远有乐清商人的名字。

访谈时间：2023 年 9 月 28 日

访谈地点：中国轻纺城乐清商会会议室

访谈整理：徐显龙　付东升

淘"金"之地"乐"搭桥

人物名片

薛金乐，温州乐清淡溪镇人，1951 年生，中共党员。曾任乐清市人民政府驻绍兴办事处主任、党支部书记，中国轻纺城乐清商会高级顾问。

雁荡山脉，群峰嶙峋，湫瀑美景，峰青云白，古木参天，姿态万千，浑然天成，山山水水无不萦绕着仙气。

初夏时节，我们一行四人应邀来到乐清。我们此行访谈的对象是乐清商会已经隐退的几位元老。刚出高铁站，薛金乐主任就热情地迎了上来。眼前这位亲自来迎接我们的主任绝非等闲之辈，他是此次访谈的重量级人物。车子一发动，他的话匣子就打开了。他对轻纺城、对商会、对老企业家的情况了如指掌，简直就是"活地图"；他的话语中，无不洋溢着对商会的深情与厚爱。而谈到他自己，则又十分谦逊、低调。

随后，在绿树成荫的山林深处的农庄里，薛主任将自己亲历的柯桥故事娓娓道来。

2016 年，薛金乐（中）在商会党委庆祝中国共产党成立 95 周年活动上讲话

率先设立"乐清驻绍兴办事处",这是"一大创举"

改革开放的浪潮奔袭而来,不甘心留守故土的乐清人,成群结队地外出寻找出路,他们善于发现商机,足迹遍布祖国的大江南北,从事的行业包括衣食住行的方方面面。有这么一些人,在做裁缝的过程中,慢慢摸索到柯桥是面料的产地,可以拿到更低的价格。一来二去,1989 年,第一批乐清淡溪人辗转来到绍兴柯桥从事面料生意,从此开启了两地的不解之缘。随后几年,亲戚带亲戚、朋友带朋友,越来越多的乐清人如潮水般集聚到了柯桥。

伴随着 20 世纪 90 年代初市场经济的蓬勃发展,大量外出经商人员如何管理、在外流动党员怎么过组织生活、如何保证在外经商的乐清人的权益和安全,越来越成为摆在政府面前亟须解决的问题。经过充分调研和酝酿,1994 年乐清政府决定派出专门工作组,对数量庞大的在绍兴轻纺市场经商的乐清人给予支持。"这在当时是没有先例的,可以说是一大创举。"薛金乐说。正因为没有先例可循,当时对外出人员的管理工作也是边实践、边探索、边完善,对地方政府来说也需要魄力和创新思维。乐清市人民政府驻绍兴办事处实际上是专门为在中国轻纺城经商的乐清人服务的,当时共派出 5 名正式工作人员,后来又从公安和工商部门抽调 3 人,最多的时候有 8 人。经乐清市委组织部任命,薛金乐同志调任乐清市人民政府驻绍兴办事处主任,办公地点设在中国轻纺城乐清商会。

当时,乐清市政府对办事处的工作要求是八字方针:联络、协调、管理、服务。"联络",一是联络乐清市政府和绍兴市及绍兴县政府,二是联络乐清商户,并摸清情况;"协调",就是与当地政府及有关部门沟通,保障乐清商户的合法经营和合法权益;"管理",主要是管理在绍兴经商的流动党员,理清党员数量,健全党组织架构,建立党员学习制度等;"服务",就是帮助商户解决问题,针对需要当地政府解

薛金乐在乐清市人民政府驻绍兴
办事处授牌仪式上接过牌匾

决或者需要乐清市政府解决的问题，提出相应建议并形成文字材料，及时传递给政府部门。

　　薛金乐担任乐清市人民政府驻绍兴办事处主任可谓是最合适的人选。薛金乐说，在成立绍兴办事处之前，乐清市政府就先派他到柯桥调研了。他摸清了这里的所有情况，包括有多少乐清人在中国轻纺城，他们是怎么经营的，生活状况如何，主要困难有哪些等问题。当时，轻纺城市场已经初具规模，比较繁荣，来自五湖四海的商人集聚在柯桥，其中乐清人就有 3 万多人，规模相当大。但是当时的社会治安相对来说不够好，盗窃、打架、抢劫事件时有发生。因为对市场经营户情况比较了解，所以薛金乐到绍兴后工作还是得心应手的。

　　办事处既是乐清市派出的驻外机构，又是沟通商户与政府之间的纽带。

"尽可能在合理合法的前提下为个体户争取权益最大化"

　　薛金乐刚到绍兴的时候非常忙碌，一切从零开始，事情千头万绪。由于当时市场治安不好，因内部纠纷和社会矛盾导致的打架等情况时有发生，薛金乐经常要奔波于当地的医院、派出所之间，协调解决各种纠纷。虽然他是公务员身份，但完全没有上下班的概念。如果是晚上出了事情，哪怕是深更半夜、严寒酷暑也必定亲自赶到现场处理。渐渐地，他把绍兴各部门的办事流程弄明白了，与绍兴公安、税务、工商、教育等有关部门也熟悉起来了。

　　因为工作的特殊性，薛金乐经常需要往返于绍兴和乐清两地，及时向乐清领导汇报工作。在薛金乐的带领下，在商会主要成员的配合下，他们积极探索在外出务工人员管理中发挥党组织作用，结合中国轻纺城乐清商会党支部作为全国首创驻外商会党支部的实践，写出了总结材料，受到中央组织部调研人员的充分肯定。

　　1992 年，在轻纺城的乐清人已经成立了乐清县个体劳动者协会驻绍兴轻纺市场分会及临时党支部，有党员 170 多名。薛金乐到任后，经乐清市委批准，在临时党支部的基础上成立了中国轻纺城乐清商会党委。为便于管理，薛金乐按照党员所在的乡镇进行分组，设立了 10 个党支部，参照乡村党组织管理办法开展党建工作，分级管理后效率明显提高。在管理和服务过程中，遇到日常琐碎的事情，一般各乡镇支部就能解决，较大的问题则由办事处协调解决。

在兼商会"政教处长"时，"发展了 17 名党员"

　　商会党委专门建立了政治教导处，由薛金乐担任教导处长，林其海担任副教导处长。党委的组织学习制度健全，每月 15 日支部组织学习，每季度党委组织学习，每半年组织一次党课，每年"七一"评选年度先进支部和优秀党员，不仅提升了党员的归属感和荣誉感，而且提升了组织的向心力和凝聚力。薛金乐自豪地说："我在办事处时，通过不断观察，培养发展了 17 名党员，他们在经营服务岗位上都有突出表现，受到经营户的一致好评。"

乐清商会的党支部既接受商会党委的管理，也接受乐清对应乡镇党支部的管理。他们在绍兴要听从商会党委的管理，回去又要听从乡镇党委的管理。发展党员时，既需要征求办事处和商会党委的意见，也要征求发展对象所在乡镇党委的意见，发展一名党员需要层层把关。

通过学习、培养、引导及商户的相互帮助，乐清人在柯桥的事业越来越兴旺，实现了以个体经济为主向公司制的转变，注册成立了上千家公司，也实现了以布业单一产业为主向多元化产业发展的转变，乐清人在柯桥开始发展房地产、化工及其他产业，为柯桥城市建设注入十足的活力。随着社会的发展和生活水平的提高，乐清人的素质也逐渐提高，接班的"创二代"们多是大学生，也不乏"海归"高才生。薛金乐说，在他看来，温州人能够如此成功，是因为他们具备几个重要品质：一是吃苦耐劳，二是敢为天下先，三是互帮互助。

既要"经济上保持独立，感情上融为一体"，也要"斗智斗勇"

做商会管理工作会遇到各种棘手的问题，薛金乐始终保持正气，以实事求是的态度坚持原则。

随着市场的发展，1997年，乐清市政府提出将个体劳动者协会更名为乐清市轻纺商会，乐清市政府首创了以单一市场为载体的基层商会，这在当时也是一个创举。在换届的候选人中，有个别人持反对意见，薛金乐连续几天做了大量细致的思想工作，摆事实、讲道理，分析每位候选人的情况，终于做通了持反对意见者的工作，并让他担任大会的管理者，负责维持会场秩序。就这样，1200多人参加的换届大会顺利举行。

1998年建立基层商会的时候，并没有去正式备案，直到第三次换届的时候，基

薛金乐（右一）在中共乐清市驻绍兴中国轻纺城乐清商会委员会成立仪式上

层商会得到了柯桥官方认可，正式更名为中国轻纺城乐清商会，也成功地在柯桥工商联完成了备案工作。乐清商会摸索出来的这一模式，成为全国各地商会学习借鉴的样板。

据许多商会会员回忆，在争取开通广东到绍兴的布匹运输线路时，老运输线路的利益受到了影响，薛金乐因此受到过人身威胁，但他一直不慌不忙讲道理，最终化险为夷。由此，人人都佩服他的胆魄和协调能力。

从1994年担任办事处主任起，薛金乐一直干到2011年退休。由于这个岗位的特殊性，既要了解轻纺城和商户的情况，又要有公务员身份，一时很难找到满足条件的人，所以政府又让薛金乐兼任了6年，直到2016年他才真正退下来。

时光匆匆，20余载，留下了太多的故事、太多的感慨，这是人生中一段最美好的回忆，也是一段铸就人生梦想的历程。虽然薛金乐后来又担任了商会的顾问，与轻纺城乐清商会的企业家们共事多年，但他没有收过企业家一分钱，也没有参投任何股份。薛金乐常常和人说，他和轻纺城的乐清商户之间就是"经济上保持独立，感情上融为一体"的关系。他相信正是这份清廉正直，使他获得了大家的信任和支持，彼此也成为亲如兄弟的朋友。有人将他的名字拆解开来——在金柯桥这样的淘"金"之地，他是"乐"于搭桥的人。

访谈时间：2023年6月20日

访谈地点：乐清市淡溪镇

访谈整理：周群芳　杜嘉木

守法诚信已成为乐清人的文化传统

人物名片

高翔宇，浙江绍兴人，1966 年 11 月生，中共党员，大学学历。现任国家税务总局绍兴市柯桥区税务局党委委员、副局长。

乐清商会是众多商会中的佼佼者

在我的印象中，乐清商人群体出现在柯桥，可追溯至 20 世纪 80 年代。30 余年栉风沐雨，他们落地生根、枝繁叶茂，在柯桥这片土地上，一步一个脚印，干出了可圈可点的精彩业绩。

柯桥是一个包容的地方，中国轻纺城市场是万商云集之地，有各类纺织品市场 28 个、商户 20000 多个，不论是个体商户还是企业，是内销还是外贸，都通过中国轻纺城这个市场平台来交易。柯桥有来自全国各地的营商创业人员组成的 30 多个商会，中国轻纺城乐清商会是其中的一个县一级商会。在与中国轻纺城广大纳税人的接触过程中，乐清商会给我留下的印象是最深刻的，可以说他们是柯桥众多商会中的佼佼者。

乐清商会有党建引领发展的优良传统。商会有一个优秀的党委班子，在党委书记、会长吴建春的带领下，围绕商会中的任务，发挥着政治引领和监督作用，扎实开展党建工作，党员会员处处带头，起到先锋模范作用，商会被全国工商联评为"四好商会"。也正因为如此，乐清商会始终能把教育广大会员了解掌握党和政府各项方针政策，树立爱国意识和团结、敬业、诚信、守法、奉献精神作为重要任务来抓，大大提高了会员的思想政治素质，鼓励会员在做好生意、办好企业的同时，为国家、为社会、为商会多做贡献，涌现出了一大批先进人物、积极分子，有的当选为人大代表、政协委员和工商联常委、执委，有的获优秀企业等荣誉，有的积极要求入党。商会多次被评为工商联系统先进集体、先进单位。

乐清商会有一个健全的组织运行机制。商会组织机构架构完善，分工清晰明确，运行高效。我看到，无论是商会会员大会还是党委会，他们都特别注重仪式感，参会人员统一西装革履，给人精神振奋的好印象。常设机构秘书处的工作人员作风优良，以饱满的热情尽心尽力为会员服务。

乐清商会的服务内容深入且广泛。据我所知，为会员排忧解难，是乐清商会的一项重点工作。商会想会员之所想、急会员之所急，为会员服务的内容涵盖生产、生活的各个方面，从经贸合作、劳动纠纷到住房团购、子女上学等，这些暖心工作提升了会员凝聚力，激发了会员干事业的信心和劲头。商会还积极组织各类团体活动，增强会员对国家的热爱和自豪感。譬如G20杭州峰会刚结束，商会就带领大家到峰会场馆参观，让会员开阔眼界。同时，乐清商会还遵循服务立会的宗旨，倡导会员互帮互助，在互动和合作中共同发展，这些都是乐清商会成为商会中佼佼者的过硬本领，也是值得其他商会借鉴的宝贵经验。

乐清商会有一批热心的好顾问。乐清人有个特点，就是特别团结，商会还在发展过程中得到了郑文法、薛金乐等一批退休老同志的关心、帮助和指导，他们管理经验丰富，义务帮助商会逐步规范管理，逐一解决发展过程中的难题，并且不断为商会注入红色基因。郑司令的正气和豪爽令人印象特别深刻，我记忆中郑司令在会员子弟的一场婚礼上，给两位新人做的证婚词也颇有政治高度，他希望新人成家后，要热爱祖国，要有家国情怀，有大家才能有小家。正因为他对家乡人的这份无私大爱，赢得了所有商会会员对他的尊敬和感恩。

守法诚信已成为乐清人的文化传统

税务部门离不开企业和企业家，两者是唇齿相依的关系。柯桥税务有着良好的传统，始终把为纳税人服务作为责任和义务，柯桥税务的服务意识和法治建设是走在全省税务系统前列的，这为柯桥打造了很好的营商环境，也是改革开放40多年以来吸引外地客商留在柯桥持久发展的重要原因之一。

乐清商人的守法意识特别强。我在税务工作中与乐清人打交道，感受很深的一点，就是他们深知税收与经商之间的紧密关系，经常会自觉地学习、咨询税法知识，也会对税务工作提出一些建设性的意见和建议。中国轻纺城市场一年一度的个体工商户定期定额标准的确定，税务部门会在调查摸底的基础上，与包括乐清商会代表

柯桥区"我与宪法"进市场活动

在内的市场业主、商户进行座谈沟通、商讨；对个别商户欠税的现象，乐清商会积极协助我们进行教育劝导，平时督促提醒，商会遇到疑问和困难，也都会主动寻求税务部门的指导和帮助。他们感恩柯桥这方土地为他们提供了创业致富的机会，也把遵守税法、依法纳税作为营商准则，切实遵守。乐清人对柯桥充满感激之情，并积极回馈社会，这种行为已逐渐演变成一种文化，成了乐清人的传统。

我想这种守法、讲诚信的优良传统既源自乐清人外出创业的艰辛历程，也离不开乐清商会的积极引导，他们把会员个人富裕与共同富裕结合起来，积极参与光彩事业，热心社会公益事业，促进共同富裕；他们引导会员将遵循市场经济法则与发扬社会主义道德结合起来，诚实劳动、合法经营、依法纳税，守信用、讲信誉，为中国轻纺城建设做出了贡献。

"税务＋商会"联动，乐清商会走出了先行先试的第一步

我们柯桥区税务局承担着辖区内组织税收工作、优化营商环境的职责，我们深入开展全社会尤其是面向纳税人的税收法治宣传教育工作。我们立足柯桥，以中国轻纺城这一充满活力与生机的群体为背景，普及税法、税收政策与知识，使商户能更好地了解掌握税收政策，提高对税法的遵从度，增强风险防范意识，保持健康可持续发展。

我们在中国轻纺城设立了税收普法教育基地，以图片、漫画等平面展现形式，介绍柯桥区税收法治历程；以动漫演绎、屏幕播放、中英双语语音讲解等动态形式，普及税收政策与知识；突出纺织专业市场包容开放的特点，以喜闻乐见的形式使商户及时了解掌握税收政策。

为更有效、更精准地服务企业、服务商户，我们提出了"税务＋商会"长效服务机制，我们以"税务蓝"宣传小分队对接各个商会，作为尝试，我们首先选择了乐清商会，与商会进行对接，得到商会领导的积极响应。"税务蓝"搭建起纳税人在线咨询平台，第一时间答复纳税人提出的涉税疑问；定期组织涉税培训，辅导纳税人正确执行税法，享受税收优惠政策，提高规避税收风险能力，实现"优惠政策不缺一项、应享红利不少一分"。

"税务＋商会"联动作为税企服务的一种有益探索，在乐清商会会员中先行先试，并取得了良好实践效果，税务政策宣讲及时，服务企业精准，既有专业力量引导，又有熟人社交环境，税务宣传人员就共性问题进行宣讲，就个性问题开展精细深度服务，在疫情发生的三年多时间里，全方位释放减税降费政策红利，用税惠力量助力各类商户与企业行稳致远。

访谈时间：2023 年 7 月 12 日

访谈地点：柯桥区税务局

访谈整理：张增祥　周群芳　杜嘉木

CHAPTER 2 第二章

星火引领　星途坦荡

一颗红心，两肩责任，人生无憾，又何惧峥嵘岁月长。

　　乐清人是有血性的，"家国情怀"是植根于乐清人身体内的基因。发家致富过程中，他们饮水思源，成立了商会，成立了党支部，哪里有需要，党员就在哪里——汶川地震、新冠疫情，他们满含热泪伸出援手；修桥铺路、帮贫济困，他们毫不犹豫贡献力量；他们更是乡村振兴的"助跑员"、共同富裕的"领跑者"，将爱心传遍华夏大地。

　　他们说：党员，不仅仅是身份，更是责任，有情有义才是真的英雄。情义最珍贵，而这份珍贵，又将乐清人的事业引领上一个崭新的台阶，终将开辟出一番崭新的天地。

敢闯敢拼成天地，抱团发展共富裕

人物名片

吴建春，浙江乐清南岳镇人，1970年1月生，中共党员。现任中国轻纺城乐清商会党委书记、会长；绍兴市第九届政协委员，绍兴市柯桥区工商联（总商会）副主席、副会长；温州市雁荡山仁德慈善基金会轮值主席；浙江中昆投资发展有限公司董事长、浙江锦昊投资有限公司董事长、中国轻纺城跨境电商产业园董事长。

吴建春从来不认为自己是个英雄，但毫无疑问，他的心里住着一个英雄。这个英雄，不仅具有无所畏惧的勇气，还是立体的、多元的。英雄是不问出处、一腔豪情的，从他书架上满满的历史、武侠书可以看出，从他言谈举止爽快磊落可以看出，从他喜欢闯荡爱拼搏可以看出；英雄是谋定思变、行稳致远的，从他是较早到国外进货的乐清商人可以看出，从他不断更新面料品种可以看出，从他一次次转型挑战新领域可以看出；英雄是不改初衷、有情有义的，从他南征北战却最终把家安在柯桥可以看出，从他将商会、企业建成温暖大家庭可以看出，从他热心公益、反哺社会可以看出。那个15岁从乐清老家出发，披星戴月辗转五湖四海的少年，已然成了他自己的英雄。

"我这个人还是愿意拼的"

从杭州到柯桥，时速300多公里的"复兴号"渐渐降了速，缓缓驶入绍兴北站，这时，窗外出现一列白色的建筑，空间体量巨大，气象方正明快，上挂标牌——中国轻纺城跨境电商产业园，俨然城市门户。

园区19幢的顶层，吴建春的办公室在长廊深处。一条线上移步换景，假山、亭子、喷泉、绿植、花格窗……精致通透，颇为气派。

踏入他的办公室，墙上挂着书法作品"谋而后动"。高大的书架上有领袖像，还整齐排列着党务、管理方面的书籍。往玄关边上一瞥，却见柜子里塞了《隋唐英雄传》《革命先辈斗争故事》《三国演义》的小人书，都是手掌大小。起头几本是《隋朝初立》《千里探母》《永丰舰的炮声》《彭大将军》《四渡赤水》，透出几许英雄情结。翻看几页，线描简单，语言精练，情节紧凑，似乎由此窥见了连环画收藏者吴建春本人的言行风格。

"我这个人还是愿意拼的。"吴建春处理完手机里的业务，摘下眼镜。这位身高一米八的魁梧大汉，坐如弥勒，站似金刚，眼中有着不怒自威的神气。说起自己的早年经历，他很少沉浸在细节的描述上，每件在旁人看来天大的事情，他往往三句两句也就说完了。

初来柯桥，拜师学艺

吴建春的父亲在原乐清县盐化局蒲岐所工作，母亲和姐姐也都有"单位"。而他从小个性独立，喜爱闯荡。15岁初中一毕业，他就与朋友一起创办了一家虹光标牌厂，跟着上海来的师傅做标牌。"一笔单子赚了400块钱。我老爸眼珠子都要掉出来了，比他一个月工资还高！"后来他跟着父辈世交的哥哥王旭东出去闯。王旭东出道早，经验丰富，思路清晰，从贸易到采购等，吴建春一路跟着他学习。

吴建春跟着王旭东辗转到甘肃等地做生意。他们购买绍兴周边乡镇的坯布，染色后运到兰州永昌路批发市场。1989年，王旭东见柯桥有发展前景，便来到了柯桥；两三个月后，吴建春也寻到了柯桥。就这样亲带亲、故带故，他俩带来了很多家乡人。生意顺风顺水，但吴建春并不满足于现状，"当时市场上的布料色彩单调，只有黑、灰、青等几种颜色"。1989年，他去了广东西樵布料批发市场，"里面的布料新潮时尚，当时的感觉真是眼花缭乱，十分兴奋。这才是真正的布料批发市场"！考察回来，他在绍兴租了多个店铺，直接找广东的布料厂家进货，这些布料一引进，立即打开市场销路并引起轰动。吴建春直接从厂家进货，把利润让给更多的批发商，后来因发展需要，他成立了绍兴信贤纺织品有限公司。到了1992年，吴建春决定走在时尚尖端，他先后去了汕头、香港进货；又一个人赴印度尼西亚，成为轻纺城里比较早到境外进货的乐清商人。他直接到厂家采购优质布料，这些时尚高端的布料，让国内厂家一时很难复制。乔其纱、泡泡印花布、蒙娜丽莎、雪纺等产品供不应求，很多客户拿着现金在仓库坐等提货，上海、北京、杭州、大连的大型商场都有他的产品。提到这些，吴建春脸上浮现出满满的自豪感，那段时间，他每天起早摸黑对接生意，他的商铺前总是汇聚着一批追赶时尚潮流的批发商与服装商。

几年下来，随着绍兴印染技术的提高，吴建春的产品总是被仿造。才过了一段时间，吴建春就发现市场上出现了同款、价低的布料。他明白，有商家买了他的布，回家仿造，虽然质量不好，但色彩一样。吴建春说，这次仿冒对他冲击太大了，4间门市部的租金一年就要200万元，还有价值5000多万元的布料积压在仓库里。想要发展还得另谋出路。从2002年开始，吴建春不断前往上海、广州、成都、重庆等地考察。他坚信，当贸易发展到一定程度时必须转型升级，因此，吴建春也努力进军别的赛道。2004年，城市化大潮兴起，吴建春去了成都，正赶上当地"招商引资"，在陈朝钦会长（四川浙江商会会长）的带领下，吴建春和王美松（轻纺城乐清商会第二、三届会长）等几个合伙人看好青羊区的一块土地，以最高价成功竞拍，并且引入深圳著名的品牌"赛格"，开发了 4 万平方米的手机卖场，各大手机品牌纷纷入驻，连带着手机零件、售后、维保、贴膜等上下游业务也被吸引过来，成为历年品牌手机新品发布中心。

现在打开电子地图，翻到成都赛格广场，可以看到这座位于成都核心商圈的大楼上，挂着这些字样——全国大型手机连锁批发城，批发中心、信息中心、集散中心。据悉，现在赛格广场年成交额超 100 亿元，已经成为西南地区非常有名的手机商城。

谈及这次"弃布从机"，吴建春坦言："做布要认认真真，要斤斤计较，去印染厂里要跟人家谈价钱，每米印花布一分钱两分钱把价格讲下来，我觉得难为情。"再加上多年从事布料生意，库存越来越多，如果每年都存下大量的积压货，那对今后发展是十分不利的。他前往全国几个最大的布料批发市场考察，顺便去看看一些老朋友。这些企业家们聚在一起，总会"头脑风暴"一番，能让他捕捉到更多的商机。他在深思熟虑后，才有了这次转型发展。除了成都的项目，他又在广州、重庆、江苏多地陆续开发了多个房产项目。

有魄力、爱交友，这是人们对他的印象。在朋友眼中，他的成功秘诀是"为人公正，做任何事都公开透明，没有私心"。乐清商会高级顾问郑文法说："吴建春无论走到哪里，都能把一起投资的股东变成朋友，大家也都服他，这是了不起的！"

吃住都在工地，建成年交易额百亿元的电商产业园

轻纺城建设管理委员会的一位领导告诉我们，乐清商户与其他商户不同，其他商户坚守自己的本行为主业，但乐清人转型非常快，在纺织业赚到钱了，既坚守自己的主业，又能看到其他新兴行业的商机，及时参与涉入，比如化工行业、教育事业、房地产等，他们也不局限在柯桥，特别善于用钱生钱。

吴建春便是其中的典型。他曾把自己所有的积压货以原价的 3 折卖掉，此举吓坏了好多人，因为积压货有数千万元，3 折卖掉，那要亏多少钱啊！但吴建春算了另一笔账：积压货放在仓库里，算起来有几千万元，可卖不出去仍是零。虽然仅卖了几百万元，但他用这笔钱买了几个商铺，然后租出去，几年就能收回成本。

从 2003 年开始，吴建春辗转各处投资，虽看似像风筝一样四处飘，但他说，他早已把家安在柯桥，风筝的线头还锚在柯桥。他成功开发了金湖香港城、重庆锦江郦城、重庆锦江华府、广州春纺等住宅商业项目。吴建春说："我享受到了投资开发带来的喜悦和回报，也尝到了挫折和失败的滋味，何其艰辛！"

他依然心念故土。"2015 年，我和好友胡定余、林杰、王美松、王永豹多次聊起如何回归浙江、回归家乡，刚好浙江省委省政府出台了号召浙商回归的'一号工

程'，于是我们就去寻找项目洽谈，多次前往衢州江山、桐乡濮院，最后我们选择把项目放到柯桥中国轻纺城。"

当时，他们发现跨境电商的发展势头迅猛，许多柯桥的面料经营户也开始摸索线上营销，但面料作为中间产品，不同于一般成品，线上很难看清面料成分、颜色、工艺，局面很难打开。吴建春想，何不将线上线下融合在一起，打造一个一站式的O2O（Online to Online）模式的跨境电商中心。为了解决技术难题，他们多次找到了浙江清华长三角研究院学习取经，吴建春等人的真诚打动了时任院长王涛（现任绍兴市委副书记）及各位院领导，最终他们同意由陈清华博士牵头成立"电子商务、智慧物流绍兴研究所"。经过反复的研究，他们攻克了技术难题，根据当地实际情况提出方案，最终得到了柯桥区委区政府的信任及大力支持，2015年竞得项目，2016年园区开工建设，总投资15亿元，占地约105亩。园区采用了通透采光设计，配以回字连廊、超层高度、石材干挂、铝板收边、日立电梯及酒店餐饮等多功能配套，规划总建筑面积近19万平方米，在开工建设时，浙江清华长三角研究院党委副书记吴云达，柯桥区委四套班子领导，海关商检、乐清商会等领导都亲自到场祝贺。

为了抢时间、抓进度，吴建春吃住都在工地办公室，办公室还兼做会议室和卧室，连冬天他也裹着棉袄睡在这里。他每天仅睡四五个小时，一睁眼就思考项目建设运营方方面面的问题，发现不合理的地方，立马督促整改。

园区在2019年元旦投入使用后，短短几年，沐家股份、乐筑科技、淘实惠、盈科、明州通、跨境电商服务中心等众多大型电商及电商服务平台纷纷签约入驻。柯桥区政府也支持园区发展，引进了西安交通大学、东华大学、江南大学、浙江树人学院等高校的科研项目，以及浙江理工大学的鉴湖实验室。

目前，园区每年大概产生100多亿元交易额。三年新冠疫情期间，园区和园区的企业都遇到了不少困难，园区始终和企业共进退，在提供优质公共服务的同时，一些费用能免则免。比如，仅免除入驻企业的停车费这一项，园区一年就减少收入500多万元。此外，园区为企业提供一对一的管家服务，提供免费的会议场所，邀请专家开设培训课程，搭建电商业务培训平台。产业园的"e联盟"成为柯桥区网络界人士统战工作的新品牌，也是大家信息交流的重要平台。现在疫情结束了，园区和柯桥的各部门、各机构加强合作，提供更加优质的服务，积极推动产业复苏。

吴建春作为绍兴市政协委员，也是"老政协"了，他从2007年开始担任成都市青羊区第五、第六届政协常委会委员、柯桥区第一届政协委员，其间他有不少提案获得优秀提案奖，其中"关于利用RCEP生效、进博会等机遇，促进经济对外开放的建议"更是得到了与绍兴市施惠芳市长面对面深入探讨交流的机会，不少议案被政府有关部门采纳。他作为优秀的商会代表出席柯桥区企业家大会，并作为企业家代表发言交流。他还多次参与柯桥区委区政府组织的"政企面对面交流"，就本区经济

2020 年，吴建春（前排左一）向绍兴市委常委叶卫红介绍中国轻纺城跨境电商园有关情况

发展中碰到的问题提出了很好的建议。2023 年，他就柯桥本地跨境电商产业链发展遇到瓶颈，产业集聚无法达到预期的困境，向绍兴市政协会议提交了"推动海关及保税仓进驻园区，优化跨境电商产业链生态"的提案。他还向柯桥区政府建议，希望政府不拘一格吸引人才。"电商经济在杭州、宁波、义乌都搞得风生水起，处于中间的柯桥都被'虹吸'了，柯桥现在最缺电商人才。实际上，柯桥是重视引进人才的，给硕士博士都有补贴，但是他们有学历不一定有能力，那些有着百万粉丝的网红博主说不定才高中毕业，拿什么标准来衡量他们的能力，拿什么政策来吸引他们入驻？"

作为杭州亚运会协办城市绍兴市柯桥区的窗口企业，产业园在亚运盛会期间也迎来了各级领导的考察。我们采访时，正赶上吴建春给工作人员开动员会。"亚运任务压倒一切，做好 24 小时值班的准备，这是铁的纪律，不要跟我说任何理由、任何困难。这是我们企业的荣光，也是每个人难得的机会，要随时献出我们的时间。"紧接着，他话锋一转，"我每天都是等到大家熄灯了才走，有一天夜里看到物业办公室灯还亮着，你们还在认真工作，我感觉非常温暖。"

他说得非常真诚。这种温暖不仅荡漾在吴建春心中，更是蔓延到整个园区里。据说，跨境电商产业园联合入驻的企业元旦开年会，礼品都非常贵重，苹果手机、高档餐厅年券、电烤箱等，气氛很热烈，每个从会场出来的人都乐呵呵的。

2020 年新冠疫情期间，吴建春给公司定了规矩，一不开除员工，二还要加薪。"员工需要养家糊口，我们不能因为疫情就把他们从公司里裁掉，这是现代伦理的核心体现，也能更加激发他们奋发有为、积极进取的精神。"公司的项目也得到了省、市、区主要领导的高度关注，特别是浙江省委易炼红书记及王建发、王成、卢山等领导，绍兴市马卫光、盛阅春、温暖、徐国龙、金晓明、沈志江、赵如浪、陈豪、袁建、陈利华等领导的关心和支持。公司先后获得 2016 浙江省电子商务创业创新基地、浙江省重点建设项目、2017 年浙江省人力资源和社会保障厅省级创业孵化示范基地、绍兴市级科技孵化器、省级众创空间、柯桥双百亿重点项目等诸多荣誉。

虽已取得不俗的成绩，但吴建春不满足于现状，为了积极响应省委省政府提出的"地瓜经济"提能升级"一号开放工程"，2020 年他又挥师北上，在甘肃酒泉市创建了酒泉宇鹏化工科技公司。该公司占地 260 亩，产品和经营范围涉及附加值及科技含量较高的医药中间体、农药中间体、染料中间体等。

宇鹏化工科技公司拥有众多的科研创新人才，有博士、硕士、本科及大专学历专业研发人员 20 多位，并与国内多所大专院校有各种合作，技术与研发实力雄厚，可生产各类精细化工产品 50 余种。项目总投资 5.8 亿元，其中二分厂和四分厂已分别于 2022 年 4 月和 2023 年 9 月开始试生产，其余三个项目仍在施工建设过程中。项目全面建成和投产后，可实现年销售收入约 30 亿元，年创利税 7 亿元，各类产品所得税前平均利润率约 23%，年贡献各类税收约 6.6 亿元，可解决就业 500 余人，吴建春计划用 5 年时间将公司打造为甘肃省精细化工行业的高新技术企业新秀。

温暖大家庭，被全国工商联评为全国"四好"商会

位于鉴湖之滨的东方山水乐园，据说是亚洲最大的室内水上游乐场之一，有"中国旅游业航母"之称。

2019 年底，水上乐园却被抽干了水，搭上了台，铺开了红毯，摆上了 200 多桌宴席，原来是乐清商会把乐园包了下来，大胆创新的乐清人要在游乐园里开设一场 2000 多人的宴会——"乐商在绍三十周年"大会。这是东方山水第一次承接如此大规模的宴会。

当天，现场举行了会员大会、表彰大会、歌舞晚会、晚宴，更请来了中央电视台主持人黄婕主持。作为乐清商会党委书记、会长的吴建春的讲话被《浙江日报》引用，以"五万乐商征战绍兴 30 年创下千亿资产"为题发表。这位在台上侃侃而谈的会长，在祝酒时，道出的只有九个字："祝大家生意好，身体好！"一切美好的祝愿都在酒中了。

"好！"一时喝彩声连连，掌声雷动，随即开席。没有虚浮的东西，在场的每一个人都是这场宴会的主人，一张张清朗的脸上溢满笑容。

绍兴市政协原副主席冯建荣在一次参加乐清商会换届大会时说："乐商是中国轻纺城的创始人，乐商是中国轻纺城发展史上的见证人，如果没有乐商，就没有轻纺城今天的繁荣，绍兴县历史上一定会记录着乐商浓墨重彩的一笔。"他的肯定一直在鞭策、鼓励着乐清商会成员们。

1989 年，吴建春等第一批乐清人来到柯桥。30 年后的 2019 年，已有 5 万余名乐清人在这里发展，乐清商会有会员单位近 1500 家，注册会员 2000 多名，资产规

模近千亿元，年贸易额超千亿元。

温暖大家庭是商会的底色，不仅如此，作为轻纺城成立最早（1992年）、规模最大的商会，乐清商会常为人所称道，还凭借"政治引领好、队伍建设好、服务发展好、自律规范好"的出色表现，被全国工商联评为全国"四好"商会。面对记者"管理商会成功的经验是什么"的提问，吴建春的回答是："党的建设。"商会每年定期有"三八"妇女节、"七一"和"十一"国庆节活动，每年的年底召开全体会员大会，目的是团结全体会员，不忘初心、牢记使命，乐商永远跟党走。

中共乐清市驻绍兴中国轻纺城乐清商会委员会成立于2010年，现有党员450多人。时任柯桥区委书记徐国龙（现任浙江省工商联党组书记）同志在莅临乐清商会党委指导工作时说："乐清商人给人一种书卷气质的印象，平时温文尔雅、为人低调。"商会党委坚持"以党建促会建、以会建带党建"的新模式。吴建春给商会党委确立的目标是成为在外党员温暖的家，绍兴当地发展的有效力量，展示家乡形象、搭建招商引资的有力平台。"只有坚持党建引领，才能更好地组织、引导、团结商会会员们集智聚力、同心求进，不断擦亮'乐商'这张金名片。"党委每月组织学习一次，学习最新文件精神，交流党建工作。担任书记伊始，吴建春就是这么想的，也是这么做的。"商会团结所有在柯桥的乐清籍企业家和经营者，加强合作，不断创新，助力'商二代'培养，成为乐清柯桥两地人民的情感纽带、企业家间沟通的桥梁、政府间经济文化交流的助手，为乐清和柯桥两地经济社会发展做出更大贡献。"

乐清商会一直有优良的传统，前几届会长们打下了坚实的基础，特别是第四、第五届会长在郑文法司令、薛金乐主任的精心指导下，商会各项工作有条不紊地开展起来。商会开展公益事业，至今为止，总捐款高达6500万元。商会积极为汶川地震、玉树地震、遂昌泥石流、台风利奇马等自然灾害受灾同胞捐款捐物；当疫情正面

吴建春在2018年第六届一次
会员大会上做工作报告

2023 年，乐清商会荣获柯桥区最具影响力商会，吴建春（右二）代表商会领奖

袭来的时候，商会第一时间响应党委政府号召，隔离防疫，并以不同形式把善款捐到乐清、柯桥两地；疫情暴发初期，商会就成立了网上防疫小组，及时解决问题，被政府、媒体通报表扬；协助政府解决了仓储物流搬迁、龙禧烂尾楼赔偿、天马仓库火灾案等问题，以实践证明了"枫桥经验"在乐清商会扎根生长。乐清商会也是村干部培育的摇篮，有很多商会领导、支部书记、著名企业家担任村双委，"一肩挑"，为两地经济发展、精神文明做出贡献。吴建春说："乐清商人感人事迹太多太多，数不胜数。"

乐清商会是"清廉商会"。商会的宗旨是服务会员、承担起社会责任。"尽管在我上任之前，财经委员会已经存在了，但从我上任开始，就主动约束自己的权力，商会的钱彻底由他们来管。我个人也没有向商会报销过一分钱。"吴建春从第二届商会选举开始，就做了副会长，"做了二十多年的'义工'。"吴建春说，"我很感谢商会全体理事会成员对我的信任和支持，也感谢我的项目股东对我的信任和帮助。"

吴建春还有一个头衔，即雁荡山仁德慈善基金会副理事长、第二届主席。据介绍，该基金会属公益项目，于 2010 年 12 月 10 日正式成立。吴建春说，该项目由 24 位浙江温州同乡好友共同发起成立，10 余年间为捐资助学、居家养老、慰问孤寡、植树造林、五水共治、冬日暖阳等公益项目，累计捐款捐物达 2000 余万元，其事迹曾被《浙江日报》报道过。吴建春说："我们基金会将一直捐下去，当我们老了，我们的孩子也会将它一直传承下去。"

访谈时间：2023 年 8 月 29 日

访谈地点：中国轻纺城跨境电商产业园

访谈整理：徐显龙　周群芳

轻纺城里的"金牌调解员"

人物名片

王信友，温州乐清淡溪镇人，1964年12月生。现任中国轻纺城乐清商会执行会长，绍兴市浙能针纺有限公司董事长。2023年4月，因在基层社会治理的调解工作中表现突出，被授予柯桥区"金牌调解员"荣誉称号。

在国内，温州人被称为"东方犹太人"。20世纪80年代，他们为了改变自身的贫困面貌，不得已远离故土，踏上异乡创业之路。王信友就是其中一位。

"裤子做大一点，蹲下来不炸线就行"

王信友出生在淡溪镇桥外村，儿时家境贫寒，他小学毕业就辍学了，下过地、放过牛。父母说"有艺不愁穷"，他便跟着姐夫的弟弟做了木匠，提着墨斗斧锯，挨家挨户做家具。

1983年，王信友19岁，怀揣着父母向乡邻借来的200块钱，去了兰州投奔哥哥王申钱，帮着哥嫂卖了几个月的服装。由于市场门面一家挨着一家，产品同质化严重，竞争激烈，利润也低，于是他萌生了去其他地方看看的想法，但没有目标，也没有方向。他找来了一张破旧地图，把目光锁定在200公里外的宁夏西吉县。他说走就走，卷了铺盖就过去了。

初来乍到，他发现这是一个全城只有一家汉民饭店的回民区。他租了房，开了裁缝店，生活有了着落后，邀请哥嫂一家也来到这里做生意。嫂子和她妹妹做衣服，王信友和哥哥卖衣服。一两个月后，由于宗教信仰原因，他们与房东饮食方面有差异，无奈之下叫了辆马车，一扬鞭子，载着锅碗瓢盆和缝纫机，搬到了更为便利的当地工商所的门面房，展开了自己的创业之路。

布料要去500公里外的西安进。西安过来有大巴车，王信友把布料放在车底行李位或者绑在车顶钢架上。路况差，人坐在车里晃荡，颠簸不定，一路的黄土高坡，车屁股扬起一溜尘土。

为寻找新款布料，王信友还去北京市场进布料。两包货共一百来斤，他扛着坐地铁，再转坐火车。在火车上要坐一两天，货就放在硬座座位底下，他眯一觉醒了，就往座位底下踢一踢、探一探，包裹还在，心里便踏实了，"所有资产都在这里了"。

对于西北小城的百姓来说，难得有做工细致的南方师傅来，裁缝店生意颇好。那个年代，人们其实对美的追求没有那么高，客户来定做裤子，问他们有什么需求，回答都是，"做大一点，蹲下来不要炸线就行"。

在西吉开店 10 个月，王信友觉得这里还是太偏僻了，于是又迁徙七八百公里，把生意搬到了山西临汾。在那里，他独立开了一个卖布的门面，店里陈设也很简单——地上立个铁架，撑上两根竹竿，再拉上绳子，他把从江苏进来的布料往上一搭，就开始卖布。有客户相中了布料，取下来，拿木尺子一量，画上粉线，剪刀一裁，交给客户，交易就算完成了。

那时临汾很乱，本地流氓天天打架，还欺负外地人。有无业青年过来，选好布料不给钱直接拿走，王信友才 20 岁，年轻气盛，这哪能容忍？他追出去夺回布料，免不了要打起架来。

1987 年，在安徽阜阳做布料批发生意的姐夫傅克波邀王信友一起经营，于是他来到了阜阳的布料批发市场经营布料，40 平方米的门市部，他们吃住都在里面，日复一日地售卖，日出而始，日落而终。

1989 年 3 月，他又在姐夫的带动下来到绍兴柯桥。柯桥有纺织产业集群，能产坯布，能印染，物流也方便，他便决心在这里扎根发展。他与人合资，在轻纺市场一楼买了两间门市部。就这样，他成了最早来柯桥的乐清人之一。

那时，他已经结婚，有了女儿。一家人在市场三楼租了两间 20 平方米的房间住下。随着市场里乐清商户越来越多，三楼也越来越热闹，30 多户乐清人都住在这一层，他们年纪都在 20 来岁，王锦汀、孙加珍都是邻居，他们在这里形成了一个说方言的小社群。

三楼是顶楼，夏天房顶被晒得滚烫，室内如蒸笼。晚上结束营业后，回到楼上，大家都要往地面上泼水降温。公共水房有两排水龙头，男人们光着膀子在这里哗啦啦洗凉水澡。市场挨着萧绍运河，傍晚，他们也会跳下运河，游泳、摸螺蛳、捉河虾，回来就在走廊里点上煤球炉炒上两道小河鲜，小酌一杯，生活也还算悠然自得。

进口布料促绍兴纺织自我革命

那时，轻纺市场里销售的主要是绍兴布，也有江苏布，但质量都不好。为了适应市场需求，进到更好的面料，王信友把店铺交给妻子经营，自己常驻广东，先在南海市（现为广东省佛山市南海区）西樵镇，1992 年又到了潮汕的流沙镇（今普宁市），买进口面料，再发货到柯桥。

王信友和很多乐清人都去流沙购买进口面料来柯桥市场销售，这"扰乱"了柯桥轻纺市场。本地布料滞销，企业联合向县政府告状，政府与乐清商户都感受到了莫大的压力。而正在此时，萧山也造好了商业城，兴办轻纺市场，极力向乐清商户招商，给出了优惠条件。眼看着萧山要把这批市场生力军给"挖"走，绍兴县政府积极营造营商环境，召开动员会，并在轻纺城经营者大会上宣布，各地面料自由流通，本地外地商户一视同仁，给大家吃了一颗定心丸。王信友的大哥王银姆代表商户发言："我们坚决从萧山商业城退出！"

从此，本地企业也积极反思，开启了"无梭革命"，淘汰落后机器，渐渐将布料质量提升起来，柯桥市场日益繁荣；与此同时，江苏盛泽等地的布料质量也不断提高。1997年，依赖进口布料而兴起的流沙市场逐渐没落，王信友终于告别了两地跑的生活，回到了柯桥。

回顾在流沙的日子，王信友说，那时交易主要靠现金，而当地市场治安混乱，甚至有匪徒在光天化日之下在街面上持枪抢劫。王信友等乐清商人只好跟当地的布商相约，现金都在他们住的宾馆房间里交付。对比之下，柯桥的社会治安就好多了。

随着企业的发展，2010年，王信友与人合伙在绍兴市安昌镇成立了浙能针纺公司，建了13000平方米的厂房，如今有100多名工人，从事拉毛、刺毛面料与男女装生产。

此外，王信友还涉足商业地产，联合开发了广州中大九州布料市场、河北金指数服装城、镇江地下步行街等项目。

作为金牌调解员，他说"谢谢大家看得起我"

1997年加入商会后，王信友就是商会中的调解员。乐清商会常务副会长王新生说："王信友在我们心中就是'大哥'的形象。每当遇到问题，见到他就放心了。"

王信友说，他儿时在农村，常常见到大姓人家欺负小姓人家，因此从小心中对于公平公正就有着强烈的追求。现在，村里人有什么重大事情，也都会打电话给王信友，请他协调和支招；轻纺城里，乐清人遇到公司拆伙、业务矛盾、夫妻离婚等问

王信友在商会会员大会上致辞

题，都找他调解，甚至当地公安部门也会请他出面调解一些民事纠纷。

2021年10月25日，有一家工厂在维修时不慎引发火灾，致使四家公司仓库内的纺织品大部分被烧毁。经评估，这四家公司的经济损失数额巨大，他们要求肇事工厂赔偿高额经济损失。因为这家工厂与四家公司的负责人都是乐清商会的会员，火灾事故发生后，王信友及时联系各方当事人了解案件详情与各自的诉求。工厂负责人愿意向四家公司赔偿一定的经济损失，但他认为对方要求赔偿的经济损失数额过高，且火灾是意外发生的，自己也是火灾的受害者之一，希望四家公司能够适当减少主张的金额。因赔偿金额差距甚远，双方各执一词，僵持不下。于是王信友对四家公司各自的负责人晓之以理——想要通过诉讼解决本案纠纷，诉讼费、律师费在所难免，且势必要花费更多的时间与精力，又动之以情——大家同是乐清商会的会员，同样背井离乡来到绍兴经营谋生，而那家工厂将仓库出租给四家公司，提供了仓储方面的场地支持，也是关照同乡的一片心意，本是同根生，将来抬头不见低头见的，希望四家公司能在这起案件中为工厂设身处地地考虑。同时，王信友对这家肇事工厂的负责人也进行劝说，有承担损失的担当是值得认可的，但是在沟通中要避免一味强调己方的委屈，即使是无心之失，毕竟也导致了对方的损失，还是要求得对方的谅解。

最后，工厂负责人当面表示了歉意与愿意赔偿的诚意，四家公司的负责人均接受了致歉，各自分别签订了调解协议，圆满地解决了争端，并及时制止了即将付诸诉讼的民事纠纷，节省了社会资源，对社会安定起到了一定的作用。

在柯桥的官方报道中，这样介绍王信友："任中国轻纺城乐清商会执行会长期间，他工作积极主动，尽责尽力，热心社会公益事业，关心会员老乡利益，哪里老乡有需要，他就会出现在哪里，不厌其烦地为他们化解矛盾和纠纷。十年来，他直接参与调解纠纷多达50余起，其中一件公司股东之间的权益纠纷，是处理企业内部矛盾的一个很好典范，不仅解决了公司面临解体的困境，而且促进了企业良好经营；不仅避免了一触即发的诉讼纷争，而且促进了社会的和谐稳定；不仅发挥了商会在落实'枫桥经验'中的作用，而且极大体现了王信友这样的商会领导治理社会矛盾的能力和商会的重要作用。"

王信友说："这正是我喜欢调解这份工作的原因，化干戈为玉帛，让同样身处异地的同乡团结一心、互帮互助，以和为贵。商会不是一个冷冰冰的组织，更像是我们外乡人在柯桥的另一个家。我们一群老乡可以在绍兴找到一个依靠，共享信息，互相交流，互相帮助，共同发展。"

2023年4月，因参加基层社会治理的调解工作突出，王信友被授予柯桥区"金牌调解员"荣誉。当提及现在所取得的财富和成就时，他笑着说，自己当初决定外出经商，哪有那么多想法，不过是为了生活而已。从摊位老板成长为企业老总，没

王信友（右）和吴建春会长向
乐清商会公益基金捐赠

有一夜暴富的神话，也没有从天而降的好运，如同在沙漠中行走，有的只是炎炎的烈日和沉沉的步伐。

时光匆匆 40 载，留下了太多的故事、太多的感慨，这是王信友人生中最美好的回忆，也是一段实现人生梦想的光辉历程！

访谈时间：2023 年 10 月 24 日
访谈地点：柯桥天福茗茶馆
文字整理：徐显龙　吴姗姗

敷色与织彩，回首路八千

人物名片

王锦汀，浙江乐清蒲岐镇人，1964 年 2 月生，中共党员。现任中国轻纺城乐清商会党委副书记、常务副会长，乐清市蒲岐镇驻绍兴党支部书记。柯桥首届"十大风云布商"，创办锦毅纺织发展有限公司，先后获得浙江省"守合同重信用"企业、中国轻纺城"纳税十强企业"、"知名商号"等荣誉。

1992 年，萧绍运河上的轻纺大桥尚未建成。王锦汀花五角钱坐上水泥渡船，到市场对岸的港越新都订购了自己的第一套房子，面积为 120 平方米，总价为 12 万元，从此告别了在老轻纺市场楼上蜗居的生活，"彻底扎根柯桥了"。那一年，绍兴县正式提出"兴商建市、兴市建城"的理念，准备在轻纺市场的基础上建成一座现代化的城市。港越新都是当地引进港资建设的第一批商品房，王锦汀成了柯桥（绍兴县）第一批新市民……

"一个煤球亏了一大半"

王锦汀是乐清蒲岐镇人，家门口就能看到东海。靠海吃海，落潮的时候，大海会赐给他们大量的海螺、贝壳、螃蟹，挎个鱼篓下海涂走一圈，就能满载而归，去菜市场买菜反而没有这么方便。

王锦汀一家人以晒盐维生。他在家里排行老四，有哥哥、姐姐和弟弟。父亲读过几年书，让三个男孩也都读了书。王锦汀是 1980 届高中毕业生，没考上大学，也没打算继续考——那时候，村里很多人外出闯荡经商已经有出息了，每天都有信件寄到村子正中心的小卖部：张家老五从北京寄回了 300 块、李家老三从新疆寄回了 500 块……这些消息一下子就传开了，大家都羡慕不已，跃跃欲试做着发财梦。

家人琢磨着让他学点手艺。思来想去，农村最大的事情就是盖房子，盖房子就要打家具，要用到油漆。于是 17 岁那年，王锦汀便跟着姐夫学了做油漆，随后去了湖北宜昌当油漆工，待了两年。19 岁他又独闯云南普洱，尝试着包工程、接业务，一待就是 6 年。期间，经父母介绍，他和老家隔壁村的陈家姑娘结了婚。没想到，这也为他后来到柯桥做了铺垫。

1988 年，云南多处发生地震，王锦汀意欲离开。正巧有朋友发来电报，说你做油漆一年才挣多少钱？到北京来吧，我们一起包百货公司的柜台，一年赚几万、几十万块不在话下！

那些年，温州人，尤其是乐清人聚集在北京丰台区大红门、木樨园，租住农民房生产服装，再包商场柜台销售服装，形成了赫赫有名的"浙江村"。

王锦汀和妻子是 1989 年春天去的北京。乍暖还寒，他一个南方人，哪里见过这么冷的天气，连给煤球点火都不会，只好拿着火钳去夹别人炉子里烧红的煤球放到自己炉子里引火。

王锦汀一时也没租到合适的柜台，晃荡了几个月，盘缠所剩无几，却见北京的形势一天天严峻。1989 年 5 月 27 日，王锦汀很清楚地记得这个日子，夫妻俩拎着大包小包，出门寻车。好不容易才找了一辆三轮车，搭载着他们去了北京站。

此行目的地，是柯桥。

千里贩布，千辛万苦

王锦汀的妻舅陈立毅一直在西北地区做生意。一次，他坐火车经过兰州时，突然闪出个念头，中途跳下车去拜访一个朋友。就这一念，让他们一家开始了布商生涯。

陈立毅在朋友租的废弃教室里，看到了堆成小山的布料，一时震撼无比："没想到短短几年，朋友就有了这么多的积累。"于是他留在了兰州卖布，还把自己的父亲——王锦汀的老丈人请到柯桥，驻扎在"灵芝印染厂"给兰州发货，顺便拍了个电报给王锦汀，告诉他如果他在北京混不下去，就来柯桥吧，一起干！

"轻纺市场三楼 30 号"——王锦汀清晰地记得这个门牌号，他一家七八口人合住在一起，中间用三夹板遮隔一下，一共只有 30 来平方米。生火炒菜，支桌吃饭，都在过道里完成。王锦汀的女儿 1988 年出生，在老家由父母帮养着；儿子 1990 年出生，白天请市场里的扫地阿姨看管，他们自己忙生意。楼下 304 号就是他和妻舅陈立毅花 6000 元买下的门面房，各取两人名字中的一个字，命名为"锦毅布行"，后变成"锦毅纺织品经营部"，再发展为"锦毅纺织发展有限公司"；取得对外贸易权

1999 年乐清市委颁发给王锦汀的工作证，已成特别印记

锦毅公司 2007 年慈善
答谢晚会

后，又成立了"朝歌进出口公司"。

王锦汀的老丈人很有威望，他一手确立了锦毅的股份比例，此后 35 年没有变过。两家人同心协力、相互信任、配合默契、各司其职，公司年终按劳分配。即便在经营中有分歧，他们也能及时化解，统一意见，因为"亲情是用钱买不来的"。

由于当时轻纺市场的很多本地布料还不够高档，质量、颜色、品类与进口面料相差甚远，王锦汀和陈立毅就想着把进口面料引进柯桥市场。

20 世纪 90 年代初，王锦汀远赴广东寻找货源，最终在汕头流沙镇（现普宁市市区）找到一个面料市场。这里的面料都是从印度尼西亚、韩国等国经由香港进口到内地。这一发现，为后来柯桥纺织产业的升级迭代埋下了伏笔。

一辆卡车，两个司机轮班开三天三夜，王锦汀亲自押车，三个人挤在驾驶室里，吃不香、睡不好，还要提心吊胆。途经广东、江西、安徽，山路较崎岖、蜿蜒盘旋，爬坡时车速缓慢，往往有小偷从车尾神不知、鬼不觉地爬上车，把篷布割开，扔下货物，再跳车捡货；还经常有"路霸"设路障收取过路费。

王锦汀说，这些都还只是小事，最担心的还在后面呢。

布料说是进口，其实很大一部分是"走私"来的——那时候，市场经济不完善，贸易制度也不健全。也因此，一路都会有税务、工商、公安甚至检察院、法院的各类检查，要提供各种凭证，缴纳各类费用。于是，汕头当地的相关部门就与采购者达成了"默契"——采购者自己告发自己，我这儿有一批面料，我认罚。相关部门就根据当地的政策，收取一定比例的罚款。根据当时的国家规定，该类货物原则上只能罚款一次，即可放行，但当王锦汀拿着罚单给沿路的检查站看时，他们动辄说罚少了，还要再罚。缴钱有用还行，有时候缴钱都没用。在安徽省黄山市某县，锦毅和其他几个商家价值数百万元的布料，共 9 个集装箱全部被扣押、罚没。当时，大家委派王锦汀去处理此事，同时聘请了浙江大学的两位法学专家作为律师起诉当地相关部门。一年下来，官司还是输了，损失惨重。这大约是1992—1993年的事情。

其间还出过两件大事。

最初，都是王锦汀与陈立毅换班押车。有时，他俩来不及抽身，也会把钱交给其他商户一起带去汕头。有一次，全部现金在途经广东海丰时被偷走了，损失了几十万元——那个年代，没有电汇、没有支票，更别提今日的网络转账了。

还有一次，公司雇了一个人押车，车行到景德镇境内的偏僻处，两个司机起了歹心，杀害了押车人，抛尸野外，贱卖了布，逃之夭夭。案子虽然破了，但损失的几十万元没能追回。

绍兴也一度扣过这类"走私布"，后来商户们找到有关领导求助："千里贩布，已经过了重重关卡，好不容易到了绍兴境内，怎么还要扣？要有说法，有了说法，商户们才能放心，大胆去做，才能把轻纺市场办好。"终于，绍兴不再扣"走私布"了。

这些布把柯桥本地生产的布比下去了。当时，柯桥几乎每个乡镇都有纺织企业，厂里有几十台织布机，都是需要人工操作的有梭织机，质量一般。而外来的面料是用自动的无梭织机织出来的，颜色艳丽、质量上乘、品类繁多。这对本地纺织行业的冲击非常大，本地企业联名去政府告状。

王锦汀后来回忆："经过讨论，绍兴县政府顶着巨大压力，最终决定允许外来的新布料在市场上销售，以此推动轻纺城市场商品的多元化、多样化。随后，绍兴纺织企业也开始反思，纺织设备快速更新换代，管理制度不断完善，慢慢地，绍兴生产的面料品质提高了，也可以和外来布料媲美了，我们自然而然不去汕头市场了，开始销售本地面料，促成轻纺城的面料迅速占领国内外市场。"

35年合股，大写轻纺城"传奇"

从1989年创业开始，"锦毅"一直专注于女装面料的生产与贸易，内销与外贸并举。他们是轻纺城里最早进写字楼的公司之一，办公地址历经了科技中心、精品广场四楼、物流中心，2008年搬到了时代广场，直到现在。他们的客户遍布美国、土耳其、伊朗、越南和欧洲各国。

参加纺织博览会是第一步，"锦毅"不仅参加上海、深圳、大连、青岛的展会，还奔赴海外参展。大约是在中国加入WTO之后，不会外语的王锦汀竟鼓起勇气报名赴法国参展。他每天花100美元雇了个留学生作翻译，向客户介绍自己的产品。

就这样，王锦汀认识了自己的第一个海外客户，一个土耳其的商人，"我们不缺尺少寸，价格合理，诚信经营，彼此信任。合作过程中，有一批面料到港后发现褪色严重，他打电话来交涉，我们核实后，二话没说赔偿了7万多美元，由此我们建

王锦汀主持乐清商会庆祝中国
共产党成立 100 周年活动

立了良好的关系"。十几年间,双方的贸易额超过 7000 万美元。最让王锦汀印象深刻的是,三年疫情,所有的外贸公司均受到严重影响,"锦毅"的订单量下降了三四成。这位客户特意来电询问情况,"他需要的面料我们如果可以生产,就优先由我们来做"。

他与妻舅陈立毅合作 35 年,在轻纺城里也算是一段传奇。特别是 2000 年,他们花 3500 万元买进一家印染厂,投了 1500 万元更新设备,经营了三四年,由于各种原因经营不善就贱卖了,赔了 2000 万元。即便如此,他们也没有互相推诿,而是一起承担责任。

2006 年,王锦汀入选绍兴县首届"十大风云布商"。这项由大众通过媒体投票评出的荣誉,温商竟占其中 8 席,其中乐清商人占 6 席。

从修桥铺路到"书院"游学,依然难忘故土

"十万温商在柯桥,其中一半是乐清。"如今,柯桥城区人口大约有 40 万人,乐清人几乎占了 1/8。可以说,柯桥成了乐清人的第二家乡。

尽管今非昔比,但他们依然难忘故土。2010 年 7 月,他们成立了乐清商会党委,王锦汀担任常务副书记,主要负责日常的党员学习、主题教育、各类党建活动等。乐清市有 10 个乡镇在绍兴设有党支部,王锦汀也是蒲岐镇驻绍兴党支部书记。他带领支部党员资助家乡修桥、铺路。2019 年,王锦汀以个人名义向蒲岐镇慈善分会捐赠 10 万元,其所在支部还向乐清市教育基金会捐赠 442000 元,资助改善当地的中小学多媒体教室。

王锦汀的家庭美满。在孩子很小时,他便意识到,柯桥的学校里多有商人子弟,少不了有攀比之风。他把儿女送到杭州上学,为的是能有更好的教育环境。由此他也得了个绰号——"绍兴四夜"(谐音"绍兴师爷"),一周在绍兴住四晚,去杭州住

三晚陪孩子。他的儿女在大学毕业后出国留学，现在女儿在上海工作，儿子继承家业。他于 2023 年退休了，"每天回到家，孙儿一声'爷爷奶奶'，心态就与前些年不一样了"。

2017 年，在会稽山"文化中国"论坛上，王锦汀聆听了北大湛如教授的课，被其渊博的知识与精深的修养深深吸引，随即加入教授参与发起的横山书院，他每月都会抽出几天时间与学友们一起到各地参访、游览、共学，来充实自己，提升文化修养。他身上有书卷气，谦逊内敛。在本书编撰过程中，他嘱托工作人员："采写一个人的经历，对你们来说只需两三天时间，但对于他们来说，是数十年的大好光阴。"

回首来时风与雨，他说，每当读到"三千功名尘与土，八千里路云和月"，他便心有戚戚焉。尽管自己与词人所处的地位与环境大相径庭，但是他依然会有相似的体悟。从为器物敷色的漆匠，到织彩的企业家，他见证了改革开放后轻纺城及其纺织产业的完整发展史。

访谈时间：2023 年 8 月 6 日

访谈地点：杭州珀莱雅总部大楼

访谈整理：徐显龙　陈　华

缘起纺织，赢在地产，攀登教育

人物名片

翁金生，温州乐清淡溪镇人，1968年10月生。现任绍兴市温州商会名誉会长，中国轻纺城乐清商会党委副书记，乐清市淡溪镇驻绍兴党支部书记；绍兴市博雅学校、浙江金永来实业有限公司、绍兴市柯桥区宏泰小额贷款有限公司、绍兴瑞融资产管理有限公司、浙江蓝城置业有限公司、绍兴金绿地房地产开发有限公司董事长；浙江省工商联（浙江省商会）第十二届执行委员，绍兴市工商联第六、七届副主席。曾获"中国轻纺城最具影响力布商""感动柯桥十大现代服务业年度人物"荣誉，多次被评为"柯桥街道十大经济建设功臣""异地温州商会优秀会长"、中国轻纺城"市场好党员"、淡溪镇"优秀共产党员"、乐清商会"优秀共产党员"等。

似乎在各行各业中，都能见到他的身影：西服面料的知名品牌"金永来"是他一手创办的；金色丽都、金色黎明、财富大厦、财智大厦等柯桥地标性楼盘都是他的杰作；他试水金融业，经营的小额贷款公司坏账率极低；他涉足教育业，兴办绍兴博雅学校，开校四年，学校已成为高端、精致国际化学校的代名词……

他更是一名成功儒商。他强调：智者必怀古，仁者天地心。作为温州商会名誉会长、中国轻纺城乐清商会党委副书记的他，牢记党员使命，为会员提供舞台，为企业创造价值，为社会分担责任。

他，就是翁金生。

"跨界"拓展：纺织、地产＋金融

翁金生来自乐清山区，少年时代备尝生活的艰辛。1987年初，19岁的他离开老家，踏入绍兴中国轻纺城，开启了他的"商海人生"。

从最初与16个老乡"蜗居"在61平方米大的隔间里，到成立业界知名男装品牌"金永来"，十年韶华，他披荆斩棘。千禧之年，他抓住机遇，成立外贸公司，将产品推向国际，成为中国加入世界贸易组织后第一批"吃螃蟹"的人。

然而骨子里流淌着开拓冒险"血液"的他并不满足。

千禧年，他开始了自己的第一次华丽转身——涉足房地产业。

"柯桥从一个河湖纵横的水乡小镇发展成为亚洲最大的布匹交易中心，外来人口一定会越来越多，现有住房体量满足不了需求，房地产大有可为。"早在20年前，独具慧眼的他就做出了这个大胆判断。

于是，华泰大厦、财富大厦、财智国际、金色水岸、金色丽都、金色黎明等项目一个接一个推向市场，开发量近

2008年，时任绍兴县委书记徐焕明（左一）在翁金生（左二）的陪同下视察财智国际

百万平方米。从对房地产一窍不通，到成为地产行家，他的这次"跨界"又赢得了市场认可。

变则通，通则久。在做强纺织与地产的同时，他更是横跨物业管理和金融业，旗下数个产业齐头并进，良性发展。

"以前我们赶上了改革开放的红利，当时只要靠劳动和胆识就能赚钱，现在已是'智能经济时代'，信息完全公开对称，靠老办法行不通了。一家公司没有前瞻眼光无法走远，一个员工没有知识能力无法进步，所有的这些只能靠好的教育去获得。"翁金生锲而不舍的学习精神也感染了他的孩子们。在他营造的自由、平等、宽松的教育氛围下，三个子女也都学业有成：美国金融学硕士、英国设计学硕士、北京大学法学硕士，每个孩子都成为他的骄傲，他实现了小家的"教育梦"。

造"桥"视野：办一所"五育并举、中西融合"的学校

在商海叱咤30余载，多次成功"跨界创业"后，他毅然决定投身教育事业，创办绍兴博雅学校。

"教育是百年大计，是最长久的事业。我要办一所'浙江一流、国内知名、特色鲜明'，有品牌影响力和知名度的国际化学校。"他的想法很坚定。

萌生了这个想法后，他先

翁金生在首届博雅论坛上讲话

后两次去浙江大学学习现代企业经营管理。持续学习培养了他理性的思维、战略性的眼光——"一个人的思维和眼光能够决定他未来做什么事。"

时机来得刚刚好。2013年，政府向他伸来了"橄榄枝"，这与翁金生内心萌发许久的办学梦不谋而合：在绍兴大城市建设的核心地块——镜湖新区，建造绍兴第一所国际化学校！

为了办好这所心心念念的学校，翁金生奔赴北京、上海、深圳、成都、广州、杭州等地参访当地的知名国际学校，吸取优秀办学经验，广交业界人士，开拓国际视野。

2017年，他还参加了北京大学国际学校运行和管理研修班培训。在这里，他了解到了许多国际教育界的行内信息，特别是对学校定位和运行管理有了一个较为详尽的了解。研修班的学员大多是国际教育界的精英，像翁金生这样跨界投资教育的商界人士并不多见。他和那么多优秀的教育人一起"同窗"上课，一起头脑风暴，这让他对办学更有底气。

果然，2019年9月，集幼儿园、小学、初中、高中、高中国际部于一体的绍兴博雅学校一经开校，就迎来开门红，他们从众多报名者中遴选了首批200余名学生。优秀的生源、优秀的师资也让该校近年来捷报频传：2021年首次参加中考，中考班平均分600分，650分以上高分段学生占比超25%，多名学生分数达到绍兴一中、柯桥中学、鲁迅中学、春晖中学和阳明中学等重点高中分数线。2023年首次提出海外升学申请，国际部学生百分之百升入世界排名前100位的大学，人均收到录取通知书超过5个。2023年，幼儿园通过IB组织认证，正式成为世界IB学校的一员，是绍兴第一也是唯一的一个。

"我想办一所真正五育并举、中西融合的学校！绍兴的这一方水土有着特别的传统和灵性，这里走出过三位北大校长，也走出过很多仁人志士和共和国院士。"翁金生说，绍兴是著名的桥乡，他很喜欢"桥"这个意象。

"教育是个漫长的过程，我希望绍兴博雅学校就像桥一样，成为连接古老绍兴和国际化绍兴的纽带，成为学生从绍兴迈向世界的通道，成为从过去跨越到全新未来的通途，来这里走更远。"

正心立世：兼济天下谋共富

"温州是我的第一故乡，绍兴是我的第二故乡。如果没有温州，就没有我；如果没有绍兴，就没有现在的我。"在外打拼的几十载光阴中，翁金生最想感谢的还是家乡的父老乡亲和绍兴的开放与包容，所以他在创业途中始终不忘慈善、不忘公益、不忘社会责任。

他为老家修桥造路、修建翁卷纪念馆，在疫情期间第一时间捐赠口罩等。截至

翁金生（右五）参加商会庆祝中
国共产党成立 100 周年活动

目前，他个人捐款捐物总价值达数百万元。他还担任淡溪镇驻绍兴党支部书记，充分发挥支部的战斗堡垒作用，他带领淡溪镇驻绍兴党支部积极参与扶贫帮困、抗震救灾、疫情防控捐款，开展"走进家乡看变化、走进家乡促发展"结对共建等活动。他充分发挥党建引领作用，将优秀党员纳入党组织，让其在产业发展线上充分发挥党员先锋模范作用，有效带动农村"全域美"建设等中心工作发展。

在担任绍兴市温州商会会长期间，他牵头商会和绍兴市新昌县东茗乡石下坑村、四川乐山市马边彝族自治县结对，通过整合商会资源、定向结对帮扶、拓展经营思路等，成为乡村振兴和共同富裕的"领跑者"，将温商的爱心传遍华夏大地。他带领商会积极组织"冬日暖情"爱心助学、"低碳环保，健康生活"、"阳光少年大声说"等爱心活动。据不完全统计，商会至今已向绍兴、温州两地的希望工程、抗震救灾、弱势群体救助、贫困农村建设等捐款捐物，总额达 3000 余万元。2020 年初，新冠疫情发生几天后，会员捐资总数就超过百万元，受到绍、温两地政府的表彰和肯定。

在疫情最严重的那个寒冬，他带头主动下沉到基层社区，逆向而行，不分昼夜、不畏严寒，活跃在社区的志愿服务岗位上，守护防疫"小门"；在社区防疫物资缺乏之时，他积极组织会员企业捐资捐物。这些数据和案例，充分展现了他的大爱、大智、大勇，真正带领温商在第二故乡兼济天下，甘为人梯，将商会的光和热辐射到更多需要帮助的人群。

万代传承温商志，不忘初心再出发。他是雁山楠水滋养的温州乐清人，却在古越大地上，如山般笃定，如水般进取。

星光不问赶路者，时光不负追梦人。翁金生以奋斗之姿在古越大地谱写了一曲曲可歌可泣的温商志，正心立世，信达八方，不辱使命，与这个时代一起砥砺向前。

访谈时间：2023 年 7 月 6 日
访谈地点：绍兴博雅学校
访谈整理：郑旭阳　沈逸斐

CHAPTER 3 第三章

继业兴家　继往开来

开辟鸿蒙，谁为英雄？他们来了，铺盖一卷，行李两袋，从东海之滨到瓜渚湖畔。

所爱隔山海，山海皆可平。那时的车船很少、很慢，少年的脸庞却很坚毅，诚诚恳恳、兢兢业业，一个个"孤勇者"结成了"英雄联盟"。

他们披荆斩棘，为"脱贫致富"的梦想而战；他们千回百转，不畏艰险，跌打滚爬；他们编经织纬，助阵国际纺都坚如磐石；他们用热血和青春合唱了"四千"精神，用坚定和坚守成就了一方事业。如今，他们虽已两鬓斑白，然而，匆匆时光不会遗忘，稽山鉴水必将铭记——他们，是改革开放的第一批弄潮儿，是轻纺城的第一批商人，是这一帮兄弟姐妹的"领头羊"。

他们，不是追风的人，而是造风的人。

是我们乐清人捧热了柯桥

人物名片

徐祥川，温州乐清淡溪镇人，1943年1月生，中共党员。曾任中国轻纺城乐清商会（原乐清县个体劳动者协会驻绍兴轻纺市场分会）第一届会长，乐清市淡溪镇马岙村党支部书记。

在改革开放的第一波春潮中，"浙商"的第一支生力军是从浙江南部的温州出发的。他们怀揣着"脱贫致富"的梦想，远行寻找商机，以自身的创业者实践，推动了"家乡"和"异乡"两个"故乡"的蝶变。

徐祥川便是其中一位。

背着大袋现钞来进货，警察护送到绍兴

乐清淡溪镇是徐祥川的家乡，人多地少，为了能糊口，早在20世纪70年代，他就背井离乡，走南闯北，补过鞋，卖过船票，养过鸭子，拉过木材，几乎跑遍了半个中国，"只要能赚到钱，什么事都做"。徐祥川风餐露宿，披星戴月，尝尽了各种酸甜苦辣，终于有了一定的积蓄。1988年，徐祥川携家人来到兰州，开始做起面料生意，来自绍兴皋埠印染厂的一名业务员找到他，向他推销绍兴出产的面料，于是徐祥川便和老乡谢岩望一起随业务员来到绍兴皋埠印染厂考察。那个工厂挺大，产品也挺对路，于是他们就决定开始从绍兴进货，然后运到兰州的门市去卖。这一趟绍兴之行，不经意间让他和绍兴结下了不解之缘。

那时候车船很慢，交通不便利，从绍兴到兰州的货运需要一个星期的时间，绍兴每隔两天才有一趟车发往兰州。徐祥川来回奔波于兰州和绍兴两地，每周来绍兴一趟。因为当时只有现金交易，且没有大面额的纸币，都是面额20元、50元的纸币，10多万元的货款是满满的一大袋。他每次来绍兴进货，都是用旅行包装着货款从兰州坐飞机到杭州笕桥机场。下飞机后，警察会把他护送到机场出口，然后再打出租车直接到绍兴的工厂交钱订货。

当问及面料的价格时，虽然已经是30多年前的往事，徐祥川依然能清晰地回忆起来："绍兴这边布料的进货成本是1.8～2元每米，到兰州门市的销售价格是2.5～4元每米，也就是说每米布毛利能赚1元左右。"

20 世纪 80 年代的绍兴轻纺市场

老乡带老乡，柯桥安了家

乐清人是最早在柯桥轻纺市场落户的外地客商之一，当初很多乐清人为了谋生路，到全国各个城市去做手工业和商业，有的去做木工、油漆、服装，有的去做布料生意等。做衣服需要面料，为了找性价比高的面料，他们慢慢地摸索到绍兴，这里从生产、印染到销售是一条龙的。绍兴自古以来纺织业发达，20 世纪 80 年代已经有不少机械化、半机械化的纺织印染厂了，这些面料都集中到柯桥河边的马路市场来进行交易。为了规范管理，当地政府于 1988 年建成了绍兴轻纺市场。徐祥川说："淡溪镇西林村的傅克波是最早到轻纺市场做纺织生意的乐清人之一。"

1988 年底，在傅克波的带动下，陈福银等乐清人已经在绍兴轻纺市场有了八九家店面。自从市场建起来后，徐祥川进货也不去工厂了，径直来到轻纺市场，因为轻纺市场是一个面料集散地，货源丰富，非常方便。这时老乡建议他也来绍兴这边做生意，经过反复斟酌比较，徐祥川觉得绍兴轻纺市场环境、招商政策等比较有优势，面料的档次定位也和市场需求比较匹配，再加上绍兴离乐清老家也近，于是 1989 年 3 月，他来到了轻纺市场。但当他到达轻纺市场的时候，一楼的第一批摊位已经卖完了，而二楼的摊位虽然便宜但没人要，因为位置不好，他也不想要。

当时管理轻纺城的工商所所长为了提高市场人气、活跃市场，给徐祥川提供了两个一楼的临时摊位，所长对他们很友好，说道："不收你们摊位费，只要你们能让市场兴旺起来就好。"所长的这番话让徐祥川吃了定心丸，也切实感受到了柯桥的温度、诚意，以及地方政府大力发展纺织业的决心。于是，他将两张钢丝床一摆，便开启了他在绍兴的面料生意。后来他的女儿也从兰州搬到柯桥，将生意重心全部转移到了柯桥。

徐祥川是一个领军型人物，在乐清老乡的圈子里特别有号召力和影响力，他到轻纺市场以后，带动了很多乐清人来轻纺市场做生意。就这样，通过亲戚带亲戚、

1994 年 4 月 28 日，绍兴柯桥轻纺大桥
开通

老乡带老乡，短短几年的时间，有大约上万乐清人来到轻纺市场做生意。之后，四川、福建等地的商户也纷纷落户柯桥。徐祥川自豪地说：是我们乐清人开创了轻纺市场，捧热了柯桥。

"协会""支部"是"娘家"，还有"司令"热心肠

在外谋生，人生地不熟，难免会与当地人起冲突，有时候会严重影响到生意。为了缓和这些矛盾，让大家能安心做生意，在关键时刻，来自乐清淡溪等地的几个党员起了重要作用，他们将大家团结起来，共同来解决一些难题。大家在商议后，随即向乐清党组织汇报，经组织同意后，成立了中共乐清县淡溪乡驻绍兴临时党支部，选举薛金闹担任书记、林银汉担任副书记，这是较早成立的乐清县外出流动人口临时党支部之一。

一年后，在绍兴县工商行政管理局的指导下，乐清县个体劳动者协会驻绍兴轻纺市场分会（中国轻纺城乐清商会前身）成立了。当初徐祥川不仅生意做得好，而且是朋友圈中的大哥，加上自小习武，会南拳功夫，勇猛果敢，讲义气，秉公办事，在老乡受欺负时敢于站出来维护大家的利益，于是大家一致推选徐祥川担任会长。他也不推辞，表示绝不辜负人家对他的信任和期望。协会和党支部基本是同一批人，正验证了中国共产党那句"关键时候，关键少数"发挥作用的至理名言，这是自发形成的、载入史册的创新，是乐清人敢于创新、善于团结的最生动写照。

协会和党支部成立以后，他们与乐清政府加强沟通，政府对他们也非常关心，经常来指导工作。有了协会组织以后，在轻纺城做生意的乐清人有了一定的安全感，就像有了自己的娘家。一开始协会没有专人管理，也没有固定的办公地点，但是在商户遇到困难或出现矛盾时，大家就会在工商行政管理局提供的会议室里坐下来开

会，讨论解决办法。有一次，一名个体经营户在萧山不幸出车祸去世了，亲人都不在身边，是临时支部组织的党员帮忙去处理后事，并把遗体送回老家。总之，个体劳动者协会无条件地帮助在轻纺市场的全部乐清人。民间流传着这么一句话："到上海的温州人都是老乡。"同样，对于在轻纺市场的乐清人来说，大家就像亲人一样，互相帮助，抱团发展，最后在柯桥生根壮大。

刚开始，柯桥轻纺市场的货品主要是"大路货"，产品附加值低，利润不高。为了提高产品档次和市场竞争力，敏锐的乐清人发现广东的进口面料市场销路很好，便把大家的资金都集合起来，雇车率先到广东去进货。但是当初并没有这条运输线路，货物从广东到绍兴需要经过福建、江西等地，用"过五关斩六将"来形容也不过分，一不小心货物就会被扣留。个体户协会协同淡溪镇政府、乐清工商局、淡溪派出所一起去广东省和浙江省运管处审批了运输线路，为后续进口面料在柯桥的销售打开了通路。新工艺、新原料的进口面料一投放市场，全国各地客商纷至沓来。为了节省成本，乐清人去广东进货往往都是合伙拼团的，他们不仅给乐清人带货，还会帮黄岩人、绍兴人带货，"这一波操作注定写入轻纺城发展史，大量的进口面料源源不断地来到市场，大大推动了柯桥面料市场的升级"。

20世纪90年代初期，我国的整体市场环境并不是很完善，尤其是柯桥这样的外来人口聚集地，打架斗殴、偷盗的事情时有发生，与绍兴当地人的利益冲突也不少。为了能给在柯桥的乐清人提供一个安全的营商环境，薛金闹书记提议商会应该去争取地方政府的更多支持。经人介绍，他们找到了时任绍兴军分区的郑文法司令，郑司令是乐清天成人。徐祥川跟郑司令汇报他们在绍兴经商遇到的困难和担忧，希望得到郑司令的帮助。郑司令特别热心，专门邀请了在绍兴和杭州从政的几个温州人，一起商量解决办法，指导乐清人如何加强防范。后来在绍兴县政府和绍兴军分区的

乐清市人民政府驻绍兴市办事处
成立暨授牌授印仪式现场

支持下，派联合巡逻队到轻纺市场巡逻，形成了一定的威慑力，犯罪分子不敢轻举妄动。同时，徐祥川也向乐清政府提议，在轻纺城设立办事处，随即得到了乐清政府的积极响应，不久便在轻纺城设立了派出机构，为轻纺城乐清商户保驾护航。此后，乐清人能够安心地在柯桥做生意了，他们凭借自己的勤劳和智慧，几乎买下或租下了市场一楼的大部分摊位，生意也越来越红火。

如今徐祥川已经将柯桥的面料生意都交给了儿子打理，自己回到乐清老家养老。徐祥川回乡后，生活简朴，依然非常关心商会的发展，还热心公益事业，慷慨出资建设家乡马岙森林公园。

"商会刚成立的时候，仅有 20 余家会员企业，现如今会员企业发展到近 2000 家，这不仅体现了乐清人的创业精神，也体现了柯桥城市的大气与包容。"作为中国轻纺城乐清协会（商会）的首任会长，徐祥川感慨万千："希望中国轻纺城乐清商会在乐清市和柯桥区两地政府的支持下，在会长的领导和全体会员的共同努力下，能够再创佳绩，再攀高峰。"

访谈时间：2023 年 6 月 20 日

访谈地点：乐清市淡溪镇

访谈整理：周群芳　杜嘉木

我的"柯桥梦"商会缘

人物名片

王美松，温州乐清虹桥镇人，1962年3月生。现任中国轻纺城乐清商会名誉会长。曾担任中国轻纺城乐清商会会长，浙江美德丰投资公司与东方国大纺织有限公司总经理等职务。

来到柯桥，首创"市场临时党支部"

我们是乐清最初出来闯荡的一批人，其中有的还是村支书。

20世纪80年代末，我和一帮老乡在兰州、石家庄等地做纺织品生意，卖的就有从柯桥进货的面料。兰州、石家庄离家乡比较远，有诸多不便，考虑到柯桥也在浙江，我们觉得还不如直接在柯桥开门市部，当时一个门市部的价格是6000元左右，看起来性价比不错。于是，大家纷纷来到了柯桥。

抱团发展是我们乐清人最显著的特征之一。自己出去做生意了，会带着亲戚、朋友一同出来。1991—1992年间，轻纺市场里的乐清人数量已经初具规模，其中来自淡溪镇、蒲岐镇的人最多。

有人的地方就会有矛盾。轻纺市场人员组成繁杂：有自己经营的商户、有向外地供货的商户，还有一些四川人、东北人在做物流生意。一大拨乐清人进入轻纺市场，肯定会对当地商户的生意造成冲击，来到柯桥的乐清人越来越多，内部的纠纷与矛盾也在所难免，大家需要时间去磨合。改革开放初期，商户的法律意识普遍淡薄，吵吵闹闹是家常便饭。有些事一定要坐下来才能谈得拢，如果能有一个组织，许多问题或许就可以迎刃而解。于是我们几位老大哥就开始动脑筋了。1991年下半年，中共乐清县淡溪乡驻绍兴临时党支部应运而生。

我们乐清人是敢喝头口水的。中共乐清县淡溪乡驻绍兴临时党支部成立后，由薛金闹担任临时党支部书记。从字面上就可以看得出来，它成立于"中国轻纺城"冠名之前，也在"乐清商会"成立之前。党支部为什么要加个"临时"呢？因为这些党员的组织关系都在乐清相应的支部，这个临时党支部在全国个体经营户群体中是首个。这还引起了中共中央组织部的关注，他们疑惑：一帮做生意的个体户，成立个组织竟然叫"党支部"，党支部到底在发挥什么作用？中共中央组织部对于这一新生事物感到很意外，也很有兴趣，1993—1994 年，专门派人来调查，我参与了接待。其实临时党支部一成立就成效显著，在经营户和绍兴县政府之间搭起了桥梁，沟通的路子从此就打通了。

党支部成员需要有党员身份，大部分个体户不是党员，如何保障他们的利益？1992 年，在乐清县政府和绍兴县政府的支持下，"乐清县个体劳动者协会驻绍兴轻纺市场分会"成立了，徐祥川任首届会长，参照社会团体组织的章程运作管理。"一部一会"在调解内部矛盾、解决外部矛盾、安排会员子女上学、协助社会管理等方面均发挥了重要作用。有了"一部一会"的保驾护航，在轻纺市场里，我们乐清人的面貌焕然一新。

1993 年下半年，已经有上千名乐清人在轻纺城经营，内部问题复杂、外部矛盾加深，这"一部一会"的架构管理起来有些力不从心，我和有关同志意识到，需要成立更强有力的组织，来保护自己的切身利益。我和有关同志向乐清市委提出请求，能否以乐清市党委的名义，在柯桥开设办事处。乐清市党委接到提议后非常重视，经过市委研究，决定支持乐清商会。这又是个新鲜事，绍兴市从来没有设立过县级办事处。接到申请后，绍兴市相关领导表示高度欢迎和认可，几天时间就拿到了批文。就这样，"乐清市人民政府驻绍兴办事处"成立了，薛金乐任办事处主任。为确保办事处的运作安全，乐清市政府还指派一名公安干部驻守，便于和当地公安部门沟通，处理相关事宜。

1994 年下半年，我开始担任协会会长，约 1996 年，我提出把协会改名为"乐清轻纺城商会"，当时还是隶属于乐清工商联，商会和办事处两驾马车，并驾齐驱为乐清商户保驾护航。之后，"乐清轻纺城商会"更名为"中国轻纺城乐清商会"。

融入柯桥，担任会长十三载

我从徐祥川会长手上接过商会事务的时候，还是个 30 多岁的小伙子。如今，我已年过六旬，还担任着商会的名誉会长。数十年来，我把商会当成了自己的家。作

2020 年，王美松（左四）出席商会六届三次理事会议（图片来自全球纺织网）

为一个大家庭的家长，光是敢为会员争取利益是远远不够的，更多的是需要有胆识、魄力和策略。

1996—1997 年间，轻纺城股份有限公司在老市场第二次集资时，打算将集资款从原来的一年 6 万元，提高到六年 40 万元，一次性交款。这可是关系到大家切身利益的事情。很多会员的生意才刚刚起步，一下子拿出这么多钱，简直是要了大家的命！作为会长，我很心焦，先是跟股份有限公司的董事长、总经理谈，请他们把商会的诉求汇报给县委县政府，结果努力了半天也没有谈拢。眼看着交集资款的截止日期一天天逼近，如果乐清商户都不交，那就视为自动放弃，哪怕走法律途径，也只能吃哑巴亏。在这样的不利状况下，我想，办法总比问题多，就算没有办法也要"造"出办法来。我马上召开全体会员大会，告诉老乡当时的状况，并抛出一个方案——以我的名义在信用合作社开个账户，存折和密码分开保管，大家把一部分钱交到这个公共账户上，说明集资款已经交给我了，其责任由我来担。为解燃眉之急，大家都同意了这个办法。短短几天时间，那张存折上就汇入了 1300 多万元，现在想想都有点后怕。为了大家的利益，我再次去跟股份公司和绍兴县委县政府有关部门谈，历时半年的谈判，最后主要领导以实事求是的作风，要求有关部门调研后提出合理的价格。这一下，老乡们节省了几千万元的投资成本。

还有一件物流仓储建造和买卖的事，我印象也很深刻。随着市场逐渐发展壮大，各大商会会长一致要求市场建造大型库房，一连呼吁了好几年都没有动静。有一年，时任绍兴县委书记顾秋麟到现场办公，召开经营户工作座谈会，他得知这件事后，当即指示轻纺城股份有限公司的董事长与政府沟通细节、落实土地，第二年库房就得以动工。库房建成后的面积均在 1000~2000 平方米，但建成之后轻纺城公司总经理换人，改变了原有的方案，让中介拿库房拍卖，通过拍卖的形式提高价格，拍出了 5500 元每平方米的高价，再投放到市场上去，这个改变让乐清等经营户非常反感和气愤。这个库房造价在 1000~2000 元每平方米左右，价格凭空虚高了几倍，我觉得老乡们如果买了就亏大了！在一次时任县委书记徐纪平参加的经营户工作座谈会上，我提出了两个质疑：一是政策导向是为减少经营户的经营投资成本，而仓储用拍卖的形式售卖是否合理？二是建仓储的土地是国家划拨的，没有房产证，通过拍卖抬高价格是否正确？徐书记当场批评了这种做法，指出任何公司无权抬高价格。最终库房定价为每平方米 2300 元。为会员争取政策办实事，是我义不容辞的责任。

我当会长期间，调解老乡和四川、东北商户之间的矛盾，调解商会内部矛盾，处理的经济纠纷不计其数。

"游离"柯桥，创办成都首家通信数码大卖场

后来，因生意重心的转移，我不再担任会长职务。到 2000 年前后，在辛苦打拼

成都赛格广场夜景

下，柯桥乐清商人都有了一定的资本积累，全国各地也都向乐清商人抛来橄榄枝。

守着传统的行当一成不变，不是乐清人的性格。2003年，在成都青羊区做生意的老乡搭桥引线，我和吴建春、陈朝钦赶到成都考察项目，在众多项目中选定了成都青羊区市中心拆迁后的经济适用房建设项目。经过一年左右的充分调研和慎重谋划，我们决定合伙注册成立金华强盛实业投资有限公司，并收购了四川省城镇建设综合开发有限公司，用于开发这个项目。在交标书的前一天，我和吴建春、陈朝钦一夜没睡，商讨到凌晨5点多钟，最终就报价达成一致意见。就这样，我们以1.8亿元得到4万平方米的商业卖场，2004年11月23日，我们与四川省政府签订了项目合作协议。

2006年，我将柯桥纺织生意库存的面料全部处理后，全身心投入成都项目的管理当中。成都项目商业用地在太升南路，拆迁前也是卖手机产品的，边上的一栋民国老房子就是电信局。我们几个灵机一动，决定发挥天时地利的优势，把项目定位在通信数码产品上。不能小看手机这个商品，它的产业链延伸性很强。我们注册了成都赛格数码通讯广场经营管理有限公司，成功创办了成都首家大型通信数码大卖场。整个4万平方米大卖场的一楼以国际品牌销售为主；二楼是手机成品批发层，经营国内产品；三楼出售手机配件、配饰。

数码大卖场为当地提供了近5000个就业岗位，每年上交税费达数千万元，赢得了良好的社会效益与群众口碑。自2007年元旦成都赛格广场开业，我担任管理公司董事长，一路走来，经营也并不是一帆风顺的。2008年5月12日汶川大地震、2020年疫情大暴发，都给经营带来了一定的困难。但我们并不气馁，庆幸当时眼光准，选了个朝阳产业，紧跟时代步伐；后来又引入了电商产业，至今仍在平稳经营。

除此以外，我和吴建春、陈朝钦还创办了重庆新锦江地产有限公司，在重庆开发了两个房地产项目，参与渝城的旧城改造等项目。

再回柯桥，建立中国轻纺城跨境电商产业园

2012 年，浙江省政府出台了"头号工程"，号召浙商回归。吴建春会长得知消息后，又去各地考察项目，寻找新的商机，兜兜转转，我们还是把目标定在了柯桥，柯桥依然是最好的投资热土。我早就在心里认定了柯桥这个第二故乡。30 年前时任绍兴县县长纪根立在座谈会上允诺的事，我至今记忆犹新。纪根立县长当时说，需要户口就给户口，需要土地就给土地，子女如果上不了学，可以直接去找县长解决。正是这种毫无保留的接纳和包容让我们对这片土地产生了深厚的感情。再说，我们乐清人的二代、三代早已认定柯桥是家乡了。

回到柯桥，我和吴建春一起抓住电商发展时机，结合轻纺城传统行业的优势，建立起中国轻纺城跨境电商产业园。作为电商综合示范区，绍兴市在园区也设了一个窗口——中国轻纺城跨境电商服务中心。中心采取"线上交易、线下展示"的商贸新模式，包含高校培训机构、重点科研机构、电商孵化器及一系列电商服务机构。每天园区看似没有什么人，但车库却停着 2000 多辆车，这就是线上交易的魔力。

新时代有新契机，生意场上的事情瞬息万变，我们乐清商人不会害怕尝试。我们乐清人多地少，新中国成立以后很多基础设施都要自给自足，迫使我们走出去求生存。在求生存的过程中，我们乐清商人团结进取、胆识过人，在大浪淘沙中顽强地活了下来。在求生存的过程中，我们在柯桥的乐清商人在短短 30 年时间里，拼出了超千亿元的固定资产。发展到今天，大家已经小有成绩，但很多老乡没有故步自封，意识到自己的短板是文化水平不够，直接导致了政策理解不到位，风险评估不稳妥。大家也敏锐地捕捉到风向，在搞传统行业的同时，也可以开发新的生意路子。现在，我们乐清商人的行业触手从传统纺织延伸到了各行各业。我们乐清人的第二代普遍接受了高等教育，很多已经在接管家里的产业，帮助完成企业的转型升级。

访谈时间：2023 年 7 月 13 日
访谈地点：中国轻纺城乐清商会
访谈整理：司马伊莎

《温州一家人》简直就是在说我的故事

人物名片

林银汉，温州乐清淡溪镇人，1953年12月生，中共党员。现任新疆精诚大安投资有限公司董事长。曾任乐清县个体劳动者协会驻绍兴轻纺市场分会副会长，中国轻纺城乐清商会副会长，中共乐清县淡溪乡驻绍兴临时党支部副书记，乐清市人民政府驻绍兴办事处党委委员等职。

柯桥遍地是黄金，只要你肯干

林银汉早期在内蒙古、宁夏等地从事建筑行业，经过多年的打拼，有了一些积蓄。1986年，他又向亲戚朋友借了些钱，凑足3万元来到绍兴进货，开始了他的面料生意。

20世纪80年代初期，有纺织业基础的绍兴各大乡镇都办起了纺织厂，利用国有企业淘汰下来的织机生产面料。这些面料最大的优势就是出厂价格低。林银汉和老乡徐祥川合伙从绍兴进货，然后通过公路将布料押运到兰州永昌路的批发市场（现在这个市场还在，搬迁至兰州东部综合市场）销售，两地相距2000多公里，一来一回就是4000公里，虽然辛苦，但是布料售罄的那一刻，他们便觉得一切都值得。

1988年柯桥轻纺市场建立以前，他们是从绍兴皋埠镇的厂家进货的。市场建立以后，他们就直接到轻纺市场进货了。随即他们发现绍兴轻纺市场前景大好，便于1989年3月真正落脚柯桥。林银汉花了1.5万元在轻纺市场购得一个店面。

经营中，林银汉并不局限于卖绍兴本地生产的面料，还从广东中山等地进货。当时，绍兴县工商局的领导很疑惑，问他为什么要去广东进货。林银汉解释："现在这个市场，如果不去其他地方进点优质面料，就撑不起门面，低端的面料利润薄，没有竞争力，我们这样做市场会更热闹。"乐清人就是凭着对市场独到的敏锐观察，以及敢于冒风险的精神，闯出一片天地。1993年，进口面料特别好卖，基本当天就能卖光。"那些年，柯桥遍地是黄金。"林银汉感慨道。有时候他们也会根据买家的需求，拿着样品到马鞍镇的印染厂加工，事实上，这些行动也推动了柯桥印染厂的设备升级和产品迭代。

去广东进货的那些往事，是林银汉抹不去的记忆。他说，当时市场是不规范的，其实上游供应商的面料也是偷偷摸摸走私进来的，按照当时的政策是要交罚没税的。还有部分面料是广东那边的工厂用进口的机器做出来的。林银汉回忆道，有一次他们从广东把面料运回来，在江西被扣了，损失蛮大的。每次运货，一路上他总是胆战心惊。一直到乐清政府牵头，通过商会的努力把运输线路审批下来后，他们才算松了一口气。在乐清人的带领下，其他地方的商户及绍兴本地的商户也纷纷加入了销售进口面料的行列，直接带动了柯桥面料市场的多样化、高端化。林银汉在柯桥前前后后待了10年，1999年把店面以200多万元的价格转让后，他就带着家人去大西北投资开采石油了，直到现在他儿子还在从事石油行业。他强调，我在柯桥的10年是柯桥发展迅猛的10年，是遍地黄金的10年，只要你肯干。

商会最大的功劳就是协助政府把市场稳定下来了

最初，轻纺市场基本上只有乐清人和绍兴本地人在做生意，绍兴本地人绝大多数都不是个体户，而是厂家在轻纺市场设的门市部的营业员，可以说，在柯桥做生意的乐清人才算是真正的个体户。

当时，五六十户乐清人在市场里处于弱势地位，在经营过程中，出现过各种冲突和矛盾。因为市场刚建起来，还是一个新兴事物，没有现成的管理章法，政府有关部门还在不断摸索中。为了能在柯桥稳定地做生意，乐清个体工商户协会驻绍兴轻纺城分会应运而生。

林银汉是第一届商会（协会）副会长，当时的主要工作就是协助会长徐祥川开展工作，有事情的时候一起商量，大家齐心协力地摸索着把商会办好。林银汉和徐祥川不仅是生意上的合作伙伴，在商会工作中也是极佳的搭档，两人一文一武，配合默契，总是在乐清人需要他们的时候及时出现。商会成立初期，需要商会出面调和各种矛盾，诸如地盘之争、花样版权纠纷，以及商户之间利益摩擦等，林银汉凭借自己大公无私的品德和高超的语言艺术，赢得了大家的信任和尊重。他们一出场，一个个难题便迎刃而解。

林银汉说："做会长其实就是为大家服务，当时商会不收费，我们不仅要赚钱养活自己，还要努力地帮别人做事情。我认为我们商会最大的功劳就是协助柯桥政府把市场稳定下来了。"柯桥的工商部门对他们很友善，为在柯桥的外地客商提供了很多帮助，每当商户们遇到困难时，工商局的干部都会毫不吝啬地出手。每当有领导来视察，工商部门会通知协会，再由协会通知个体商户配合市场开展工作。就是在这样不断磨合和协作中，商会（协会）推动了轻纺市场的繁荣和兴盛。商会（协会）向柯桥党委政府提出的建议，如对内对外税收要一视同仁，要加快建设火车站及高速公路等，柯桥党委政府非常开明，认真听取了商会的建议并积极落实。到1999年林银汉离开柯桥的时候，市场管理已经很正规了，柯桥的城市建设也日新月异。

"靠山来了，棘手的问题好解决了"

林银汉的另一个身份是乐清籍商户临时党支部的副书记。当时柯桥市场的五六十户个体户中有十几名党员，所以他就想在柯桥也成立一个临时党支部。他们成立临时党支部的想法得到了乐清市党委的大力支持。1991年，临时党支部成立了，薛金闹任书记、林银汉任副书记。虽然当初协会和临时党支部基本是同一批人，但协会是服务全部在轻纺市场的乐清个体户的，而临时党支部是面向淡溪镇在轻纺市场的党员的。有了党支部以后，这些在外流动的党员与乐清政府之间的沟通和联系也逐步多了起来，政府也非常重视在外务工党员的发展和管理问题。

1994年，乐清市政府为了更好地服务在中国轻纺城的数万名乐清商户，专门在轻纺城设立了派出机构，任命薛金乐担任主任。薛主任来了以后，大家感觉有了"靠山"，遇到困难时有组织可以寻求帮助，有什么事情都跟办事处商量。为协调轻纺市场店面集资问题，薛主任就把乐清市副市长、物价局局长都请来，与绍兴县有关部门对接洽谈。去广东进货的跨省运输路线，也是薛主任和乐清市公安局淡溪派出所、淡溪镇政府、乐清工商局一起陪同徐祥川会长去开通的，主要靠薛主任以政府的名义跟沿途各个县的县政府进行协调。"薛主任还亲自陪同我们去广东押车，为了把布拉进来，为了其他个体户，我们都不计个人得失，不计报酬。"他们也在这个过程中结下了深厚的友谊。

1999年，林银汉在大西北投资开采石油，直到退休回家。后来，他看到36集电视剧《温州一家人》中，主人公卖祖屋、捡破烂、睡草棚、贩皮鞋，最后开采石油赚大钱的经历，不禁感慨："这不就是我的故事吗？"林银汉是许许多多温州商人中的一员，他们是时代的弄潮儿，是一群神秘部落，他们往往能从没有市场处找出市场，从鲜为人知的边缘经济夹缝中杀出一条血路。他们无论在哪里都能创业，都能很快在当地扎根、发芽直至开花、结果。"温州人精神"常被概括为四句话，即白手起家、艰苦奋斗的创业精神；不等不靠、依靠自己的自主精神；闯荡天下、四海为家的开拓精神；敢于创新、善于创新的创造精神。这些概括用在林银汉身上也是恰如其分的。

作为商会成立早期的参与者和管理者，即便过去了数十年，林银汉对那段在柯桥奋斗的岁月依然记忆深刻，看到商会像自己的孩子一样一步步成长、壮大，他感到十分欣慰。他深信，中国轻纺城乐清商会必定会继续大力弘扬乐商精神，凝聚乐商力量，在谱写新时代改革新篇章的伟大进程中，奋勇前行，再创辉煌！

访谈时间：2023年6月20日

访谈地点：乐清市淡溪镇

访谈整理：周群芳　张增祥　杜嘉木

"临时党支部"是一大创新

人物名片

薛金闹，温州乐清淡溪镇人，1947年1月生，中共党员。曾任乐清市党代表，乐清市淡溪镇驻绍兴临时党支部书记，原乐清县个体劳动者协会驻绍兴轻纺市场分会副会长，乐清市驻中国轻纺城党委委员、宣传委员，乐清市淡溪镇龙川村党支部书记。

在与乐清商会其他同志的访谈中，有多人提到薛金闹，一致评价他人品好、人缘好、点子多、贡献大。因一直约不到时间当面采访，我们只好电话连线，薛金闹在上海小女儿家接受了电话采访。虽然未曾谋面，但76岁的薛金闹思维敏捷、声如洪钟，交流起来特别流畅亲切。

"金柯桥"的美称，确实名不虚传

龙川村坐落在乐清淡溪镇东首，毗邻虹桥镇，1958年响应国家建设淡溪水库的号召，全村人从龙川村迁移到孝顺桥，现有村民1400多人。历史上，龙川村的村容村貌很差，村民经济收入很低。改革开放后，很多村民都外出经商，上有老人要赡养，下有4个孩子要抚养，家里经济拮据，已经担任村支书的薛金闹也面临着经济困难的问题。

改革开放初期，薛金闹先后在郑州、兰州等地做过生意，1985—1986年间，和妻子又辗转来到北京做服装生意。在外地做生意很辛苦，而且兰州、北京的生意并不好做，也没赚到多少钱。因为那时候的摊位都是户外临时的，没有正式摊位，后来做生意的人多了，才慢慢形成了集市。薛金闹说，在兰州，他什么苦都吃过，比如吃不惯、住宿条件差等，但这些还都是能克服的。他记得最揪心的一件事，是有一年秋天面料进货后卖不出去，因为当初没有意识到地域差异，兰州人穿的衣服面料和南方流行的不一样，同一个季节他们的布料要厚一点。布料卖不出去，薛金闹每天都在焦虑中度过，直到第二年天气渐渐暖和时，才把那些面料处理掉。此后，他一直在找寻更好的落脚点。

后来听老乡说柯桥这边要建轻纺市场。1988年上半年，绍兴轻纺市场还在建设时薛金闹就跑来考察，他发现绍兴、萧山有大量的纺织工厂，有着大好的商机。薛

20 世纪 90 年代初，交易繁忙的
轻纺城市场

金闹清晰地记得，1989 年 2 月 27 日，他来到了柯桥。绍兴轻纺市场 1988 年 10 月 1 日开业，市场刚开始没多少人气，乐清老乡也不多。那时轻纺市场周边都是空地，配套设施根本无从谈起，他和妻子、大儿子、大女儿一起挤在市场三楼租的房子里，条件非常艰苦。薛金闹手头并没有充足的资金，为了在柯桥安顿下来，租摊位和进货的资金是他从亲戚、朋友那里借来的。乐清人有不成文的规矩，亲戚朋友间足够信任，借钱从来不写借条也不签协议，等赚到钱了回去以后一起分利润。薛金闹说，其实他们是组成团队在一起奋斗，是共同致富的样本。当薛金闹年底把钱还给亲戚朋友时，他们都特别感激，还拿出 5000 元、6000 元作为奖励送给他。

柯桥是做生意的好地方，难怪有"金柯桥"的美称，来自乐清的老乡很多都赚到了钱，越来越多的老乡来柯桥淘金。薛金闹当初到柯桥周边的乡镇去进货，在皋埠镇的印染厂拿了很多年的货。也许是之前走南闯北积累了经验，也许是和妻子在北京卖服装时学到了许多面料的知识，薛金闹在柯桥的生意做得顺风顺水，有时还到市场里把款式时尚的衣服买来，拆开分解，不断升级自己产品设计水平和面料品质。

从"临时党支部"到"办事处""商会"，乐商"如鱼得水"

薛金闹在村里一直口碑很好，1978 年入党，当过村长，村民夸他年轻有为，特别信任他，36 岁左右被推选为村支书。来柯桥做生意后，薛金闹遇到了诸多困难。他本身有很强的组织观念，在外地没有组织，没有集体，感觉生活枯燥，精神上缺乏寄托。为了能让大家的生意顺利地做下去，赚到更多的钱，保证大家的人身和财产安全，薛金闹和几个党员一起商量对策。当初市场里有来自淡溪镇的党员 16 名，参与商量的有陈时松、周显乾、林阿康等人。他们决定向淡溪乡提出在柯桥设立临时党支部的申请。这一申请得到了镇里、县里的大力支持。1994 年 8 月 12 日，中共乐清县淡溪乡驻绍兴临时党支部正式批下来了，镇里任命薛金闹为党支部书记。"不经意间，我们成立临时党支部的做法成了一大创新。"薛金闹自豪地说。

临时党支部成立后，薛金闹不仅组织党员学习，还经常组织乐清籍个体户召开大会，邀请绍兴当地工商局、公安局、税务局的工作人员来给商户做培训，培训内容很丰富，也很有针对性，如合法经营、依法交税、遵守市场管理规定、治安管理规定等。经过培训，商户的守法意识得到了加强，商户间变得更加团结，纠纷冲突有所减少。这些明显的变化，得到了浙江省、温州市、乐清市组织部的充分肯定，1998 年，中共中央组织部也专门来调研，充分肯定了党支部的创新做法。

随着商户队伍的壮大，党员数量也在不断增加，一个小小的临时党支部已经无法承担起如此庞大的队伍管理和服务责任。1996 年，他们向乐清市政府提出在绍兴设立办事处的请求。乐清市委、市政府为此事专门召开了会议，最后同意设立乐清市人民政府驻绍兴办事处，任命薛金乐为办事处主任。后来又成立了中国轻纺城乐清商会党委，薛金乐任书记，薛金闹担任党委委员兼淡溪镇党支部书记。在薛金闹的带领下，支部的党员队伍有了较快的成长，徐祥川、林银汉、黄胜宣、陈福银等淡溪人都加入了党组织，一共发展了 28 位党员。这些党员发挥了很大的作用，对市场的稳定、商户内部的团结、商会组织建设都起到了积极的推动作用。

支部和商会从零起步，薛金闹、林祥川等第一批创立者付出了很多心血。第一，他们需要去取得各级政府的支持。时任绍兴县委书记纪根立同志对乐清商人的支持令薛金闹至今难忘。第二，他们需要与公安、工商等行政管理部门建立良好的互动关系，他们是商户和行政管理部门间的纽带和润滑剂，要带领商户积极遵守法律法规，帮助商户争取最大政策利益。第三，他们需要在和其他商会的竞争中找到平衡点。有时为了"抢生意"，会滋生矛盾，他们在中间协调无数次，才使矛盾平复，为后来各大商会间的和谐共生打好了基础，也为轻纺城的繁荣提供了有力保障。第四，他们需要在牺牲小我和顾全大局之间做好妥协。薛金闹说，担任书记工作，对他的生意有很大影响，哪里需要他去调解处理问题，他就把手头的事情停下来立刻去办。紧急情况下，他曾经从广东坐飞机赶回来处理问题。

第一届商会和第一个党支部起了个好头，从此乐清人在柯桥乘风破浪，如鱼得水。

孙子说"爷爷好伟大"

2002 年，薛金闹来到上海，和三个朋友一起开办了上海乐杰投资有限公司，一直到 2022 年才退出，开始和妻子享受晚年生活。如今他的四个儿女分别在四个城市工作，其中，大女儿定居在南非。六个孙子、三个外孙也已经长大成人，他非常享受现在的生活，也很感念自己遇上了好时代。

虽然他常住上海、杭州，但是他认定柯桥是他的第二故乡。

"龙川村是生我养我的地方，我当了20多年的书记，对村里的一草一木都充满着感情。我带头为村里修路，为村民到县里去申请批了50多亩地，造了10来幢8层以上的现代化房子。我带领村民进行村庄改造，把村庄建设成美丽乡村。"如今村里的校舍更新了，村民办事处建起来了，村子与虹桥镇连在一起了，薛金闹特别开心。

对于商会的发展成就，作为第一任支部书记的薛金闹，他深有感触。每每有重要活动，他也会应邀参加，并衷心希望商会能越办越好。

作为一名老书记，薛金闹获得的荣誉证书有很多本，但是他说这些都不是最重要的，重要的是在和孙子讲他的创业故事时，孙子说："爷爷好伟大！"能将刻在温州人骨子里的勤勉、智慧及优良的家风传承给后代，是薛金闹最乐意看到的。

访谈时间：2023 年 10 月 10 日

访谈地点：电话访谈

访谈整理：周群芳

会"武功"的生意人，如今在"种"文化

人物名片

林其海，温州乐清蒲岐镇人，1950 年 8 月生。曾任中国轻纺城乐清商会常务副会长，乐清商会副政治指导员；蒲岐镇西门村党支部副书记。

73 岁的林其海，依然满面红光，声如洪钟。他已经从生意场中退出，过着安逸的乡野生活。在淡溪水库旁边一处长满黄梅树的景区里，他和几个原先一起在柯桥打拼的老弟兄小聚，面对采访，他激情澎湃，故事在动人的讲述中徐徐展开。

做水产、卖服装、建市场、开金矿，都需要"拳脚功夫"

林其海出生于乐清蒲岐镇。蒲岐是南宋淳熙年间为防海盗侵掠而建立的小镇，也是抗倭重镇，镇内至今还保存着众多完好的四门城墙和古民居。林其海少年时期在当地传统文化的熏陶下习得一身好武艺。乐清南拳、天台皇都南拳、平阳白鹤拳是浙江南拳的"三大流派"，林其海就身怀三门拳术。

20 世纪七八十年代，林其海所在的仪表厂效益一天天下滑，他的孩子却一个接一个出生，他感觉到了生活的压力，业余时间便做起了水产生意。

去海边进货都在后半夜。儿子林鹏刚刚 14 岁，就成了他的帮手，常常天不亮就装上一兜的钞票，跨进自行车的三脚架，顶着车大梁骑几十公里去接应他进货，长久下来，十分辛苦，而收入并不高。

1985 年，35 岁的林其海办理了停薪留职手续，带上妻儿，北上山西，开始了自己的创业之路。

在临汾，林其海卖服装。大牌子服装紧俏，像"培罗蒙"西服，想去批发一点来卖根本搞不到货。许多老乡在太原、大同、西安做裁缝——他们经常到商场去逛，看到好的西装就买过来，拆开看布料和工艺，直接仿制。林其海经常带着儿子林鹏去找他们进货。他与老乡约定，一件 100 块钱的衣服，先付 50 或者 60 块钱，剩下的钱在卖掉之后付清，这种方式只有老乡之间才可以做到。以前没有托运业务，进货都是靠肩膀扛到火车上。为了不耽误白天的生意，他们大都是晚上上车，第二天早上到店。没有座位，父子俩就钻到座位底下睡觉。有时车厢人多，他们只好手拉

着头顶的货物架呆呆站着，瞌睡了也只能僵挺着眯着一会儿。

此后，他们辗转去了太原、北京。

林其海的妹夫吴建春于 1989 年先在柯桥落了脚，就让他们过来。随后，林其海一家也到了柯桥，经过摸索，开始经营花布，他们大约是第一家做印度尼西亚产的花布的企业。货都是从广东揭阳流沙转运过来的，当时他们一天的营业额很高，"现金都是几麻袋几麻袋地装"。

2000 年后，柯桥的生意就比较难做了，进口面料已经赚不到钱，市场仿制品太多，竞争异常激烈。一个东西今天好卖，明后天市场上就全部都有了。林其海见到这种情况，便施展其"拳脚功夫"，以一套"组合拳"打开了新天地。

他让儿子林鹏跟着吴建春等人一起去成都投资建设赛格广场，总投资达 6 亿多元。现在林鹏的一个同乡好友还在管理这个企业。

2008 年，林鹏又到常熟市开发了一个市场，林其海主要管理柯桥的生意。他发现，一个好的产品放到人家工厂里面加工，如果这个产品好卖，工厂不一定会全部给他们，自己也留着私下卖，但是自己工厂生产的东西谁也抢不走。于是他在 2015 年投资了 1000 多万元，建了圆机针织工厂。现在这个工厂由林鹏的弟弟妹妹在打理，林鹏 2008 年跟吴建春去了常熟、重庆等地投资，后来去了雅安，并在雅安开了金矿，2013 年又去江苏泰州开锌矿。

回忆创业历程，林其海认为，关键是摆正位置，有自知之明。林其海不希望把公司跟他自己联系起来，因为他觉得公司应该比创始人走得更长远。在接受采访的过程中，林其海自始至终不提自己的业绩和能力，关于他的故事，大都是从他的儿子林鹏口中得知。林其海说，创业不能为金钱而去做，"因为要是为你个人的金钱财富来做的话，我想你做的战略肯定会很短期"。对于创业，林其海还强调，需要有良好的心理素质，不能因为钱财的增减而有太大的情绪波动，否则就会做出错误的决定。

林其海被乐清商会聘为副政治指导员　　　林其海作为林氏宗亲总会会长牵头编撰的《乐西林氏大宗谱》

担纲商会，还成立了太极拳协会、南拳分会

在柯桥的乐清人中，实力最强的还是淡溪镇人，他们陆续从山西运城、临汾、太原和甘肃兰州这些地方来到柯桥。那时，乐清东部的人比较看好服装产业，淡溪的人卖的主要是布品。1990年、1991年，四川人来了，以筠连人为主，他们挺能干的，竞争更加激烈。后来福建人、江西人也来了，但乐清商人一直做得很好。中国轻纺城对乐清人一直很照顾，当时的市场工商所所长濮耀胜说，乐清人是市场的老大哥，来得早，人最多，生意也做得最好。

20世纪90年代后期，乐清人内部也一度有矛盾。当时以乐清境内的104国道为界，分为马路上和马路下两方阵营，马路上是以虹桥、淡溪人为主，马路下以蒲岐、南岳人为主。1997年，中国轻纺城乐清商会成立，最终选举处于"中间"的王美松担任会长。王美松担任会长不久，因业务发展需要到成都去，就把这个重任交给了常务副会长林其海。林其海首先组建了治安队，自己担任队长，王银姆副会长担任副队长。

那时市场的治安还比较乱，来来往往人很多，因此1999年乐清商会创建了太极拳协会，成立了南拳分会，整个队伍拉出来有300多人，绍兴县给了林其海"绍兴县武术协会名誉会长"称号。

2004年，中央电视台四套栏目组来绍兴柯桥拍摄关于乐清商会的武术纪录片，并在电视上播放；林其海还带领中国轻纺城武术队伍参加全国的比赛，并且获得了多项荣誉。

林其海主持乐清商会工作的时候给商会定了三个工作标准：一是做政府支持的；二是做对社会有益的；三是做能出效益的。现在看来，当初的定位是对的。乐清商会在当时把一大批的乐清人紧紧地团结在一起，做成了中国轻纺城商户最多、经济体

2016年CCTV-4拍摄
《远方的家》纪录片时
与武术队员合影

量巨大的商会。

商会处事公道，深受乐清人的拥戴。当时绍兴县委书记顾秋麟经常到商会来，甚至到家里嘘寒问暖。还有工商局的濮耀胜、王铼根等领导，也经常到商会座谈调研。

救助弱势群体是商会的一项重要工作。2003 年，商会向乐清市教育局捐赠了138000 元用于贫困生助学。"当时拿出这么多钱是不容易的。"林其海自己就资助 6个孩子完成了小学学业。

多年来，林其海一直能够"坚持自己"。他说，坚持自己不等于盛气凌人，通过与人进行诚实、公正、非对抗性的交流来表达自己的需要。林其海说：当你坚持自己时，你会自我感觉良好，因为你意识到自己对遇到的境况和挫折做出了正确反应。

回到老家，热衷抗倭名镇文化研究会

林其海深爱家乡。他说："眼下自己最热切的愿望，就是想为家乡多做点实事。"

在儿子独立承担家族企业的管理工作后，林其海于 2009 年回到了蒲岐老家。老家邀请他担任村支部副书记职务，他做了 8 年。其间，林其海为村里改造良田、改善环境，特别是为村里建设了一条 127 米的定安长廊，大大地优化了村容村貌。

林其海退休后，原先和他一起在柯桥打拼的这帮老弟兄们经常在一起小聚，大家从来就没有红过脸，相处融洽。

"蒲岐作为历史上的抗倭名城，保留着古城原有的四座老城门，十字街老店铺林立，有着其他城镇所没有的独特韵味。四座老城门为乐清市级重点文物保护单位。"作为蒲岐古城文化研究会的会长，退休后的林其海很忙，他为重建古城街道、保护抢修古民居等默默努力着。他崇尚当地自古以来就有的经商之道，正是这种勇毅与坚强，让他在竞争激烈的商海中自强不息，造就了一个男子汉敢闯天下、百折不挠的"武艺"。

访谈时间：2023 年 6 月 20 日

访谈地点：乐清市淡溪镇

访谈整理：张增祥　周群芳　徐显龙

刚到柯桥的第二天，孩子就出生了

人物名片

徐丕明，温州乐清淡溪镇人，1962年6月生。曾任绍兴县政协委员、中国轻纺城乐清商会副会长。

"不怕有梦想，就怕梦想止于现实"，这是一个普通农民企业家的人生信条。如今，他带着这个梦想，通过自己的努力、坚持和执着，拥有了属于自己的企业，并完美地传给了下一代来经营。一个只有初中文化的农民，是什么力量促使徐丕明披荆斩棘，一步一步走向成功？

来到乐清淡溪镇，车子在拐上一个岔道时，徐丕明出现在了我们前方，热情地引导我们进入山庄。时值农历五月下旬，正是杨梅成熟的季节，院子里缀满枝头的杨梅外观绮美，形色俱佳，那光滑赭青又坚韧的枝干，繁茂油亮又葱绿的叶子，无不透露出勃勃生机。徐丕明身板结实，看起来只有50多岁的样子。

曾经的商场悍将，担任过绍兴县政协委员、中国轻纺城乐清商会副会长的徐丕明，依然十分干练。他满脸真诚，爽朗的笑声感染了我们每一个人。两年前他将苏州的企业交给了女儿打理，自己乐得逍遥自在，过起了陪伴家人、享受人生的退休生活。"我们现在对于大风大浪已经十分淡定了，我们要把自己的经验和经历告诉下一代，放手让他们去干，相信下一代会比我们做得更好！"徐丕明如是说。

从泥瓦工到面料商人的蝶变

徐丕明的创业经历说来话长。

他于1962年出生在乐清淡溪的一个小山村，兄弟姐妹六人，他排行老四，父母靠种田为生，经济十分困难。初中毕业后，他先在生产队里种田，做力所能及的事情。家乡贫穷的环境给了他很大的压力，他常常和村里的小伙伴们商讨未来生存的问题。18岁那年，他决定外出谋生。

"我是一个不服输的人。"徐丕明的语气里透着坚定。在他最迷茫、最困苦的时候，二哥拉了他一把。二哥因为学了瓦工手艺外出打工，在宁夏固原承包了一个小工程。由于没有技术，徐丕明只能在那里做小工。北方冬天很冷，他住在用竹篾笆围成的工棚里，四面透风，吃尽了苦头，手都冻烂了。尽管如此，他还是咬着牙撑了下来。第二年他又和二哥一起到了山西，在另一家建筑队修公路。修公路是重体力活，那时大型机械很少，全靠肩扛、人挑、锹挖，一天下来，全身都像散了架一样。因为工程的流动性，之后他们又到了宝鸡、兰州等地，还去了遥远的新疆阿勒泰修建水库。那时他想着，凭着自己年轻和一身力气，养活自己应该不成问题。

事业的转机出现在 1986 年，有老乡在兰州做面料和服装生意，发展得还不错，建议他也去兰州一起干。徐丕明二话不说，就决定和老乡一起去。他从家里要了一点资金，加上自己做瓦工时的一点积蓄，在兰州闹市区的一个商场里租了三节柜台，正式改行进入商场。当时面料是从绍兴柯桥进货的，经过苦心经营，他有了一些积蓄，经商经验也一天天丰富起来。

千回百转，在困境中永不言弃

1989 年，他遇到了经商路上的第一次危机。由于社会局势紧张，"今天大米买不到了，明天卫生纸买不到了，后天盐买不到了"，徐丕明和老乡一起从柯桥进的布料在两省交界处设置的综合检查站被扣押。"布料是我自己亲自押车，从 104 国道走，要经过南京、苏州这些城市，而当时城市通行已经无比艰难。"屋漏偏逢连夜雨，等到货物放行时，又遇到 8 到 9 级大风和暴雨，大风吹掉了盖在车上的篷布，大雨淋湿了车上的布料，导致布料无法销售。这趟货金额达十几万元，几乎倾尽了他所有家产，最后赔得一分不剩！十几万元在当时来说不是小数目，这次打击对于徐丕明来说几乎是致命的。

走投无路之时，在老乡博克波、吴建春等人的建议和帮助下，1989 年底，徐丕明带着怀有身孕即将生产的妻子，来到绍兴柯桥，再次白手起家创业。

"在我们这个圈子里，彼此相处得就像亲戚一样，谁家有红白喜事，我们大家都会参与。"谈起曾经一起经过商的这些乡亲们，徐丕明很感慨。老乡带老乡，亲戚带亲戚，乐清人的相互帮助、相互扶持，成就的不是一个人的事业，而是整个乐清人的生存和发展的大计。

"2008 年这一年也是我们的一个坎。"2007 年，徐杏地的公司花了 7000 万元拍得了原来柯桥区政府大楼后面的地块，准备建设环球大厦，这个项目包括徐丕明在内，总共有 5 个人共同投资。2008 年发生的两件大事让他们措手不及：一是四川汶川发生的重大地震灾害；二是席卷全球的金融危机，致使国内经济形势出现萧条，全国的房地产市场走下坡路。"这个地买来了，如果不建设而是搁着，财务成本很高；如果建设，流动资本不够，还要增资。当时我的压力非常大。最后大家想办法向银行借了一笔钱，渡过这个难关。房子建好后低价卖了出去，仅仅收回了成本。"

"我不能放弃！父母都是农民，还有三个孩子要抚养，压力再大，也要想办法度过。"每当遇到困难，他都会这样想。

风雨同舟，贤内助一路相随

1985 年，徐丕明娶了同村的林锡玉姑娘为妻，婚后妻子跟随着徐丕明一起北上，过着居无定所、风里来雨里去的外出打工生活。妻子无怨无悔地陪着徐丕明吃苦受罪，给在工地的丈夫安排好一日三餐，节约每一分钱，经营好小家。为了减轻徐丕明的压力，妻子承担起家庭的所有事务，并管理得井井有条，从不让丈夫因家事分心而影响工作。作为媳妇，她恪尽孝道；作为妻子，她做贤内助；作为母亲，她勇担教养重任。

20 世纪 80 年代，社会治安较为混乱，在外打工的人常常受到地痞流氓的欺负和骚扰。徐丕明两次被人伤害，左脸上至今还留有疤痕，差点伤及眼睛，幸好有妻子陪在身边照顾。1989 年，全部财产毁于一旦、身无分文之时，身怀六甲的妻子没有一句埋怨丈夫的话语，默默收拾行李，跟着徐丕明一起南下柯桥。当初的情景，徐丕明永生难忘。1990 年 1 月中旬，临近春节，夫妻俩在柯桥租了一间民房暂时生活，刚到柯桥的第二天中午，孩子便出生了。天空下起了大雪，自来水龙头被冻住了，妻子正在坐月子，徐丕明觉得自己太无能，而妻子却默默地承担着这一切，没有一句怨言。

"纵使困难再大，我们也要相互支持，相互鼓励。"这是徐丕明夫妇之间多年来形成的默契与坚持，他们用心经营、用爱浇灌，用关心和爱夯实家庭和事业的基石。

在妻子的全力支持下，徐丕明一步一个脚印，多次跌倒又多次站起来。

"当遇到困难的时候，他的压力明显大了很多，我也常常劝他遇事不急躁、仔细分析，总会有解决办法的。"妻子在一旁补充道，"我们淡溪、虹桥、蒲岐甚至整个乐清的女人都很贤惠，让男人在外面没有后顾之忧。"

妻子不仅把自己的家庭经营好，还把林家一大家子的事情也安排得很妥帖。徐丕明说："我兄弟姐妹六个，包括嫂嫂、姐夫、弟媳妇、妹夫，我们家从来没红过脸。这要归功于我的老婆。"在自己生活好过一点后，徐丕明也帮兄弟姐妹一把，一些项目让他们入股，有一份收入，使大家的生活都更好过一点。

"婚姻嘛，两个人一路走来不容易的，不能总是管鸡毛蒜皮的事，还需要两个人相互促进。"谈起婚姻经营，林妻一脸笑意。在她身上，我们看到了新时代女性的独立、坚韧和豁达。

打造中国轻纺城乐清人的精神家园

徐丕明在自己事业有成时，也不忘曾经帮助过自己的老乡们。他在中国轻纺城乐清商会担任副会长一职，主动帮助更多的老乡走上成功之路。徐丕明深深理解商

徐丕明（右三）和妻子（右二）与部分老会长在乐清老家接受集体访谈后合影

会服务家乡、奉献家乡的宗旨。每当家乡遭遇自然灾害或有乡亲生活遇困，他得知后总会积极响应商会号召捐资捐款，慷慨解囊。

除了在危难时刻捐资捐物，徐丕明回报家乡的行动更多地体现在平时。徐丕明经常参加商会组织的对接家乡的招商引资活动，积极建言献策，牵线搭桥。有好的项目、好的投资，他都会带着家乡的人一起做，在老乡有好的项目需要他的时候，他也总是义不容辞地帮助联系，想方设法予以解决。家乡有很多人在徐丕明的关心支持下创业并快速发展起来。徐丕明说，家乡人勤劳本分且知恩图报，那些因受他帮助而生活渐好的乡友们经常过来问候，这让他很是感动。

无论是勤勤恳恳地支持商会开展工作、尽心尽力关心和帮助弱势群体，还是长期服务家乡、回报家乡，徐丕明都强调"这都是很小的事情，是我应该做的"。

访谈时间：2023 年 6 月 20 日

访谈地点：乐清市淡溪镇

访谈整理：张增祥 周群芳

CHAPTER 4 第四章

创业迭代　创新致远

迭代，升级，是这个时期乐清商人的主旋律；扎根，蔓延，是这个地方乐清商人的核心办法。

从内贸到外贸，从实体到线上线下结合，从柯桥走向世界，他们用行稳致远、抱团取暖的"蚂蚁文化"度过了艰难岁月，用"增品种、提品质、强品牌"的自我超越赢得了新机遇。无论来自何方、去过哪里，他们都在柯桥找到了自己的位置。随着柯桥城市能级的不断提升，他们前进的脚步也从未停歇，永不满足，永不平庸。

中国轻纺城，这个响亮的沉甸甸的名号，是所有乐清商人心中的"朱砂痣"，也成了全世界布商的"白月光"。

好口碑来源于一点一滴的积累

人物名片

周如超，温州乐清大荆镇人，1965 年 4 月生。现任中国轻纺城乐清商会常务副会长，大荆雁荡分会负责人；历任绍兴柯桥诚中乐纺织有限公司、绍兴远德纺织品有限公司、成都玛德沙商贸有限公司总经理。

有"快乐的童年"，但"没有经历过青年时代"

周如超出生在乐清大荆镇的大山深处，家中有七个兄弟姐妹，他排行第六，那个年代，这么一大家子人，在穷乡僻壤的山村，生活拮据程度可想而知。但是幸运的是，父母给了他一个幸福快乐的童年，快乐的童年可以滋养人一辈子。他的父亲是村支书，办事公道，为人正直，在村里很有威望，特别是在子女教育方面有独到的见解。他从不打骂孩子，母亲若话多一点，唠叨一点，父亲便会劝说："听话的孩子，讲一句话就会听，讲十句就多啦！对于教育孩子，父母要轻轻地讲，孩子要重重地听。"父亲总是教导孩子们要诚实做人，不要去占别人的便宜："我们兄弟姐妹多，出去与人争吵，人家会说我们仗着人多欺负人家；在人挤人的场合，不小心被人踩了脚背，难免的，千万不要计较，转身走掉就是了。"父亲就是这样谆谆教育着他们，影响着兄妹几人。而这良好的家教家风，在周如超的身上也得到了很好的传承，为他日后的事业发展和人生道路做好了铺垫。

20 世纪 70 年代末，家乡地少人多，十三四岁的周如超就跟着师傅到金华、衢州一带去做篾匠，做好的竹制品统一在当地的供销社销售，一天能拿到几元工钱。那时的生活很清苦，但是年少时期吃过的所有苦，最后都化作了人生资本。他从小就爱与比自己大一些的朋友玩，他觉得年纪长一点的人经验、阅历丰富，所以出门打工也跟着一群成年人摸爬滚打，这让周如超很早就成熟了，用他自己的话说，他"没有经历过青年时代"。

1987 年开始，周如超辗转到西安做生意。当时，市场经济的大潮已经涌起，许多温州人背着行囊，远赴他乡去做服装、布匹生意，或者从事手工业，做这些相对创业成本较低的行业。周如超选择与朋友合伙做面料生意。他直接到萧山的工厂进

周如超（前右二）获2009
年度商会颁发的先进个人

货，来回奔波于两地，一般一个多月来一趟萧山，坐大巴要几十个小时。一车货成本是10多万元，周如超需要亲自押运。漫漫长路，总会遇到一些坎坷，那时候政策没有现在这么开放，身份证还没有普及，难免会遇到各种拦截检查，周如超总会未雨绸缪，提前准备好介绍信、通行证等，从容地向检查者说明货物的来龙去脉。因此路途虽然艰辛，但也还算顺利。在西安文艺南路布匹市场，周如超卖的主要是化纤布，又叫华达呢，进价为8~9元每米，能卖10多元每米，一进一出，每米布能赚1~2元。社会是大熔炉，几年下来，周如超对面料买卖的生意已十分熟悉，也积累了一定的财富。

"一带一路"市场的探路先锋

27岁那年，周如超结婚了，妻子是同村的姑娘，是一名护士。1992年，绍兴轻纺城正式冠名"中国"，面向全国招商。彼时的柯桥依然是一个小镇，但是已声名鹊起，全国客商纷至沓来，有不少乐清老乡已经在这里做面料生意了。当初的招商政策及市场环境，让周如超觉得柯桥的未来发展空间很大，于是他也在市场租下了店铺。门市六年一租，年租金是几万元。他和老乡一起去广东进货，到印染厂染布，他喜欢和有国营或集体背景的工厂做生意，他觉得这样质量可靠又稳定，事实的确如此，日复一日，年复一年，他一做就是近10年。

周如超1996年就在柯桥买房安了家，妻子、孩子也都跟过来了。2001—2002年，市场上做进出口生意的商家还很少，而周如超已经开始瞄准国际市场了。刚开始他通过挂靠别人的有进出口权的公司做贸易，后来国家政策逐步放开了，他便自己注册了一家外贸公司。他是市场里较早开始做外贸生意的商户之一，与土耳其、美国、南美洲、欧洲等国家和地区都有贸易往来，也算是中国轻纺城里开发"一带一路"市场的探路先锋，敏锐的觉察力和正确的决策让周如超收获颇丰。外贸公司的生意非常火爆，当初公司有几十个员工，每天工作十分繁忙，甚至通宵达旦。周如超有他自己的一套管理办法，善于激发员工的积极性和潜能，所以大家从来不抱怨。人性化管理和对员工足够的尊重，是周如超的秘籍。他说对待员工要将心比心，换位思考，用真心和爱心去对待每个员工，员工同样也会回报你。每次公司发年终奖，都比预先核定的多出很多。他说，一个员工背后就是一个家庭，能给他们的家庭带去更多的幸福感，何乐而不为呢？谦逊的周如超调侃说，这是他管理公司的弱点，而事实上正是他的优点，尊重人、会用人、能留人，爱出者爱返，最终成就了他自己。

2004—2005 年间，是我国房地产行业蓬勃发展的时期，周如超又嗅到了商机，他和朋友合伙到安徽黄山歙县做房地产投资，有商业地产，也有歙县人民医院这样的政府项目，这一做又是十多年。

写个"人"字不容易，做个"好人"难

目前，乐清县大荆镇大约有 5600 人在柯桥。周如超是乐清商会大荆雁荡片区的负责人，片区现有会员 400 多人。他说，商会是会员的娘家，是企业和政府的桥梁，也是推动社会进步发展的重要力量。为了这个分会，周如超没少费心力，当初的大荆、雁荡人在柯桥没有那么团结，而由于地域和语言的原因，他们与来自乐清中南部说虹桥话的同乡很少往来，各行其是，各自为营。周如超牵头成立片区后，依靠党支部、理事会、基金会这三支队伍的作用，形成了合力。比如通过举办各种活动，相互沟通，增进彼此的了解，既联络了感情，又加深了印象和友谊，也为分会增强了凝聚力和影响力，分会活动好评如潮，为其他分会起了个好头。

慢慢地，老乡之间的隔阂消失了，地域观念也淡了，小圈子也没有了，团队精神彰显出来了。现在在这个大家庭里，大家相处得很融洽，都能做到互相关心、互相帮忙、互相支持、信息共享，并能有效促进各项工作。大家虽然不是亲戚，但比亲戚还要亲；虽然不是朋友，但比朋友还要好。最令周如超感动的是，他母亲病故，葬礼那天，大荆山高路远，但是商会很多人都来了，甚至有副会长千里迢迢从外省赶过来，半夜 12 点才赶到，现在回想起来，总有一股暖流在他心间。

创业虽然艰辛，但责任和使命并存，乐清商人富而思源，心存感恩，用实际行动回报社会，回馈家乡。周如超积极投身公益和慈善事业，资助贫困老人、贫困学生家庭，为柯桥区和家乡慈善捐款。2019 年，超强台风"利奇马"在台州温岭市正面登陆，乐清部分乡镇严重受损，大荆镇灾情特别严重，虽然全镇上下众志成城全力抵御，依然遭受了巨大财产损失。周如超等带头捐款，在短短数小时内就收到捐款 50 余万元，并组织前往大荆、雁荡两镇察看灾情，慰问老乡，传递温情，展现了商会心齐情真、凝聚力强的风采。

周如超出席雁荡镇灾后重建座谈会

　　搏击商海数十年，敢为人先闯新路。周如超最大的特点是善于学习，勤于思考，不断地超越自己。他说，写个"人"字很容易，一撇一捺的事，但做起来绝不是易事，做好人难，做出好口碑更难，要几十年一点点地积累起来，是一辈子的事情。周如超的人缘特别好，他说春节期间，家中人来人往，高朋满座，热闹非凡。这首先归因于周如超敢于担当、正直善良、乐于奉献的品德，赢得了他人的尊敬和拥护；其次是周如超有一个贤惠善良、知书达理的好妻子，全力支持他对兄弟姐妹们的帮扶，无条件地支持丈夫的事业。对于孩子的教育和对金钱的态度，周如超有他自己的独到见解，他用一滴水和水龙头打比方，只要做好人生长期规划，上班族赚钱虽然没有做生意来得快，但是日积月累也能将一桶水注满，同样可以获得幸福的人生。周如超认为，年轻人应该尽早离开父母的呵护，去社会上锻炼，磨炼意志力。在周如超的影响下，他的多个侄儿在当兵后走向工作岗位，儿子当兵转业后在上海公安部门工作。周如超的女儿已经在柯桥成家，有了一对可爱的儿女。因为大哥身体不太好，周如超义无反顾地担起了整个家族的责任。比起财富，周如超更自豪的是家族的和睦、兴旺。

　　周如超坚信：在中华民族伟大复兴的道路上，我们的祖国一定会更加富强兴盛。胸怀天下、敢闯敢拼的乐清人，和在绍的所有企业家一起，紧跟时代步伐，继续创新创业，服务社会，"撸起袖子加油干"，以饱满的精神，砥砺前行，再创辉煌！

访谈时间：2023 年 11 月 7 日

访谈地点：柯桥天马商务大厦

访谈整理：周群芳　张增祥

跨界下海　编经织纬

人物名片

王新生，温州乐清蒲岐镇人，1965年3月生，大专学历，高级经济师，建筑工程师，中共党员，绍兴市青联第三届委员会委员。现任中国轻纺城乐清商会常务副会长；绍兴市柯桥区轻纺城企业发展促进会秘书长；浙江纺织工业研究院理事会常务理事；浙江缤丽纺织有限公司董事长，浙江缤丽进出口有限公司董事长，中国轻纺城新东区市场开发有限公司董事，九仙尊霍山石斛股份有限公司董事、总经理。

　　晚上七点，我跟王新生约好在一家海鲜饭店碰头。包厢门一打开，里面坐了一桌人，他从靠门口的位置上站了起来，和我握手、寒暄几句后，拉了把椅子招呼我坐下吃饭。他已经58岁了，却有一种年轻人的神气，目光炯炯，穿着黑白条纹POLO衫，时尚前卫。

　　这一桌人都是乐清企业主。我有点儿诧异，先前拜访过王新生，他思维敏锐，谈话直接，在乐清商会组织过大小活动无数，是商会的核心人物。而此时桌上也没有重量级贵宾，他却怎么"屈居"在门口的位置？暗自思忖之时，只见一桌人开始推杯换盏，他却没有参与，只喝一杯果汁，同时做着酒桌服务，菜凉了加菜，酒没了添酒。

　　一盘海鲜炒粉干上桌后，他示意我："我们把粉干吃完就走。"我点点头，咽下最后一口粉干，擦了嘴，站起身，王新生跟大家说了一句"我们有事，先走了"，就这样我们一前一后出了饭店。这是我第二次采访他。我从杭州过来，他正好有这个饭局，就让我先来一起吃口饭。

　　"您不喝酒？"我问。

　　"我不喝酒。"他说。

　　"应酬呢？你生意做大了，难免会有的。"

　　"哈哈，"他忍不住笑了出来，"我不喝酒是出了名的。做生意凭产品说话，靠诚信经营。大家互相信任，我也很在意保持冷静的头脑来处理事情。"

　　我点头，敬佩他能在生意场上坚守自己的原则。随后我坐上了他的车，直奔他的办公室。

改行卖布的"工程师"，带动了轻纺城的"早市"

王新生是乐清蒲岐人，出生百日后母亲生病去世了，他由爷爷奶奶带大。他家在海边，靠捕鱼、种地、晒盐为生。

他给我看前不久去柴达木盆地盐湖旅游的照片。他穿着水靴，踩在齐脚踝的清澈湖水里，手里一捧湖底的盐巴，亮晶晶的。他把这张照片发给了大哥，跟大哥感慨："都说柴达木有盐，我原以为是需要开采的盐矿，没想到白花花的盐巴就在这湖水里躺着，一捧就能有这么多。当年我们晒盐多辛苦啊！"

他从小懂事、好学、上进，一直是班长。高中毕业后教过一年书，后考入广州市建筑工程学校，学习工业与民用建筑专业，考出了建筑工程师和经济师资格证。1988年毕业后，他被分配到乐清县第二建筑公司，后又被外派到湖北宜昌。不久，国家压缩"楼堂馆所"建设，建筑业遭遇淡季，王新生就寻思着另找出路，正巧也赶上了"下海"潮，于是他向单位提出停薪留职半年。"当时流传着一个说法：要想富，去卖布。"他姐姐已在绍兴柯桥发展，于是他也怀揣1000多块钱，带着爱人从宜昌来到绍兴。

铺盖一卷，行李两袋，此外别无长物。临走时，王新生还是把《钢筋混凝土结构》《建筑材料》等十多本专业书籍装上了铁架子的小拉车。他热爱建筑行业，也是凭着这股热情考上大学，成为那个时代的"天之骄子"。他曾亲眼看到自己参与建设的路桥和教学楼一点点建好并最终竣工的模样，因此收获了极大的成就感。而此去柯桥，他便是"学非所用"，满腹知识或许从此无用武之地了。临上火车，捆绑这一摞书的皮筋带松了，王新生蹲下身子去抽紧扣好。但铁扣一下子没咬住，皮筋自动回抽，猛然弹到了王新生脸上，他一阵吃痛，沮丧极了。

他们坐了30多个小时的火车硬座来到绍兴，正好是1990年的中秋节，天上一轮圆月，惹得他颇有漂泊之感。他和爱人租了东升路市场附近的一个单间，门推开就能碰到床。

说是夫妻，其实他们没有办过婚宴，"不算正式结婚"。爱人来自干部家庭，俩人是在蒲岐镇政府上班时认识的。门不当户不对，她偏偏看上了这个穷小子，放弃了"正式工作"，和他一起出来闯荡。

王新生在老市场租了半间门市开始创业，既是老板，又是营业员，还是搬运工。但他一个知识分子，推销使不上力，还价拉不下脸，不像那些十四五岁就出门闯荡的"老江湖"，因此被市场上的老乡唤作"不会做生意的书呆子"。

半年后，有人要出8万元买王新生租的门市部。王新生非常着急，赶紧冒着风雪，骑车去房东厂长家里求情，诉说来柯桥创业的难处。他已经在电话里回绝了单

创业初期，在门市部用"大哥大"联系业务

位要他回去入职的要求，彻底成了个体户，虽然亏光了自己所有的积蓄，但还是相信自己能够在生意场上蹚出条路。房东厂长听了很同情他，答应他暂时不卖门市部，后来等王新生有了钱，还把门市部卖给了他。

第一年，王新生没有赚到钱，回村里又借了 10 多万元，两分五的利息。那年头人人都穷，借钱不易，他能借到钱，也说明乡亲们对他人品的认可。

他学着做生意，处处留心商机。他发现，每天早上市场开门前，附近就已经聚集了很多人，有无聊抽烟的，有来回踱步的，有靠着墙根打瞌睡的。他心生好奇，便问起缘由。原来，由于交通不便，客商们往往在凌晨抵达柯桥，无处可去，只好早早地等在市场门口。

王新生心中一喜：这是商机啊！

那时候，商户一般都是八点左右开门。他当即决定提早开门迎客。从此，不待朝霞满天，王新生就走出家门去市场，提早开门迎客，这一举动不仅受到了客户的赞赏，还为自己赢得了先机。后来，很多商户也都提早开门了。

当别人效仿他提早营业时间时，他已经在以服务取胜了。他为客户无偿提供电话、茶水，还热情地为顾客寄存物品、代购车票、预订住宿，有时还为顾客代付饭钱，因此广结善缘。第二年，他就赚了十几万元，还清了欠债。

占据先机创多个第一，感恩亲友筹办"答谢宴"

有一天，从江苏常熟来的客商很着急，一个摊位接着一个摊位寻物——"有没有发现一个皮包？"

轻纺市场有几百家门市部，进门两列布各一字排开，每家门市部的布局都差不多。至于皮包是不是在轻纺市场落下的、在哪家落下的，这位失主根本记不清，只能挨个门市部碰运气。

当他满头大汗来到王新生的门市部，王新生放下手头的活计，安慰他：你不要急，慢慢说。哦，一个皮包，长什么样，里面有什么？

核实无误后，他从柜台后面取出鼓鼓囊囊的皮包递给了失主，失主一阵感激。"你点点看，少没少？"果然，5万多块钱，一分没少。失主感激他的义举，报告了工商局。工商局的领导一听，这是诚信经营的商户典型啊，马上上报到市里。1993年度"绍兴市青年十佳好人好事"，一块奖牌被王新生带回了市场。

1993年3月，在绍兴县进出口公司的帮助下，王新生与香港正荣棉业公司签订了一份100多万元的韩国水洗麻布料合同，取得了很好的经济效益。1994年4月，他通过各种渠道，与香港超强国际有限公司合作在柯桥设立办事处，引进韩国、印度尼西亚等国家和地区的新颖、优质面料，为中国轻纺城提高知名度、扩大辐射面出了大力，得到绍兴市、县有关领导的赞赏。

他在轻纺城创下了多个"第一"——第一个用传真与港商签订合同的布商；首批用面料制作成衣上柜展示的布商；首批引进ERP管理系统的布商；首批成立自己的研发中心的布商；在中国服装教育界首开校企联姻，无偿提供面料给服装设计学校，用于设计与制作成衣等的布商。

待一套"组合拳"打下来，大家都服气了，原先笑话他"书呆子"的，也改了口——"有文化就是不一样。"

1994年，《人民日报》主任记者袁亚平走进中国轻纺城新康纺织品经营部，记录下了王新生的状态——"这家个体老板才29岁。拿着移动电话跑来跑去的他，在短短几年内已积累几百万元，购置了门市部，还购置了几处房产。他衣袋里有中文电脑记事簿，真皮钱包里有长城卡和故土卡。他还随身带着学英语的'莱思康'。他家里的空调房间里有电脑和传真机。他说现在做生意竞争厉害，首先搞好自身建设……他并不满足于现状。他拿起一份私营企业登记注册表，朝我晃了晃。"

1995年，王新生当选"浙江省优秀青年个体劳动者"。

1997年，王新生的朋友们都收到了一张请柬，邀请他们某日到鱼得水大酒店赴宴。朋友们从全国各地赶来了，却都没明白这是什么宴会，只见门口挂着一条红色横幅："有朋自远方来，不亦乐乎。"

这是一场迟来的婚宴，王新生自己也百感交集。他和妻子一直忙于生意，没有正式"结婚"，女儿出生也没有请客；如今，儿子出生了，他们也乔迁新房了，总要给大家交代吧。几种因缘汇聚在一起，这场酒席就叫"王新生答谢宴会"。

朋友们准备了厚厚的红包，王新生都退了回去。生意已经做起来了，他感激每一个帮助过他的人。

也是在那一年，他取得了自营进出口权，再也不需要通过国有的或其他大型的进出口公司代理进出口业务了。此后，他的业务从"买世界，卖全国"发展成了"买世界，卖世界"。

"乐商"秘书长，也是"商会联盟"的秘书长

在柯桥，乐清商会是成立最早的商会。从它的前身乐清县个体劳动者协会驻绍兴轻纺市场分会开始，王新生担任过四届秘书长，也是任期最久的商会秘书长。

"有奉献精神，才能把商会工作做好。"他说，"会员们经常会碰到诸如孩子入学、门市部转让、合伙人分家、花样版权纠纷等问题，我都会本着为大家服务的初心，投入最大的热情，帮助他们逐个破解。"

乐清商会时时处处都体现出标杆商会的形象，很好地带动了在柯桥的其他商会，共同为建设柯桥做出贡献。

后来成立的一些商会也经常向他取经，因为他熟悉各种活动流程。甚至是谁上台讲话腿会发抖这种细节问题，王新生都会考虑周全——"给他准备一个演讲台，手可以放，腿也可以挡住。"2006年，各兄弟商会联合成立"中国轻纺城市场商会联盟"，各商会会长轮流做一年的执行会长，王新生被公推为商会联盟常驻秘书长。

有一年，商会联盟去泉州、厦门参访。王新生联络铁路部门包下了一节动车车厢。上车前，他就根据身份证号排出当月生日的会员们。上车不久，他安排人员捧出生日蛋糕，为当月生日的会员们举办仪式。蛋糕一吃，生日歌一唱，来自各商会的会员们早已破冰，相互熟络。回到柯桥后，每个人都会收获一本"私人定制"的影集，收录了旅途各个时段的特写与合影，非常有纪念意义。

二次创业，挽救濒危仙草

与其他在生意场上叱咤风云的企业家们不同，王新生为人低调内敛，深受业界尊重。他与当时投资中国轻纺城服装市场的精工集团董事长方朝阳结下了深厚情谊，经常一同到精工钢构的上市公司注册地安徽省六安市考察拜访。在一次与当地"药王"的交谈中，他偶然得知大别山区有一味道地名贵的中药材——霍山石斛，虽然贵为中华九大仙草之首，但已濒临灭绝，如果不进行人工开发种植，即将消失在人间。王新生听在耳里，记在心中，因为他知道浙江市场上有个铁皮枫斗非常火爆，也是用石斛做的。不了解不知道，一了解吓一跳，霍山石斛是我国76种石斛中的极品，药效比普通的铁皮石斛好。王新生把情况反馈给方朝阳，他们俩一致认为不能让这么好的东西消失在我们这代人身上，当即一拍即合，决定共同投资组建股份公司，对霍山石斛进行抢救性保护开发，挽救濒临灭绝的物种。

2009年10月，王新生把柯桥的生意交给妻子打理，只身一人挺进大别山。理想很丰满，现实很残酷。霍山石斛在哪里，长啥样，能人工种植吗？一连串的问题摆在他眼前。他白天拜访药农、专家，晚上收集整理资料，经过几个月的实地调研，

基本摸清了霍山石斛的现状，在政府部门的协调支持下，他在大别山药王何云峰先生那里获得了野生霍山石斛种源，与皖西学院建立了产学研合作，从浙江引进了关键技术人才，在六安经济技术开发区租赁了 3000 平方米的厂房，开始了霍山石斛人工育苗。

为解决室外栽培存活率低下的行业难题，王新生轻车简从，带领技术人员深入大别山、福建武夷山、浙江天目山和雁荡山取经学艺，组织专家攻关。功夫不负有心人，经过一千多个日夜的煎熬，一瓶瓶组培苗在室外度过了酷暑和严寒，栽培大棚内一片碧绿，宣告霍山石斛工厂化育苗和室外人工栽培产业化开发取得了成功！

2012 年 6 月 21 日，时任全国人大常委会委员长吴邦国莅临圣农公司视察，看到霍山石斛又重现人间，他深情地对王新生说："你们挽救了濒危物种，开发霍山石斛是利国利民的好事。"他在现场欣然题字"霍山石斛，中华瑰宝"，并勉励王新生再接再厉，以霍山石斛为抓手，助力山区脱贫致富。

王新生牢记委员长的嘱托，立即组织公司技术人员整理技术资料，编印成册，把成功的经验毫无保留地传授给霍山当地的群众，手把手地教他们种植霍山石斛。在圣农公司的示范带动下，霍山石斛种植户如雨后春笋般地冒出，短短几年时间，昔日贫困如洗的霍山县太平畈乡，依托霍山石斛产业，一跃成为六安市山区第一个 10 亿元乡镇，成了闻名全国的石斛之乡。霍山石斛产业年产值超 40 亿元，连续 6 年登上中国品牌价值百强榜，这里面有王新生的一份功劳。

"山不在高，有仙则名。"霍山石斛是大自然赐予大别山的礼物，可是谈起这株"仙草"，当地村民更多的是在谈圣农公司（九仙尊公司的前称），谈将这株珍贵仙草变成致富参天树的王新生。在霍山采访当地的经营户，聊到霍山石斛的产业化，他们都说要感谢圣农公司，感谢王新生，是他们带领大家脱了贫，致了富！

一晃十几年过去了，如今大别山霍山县漫山遍野都栽满了霍山石斛，慕名前来的专家学者看着遍地的软黄金，他们由衷地赞叹："这真是'绿水青山就是金山银山'的生动实践！"

在九仙尊石斛文博园，旅游观光大巴车一辆接一辆地进出，全国各地的游客在这里接受科普，了解霍山石斛组培育苗、无土栽培、非遗炮制、精深加工及它的前世今生，这里俨然成了六安最火的网红打卡点。

王新生每次从柯桥回到六安，看着"全国科普教育基地""国家 AAA 级旅游景区""国家级农业龙头企业""国家工程技术中心""教育部科学技术进步奖一等奖""安徽科学技术进步奖一等奖"等荣誉，内心里都由衷地认为："这十几年的辛苦付出是值得的！"

不曾放下的建筑功夫，一以贯之的生活情趣

进入王新生的缤丽纺织公司，迎门就有一幅国画，兰花以水墨绘就，线条流畅，

笔墨朗润，题跋错落有致，体现出不俗的品位。在他的办公室里，有个迷你高尔夫球场。"我喜欢打高尔夫球，因为没有裁判，只有自律的人才能打好，做生意、学习、锻炼，我都这么要求自己。"

他还爱集邮，抽屉里有几张从平信信封上剪下来的邮票，他说用水浸一浸，邮票就能跟信封纸分离了。青年时代，他总想着把建筑类的邮票都整套收齐，但往往都是因为最后那张价格太贵，"所以总差那么一张"。建筑始终是他的热爱所在，从宜昌带上火车的《钢筋混凝土结构》等书，还珍藏在他的书架上。建设中国轻纺城联合市场时，作为甲方代表的他一出手画出的草图，线条笔直、结构完整，附注着劲瘦顿挫的手写仿宋字，令乙方施工单位惊叹不已。甚至连自家装修，他的建筑图也画得一丝不苟，让装修方看得明明白白。

采访结束时，已是晚上九点半，王新生本已忙碌一天，此时嗓子也哑了。连续两个半小时的有问必答，信息量巨大，以至于进入办公室半小时后，我们还站着，直到结束一个话题，才在沙发坐下，他去烧水泡茶。

我强烈地感觉到，他正是一位善于编经织纬的建构者、实干家；同时，他也有着浓郁的人文情怀。王新生说，中国人讲究叶落归根，但他如今已经在柯桥安了家，一双儿女也是在柯桥出生的，相对于乐清老家，他们更认同柯桥是自己的家。"我也常常思考，我们落叶之后，如何归根？其实在柯桥这么多年，我们已经在这里扎下了根，落地生根。有人说我们是新绍兴人，我都会纠正他们——我们是老柯桥人了！"

王新生希望我用更多笔墨去写商会，而非他本人。他知道，商场瞬息万变，他始终如履薄冰，"现在还没有到下定论的时刻"。

访谈时间：2023 年 8 月 15 日

访谈地点：浙江缤丽纺织有限公司

访谈整理：徐显龙　倪　皓

王新生（左）代表"九仙尊"公司接受国家濒危办授予的"霍山石斛拯救者"荣誉称号

人生如同一部《西游记》

人物名片

卢美东，温州乐清大荆镇人，1970年3月生。现任中国轻纺城乐清商会副会长兼秘书长；绍兴市柯桥罗美芙家纺有限公司总经理。

背着一块布，走过一街又一村

1985年，卢美东从乐清长途跋涉来到父亲从事货物批发生意的绍兴，入住新亚招待所，那年他只有17岁。卢美东在帮父亲洗衣做饭的同时，还跟着父亲学做生意。卢美东在五兄妹中排名老幺，却非常体谅父亲，是父亲的好帮手。

当时，他父亲和四五位老乡一起做坯布生意，抱团分销。抱团做生意是温州乐清人的特点，他们靠着诚信，彼此信任。每次大家凑好钱购进近2万米坯布，送到印染厂染色后，分剪成一件衣服的布料、一条裤子的布料或者可以做一套衣服的布料。他们把剪好的布料分成四五堆，每人分一堆装进皮革袋，背在身上，扛在肩上，走街串巷去卖布。走过一村又一村，卖完了再合伙去进货，周而复始。卢美东跟着父亲在绍兴一带的村庄卖了几个月布后，被父亲派往河北邯郸、云南昆明等地招待所设点做布匹批发生意，这一做就做了好几年，虽然辛苦，也赚了些钱。

1990年，柯桥的轻纺市场已经初具规模，有不少乐清人来到柯桥做面料生意，在纺织业摸爬滚打了数年的卢美东，觉得柯桥纺织市场的发展前景很好，蕴含着很大的发展潜力，于是就回到了柯桥，那年他22岁。这之后的岁月，卢美东一直在柯桥发展。在30多年的似水年华里，卢美东见证了柯桥从一个乡镇发展成为"世界纺织之都"，成为浙江区域经济、市场经济发展的一张"金名片"。他说这"凤凰涅槃"般的崛起，一方面归功于地方政府的英明决策、积极引导和大力支持，另一方面更离不开一代代新老柯桥人的拼搏与坚守。

发表《土耳其贸易陷阱》一文，"教训"让同行很受益

创业路上，有喜乐，更多的是艰辛。卢美东的创业之旅亦不是一帆风顺的。

1991年，卢美东成立了万盛布业公司，主营TR[涤纶（Polyester）和人造棉（Rayon）的混纺]西装面料，公司主打的黑色或藏青色全仿毛面料在市场上供不应

求，生意做得风生水起。后来他又成立了嘉洲纺织贸易公司，做起了外贸生意，想着将产品推向国际市场，出口到波兰、土耳其、沙特、伊朗、埃及等国家，但结果不尽如人意。尽管生意不错，但由于不了解国际贸易规则，面对国外贸易保护壁垒，加上与外商文化理念的差异，在贸易往来过程中造成了不小的损失。当时，卢美东的第一个念头就是尽快把自己的遭遇告诉大家，以免老乡、朋友和同行也遭受同样的损失。所以他第一时间就在网上发表了《土耳其贸易陷阱》

卢美东主持商会会员大会

一文，一时反响很大，他还帮助在柯桥、义乌甚至山西太原等地跟土耳其做生意的老乡和朋友们挽回经济损失几千万元。"这件事我觉得很值，我真心希望我们国人不要被骗！"

促成了柯桥区与土耳其西西里区的结对

在做外贸的过程中，卢美东结识了很多华人同胞，在土耳其也遇见了温州商人。经过多次的接触交流后，卢美东被推荐加入土耳其工商总会并担任了副会长，扩大了温州商人和柯桥中国轻纺城的影响力。

"在土耳其，我们互相帮助，一起努力，尽管土耳其客商至今还欠着我几百万元货款，但老乡们在土耳其的陪伴给了我许多抚慰与力量，我也从中得到了很多锻炼。今天，我要再一次感谢我的温州老乡，感谢他们对我的无私帮助！"在担任土耳其工商总会副会长期间，柯桥区商务局分管外贸的一位负责同志找到卢美东，希望他牵线搭桥，增进柯桥与土耳其西西里区的交流。在卢美东与工商总会负责人的共同努力下，绍兴市柯桥区与土耳其西西里区结成了友好区。柯桥区主要领导带领有关部门负责人一同前往土耳其签约，进一步推动了柯桥与土耳其的贸易往来。这件事也得到了中国驻土耳其商务参赞的肯定。

数十年搏击商海，卢美东有他自己的人生哲学。他说，人生如同《西游记》中唐僧师徒取经，历经九九八十一难才得以取得真经，人生也是如此，所谓"真经"，更多的是他们师徒四人在精神和信念上所收获的磨炼。人生难免有很多磕磕碰碰，磨难与失败都很正常，失败并不可怕，可怕的是跌倒之后没有重新爬起来的勇气。经商中的一些挫折，都是人生中一笔宝贵的人生财富。在这次受挫以后，2009年，卢美东又成立了一家公司——绍兴市柯桥罗美芙家纺有限公司，主要生产和销售床上用品。2020年，他又买了一个2万平方米左右的厂房，做浙江丰宇纺织有限公司的生产车间和仓库。卢美东在经营路上不停地挑战自己。

敬天敬地敬万物，爱人爱才爱世界

作为中国轻纺城乐清商会秘书长，卢美东始终坚信：商会运营的核心在于服务会员。服务会员是办会之本、立根之基。没有会员就没有商会，会员是商会最为坚实的后备力量，更是商会不断前进和提升的动力。因此，对会员的服务也成为商会坚持的六大意识中极其重要的一项。

每月 15 日，权益工作保障委员会的一名律师都会来到商会，为会员们提供法律咨询和信息服务，帮助会员解决经济纠纷和法律纠纷；商会关心会员的身体健康，会员每年都可以享受体检优惠；商会积极与合作的银行商议，给予会员更大的授信额度……总之，会员想到的、没想到的，商会都帮会员想到了。

为了丰富会员的生活，加强会员之间的沟通与交流，提升团队凝聚力与战斗力，商会每年都会举行一次年度大会，节目都是会员自编自导自演的，朴实而隆重，还设立各种奖项对会员进行表彰，会员的积极性、荣誉感都被激发了出来。爱和正能量在商会内部涌动着、传递着，促进了商会的可持续发展。当然，投身公益事业，促进社会发展亦是商会义不容辞的责任。

在卢美东的办公室墙上挂着这样一幅字，上面写着"敬天爱人"。卢美东将其理解为"敬天敬地敬万物，爱人爱才爱世界"。"敬天爱人是一个企业发展必备的经营理念，也是人生应有的心态。"作为商会的秘书长，卢美东希望自己能够真正践行这四个字的含义，依循自然之理，关爱体恤众人，充满感恩之心，勇担社会责任，和商会各成员携手为社会做出更多的贡献。

乐清商会大，但从不自大；乐清商会强，强在与各商会强强合作。卢美东说，在未来的发展中，乐清商会将时刻铭记初心，加强与其他商会之间的合作交流，深入发掘地域产业优势，提高创新力度，将中华文化创意元素融入纺织业，推动产业转型升级，实现纺织业的可持续绿色发展。

人生就是要挑战许多不可能

在柯桥街道玉兰社区办公室挂着一块"美东工作室"的牌子，原来这是卢美东家庭所在社区邀请他作为"外来乡贤"而成立的工作室。卢美东谦虚地说，其实他没有做什么，主要是帮助社区调解乡贤与居民之间的矛盾纠纷，促进邻里之间的和谐，让社区更美好。社区邻里关系就跟家庭一样，都是需要"经营"的。

说到家庭，卢美东很知足，父母亲在老家安度晚年；妻子做床上用品贸易，有自己的一番事业；女儿从美国纽约大学研究生毕业后，在北京从事传媒工作；儿子从美国波士顿大学毕业后，在浙江从事金融工作。对于孩子，卢美东从小就培养他们的独立生活能力，他认为，握在手心的种子是不会发芽的。强壮的身体、强大的内心、自信乐观、积极向上才是人生的基础。儿子 17 岁那年的暑假，卢美东把他送到贵州

卢美东（中）组织公司员工开展党建活动

安顺体校学习拳击，一个月下来儿子像变了个人。儿子感叹，这是学校里学不到的，他既收获了强壮的体魄，更成长了心智。

人生有很多未知，"每天挑战不可能"成为卢美东的人生信念。最近，他和几位朋友怀着"兴业强国、兴企强市、兴产富民、合作共赢"的创业梦想，怀揣"投资一方热土，报效一方百姓"的情怀和使命，来到古蜀文明的发源地成都郫都，开发"蜀国鹃都——乐哈哈欢乐世界"，开拓事业新天地。蜀国鹃都——乐哈哈欢乐世界，是集现代观光农业、娱乐休闲、度假旅游及养生养老于一体的大型商旅产业园和游乐中心，建成后将成为成都文旅的一张新名片。

"西部开发和乡村振兴是国家新发展模式下的重要任务，作为新时代企业家，理应有所担当作为，我相信明天一定会更好。"卢美东信心满满地说。

访谈时间：2023 年 7 月 14 日

访谈地点：绍兴市柯桥罗美芙家纺有限公司

访谈整理：陈　皓　叶易灵　鲍宇情　闵　文

柔肩担重任　巾帼绽芳华

人物名片

陈中芬，温州乐清淡溪镇人，1970年4月生，中共党员。现任中国轻纺城乐清商会副会长兼妇女联合会工作委员会主任，乐清市淡溪乡西林村党支部副书记；绍兴京什贸易有限公司总经理、新跳动贸易有限公司总经理。

一根尺子，她丈量买卖，更丈量理想，量出中国妇女创业人生的宽度和高度；一双柔肩，她挑起担子，更挑起责任，挑起乐清女企业家积极参与和谐社会建设的重任……

进军柯桥，开始"二次创业"

陈中芬出生于温州乐清，父母育有三儿两女，她排行老幺。小时候，她倔强好胜，特别能吃苦耐劳，挑泥、填沟，什么苦活累活都干过。她打小就很有主见，16岁进入乡镇罐头厂工作，一个月能赚70元。不久后因罐头厂关停，她不甘心就此消极等待，左思右想，决定去做买卖，并瞄准了服装批发生意。

改革开放大潮风起云涌。1986年，只有16岁的陈中芬怀揣着梦想和希望，和哥哥一起背井离乡到甘肃金昌租了一个摊位，一头扎进服装销售行业。在最初的创业阶段，他们每天早晨5点钟就起床，推着满载衣料的自行车出门。风里来雨里去，每天来回奔波20公里，渴了，就到路边喝口水；饿了，就买个饼充饥，常常累得连回家的力气都没有。下雪天，更是被冻得直跺脚，但她依然咬牙坚持。终于，她从几元、几十元积攒到了数千元存款，尽管饱尝了酸甜苦辣，但她心里也踏实了很多。她将自己从一个普普通通的农家女，硬是磨炼成了一个"女汉子"。

随后，她和哥哥先后辗转到江西上饶、湖北黄冈和甘肃兰州，转战面料纺织领域，继续追逐自己的创业梦。"那时候的我，如果非要说有什么优势，那就是年轻，有的是时间和精力。我当时把面料看成宝贝，仿佛我所有的青春和梦想都在那一块块布料里面。"

"如果说当初凭着年轻，敢背井离乡开始创业，那么，1990年我大胆决定进军浙江柯桥，就是我创业路上的转折点。"当时，陈中芬带着辛苦攒下的数万元家底，

2020 年，陈中芬带领的乐清商会妇委会获"先进集体"称号

脱离了家族生意，孤身来到绍兴柯桥，买下属于自己的门面房。对于她的"二次创业"，很多朋友都替她捏一把汗，认为风险太大，但她却抱定一个信念：不入虎穴，焉得虎子，只有敢冒风险才能激发进取精神。事实证明，正是这次义无反顾地挺进，为她打开了全新的创业空间，从零售到批发，陈中芬的商业之路渐入佳境，越走越远，也为她日后的发展奠定了良好的基础。

此后，陈中芬的事业每过几年就上一个台阶。2003 年，陈中芬和丈夫一起创办了绍兴京什贸易有限公司，主攻男装面料，成绩斐然。2014 年，夫妻俩在柯桥轻纺市场又开拓了女装市场，并设立京什女装门市部。2018 年，因女装面料需求激增，他们又创办了新跳动贸易有限公司，主打女装面料生产线，形成了一条完善的产销纺织产业链，生意平稳地上了轨道。夫妻齐心，其利断金，陈中芬做生意讲诚信、讲信誉，做事爽快大方，路便越走越宽。

捐款 10 万元不心痛，丢了 100 元要找大半天

由于乐善好施和诚信爽朗的性格，陈中芬受到了中国轻纺城乐清商会领导的赏识。2009 年，她受邀加入中国轻纺城乐清商会，通过自身努力和不断成长，不辜负领导的信任，成为中国轻纺城乐清商会的副会长；陈中芬所在门市部被授予绍兴市"巾帼文明岗"称号；她多次被中国轻纺城乐清商会评为优秀副会长，所带领的妇女工作委员会也被评为商会工作先进单位。

从 2018 年开始，陈中芬担任中国轻纺城乐清商会妇女工作委员会主任，在这个岗位上一干就是 5 年，此前，她已经担任商会妇委会副主任 10 年。"商会无小事，要善于把小事做好"，这是上一任商会妇委会主任王桂芬教给她的办事宗旨。在王桂芬

陈中芬做妇委会工作报告

主任的教导下，陈中芬探索新模式，做深、做实、做细妇女工作。做了这么多年的妇委会工作，她说感触最深的还是在开展各类公益慈善活动后，心底那股油然而生的感动、骄傲和自豪，这也更加坚定了她继续履行女企业家社会责任的初心。

陈中芬在带领公司发展壮大的同时，始终热心捐资助学，热衷公益事业。夫妻俩一直不忘回报社会，致力于公益慈善事业，助学扶贫、扶老助残、探访慰问等各项慈善公益活动，他们都积极出钱、出力。"在工作中获取快乐，在帮助别人中获得快乐，这两点始终是我幸福快乐的源泉。"

"我捐款 10 万元一点不心痛，但不见了 100 元可能要找大半天。"因为自幼受家庭的影响，传承了艰苦朴素但又乐善好施的美德，陈中芬对自己的生活几乎没有要求，生活简朴，低调内敛，但对慈善公益事业，她却经常慷慨解囊。她常说："遇到需要帮扶的事项，只要自己能力允许，我都会尽全力帮助。"

作为乐清商会的一员，她致力于为乐清、柯桥两地搭建各领域沟通的桥梁。疫情期间，她积极引导动员会员企业和行业力量投入这场特殊的"战疫"中，为家乡捐款、筹集抗疫物资，以实际行动诠释商会的使命。

作为商会 18 个爱心妈妈中的一员，她资助贫困学子完成学业。"学生们在成长的过程中总会遇到这样或那样的困难，如果因为贫困而失去上大学的机会太可惜，帮助一个孩子，幸福一个家庭，有助于社会和谐稳定。"2023 年 7 月，她资助的一名绍兴学生，以优异的成绩考入了南京大学，看到孩子有这样耀眼的成绩，她比自己的孩子考上大学还要高兴，欣喜之情溢于言表。同时，她还帮助那些外来务工的老乡解决子女就学难题。随着前来柯桥经商、务工的外来人员数量的增多，随迁子女就学难问题日益突出，因为他们没有在柯桥落户，也没有能力买房，这就导致不少孩子没有办法在柯桥上学。她和多部门统筹协调，并借助商会平台集思广益，争取让孩子们都能有学上、上好学，真正做到助解急难愁盼。她热心负责、无私奉献的事迹，在老乡中广为流传，有口皆碑。

做一件好事不难，难的是一直坚持做好事。每年她都和商会一起去周边的敬老院，为孤寡老人提供慈善慰问服务。除了陪老人唠家常，倾听他们的心事，还给他们送上水果、生活用品等慰问品；遇到重阳节，还为老人们送上礼品。老人们满心欢喜，拿着礼物爱不释手。这些关心慰问不仅为敬老院增添了温暖的色彩，更温暖了老人们的心。在商会吴建春会长的带领下，陈中芬走访看望一些听障小孩，希望他们战胜困难，树立自信。点滴爱心燃起希望之光，暖暖情义托起明日朝阳，汶川地震、台州洪水、疫情防控救灾……都留下了包括陈中芬在内的乐清商会成员守望相助、慷慨解囊的身影。

在柯桥培养"创二代"，在老家乐当副书记

陈中芬于2006年光荣地加入了中国共产党，2008年就被选举为乐清市淡溪乡西林村党支部委员、2012年当选为组织委员，2019年担任西林村党支部副书记。

多年来，陈中芬在柯桥与西林村两地奔波，协助村党支部书记切实履行起党支部副书记的工作职责。她不仅为乡村共富积极与政府交流沟通，争取政策，还经常为村民解决矛盾纠纷。2023年8月，她被一位村民大哥紧急叫回家，请她做妻子的思想工作。原来，因家乡"虹三线"拓宽，征用了村土地，部分村民可以集中搬迁到安置房，绝大多数村民都希望把电梯安装到位，以方便生活。但村民大哥的妻子因考虑到后续电梯费用等原因，坚决不同意安装电梯，甚至到现场阻挠，使工程不能顺利开展。陈中芬接到电话后，马不停蹄地赶回老家，直奔村民大哥家，做他妻子的思想工作，在陈中芬和颜悦色的反复开导下，女主人终于答应安装电梯。

像这样解决村民难题的事还有很多很多，她就是村民心目中一位优秀的义务调解员，默默地履行着一位共产党员的使命和责任！

在创业和担任支部副书记的同时，陈中芬也没有忽视子女的教育。为了培养儿

陈中芬（右）参加乐清商会爱心妈妈与绍兴
鲁迅中学高三学生结对仪式

子薛旭东独立、有担当的男子汉精神，她不顾大多数家人的反对，毅然将儿子送往部队锻炼。作为家族企业的二代，儿子自小耳濡目染父母一辈白手起家的创业之道。2015年，儿子辞掉体制内工作回到浙江，开始了他的"二次创业"，对此陈中芬大力支持。

从零开始，陈中芬用8年的时间为家族生意画出了一条漂亮而扎实的第二曲线。如今儿子、女儿都已经成家立业，且顺利接手家业，这是陈中芬最欣慰的。

她说，孩子们以第二代创业者全新的视野，已经开始思考如何更好地将轻纺城传统纺织品面向世界进行展示和传播。如果说陈中芬作为家族的第一代创业人，是中华民族传统特色产品的推手，那么作为"创二代"，孩子们责无旁贷地要担负起将日新月异的国货品牌推向国际的重任。

在接棒传承"诚信经商，诚实做人"的经商之道之余，儿子薛旭东也光荣地加入了乐清商会。"第一代创业者没有什么理论，就是勤奋务实。成为商会会员就不能只是挂个名，而是要出点子、做实事、助发展，帮助更多有需要的群体。"陈中芬不忘谆谆教导儿子。

"我和丈夫作为创业搭档一路携手至今，在创业路上开疆拓土的同时，始终不忘曾经一起出发的初心，我们以共同的热爱和目标为导向，走出了一条家庭、事业两相兼顾的路子。希望我们下一代并肩拼搏的创业伉俪，学习前辈的优良作风，所行更高远、所见更辽阔。"乐清的老一辈创业者们正在慢慢退居二线，未来属于年轻人。

访谈时间：2023年7月5日

访谈地点：中国轻纺城乐清商会

访谈整理：林　萍　叶易灵　邵诗雨

倾力打造电商园　匠心筑梦轻纺城

人物名片

胡强，温州乐清蒲岐镇人，1989 年 11 月生，中共党员。现任中国轻纺城乐清商会副会长；绍兴宇宸化工有限公司董事长，浙江中昆投资发展有限公司财务总监，中国轻纺城跨境电商产业园财务总监。

侪辈如君最少年

如果要讲一个励志故事，那么中国轻纺城乐清商会副会长胡强完全可以成为这个故事的主人公。

若论学习，那他是一个妥妥的学霸：家境优渥的胡强本可以像很多"富二代"那样"大树下面好乘凉"，坐享其成，可是他从小就刻苦努力学习，志存高远。"一分耕耘一分收获"，胡强于 2008 年考入北京交通大学，学习财会专业。

再看他十多年的工作历程，不负青春不负韶华，一路拼搏一路高歌。2012 年 9 月，刚刚本科毕业的胡强入职交通银行湖北省分行，想要把自己大学所学专业知识付诸实践。刚进银行的他同大多数人一样从基层做起，在银行柜面办理存取款、转账等基础业务。很快熟悉了基础业务的胡强渴望向更高的岗位发展，身处柜面的他发现平时工作中可以向客户推销贵宾卡、理财、基金、保险等金融产品，而行里也鼓励柜员这么做，他发现自己更热衷于做这块业务。2013 年初，行里为开展"开门红"活动，举行为期一个季度的柜面营销大赛，胡强感觉证明自己的机会来了。他知道，要想早点离开柜面工作，必须让行领导注意到自己，于是他不放过每一个可以营销的客户，并且在过程中不断磨炼自己的推销技能。柜面营销大赛每个星期统计一次业绩，选拔出周冠军、月冠军、季度总冠军。就像学习一样，优秀的人会一直优秀，从第一个星期开始，胡强就登顶周冠军，并且一直蝉联了 8 周之久。"我一个刚入行没几个月的新人打得周边的老同事没有脾气，如果不是行里后来派我外出到企业办理业务，我能一直蝉联。"胡强回忆自己刚工作时的故事，神情仿佛回到了年少时代。没有悬念地，胡强拿下了柜面营销大赛的总冠军，同时也获得了"交通银行湖北省分行 2013 年服务明星"称号。2013 年年中，银行领导主动找胡强谈话，希望他能到营销岗位工作。就这样不到一年时间，胡强就从基层柜员跳到了公司客户经理岗位。

刚到业务部，胡强感觉自己有一点不适应，他发现营销的对象都是大企业的总经理、董事长、财务总监，甚至是国企或者上市公司的总裁及高管，虽然一开始有老客户经理带着他跑业务，但是年龄和阅历的差距、业务的不精通，让他不知道自己该跟这些领导们聊些什么，胡强一度也开始怀疑自己是否能胜任这样重要的岗位。但他觉得自己不能轻易放弃，于是一边开始学着借力，有目标客户就邀请分管行长陪自己一起去营销，借助银行领导的专业能力搞定客户；一边努力学习业务知识，提升专业能力，补齐自己的短板。就这样在磕磕绊绊中成长了一年多后，胡强终于能够独当一面。在接下来的业务中，胡强和武汉市好几家知名大型企业达成了数十亿元的金融合作；同时，他也变成了一个工作狂，那段时间一周六天，他每天基本上都是从早8点半一直工作到晚上10点钟。由于胡强的好学和勤奋，他受到了时任交通银行湖北省分行领导（现任交通银行贵州省分行行长）阮翔的赏识，并收他为徒，胡强的业务拓展能力也由此进一步提高。

就当胡强在银行开始崭露头角，准备潜心扎根银行，并向部门领导岗位冲刺时，恰逢浙江省委、省政府向在外的浙商抛出橄榄枝，出台"头号工程"——浙商回归工程。胡强的父亲胡定余决定响应"浙商回归"的号召，在与多年好友、现任中国轻纺城乐清商会会长吴建春一起调研了解后，看好柯桥的市场前景，准备投资柯桥，开发建设中国轻纺城跨境电商产业园项目，同时也开始劝说胡强从银行出来创业。

胡强的父亲胡定余16岁离开家乡外出创业，属于改革开放后最早出来创业的一批温州人，秉承着"走遍千山万水、想尽千方百计、说尽千言万语、历尽千辛万苦"的"四千"精神，辗转全国各地寻找创业机会，从学徒开始，从事过建筑、服装、皮鞋、矿产、房地产等项目，最终扎根湖北省武汉市，主要发展石油能源产业。经过多年的发展，其父亲所经营的企业湖北浙企联合置业有限公司已成为当地能源企业的龙头，是在鄂的优秀浙企代表，受到了时任浙江省委书记习近平与时任湖北省委书记俞正声的亲切接见。2010年12月，他父亲发起成立了温州市雁荡山仁德慈善基金会，任首届主席，后任终身主席。

父亲艰苦奋斗的创业经历与关爱弱势群体的社会责任感深深影响着胡强，在经过一整天的家庭会议后，父亲说："该是我们老胡家回家乡创业，回报社会的时候了。"胡强肩负起这个家族使命，他舍弃了让很多同龄人羡慕的"银"饭碗，离开自己的专业，转行到房地产行业，开启了创业之路。

2015年9月，胡强加入中国轻纺城跨境电商产业园项目团队，干起了项目规划洽谈、拿地、施工建设、项目销售、招商运营，这一路走来，一干就是8年。8年的历练，他的专业素养、眼界视野、学识阅历、管理水平、宏阔格局飞速提升，可谓是"积土成山，风雨兴焉；积水成渊，蛟龙生焉"。如今，刚过而立之年的胡强，阳光帅气、沉稳干练又温和谦恭、儒雅睿智，已经成长为新生代乐商创新创业的中坚力量。

胡强的主要精力和办公场地放在跨境电商园，作为电商产业园的财务总监，他一方面主抓财会业务，确保园区项目的开发和销售；同时带领管理团队在园区运营管理的大道上不断探索，形成一套有力度、有温度并日臻完善的经营管理模式，为园区赢得良好的声誉并创下不菲的收益。项目斩获省、市级十多项荣誉：中国跨境电子商务综合试验区、浙江省电子商务示范基地、浙江省省级跨境电子商务产业园、浙江省重点工程项目、浙江省省级创业孵化示范基地等。

如此有为的青年俊彦，在中国轻纺城跨境电商产业园挥洒着青春的汗水，编织着锦绣人生，1989 年出生的他成为轻纺城中传承乐清人创业精神的年轻一代中的佼佼者。

星光不负赶路人

说到事业有成的原因，作为"创二代"，胡强坦诚地说，与父辈一样，他身上有着一股乐清人敢拼敢闯的劲头，也继承了乐清人吃苦耐劳的精神。与父辈创业者不同，父辈赶上了祖国改革开放的春风，那时只要肯吃苦、有创业意识，就一定能在行业内有所收获，挖到人生一桶桶金。而"创二代"们面临的则是行业饱和、市场竞争激烈、科技发展、产品迅速更新迭代的新局面，以及瞬息万变、云谲波诡的金融风险……尤其是三年的疫情更是一次巨大的考验。所以，引入新思维、更换新理念、绘制新蓝图、实现新抱负，破茧、蝶变，超越父辈，一直是胡强持续直面压力和激励他奋勇前行的动力。

2015 年 7 月，跨境电商产业园项目正式拿地；2015 年 9 月，启动项目开发建设；2019 年 1 月，项目建成并投入使用。在这三年多时间里，产业园的大小事务都倾注着他和团队伙伴们的心血和汗水，也彰显着他们的能力和智慧。

胡强介绍说，中国轻纺城跨境电商园产业属于柯桥区轻纺城"第三次创业"大背景下的浙江省重点项目。园区占地 105 亩，总建筑面积达 19 万平方米，目前是

胡强（左）主持中国轻纺城跨境电商中心分销商答谢会暨 2019 年启动盛典

"轻纺城＋跨境电子商务"的第一大承载体。

2018年4月13日，园区首次开盘进行公寓预售，在不到两天时间内，372套公寓全部销售一空，创造了"柯桥第一神盘"的神话。在2019年项目建成以前，胡强和他所带领的团队提前半年就开启了招商计划，未雨绸缪，在园区正式投入使用时，已经有150多家企业与园区签订了入驻协议。有了这批企业的入驻，后续的招商就容易很多，大批的企业开始进驻跨境电商产业园，到2019年底，入驻率就达到了60%。

园区内有绍兴最大的运营商，如淘宝、天猫及亚马逊等，有直播电商及直播基地（包括抖音等平台）、有许多科技类及各大高校的研究中心，如浙江理工大学研究院等，这些都给园区注入了新鲜活力。除此之外，政府依靠中国轻纺城的市场，引进了许多新兴平台。目前入驻园区的企业达到457家，年生产总值相较于2019年翻了六七倍，园区在这样一个良好的发展态势下稳步前进。

2023上半年，浙江省、市、区多位领导都先后莅临参观了该园区，对园区未来的发展表示关心和期待。

成似容易却艰辛

当然，在这8年多的创业历程中，遇到各种困难也是在所难免的。胡强颇有感触地说："机遇往往与挑战并存，我们必须'逢山开路，遇水架桥'。"

这个园区现在成了柯桥的商业核心板块，可是当年拿地时，这里交通并不便利，地段相对偏远，又加上土地土质松散，是一块少有人来的"烂泥地"。在乐清商会会长吴建春的带领下，加上胡强等拥有现代知识背景和新思维的"创二代"的加盟，他们在认真研究完政府的总体相关规划后，充分认识了电子商务在当地的产业新兴性，通过衡量、谋划、学习，认定可以在这里一步步做大做强。于是，他们又一次拿出乐清人敢闯敢干的精神，坚守初心，拿下了项目。

3年疫情期间，园区内的企业内外贸生意受到较大冲击，很多企业开始缩减员工，节约成本。2020年，跨境电商产业园不计自身的损失，减免了园区企业租金和物业费，减轻了园区企业的压力，和园区企业共渡难关。

工作虽然很忙碌，但是胡强也没有忘记学习和充实自己。为了提高自己的财务专业知识、拓展自己的财务工作能力，2021年他报名参加高级会计师考试，这是国家承认的、含金量非常高且权威的考试，原本要半年甚至一年的准备时间，因为工作忙，胡强只能利用晚上、周末等碎片时间看书学习，但他仅用3个月的时间备考就轻松通过了考试，"天赋异禀""学霸"这些词在他身上再贴切不过。

不甘于现状、勇于尝试的胡强还搞起了副业，他牵头联合朋友共同经营了一家餐饮店——"先启半步颠"，开在柯桥万达广场二楼，以江湖气的装修风格、用心的服务，致力于满足年轻人用餐以及喝酒聚会需求，提供一个自由的环境。从选址到装修到组建团队，如今的"先启半步颠"已经成为柯桥人气最旺的网红川菜店。除了餐饮店，他还投资了化工领域，创立了绍兴宇宸化工有限公司。胡强说："作为创二代，要有不断发展进取的意识，同时懂得居安思危、未雨绸缪，不断地充实自己，提高自己的技能，紧跟时代的潮流。"

以梦为马向未来

谈到下一步的打算，胡强的分析切中肯綮：现在的社会不同以往，像面料等传统市场已经逐渐趋于饱和，各大市场竞争激烈，互联网的红利也慢慢消失，目前园区总体的运营还比较稳定，"即使现在处于优势，之后也可能会出现很多不确定因素，我们肯定要在这个平台上，利用自己的专业知识把这里打造得更好，保证自己园区的竞争力处在优势地位"。

这是胡强对于未来的展望，也是对于自身的要求。他还谈到了一些具体的做法：

一是不断完善园区环境和配套设施，不断地给园区增加硬件和软件的投入，进行园区内外形象的提档升级，并为园区企业带来更多增值服务，增加园区企业对园区的黏性。

二是年轻一代更要懂得精细化管理，要有相应的技术来充实自身，推动相应行业的快速发展，通过精细化的管理，让园区商户对物业更加满意。

三是要加强对外招商，吸引更多优质的企业进入园区，进行园区企业的"腾笼换鸟"，保持整个园区的活力和竞争力。

2018 年，胡强加入乐清商会担任理事，正因为他的优秀、务实、能干，得到了商会领导们的肯定，于 2022 年 12 月被提拔为商会副会长，同时在蒲岐党支部的培养下，胡强加入了中国共产党，成为一名光荣的共产党员，这无疑是对他的肯定和鼓励，也给了他更广阔的舞台和施展才华的空间。

如今胡强不仅在柯桥顺利置业，还因商会结缘，找到了自己理想的人生伴侣，其爱人林蕾毕业于南京艺术学院钢琴表演专业，师从系主任、江苏钢琴学会会长徐军，曾多次在国际钢琴独奏比赛中荣获金奖，也曾受邀在"乐商在绍三十周年"大会上表演，是一个美丽聪慧的姑娘。胡强表示，自己会立足柯桥，放眼全省，要以匠心将园区打造成为绍兴乃至全国一流的集跨境电商、传统电商、电商配套为一体的大型一站式综合性跨境电子商务产业园，未来园区必定将成为绍兴地区的人才集中区块，成为地区创业乐土，助力地方经济的发展和转型，为柯桥高质量发展、"打造国际现代化纺都"贡献自己的力量。同时他也会考虑去杭州、宁波、上海等城市，寻找具有竞争优势的项目进行投资发展，探索并拓宽诸多新领域，全面开启以绍兴柯桥电商园为基础，慢慢辐射开来，扩大竞争力的新征程。

访谈时间：2023 年 6 月 29 日

访谈地点：中国轻纺城跨境电商产业园

访谈整理：吉素芬　向婷婷

在柯桥追梦，去美国"讨说法"

人物名片

李国新，温州乐清大荆镇人，1963年8月生。现任中国轻纺城乐清商会副会长兼财务监督工作委员会副主任；同舟资产管理有限公司总经理；曾任温州乐清市人大代表。

在柯桥追梦：把最美好的青春都献给绍兴了

1979年下半年，高中刚毕业的李国新听朋友聊起在绍兴卖布可以赚钱的事后，非常心动，于是揣着四处借来的几百块钱，瞒着家人来到绍兴柯桥，开启了创业之旅。同行的雁荡老乡还有张建明、张振青、张新金、项加木等人，据说，他们是最早来到柯桥的乐清人。起初李国新觉得柯桥只是一个临时落脚的地方，没想到竟成了他一生奋斗的港湾。

"那时候的通信工具还是电报，安顿下来后我们才发电报告诉家人。"刚步入社会的李国新对做生意还是一头雾水，不知道怎么才能赚到钱。他们试着从柯桥进布料，然后带到山东、河北等地的乡下去卖。"两个月时间我赚了600多块钱，这可是人生的第一桶金呢！那时候我们老家猪肉才6毛8分钱一斤，赚到这600块钱真的好开心，连做梦都会笑醒的！"现在回想起来，李国新依然按捺不住激动之情，觉得自己特别幸运，第一次试水就赚到钱了。正是这匹布、这600块钱、这人生中的第一桶金，对李国新的未来之路产生了重要影响，也使他干劲满满，对未来有了更美好的憧憬。

在柯桥与山东、河北等地来回跑了两年，1981年下半年，李国新回到柯桥扎下了根。那时候，柯桥还没有专门的布料零售市场。李国新在外跑市场、销售布料的过程中，发现每次打开进货的包裹，布匹的质量、长度、品质都参差不齐，卖不出好价钱。为了将生意做稳做大，他不断琢磨，慢慢地意识到产品的品质控制和供应链是关键。两年后，他和朋友商量要转变销售策略，开始转向做布料批发生意，这一转变使他们尝到了甜头。1987年，柯桥的批发生意稳步扩大，李国新和他的朋友决定去开拓更广阔的市场，于是他们前往昆明和西安等地设立了多个门市部。

李国新不断改进产品设计和生产工艺，努力提高售后服务水平，注重与当地客户建立良好的合作关系，逐渐赢得了更多客户的信赖和支持，短短几年，他便将自己的业务范围扩展到全国很多地区。随着各地门市部的运营和销售网络的不断拓宽，李国新抓住时机，全方位销售，使绍兴和各地门市部的布料生意蒸蒸日上，他用努力和智慧创造了属于自己的辉煌。1990 年，李国新在绍兴创办了"一品布业"，在商界崭露头角，稳步树立了良好的品牌形象，并在业内广受赞誉。李国新在柯桥有了一番成绩后，没有忘记家乡的亲朋好友，先富带动后富，他把家乡的亲戚朋友也带到柯桥来了。"他们当时在轻纺城东区开门市卖布，我帮亲戚朋友拿一样的货，他们卖不掉的货，拿回来给我再帮他们卖掉，慢慢地他们都发展得很好，到现在还在做纺织行业。"李国新欣慰地回忆道。

20 世纪 90 年代，绍兴县曾召开"二次创业"会议，李国新作为企业家代表受邀出席会议并在会上发言，他记得自己向绍兴县领导提出了不少建设性的建议。会议结束后，时任县领导调侃道："李总啊，我们绍兴人的钱都给你们乐清人赚光了。"李国新听后一笑，坦然地回答："那是因为绍兴县领导有方，我 17 岁高中毕业离开家乡就来投奔绍兴柯桥了，今年 30 多岁，我把最美好的青春都献给绍兴了！"这句话饱含了他对这座城市的感恩和承诺。对于李国新来说，绍兴不仅是他事业发展的舞台，更是他心灵归属的家园。这里有他奋斗过的足迹、汗水浸润过的土地，更有无数支持和帮助过他的人们。从最初的只有几个乐清人辛勤打拼到后来吸引全国各地的生意人齐聚一堂，他深知自己所取得的成就离不开这座城市及其人民的支持与厚爱。

去美国打官司：展示中国人的实力和自信

1999 年，李国新花费 1500 万元买下雪豹皮衣的销售权，通过租赁商标的方式在嘉兴海宁皮革市场做起了皮衣生意。由于其间遭遇金融危机，加上对新行业缺乏了解，两年后雪豹皮衣生意失败了。更没有想到的是，他遇到了创业途中最大的困难。

投资失败，又因经验欠缺，他被一个印度商人坑骗了。这个印度商人在美国经

20 世纪 90 年代，李国新就在绍兴商界崭露头角

商，在没有提货单的情况下擅自拿走了李国新的货，从而让他蒙受了 50 多万美元的损失。万般无奈之下，李国新只身前往美国讨回公道。在打官司的过程中，美国联邦法院的法官问他："在美国律师费这么贵的情况下，你损失的钱也不一定能追回来，是什么促使你要打这场官司呢？"李国新坚定地说："我不是为了这笔钱，而是要争这口气。大家都说你们美国的法律齐全，我倒要看看齐全在哪、公正在哪？中国人赌气不赌财，我一定要拿个理回去！"李国新的这番话让法官沉默不语，他对来自中国的这个生意人刮目相看。李国新想通过这场官司向外界展示中国的实力和自信，这是李国新的傲骨，也是中国人民的傲骨！

花了 30 多万美元打赢了官司后，李国新回到柯桥重整旗鼓，他说："困难虽是绊脚石，但若就此一蹶不振，那么绊脚石将挡住我的未来之路。"在柯桥做了五六年服装生意之后，他便去广东西樵创办鸿兴布厂，开始做布料的进出口生意。为扩大生意，他在广州也建立起两个布料门市部，一做就是 10 年。2017 年，他再次回到柯桥，并成立了同舟资产管理有限公司。

为未来守望相助：既要积极传承，更要有社会担当

李国新认为家族企业的未来不仅仅依靠血脉相传，更需要每一位继承者有坚定的信念、勇于担当和积极进取的精神，真正的传承是一种思想和文化的传承。他的孩子们从小在耳濡目染中，对做生意产生了兴趣。目前，他的儿子和儿媳从事纺织品进出口生意，女儿和女婿则专注于纺织品内销，儿子和女儿都希望能够将父亲奋斗了大半辈子的家业，在他们手中焕发新生。

一晃眼，李国新在乐清商会已待了 20 多年，并担任了商会副会长兼任财务监督工作委员会副主任。对于商会，李国新是有特殊感情的。他说，在吴建春会长和郑文法司令的带领下，商会给了他们这些生意人很大的帮助，为大家的创业之路扫平了不少障碍。李国新认为正是有这样负责、能力强的领头人和乐清人身上团结的精神，商会才得以持续发展。

作为副会长，李国新深知肩上的责任，他想通过自己的力量为后来的创业者提供帮助，他认为企业家不仅要关注自身利益，也要承担起对社会的责任和义务。作为比较早到柯桥经商的乐清人，他将多年来积累的经验传授给年轻一辈，为乐清人在轻纺城创业提供支持和指导，还帮助他们处理经济问题、打架斗殴等数不清的纠纷事件。此外，李国新还发起了一系列活动和项目，旨在促进轻纺产业的发展和扶持乐清人创业。他积极参与各种商务交流会议，与各地企业家分享经验、探讨合作机会；组织了各类培训班和研讨会，为初次创业者提供实用的指导和建议。然而，创业路上的艰辛和未知的风险是难免的，李国新也曾多次面临失败和挫折，但他从未放弃过对成功的追求。他相信，只要有坚定的信念和不屈不挠的精神，就一定能战胜困难并取得成

李国新（左一）参加商会组织的
新马泰考察活动

功。如今，李国新依然保持着对创业和发展的热情。

正是因为有像李国新这样顽强拼搏的乐清人，中国轻纺城才得以崛起。他们用自己的汗水和智慧，创造了一个繁荣的产业聚集地，也为乐清人树立了一个成功的榜样。

作为中国轻纺城发展历程的见证者和参与者之一，李国新深知一个地方产业的发展离不开大家的团结奋斗、互帮互助。他希望商会能够成为一个大家庭，所有人在这里共同进步、共同发展。未来，李国新希望能够继续见证中国轻纺城的发展，并为乐清人创业提供更多支持和帮助。他相信，在大家的共同努力下，柯桥也必将迎来更加美好的明天。

访谈时间：2023 年 6 月 20 日

访谈地点：中国轻纺城乐清商会

访谈整理：王维康 金雨婷

深耕裤业三十载　打造国民好品牌

人物名片

万立丰，温州乐清天成街道人，1969年10月生，中共党员。现任中国轻纺城乐清商会副会长；浙江万之冠服饰有限公司董事长。

白手起家，开创华东女裤行业新格局

有人说："世界上凡鸟儿能飞到的地方，便有温州商人开拓的足迹。"万立丰就是土生土长的温州乐清人。

1992年，万立丰怀揣着创业的梦想，跟随父亲一起来到北京做服装批发生意，他用勤奋和对市场的敏感，很快赚取了创业的第一桶金。1996年，不满足于现状的万立丰将生意的重心调整回浙江，先到了在杭州四季青服装市场，而后又辗转来到了柯桥。中国轻纺城当年以面料销售为主，涉足服装成衣领域的人凤毛麟角，他毅然决定抢抓时机，注册成立了绍兴中国轻纺城万之冠制衣有限公司。凭借着在北京、杭州积累的经营经验，加上中国轻纺城无所不有的面料优势，万立丰成功地迈出了自己裤装事业的第一步。

自1997年起，万之冠的业务稳步有序发展，然而租赁的厂房历经数次迁移，对公司成长及员工稳定性产生了明显的负面影响。直到2001年，在绍兴县政府的大力支持下，万立丰在山阴路的柯西工业园区建立了他们的第一个大型工厂，为万之冠的迅速发展奠定了稳固的根据地，并改名为浙江万之冠服饰有限公司。春去秋来，万之冠在政府的利好政策及中国轻纺城优惠的市场条件下，抓住女裤高速发展的机遇，实现了经济效益和社会效益双丰收。如今，万之冠厂房的总建筑面积达2万余平方米，员工数量有数百人，拥有年产百万条女裤的先进生产流水线，成为华东规模较大的、有相当知名度的原创型女裤生产基地。

行稳致远，持续发扬"蚂蚁文化"

从万里长城到西子湖畔，从钱塘潮起到古越鉴湖，这一路走来，风风雨雨，坎坎坷坷，有欢笑也有泪水，有失去也有收获，但总有那么一群人，一直追随着万立丰的脚步，与公司同舟共济，同甘苦、共患难，一直陪伴万之冠左右，一起成长了

万之冠女裤亮相濮院时装周

20余年。当然公司也十分注重人文关怀，即使是在疫情最严重的三年里，始终没有裁员，哪怕企业经营利润有所下滑，还是力争保障每一位员工都有固定的收入。万立丰始终将蚂蚁作为万之冠文化品性的象征，将蚂蚁所代表的诚信、稳健、实力、敏锐、团队与和谐共生作为企业文化，扎根在每一位万之冠人的心中。诚信是万之冠人的内心承诺；认准目标、稳步向前是万之冠人的工作作风；从容与自信是万之冠人的实力体现；应变敏捷、行动迅速是万之冠人的行事风格；团队作战、群体奋斗是万之冠人的处事态度；和谐共生、谋求共赢是万之冠人的处世哲学。正是因为万之冠人秉持这样的价值观和行为准则，才能让企业在商海沉浮中行稳致远。

战略调整，提供"一站式贴牌解决方案"

随着公司的持续快速成长，万之冠在华东多省市设立了30余家直营店和100余家加盟店，然而在市场竞争加剧及万之冠自身产品种类相对单一的背景下，公司的发展遇到了一些瓶颈。

为走出这一困境，万立丰做出了关键性的战略调整，关闭了大部分的直营店和加盟店，并及时转变业务模式，开始专注于女裤ODM贴牌领域，以中高端女裤为主导产品，为国内一、二线女装品牌提供一站式贴牌解决方案。此后，万立丰带领整个研发团队重新回到了杭州，并将研发总部设在了临平的女装品牌时尚总部集群——艺尚小镇，小镇以服装、时尚为主导产业，在小镇里设计、研发、营销、分销、客服等元素都非常集中。这次搬迁对万之冠的持续发展起到了重要的推动作用。在回到杭州后，万立丰亲自参与了公司项目对接，充分利用艺尚小镇提供的各类平台资源，不断催生公司的内在发展动力，通过增品种、提品质、强品牌等多种手段，使万之冠公司逐渐走出了困境，企业发展也焕发出了新的生机和活力。

迎接挑战，将数字科技融入女裤研发设计

给新时期的纺织服装产业插上"数字翅膀"，以数字化改革赋能高质量发展，已成为纺织服装产业转型发展的迫切需要。面对如此新机遇、新挑战，万立丰带领万

之冠探索数字时代新契机，不断推进服装智能数字化设计、构建智能数字化工厂、打造服装直播供应链体系。在服装设计环节，按传统做法，设计一款裤型必须经过勾勒、设计、2D打板、备料、打样、改样等多个环节，需要几个部门协作完成。一旦制造出来的样衣稍有偏差，又得重新走流程，耗神耗时费料，而季节不等人。如今，万之冠利用3D数字化建模和大数据分析，设计师只需从资料库中选取迎合当下时尚趋势的裤装"零部件"进行科学拼接，再对细节进行精心修改，不到一个小时，一件3D样衣便可设计完成。若需修改，点击鼠标亦可轻松实现，不仅提高了设计质量和效率，更加强了设计的技术性，提升了产品竞争力。"时尚与科技的碰撞，解锁了服装产业的新智造，重新定义了时尚与潮流。"万立丰如是说道。

紧跟时代，回到梦想开始的地方

服装产业集群的建立，对完善产业链条，助力产业向高端化升级，实现纺织服装产业高质量发展有着至关重要的促进作用，这也是万立丰一直以来都在关注的焦点。万之冠诞生于柯桥、成长于柯桥，在柯桥时万之冠连续两年获评绍兴市著名商标。打造一个国民女裤品牌一直是万立丰心中的梦想："'女裤万之冠，一生长相伴'，梦想时常在耳边萦绕，不忘初心，那么就让梦想再次回到开始的地方。"万立丰始终对中国轻纺城有着深厚的感情基础，随着"杭绍一体化"建设步伐加快，柯桥和杭州的距离越来越近，万立丰已规划将研发团队及相关技术再次带回柯桥，尽自己所能，积极融入中国轻纺城服装产业集群，依托中国轻纺城的平台优势，奋力塑造"万之冠成为国民品牌"，为柯桥的服装产业发展贡献自己的绵薄之力。他相信，立足中国轻纺城"产业+市场+文化"的特色优势，以大平台、大产业、大项目培育为依托，突出面料功能化、服装品牌化、技术智能化，积极与国内外知名面料、服装专业设计师合作，深化与国内外服装行业协会的交流沟通，定能加快柯桥的服装产业集群向高附加值、高技术含量、高产量的现代化产业集群转型，实现中国轻纺城的新跨越。

万之冠女裤参展第22届深圳国际服博会

抱团发展，不断探索商会党建新模式

独木不成林，单打独斗更难以力拔千钧。企业想要稳步前进，唯有抱团发展才能合作共赢。在信息社会中，更需要提前把握宏观经济走势、市场走向，及时掌握政策信息、产销信息，才能走在行业前列。

商会，正是沟通的平台、信息的汇聚地。作为中国轻纺城乐清商会三届会员的万立丰深刻明白这些道理。乐清商会把在轻纺城经商的乐商们凝聚在一起，形成了强大合力，让会员企业在这个平台中能找到自己所需的资源，拓展自己的人脉。万立丰在乐清商会中还担任了党支部副书记的职务，日常协助支部书记和党委书记做好相关党建活动的开展及支部党员发展工作，这一做便已是 12 年。"企业家在掌握先进生产技术和经营理念的同时，在政治上也应追求进步，积极地向党组织靠拢。"万立丰说道。乐清商会通过不断探索商会党建新模式，把商会党建工作和商会业务工作相结合，把党的政策和企业发展相结合。在"三会一课"中融入新技术、新观念、新市场和企业管理经验，并安排在场党员结合时事热点，进行主题发言，分享创业经验，畅谈企业管理中面临的各种问题和解决对策，让党员在学习中融会贯通，巧妙借鉴和运用党建知识去更好地管理企业。

访谈时间：2023 年 6 月 29 日

访谈地点：浙江工业大学之江学院

访谈整理：宋汉卫　金梁英　顾茗思懿

无论来自哪里，在柯桥都能找到自己的位置

人物名片

胡加进，温州乐清大荆镇人，1966 年 8 月生。现任中国轻纺城乐清商会副会长，浙江家乐纺织有限公司总经理，绍兴金硕针纺服饰有限公司总经理。

我们老家因为土地有限且人口众多，1983 年，刚初中毕业的我就通过朋友的介绍，前往绍兴柯桥谋生了，卖布这个选择让我与绍兴结下了不解之缘。

几经辗转，回到柯桥

1983 年，我跟着朋友在柯桥周边卖布料，交通工具是人们熟悉的绍兴乌篷船。那时候，我们每天把布搬上船，划着乌篷船去柯桥周边的华舍、安昌等地销售，但销量不大。为了增加销量，我们从柯桥和萧山的纺织厂买进布料，剪成一套衣服、一件衣服或者一条裤子的用料，背着挑着去乡下售卖。尽管布料都是单色的，但因为价格实在，比较受乡下主妇们的喜爱，尤其是过年过节生意不错。这种到处奔波的状态大概持续了半年。

为了寻求进一步发展，1984 年我决定前往云南昆明做布料批发生意。回忆起当年创业的日子，忙碌而充实。由于物流条件有限，要想生意做得好，必须付出更大的努力。我以云南为中心，前往全国各地批发化纤布料，由此积累了较丰富的经验和客户资源。随着市场环境的不断变化，我意识到要想生意好，让布料保持竞争力，还必须与时俱进。

20 世纪 90 年代初，我分别在贵阳、石家庄、兰州和乌鲁木齐等地设立了批发业务部，生意从西南扩大至西北。1998 年，走南闯北 10 多年后，经过比较，我毅然决定回到柯桥，并将业务重心转向布料加工和生产。尽管在这十几年里，我也从事过其他行业，但纺织始终是我的主业。我感觉纺织行业具有广阔的发展前景和巨大的市场需求，随着人们生活水平的提高和消费观念的转变，对于品质优良、设计时尚的布料需求日益增长。

回到柯桥后，我购置了一批先进的纺织设备，并聘请了一些有经验的技术人员加入团队。从最初只有几台简单的织布机到如今拥有一整套自动化生产线，我的企

业不断蓬勃发展。随着生产规模和品种不断扩大，我成立了销售团队，并与各地的经销商建立起合作关系，通过参加各类展会和商贸活动，逐渐打开了市场，将产品销售到全国各地，并树立起良好的品牌形象。经过多年的努力，目前，我的企业已经拥有一支技术精湛、经验丰富的团队。

注重技术创新和产品升级

为了适应市场变化和满足客户需求，我们注重技术创新和产品升级，不断引入先进设备和生产工艺，提高生产效率和产品质量。同时，公司还与设计师合作，推出独特的布料款式，满足不同客户的个性化需求。我们的努力没有白费，公司逐渐树立起了良好的品牌形象和声誉，布料产品远销国内外，并深受消费者喜爱和认可，在业界也赢得了众多合作伙伴的信任和支持。竞争永无止境。为了保持领先地位，我们不断学习和探索新技术、新材料及市场趋势，积极参加行业展览和交流活动，与同行分享经验，进行思想碰撞。通过这些努力，我们始终保持着对纺织行业的敏锐洞察力，并将这些洞察力转化为商机。正是由于对市场变化的敏感度和对技术创新的追求，公司才能在竞争激烈的纺织行业中取得成功。我们将继续致力于品牌建设、产品创新和市场拓展，为客户提供更优质的布料产品和服务。我坚信，只有不断进步和适应时代发展的需求，才能在竞争中立于不败之地。以前做生意有一个法宝：只要能制造出质量上乘的产品，就一定能卖得出去。因为当时市场需求旺盛，纺织品供不应求，无论是什么样的布料，只要品质过硬，都能迅速销售出去。然而随着时间的推移，市场竞争日益激烈，单纯依靠产品质量已经不能满足消费者的需求了。消费者在款式、设计和舒适度等方面也有了更高的要求。

除了技术创新外，还必须在设计上下功夫。一个独特而吸引人的设计可以为产品增添价值，吸引消费者的目光。同时，在环保意识日益增强的今天，注重可持续发展也是创新的方向之一，采用环保材料、节能减排等做法不仅有利于企业形象的塑造，也符合当代社会对可持续发展的追求。总之，在如今竞争激烈的纺织业中，怎样创新已经成为一个企业必然要面对的问题，只有不断地更新观念、引入先进技术和关注市场需求变化，把经典与创新融合，才能在这个行业中保持竞争力，并获得长期发展。

父子同心，各展才华

我儿子从国外留学回来后，传承了家业，也选择从事服装面料生意，做西装面料产品。儿子在国外并不是学纺织服装和营销专业的，刚接触纺织服装面料生意时，有点摸不着头脑，但他敢于尝试、勇于创新，肯吃苦、肯钻研，有年轻人的优势和闯劲，这几年已经在实践中摸索出经验来了，对这一点我感到很欣慰。

我们通过引入先进设备和生产工艺，不断提高生产效率和产品质量，聘请专业

全国异地乐清商会第十次年会

服装设计师，推出独特的布料款式，不断满足不同客户的个性化需求。我们赢得了众多合作伙伴的信任和支持，产品远销国内外市场。我和儿子不断学习和探索新技术、新材料并分析市场趋势，积极参加行业展览和交流活动，与同行积极碰撞思想并分享经验，使我们能够保持对纺织业的敏锐性，并发现新商机。我们采用环保材料、节能减排等做法，塑造企业形象，实现可持续发展。

在家庭中，我很支持年轻人的创新想法。作为父母，我们应该尽力引导儿女们朝着健康和良性发展的方向前进，为他们提供平台，让他们发挥才华、实现梦想。最终能否成功，还是取决于儿女们的努力和决心。我一直觉得应该鼓励年轻人发掘自身潜力，在给予他们积极支持与指导的同时，要尊重他们的选择与决策。每个人都有不同的天赋和兴趣爱好，只有真正了解并满足自己内心需求的事情，才能全情投入并取得成功，实现个人价值和抱负。因此，我的家庭氛围很好，儿女们愿意说出自己的想法，我也会全力支持他们。

商会里有精神支柱

作为乐清商会会员，我为自己是商会的一员而感到自豪，对商会取得的成就感到骄傲，希望未来能够与商会的其他会员们更多地携手合作，共同推动柯桥纺织行业的发展，为行业做出更大的贡献。

在商会中，大家都心怀敬意地互相合作、互相支持，这种抱团精神使大家能够共同面对挑战、迎接机遇，无论是商业合作还是会员沟通联络，我们都能够从中感受到这种团结带来的力量。通过与各行各业的优秀人士建立联系和交流，我们能够不断拓展自己的视野。每一个新结识的老乡朋友都可能成为未来的合作伙伴或者提供宝贵资源的渠道。

在商会，我特别尊重郑文法司令和薛金乐主任，对他们有着特殊的感情。他们

胡加进（第二排右五）参加商会组织的土耳其考察活动

对商会的发展起到了重要的指导与支持作用，他们不仅提供了宝贵的经验和智慧，还给了我许多启发。相处十几年，无论在工作上还是生活上，我深受两位的影响，可以说，他们是我前进道路上不可或缺的精神支柱。

商会已成为我们大家共同的精神家园，我们都会爱护它。

汇聚容大，其道大和

从事纺织行业 40 多年，我亲历了中国纺织行业从起步到发展壮大，并在全球市场中取得了一定地位的历史过程。随着全球经济格局变化和竞争加剧，中国纺织行业需要不断创新、提高技术水平，并寻求更加灵活和多样化的发展路径，以保持竞争力并适应新的挑战。我认为，现在的创业者想要适应新的挑战，必须抓住时代的机会，与时俱进，在这个行业尽心尽力做好自己的本职工作。

我再次回到柯桥也有 20 多年了。我喜爱柯桥，喜欢它的开放包容，无论你来自哪里，无论你有何背景，都能够在柯桥找到自己的位置。柯桥不排外的氛围让我们感受到了平等和尊重，我们也会努力工作，促进这座城市的繁荣发展。柯桥是个福地，它也是一个绿色、宜居的地方，我对柯桥的爱是发自内心的。

柯桥充满活力和机遇，其凭借其优越的人文环境、政府的积极作为，在经济发展中取得了显著成就，能够在这里经商和生活，并见证这一切，我们感到自豪，我们对柯桥的未来发展充满信心。

访谈时间：2023 年 7 月 5 日

访谈地点：浙江工业大学之江学院

访谈整理：王维康　金雨婷

打造一家有思想的"百年丰收"企业

人物名片

洪守明，温州乐清蒲岐镇人，1969年4月生。现任中国轻纺城乐清商会副会长兼慈善公益工作委员会副主任，绍兴百丰纺织有限公司董事长，瑞安市地康金属材料有限公司副总经理。

翻越千山万水，在太原掘到"第一桶金"

20世纪80年代是一个思潮涌动的年代。改革开放的春风吹遍大江南北，此时的山西太原百业待兴，以浙江人为代表的南方商人陆续来到这里，带来了市场经济的第一波浪潮。1987年，刚满18岁的洪守明意气风发，与家人稍作商量后，便与姐姐一道离开家乡，跟随广大温商外出经商的脚步，前往太原，踏上了创业之路。

服装生意，对于刚接触社会的洪守明来说不是一件简单的事情。在山西太原的大街上，他每天起早贪黑，找货品、守摊位，不停地吆喝着。功夫不负有心人，在逐步了解市场需求后，他开始从江苏常熟、嘉兴桐乡、福建石狮等地进货，这些南方的衣服因质量好、款式新，深受当地人喜欢，生意越来越好。他当机立断告别摆路边摊的日子，租下店铺来经营。在太原待了3年，洪守明赚到了人生的第一桶金。

"百丰纺织"成为阿里巴巴浙江大区的"头部企业"

1992年，一个在柯桥做面料生意的温州老乡告诉洪守明："柯桥是一个做纺织生意很不错的地方。"他兴奋不已，在一番思考后，结束了在太原的生意，于1993年来到了绍兴柯桥，开始自己的二次创业。

1992年，绍兴轻纺市场正式更名为"中国轻纺城"。洪守明来得正是时候，借着"南方谈话"的东风，他凭借自己独特的商业嗅觉，选择经营进口面料。用了5年时间，洪守明的进口面料生意做得风生水起，赚到了人生的第二桶金，为未来事业发展打下了坚实的基础。

谈到后来的事业发展，洪守明百感交集。他说，看着自己的事业一步步发展，就像看着自己的孩子一天天长大，倾注了自己大量的心血。他从1998年就开始自主研发国产面料，2000年开始进军海外市场，积极开拓外贸业务。由于把握住了机会，

2003年公司外贸营收达到3亿多元。2005年，洪守明与朋友合伙成立了名庄进出口有限公司；2007年，他正式建立了生产工厂，向工贸一体企业成功转型。

两年一小步，五年一大步，洪守明不断地在超越自己。在企业发展过程中，洪守明一直十分注重产品研究和技术更新，工厂早期主要使用的是单双面针织机，后来他将机器升级到了第二代有花色功能的针织机。2007—2012年，这批机器非常给力，顶住了2008年的金融危机，企业发展没有受到重大冲击，反而筛选掉一些常规的品种，专注生产差异化产品。

2013年，洪守明又将生产设备升级到了第三代。"我们进行了一次大规模洗牌，并投入了数千万元资金。当时有人认为我们太冒险了，为什么要在生意做得这么好、利润也很好的情况下进行如此大的改革呢？甚至有人说我疯了，为什么不好好做生意而去搞这些事情？"然而，洪守明认为创新至关重要，这是他和朋友商讨后得出的结论，企业发展必须走向前瞻性市场。"因为只有拥有创新和前瞻性，才能在市场中立于不败之地。"洪守明坚信自己的判断。

2017年，洪守明成立了绍兴百丰纺织有限公司，这是一家以"缔造美的世界"为使命，以"百年丰收企业"为愿景，具有"脚踏实地、共创共赢、客户为本、稳收赋能"价值观的高新技术企业。2020年，百丰的业务从线下转到线上。在半年的时间里，百丰一直采用内部研发和内置的方式进行产品讲解和设计的内部培训。通过这样的方式，百丰逐渐找到了适合自己的方法。在这次转型中，百丰实现了史无前例的增长。通过线上平台，百丰能够更好地满足客户需求，并扩大市场份额，甚至在全国范围内都有很高的知名度。"但对于像我这个年纪的人来说，一直习惯于线下工作，突然转到线上还是有点懵。"洪守明调侃道。就这样，百丰杀出了一条成功之路。

百丰纺织产品参加第18届中国（深圳）国际品牌服装服饰交易会

百丰紧跟时代潮流，新建电商平台，积极探索新的商业模式，提供更多元化的产品和服务。这些努力使其在激烈的市场竞争中脱颖而出，并取得了令人瞩目的成绩。2021年，阿里巴巴将绍兴百丰纺织有限公司认定为浙江大区SKA商家，作为纺织企业，百丰也是阿里巴巴国际站浙江大区的头部企业。

谈到未来，洪守明说企业将专注于线上线下渠道融合，实施数字化经营策略，通过数字赋能，加快产业链升级，逐步将产品从单一面料拓展为面料、服装、家纺、多方位发展。

"百丰哲学"：一群人、一条心，一起拼、一定赢

一年企业靠产品，十年企业靠品牌，百年企业靠文化。创业之初的洪守明靠产品和信誉在商海中站稳了脚跟，后来又通过塑造企业和产品品牌在激烈的市场竞争中拥有了一席之地，面向未来，洪守明立志将百丰打造成百年企业。

洪守明说，21世纪企业之间的竞争是文化的竞争，文化软实力是企业综合实力的直接体现。而以人为本的理念，先进的现代企业管理理论和管理方式，都是企业在竞争中立于不败之地的基础。围绕着百丰要成为百年老店、金字招牌这个宏愿，洪守明说，他已经开始打造属于百丰独有的企业文化，其中的"百丰哲学"是百丰企业文化的重要组成部分。"百丰哲学"倾注了洪守明的大量心血，共有6大板块49条原则。在"百丰哲学"里写道，"百丰哲学"是通过实践得出的人生哲学，其基本点在于"作为人，何谓正确？"如果以正确的人生观去度过人生，每个人的生活都会变得幸福，公司也会随之繁荣起来。他认为这是人生与企业经营的原点，通过这样全面系统的规划和思考，可以让大家致力于度过美好的人生。

在百丰的企业文化墙上，有这样一段话："以大家族主义开展经营，实现员工物质与精神两方面幸福，同时为社会发展做出贡献。"洪守明认为，要想打造一个百年企业，就需要以大家族主义的经营理念来开展经营，这一理念包括实现员工物质和精神两方面的幸福，并同时为社会发展做出贡献。

访谈间隙，我们碰到了一位公司员工，了解到她大学毕业后来到公司，一干就是十多年，参与并见证了公司的发展。在此期间，她也组建了幸福的小家，她的脸上洋溢着满满的幸福感和感恩之情。她还说，百丰员工以10年以上工龄的员工为主，同时每年会招聘一定数量的新员工。百丰的员工队伍稳定、结构合理，分配政策向一线员工倾斜，所有员工都有很强的归属感和满满的获得感。我们似乎对百丰文化墙上的这句话有了进一步的感悟："一群人、一条心，一起拼、一定赢。"这也是百丰凝聚力、向心力的有力佐证。

访谈时间：2023年6月20日、7月27日
访谈地点：中国轻纺城乐清商会会议室
绍兴百丰纺织有限公司
访谈整理：宋汉卫　金雨婷

上过央视《新闻联播》的"洞察者"

人物名片

陈丙田，温州乐清大荆镇人，1963年4月生，中共党员。现任浙江聚亨置业有限公司董事长，绍兴聚亨纺织有限公司董事长，诸暨旗俊纺织有限公司董事长，浙江金亨印染有限公司董事长；绍兴市柯桥区第一届、第二届人大代表，中国轻纺城乐清商会副会长，乐清市大荆镇驻柯桥区党支部副书记，乐清市智仁乡分会名誉会长。

20世纪80年代，古镇柯桥5路公交车的终点站，104国道红旗道口附近，有一个马路市场，市场周边十分空旷，都是空地。这个市场非常热闹，每天吸引着南来北往的商客前来挑选布料，可谓"货畅其流，产销两旺"。柯桥的一个小商铺，就是陈丙田事业的开端。陈丙田的面料生意与柯桥、轻纺城同步发展壮大，他有了自己的"个体工商业营业执照"，有了自己稳定的客户，手上的资金也如滚雪球般越滚越大。

2003年，陈丙田注册成立了绍兴聚亨纺织公司，开启了公司化贸易的新阶段。公司专注于男士西装与裤装面料的染色和销售，拥有自主品牌的人造棉印花产品，每年推出2000多款新花型，产品出口至世界各地。通过持续创新，公司摆脱了传统的加工制造模式，以花型设计服务为切入口，加快新型面料的研发，逐步迈向了织造业高附加值的上游。

信心——"背靠中国轻纺城，没有对金融危机过分担忧"

公司成立初期，贸易额并不是很理想，时盈时亏。但陈丙田未曾气馁，他始终认为，在经营过程中盈亏都是正常的，关键是要有坚持下去的信心与决心。通过多年持续的努力和对经营策略的合理调整，公司在竞争激烈的轻纺市场实现了长足发展。"能够在中国轻纺城立足并持续发展下去，这就是成功了。"陈丙田说。

2008年，全球金融危机逐步影响到了实体经济，中国纺织业出口面临着美元贬值、劳动力成本上升导致的纺织成本上涨，利润空间被大幅压缩，甚至有亏本的风险，国外市场需求不足成了中国纺织业面对的最大困境。当时我国政府果断做出了一系列的决策部署，采取了积极的财政政策和适度宽松的货币政策，通过完善出口退税和关税政策、人民币升值等手段，提高了我国企业的出口竞争力。陈丙田紧紧抓住政策红利，迎难而上，终于做出了不错的出口业绩。

2008年7月，陈丙田带着公司团队正在码头给出口面料装柜，绍兴市电视台的记者前来采访他。陈丙田介绍了企业运营现状及对金融危机的看法。"背靠中国轻纺城，我并没有对此次金融危机过分担忧。自改革开放以来，我们国家的风险管理能力、创新发展能力都有了长足的进步和提升，完全有能力、有条件顶住危机带来的压力和挑战。"他相信，在政府一系列的政策支持下，纺织品外贸即将迎来回暖态势。"作为企业家，一定要看清经济发展形势，并且要坚定地对事业有信心。"

这次采访后来在浙江卫视播出，并在7月15日的中央电视台《新闻联播》中摘播。他在采访中提及的外贸出口复苏的观点，引发了社会的广泛关注，还接到了许多客户的电话，甚至有人问他花了多少钱才能在《新闻联播》中露脸。这波免费的"宣传"大大超过了陈丙田的预期，也让他更加坚信自己的直觉和市场洞察力。他下决心把握住机会，积极地向外界传递正能量，提升社会的信心。

2010年，绍兴县有意通过引进商贸服务业来优化产业格局，陈丙田再一次抓住了商机。陈丙田刚好与银泰百货的一位工作人员相熟，便开始积极接洽。陈丙田整合资源，立即成立了浙江聚亨置业有限公司，并在同年3月成功竞得柯桥笛扬路以东、兴越路以南两个地块用于建设大型商业综合体，并取名为"聚银时代"。为了拿下这个项目，陈丙田可是费了一番功夫的。其实当时银泰百货并不想在柯桥进行投资，柯桥只是绍兴市下面的一个县城，为什么要先在柯桥而不是在绍兴主城区开商场？陈丙田为此做了大量的调研。他发现，对于消费者，绍兴主城区人均消费为40元，而柯桥人均消费为60元。显然，柯桥民众的消费热情更高。基于大量的精准数据，银泰百货最终签约聚银时代。陈丙田对银泰百货落户柯桥的前景十分看好："相比传统的纺织行业，商贸综合体的开发涵盖了房地产及其他的商业形式，不仅有利于打造人民满意的城市基础设施，更能用商业拓展增强柯桥的城市活力，形成城市化与市场化的良好互动，为柯桥发展成为繁荣大都市奠定良好的基础。"

陈丙田在银泰百货入驻柯桥聚银国际商业中心
签约仪式上致辞

参政——作为人大代表，提交的建议成了区人大重点督办件

陈丙田当选柯桥区人大代表后，始终以饱满的政治热情和高度的政治责任感履行人大代表职责。他认为，人大代表必须积极地为人民、为企业、为行业发声。

2014 年，柯桥区在全区上下紧锣密鼓地开展了以"重投入、重管理、重创新，爱主业、爱资源、爱家乡"为主题的"三重三爱"主题活动，以进一步引导企业经营者加大有效投入，提高管理水平，强化科技创新，做优做强实体经济，集约节约利用资源，热爱家乡、建设家乡，努力为建设"两美"柯桥营造浓厚的舆论氛围。陈丙田积极响应政府号召，在带领企业高质量发展的同时，更是坚持履职尽责、为民代言，展现人大代表的实干担当。

为了献良策、出实招，陈丙田每年都会开展广泛而深入的调研，近距离倾听身边企业家、在岗职工和社区群众的心声，不断发现社会和市场中的问题，并深入思考，形成合理的建议。2022 年，陈丙田联合几位代表，共同提出了四项议案，分别是：关于以中国轻纺城市场建设为抓手合理打造现代化"国际纺都"的建议、关于以社区精细化管理为抓手提升城市管理水平的建议、关于推进家政服务业健康发展的建议、关于完善中国轻纺城经营户银行卡解冻措施的建议。其中"关于完善中国轻纺城经营户银行卡解冻措施的建议"更是被区人大常委会列为 10 件重点督办建议之一。

针对当时轻纺城经营户出现大量银行卡被冻结的情况，轻纺城建管委联合区公安局、商务、税务、市场监管等多部门，引导商户规范外贸贷款收付行为，引导市场经营户建立健康合规的贸易结算渠道，提高贸易风险意识，避免更多经营户出现同类问题；同时继续维系电诈案件公安机关跨区域协助机制，及时沟通，主动做好取证工作，全力帮助经营户在最短时间内完成解冻、解控工作，恢复正常经营。通过重点督办建议的办理，有效地带动了柯桥区整体议案建议办理质效的提升，最终实

2019 年陈丙田参加《柯桥区政府工作报告》征求意见座谈会

现了让人民受益。

陈丙田深知，企业家要想真正得到社会认可，不仅要对客户有感情、对产业有带动，更要对社会有所回报。从创办企业开始，陈丙田始终坚持社会为先的理念，积极投身公益事业。公司十几年来坚持为敬老院、困难户送去过节物资和困难补助；成立学雷锋志愿服务队，积极开展防疫抗疫、无偿献血等社会志愿活动。尤其是在疫情期间，聚银时代诸多商户都面临着营业收入连续下滑的挑战，生意陷入了困境。陈丙田作为聚银时代商业综合体的业主方，主动提出减免租金和管理费，希望能将商户的损失降到最低。在特殊时期，他用实际行动为商户纾困解难，真正做到与商户共克时艰。

商会——既共享商机，更维系乡情

陈丙田是最早加入中国轻纺城乐清商会的企业家之一，他说加入商会给他带来了很多益处。商会是企业家聚集之处，共系一份家乡情，增添了一份信任。通过商会可以结交更多企业家朋友，会员与会员之间可以互为客户、互为伙伴，也可以资源共享，互相服务。

纺织行业面临着生产成本上升、消费需求下滑及融资难度和融资成本持续攀升等严峻挑战，为了更好地应对行业内的各种问题和挑战，商会不遗余力地定期组织丰富多样的交流活动，旨在深入分析外贸市场的现状和前景，把握汇率波动的规律和趋势，积极研究纺织指数，从而促进内销市场的持续繁荣和外贸市场的稳定发展。商会还积极召开行业发展趋势研讨会，组织会员企业参与各类纺织服装展销会，提升行业的知名度和产品的成交率。商会始终将会员企业的利益放在首位，致力于提供全方位、多元化的服务。商会积极组织了"律护营商，法助共富"专项活动，专门设立权益保障委员会负责会员的维权工作，着力解决企业内部的矛盾纠纷，有力地促进了中国轻纺城市场和会员企业的稳定发展。

"积极融入商会，为公司赢得新的发展机遇和契机，这无疑为公司的稳定成长和持续发展提供了坚实的后盾。"陈丙田说。正是因为有了商会的存在，他对公司的发展才更加充满信心！

访谈时间：2023 年 6 月 20 日

访谈地点：中国轻纺城乐清商会

访谈整理：金梁英　王瑜阳　田倪兴

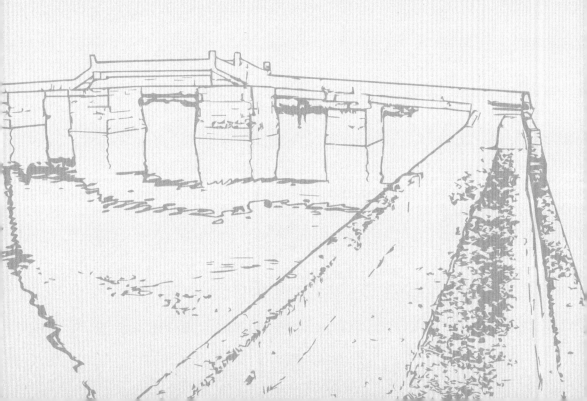

CHAPTER 5 第五章

勇立潮头　勇毅前行

我本是高山而非溪流，站在群山之巅，俯视万千沟壑；我立潮头而非随波逐流，眼中有光，心中有爱，勇毅前行。

　　有人随身背着书包，有人一生专注做好一块布，有人从"童工"到专业产品引领者，有人借势借力勇攀"国家级"，有人让"可持续时尚"触手可及，有人虽没有大起大落，却对吃过的苦、流过的泪化作一句：人生谁没有风雨……

　　要么不做，做就做到最好，这是乐清商人骨子里的倔强。

不经历风雨，怎能见彩虹

人物名片

林贤存，温州乐清石帆街道人，1967年11月生，中共党员。现任中国轻纺城乐清商会党委委员、副会长兼商贸发展工作委员会主任，石帆分会会长，乐清市石帆街道驻绍兴党支部书记；乐清市石帆街道党代表；绍兴乔卓纺织有限公司总经理，绍兴市犇薛进贸易有限公司总经理，绍兴柯桥浙林盛贸易有限公司总经理。

白天市场卖布，晚上厂里跟单

我出生于20世纪60年代。1978年，党的十一届三中全会召开以后，全国加快步伐搞现代化建设，中国这片土地上到处充满了生机。在这样的历史背景下，1983年，我16岁便离开老家温州乐清，与家人一同前往内蒙古鄂尔多斯市，开始创业生涯。

在内蒙古，我做自产自销服装生意，后来辗转去了东北、山东做文具、电器业务，1985年到山西大同继续做服装生意。这几年的创业经历对我来说是一笔重要的人生财富。当时我年纪小，又缺乏资金和经验，在经历了一番摸爬滚打后，虽然钱没有赚到多少，但是学到了一些做生意的门道。

1985年的时候，我来过一次柯桥，坐乌篷船从柯桥老街到安昌、华舍进布料。那个时候柯桥轻纺市场还未建成，只有十几个卖布的摊位，规模不大。1988年，绍兴轻纺市场建成开业，我听在柯桥的亲戚说，柯桥布料生意有前景，未来发展空间大，就有点动心了。

1992年正月初八，我把山西大同的服装生意停了，和家人一起来到柯桥。一开始，我们是在亲戚的介绍下，做广州纺织面料的销售代理，主要在东交易区（现在叫东市场）做。我虽然经商多年，但是对面料领域其实知之甚少，原先积累的客户和货源都没有用场。新的领域、新的环境，一切都需要从头开始。

熟悉产品、寻找客户，这个过程非常考验人的毅力和信心。因为当时我们刚到柯桥，人生地不熟，售卖的布料品种比较少，客人很少踏进我的门店。这个时候，我就观察学习市场其他门店是怎么做生意的，学着改变样品的陈列方式，吸引招揽客户，寻找好的货源，在价格上给回头客一些优惠，一来二去，老客户带新客户，慢慢地就打开了局面，我们的产品和服务也逐渐得到了客户的认可。

几个月后，我和叔叔一起创办了"远东布行"。经过几年的积累，到了1993年，我在中国轻纺城买了个门面，1994年，我和叔叔分开来做，我成立了林贤存布行，1999年布行改名为"林盛布业"，专门销售西装面料。我们的面料主要从广东、江苏、上海和柯桥这些地方采购。白天我在市场卖布料，晚上在萧山、柯桥印染厂里跟单生产，因为那个时候厂里都很忙，我要是不在厂里盯着的话，很可能第二天货就跟不上了。晚上要是困了、累了，我就在机器边的坯布上找个地方睡一觉，那段时间，日子过得辛苦但是充实。

在布料销售渐渐步入正轨之后，2004年，"林盛布业"升级为"浙林盛贸易有限公司"，我在绍兴有个厂的愿望终于实现了。浙林盛贸易有限公司主要从事针纺织品、服装生产、加工，针纺织品及原料、服装和辅料批发、零售及货物进出口等业务。公司成立以后，我们下大力气开发TR梭织面料，有了自己的专有技术。现在，公司开发的TR梭织面料、杜邦SORONA系列产品深受客户青睐，并打入了国际市场。未来，我期望公司能成为集设计、开发、制造、来样加工、销售为一体的全球面料供应商。

"不经历风雨，怎能见彩虹"，在磨砺中生命才能成熟，生活才会充满希望。现在回首过去，当时创业虽然辛苦，但是看着自己创办的企业逐步壮大，自己的努力一点点有了意义，逐渐实现自我价值，也是难得的人生体验。

做年轻人的守望者

2017年2月14日，我清楚地记得这个日子，因为这一天，我正式交班，把面料企业交给儿子打理。

乐清商会石帆分会所获部分荣誉

"放手去搏"，这是我对孩子说的话。我总觉得年轻人和我们有着不一样的思维，他们敢于顺应时代的潮流，有自己的学习方法，考虑问题有新的角度。如果我们一味地向年轻人输出自己的观点，那很容易抹杀他们的自信心。我们能做的就是为年轻人打好基础、搭建平台，剩下的都得靠他们自己。俗话说得好："师傅领进门，修行在个人。"年轻人如果锐意进取，在商场上有自己的建树，我自当鼓励；如果遭遇挫折，有所失利，那我也会去安慰，让他重拾信心。总而言之，只要年轻人脚踏实地，无论大小，到最后都会有一番成就。

这几年，我欣喜地看到，孩子成熟了，他不再是那个因为资金、原材料、工期等问题焦虑得睡不着的新人了，有些关键问题他也会来征求我的意见，但在我看来，他完全可以独当一面了。在孩子的主导下，企业也进入了新的发展阶段。

一起把商会建设好

我是 2008 年开始担任商会副会长的，到现在已经做了三届了。我一直觉得副会长这个头衔并不是一种让我可以向别人夸耀的资本，恰恰相反，它时刻提醒着我，要诚信经营，要懂得奉献，更要助力商会稳固发展。

30 多年来，商会在联系沟通服务会员方面做了大量工作，为乐清人扎根柯桥、助力柯桥发展做出了不可磨灭的贡献。2023 年 4 月，柯桥区人民法院和柯桥区工商联联合举办"优化营商环境服务高质量发展恳谈会"，就优化营商环境、强化企业合规、深化基层治理、服务高质量发展等主题，听取企业家代表的意见建议，我作为商会企业家代表参会并做了发言，会后不久，一些建议就有了落实。在柯桥，我们经常参加这样的恳谈会、交流会。我在柯桥多年，柯桥政府了解企业所思所想，为广大企业实实在在地解决问题，出台了很多有益于企业发展的政策，对此我深有体会。

中国轻纺城乐清商会是一个团结向上的集体。全体会员在商会的带领下共享资源、共渡难关、共同进步。乐清商会的领导实行轮值制，每个月安排 2 名值班会长，负责处理当月商会的具体事务。这样一来，50 多位会长和副会长就不是挂名而已，而是要真正拿出时间和精力来服务会员，在平时的工作中，要以身作则，率先垂范，有责任担当。商会经常组织会员前往优秀企业学习调研，这类活动已经坚持开展了很多年。我很赞成这种方式，这既能增加会员们的凝聚力，又可以让大家互相促进。通过学习交流，可以让广大会员互相取长补短，了解掌握先进的技术和管理，更好地把控市场、预测市场，把自己的企业做得更好。

在历届会长的努力奉献下，乐清商会从成立至今，一直是个非常团结、有凝聚力的商会，我们就是在柯桥的异姓家人，大家聚在一起就是一个大家庭。会员平时遇到难题了，只要有求，商会必有应。正是在这样的氛围中，我们乐清商会越办越

林贤存（左三）组织开展党员志愿
服务活动

好，2021年被评为全国"四好"商会，商会的工作得到了商会内外的一致认可。疫情期间，我们在商会党委的领导下、会长的主持下，累计捐赠物资超过500万元。

做好支部带头人

党建工作是我们基层组织抓好各项工作的根本，只有抓好党建工作，我们的工作效能才能更好地发挥，队伍的凝聚力和向心力才能更加强大。

石帆街道驻绍兴党支部是在2010年12月成立的，经党委推荐，我担任支部书记，前不久，换届大会召开，我很荣幸又被推荐当选为第五届支部书记。党支部在刚成立的时候只有5位党员，经过这些年的发展，有更多的优秀青年加入党组织，现在已经有12位常驻党员、20位流动党员和4位入党积极分子。令我们支部成员十分自豪的是，支部连续多年被石帆街道党工委、商会党委评为先进党支部。

党支部是基层党组织，支部书记就是基层党组织的带头人，也是各项决议和决定的坚定遵守者。支部书记要在生产、学习和社会活动各方面起表率作用。担任支部书记这几年，我一直时刻谨记自己的责任，把加强支部党员理论学习、调动党员的积极性和促进支部团结放在首位。

峥嵘党史记录着艰辛奋斗和革命事迹，也见证着革命先辈的信仰之美、奉献之美、使命之重和英雄之气。为了加强支部党员的党性教育，每年，我们支部都会组织党员前往红色教育基地，在学思践悟中擦亮大家的忠诚底色。我们在橘子洲头感受爱国情怀，在遵义领悟毛主席的关键决断，在周恩来故居学习总理为国为民无私奉献的精神，在延安实地调研学习……支部党员通过一系列学习，深刻理解党的先进理论和思想，并把学习体会融入企业生产经营管理中，融入企业文化建设中，再由企业辐射到周边的群众，形成一个良性循环。

唯有"不忘初心"，才能"牢记使命"。这几年，我们支部广泛团结乡贤力量，引导乡贤在家乡的美丽乡村、文化文明、民生福祉、社会治理等领域发挥作用，为打造"醉美之城·幸福乐清"探索出一条凝聚贤心、贤力、贤智的共富共美之路。

外岙村地处乐清市石帆街道，基础设施相对比较落后，是支部的结对帮扶对象。为了加快外岙村的发展，改善村子的基本面貌，我们驻绍兴党支部与石帆分会共同开展公益募捐，目前募捐金额已超百万元，这些捐款主要用于筑路修桥、排污系统修缮等基础民生服务设施建设，以及经济困难群众帮扶。在支部的帮助下，近年来，外岙村的村容村貌有了明显改观，成了一个集山、水、海于一体的花园式村庄。邓小平同志当年提出过"先富带后富，共奔富裕路"的理念，我们也理所应当为家乡的乡村振兴贡献一份自己的力量。

访谈时间：2023 年 6 月 29 日
访谈地点：中国轻纺城乐清商会会议室
访谈整理：陶美霞　严　格　刘伊睿

企业深耕准则：一米宽一千米深

人物名片

　　江余旭，温州乐清天成街道人，1974年1月生，中共党员。现任中国轻纺城乐清商会副会长，天成分会会长，乐清市天成乡驻绍兴党支部书记；绍兴天创纺织有限公司董事长。

让拉毛面料布满全球

　　我的创业故事要从20世纪80年代开始说起，那时家族盛行外出经商，为了历练一下自己，我跟着父辈来到刚刚发展的绍兴柯桥轻纺市场。那个时候，轻纺市场还没有规模化、专业化，西市场还只是一个菜市场。当时的柯桥处处充满商机，我心想或许我做布料生意也能成功，于是说干就干，开始筹备开门市部。

　　1992年，我们在柯桥轻纺城开了第一家门市部——邦源纺织，门店虽然不大，但迈出了创业的第一步。依稀记得，那一年夏天很热，我和创业的几个伙伴围着个很小的电风扇吹风，门市部对面一排都是铁皮棚子，棚子被太阳晒得滚烫，水浇在上面会发出"滋滋"的声响。尽管那时创业条件艰苦，但我仍然对未来的无限可能充满期望。回望创业路，我深深地体会到：作为纺织创业者，要学会吃苦耐劳，稳扎稳打才能稳固发展。

　　我一直坚信：匠心是纺织业的灵魂。2005年，"邦源纺织"团队升级，正式改名为"天创纺织"，开始深入研发TR拉毛系列及纺毛系列等新型纺织面料，升级产品理念，提升产品质量。此时，正值绍兴县致力于打造具有国际竞争力的现代纺织印染强县，公司迎着改革大潮，在创新面料、开拓海外市场、转型升级上下了不少功夫。做纺织是求质量、重信誉、精益求精、追求极致的，我始终坚持创新，不墨守成规，潜心研究国内外面料及时装趋势，狠抓产品质量，这份用心逐渐被客户认可，公司知名度也慢慢打响。2013年，公司生产的拉毛面料在激烈竞争中脱颖而出，赢得了ZARA、H&M、GAP、以纯、森马、茵曼等国内外多家知名服装品牌的青睐。

　　让拉毛面料布满全球，是我追求的目标。至今，天创纺织驻滨海工业园总部用地56亩，生产总部基地有10万余平方米，加上天创圆机厂的加持，一个专业研发、生产、销售和服务拉毛面料的现代化大型纺织企业已初具规模。对我而言，生产拉

绍兴天创纺织有限公司产品展示厅一角

毛面料不只是一份工作，更是一项使命！当初我因为热情而投身纺织行业，20 余年来，我已经爱上了这份工作。

漫漫古纤道，悠悠乌篷船。30 多年来，中国轻纺城由一条"河边布街"蝶变为一座"国际纺都"，写就一段"丝路柯桥·布满全球"的传奇历程，而我是其中的亲历者，也是受益者。未来，天创纺织要以"一米宽一千米深"为准则，把拉毛产品做到极致，让拉毛面料布满全球。不管是现在还是未来，我和天创热情依旧，深耕拉毛面料，永不停歇。

没有党的好政策就不会有好企业

我入党的想法在 20 多年前就已萌芽，但是因为入党要求严格，直到 2011 年 12 月，我才通过党组织的考验，正式加入中国共产党。我一直不忘初心，对党忠诚。要想经营好企业，必须时时刻刻向党靠拢，跟着党的政策走。如果没有党和政府的好政策，我和我的企业不会有今天这样的成就。

中共乐清市天成乡驻绍兴支部成立后，我是第一批加入支部的党员，后来很荣幸被推荐为党支部书记。将党支部书记的工作交给我是党组织对我工作的肯定，同时也是对我的殷切期望。作为支部书记，我经常和支部党员谈心，了解每个党员的思想动态；我在自己加强政治理论学习的同时，也带动党员们学习贯彻落实党的路线、方针、政策；支部还定期组织活动，加强党员党性锻炼，保证支部的先进性。在支部党员的带动下，广大会员积极参与志愿者服务及慈善公益，帮助困难群众改善生活条件，致富不忘回报社会。

2020 年初，新冠疫情暴发，面对疫情，我们没有退缩。中国轻纺城乐清商会党委第一时间召开加强疫情防控工作动员部署会，在商会党委的号召下，乐清驻绍兴党组织和广大党员企业家纷纷响应，通过捐赠物资、争当志愿者等方式，无私助力防疫一线工作。各党支部积极推荐党员组建"乐清在绍党员防疫志愿队",在中国轻纺城跨境电商产业园等重点场所全天候24小时轮班值守。值守期间,党员志愿者们克服了身体、家庭、工作方面的种种困难,始终坚守在一线,按防疫要求做好车辆和人员的进出管理,全力确保了园区、厂区的防控安全。据不完全统计,疫情期间,志愿队共参加各类防疫志愿服务468人次。疫情防控期间,各条防疫线上的工作人员和志愿者们舍小家、为大家,守护着大家的健康。我们支部充分发挥战斗堡垒作用和党员先锋模范作用,用实际行动彰显责任与担当,向公众传达出"疫情无情,人间有爱"的理念,号召更多的爱心企业来关心抗疫工作者。2021年12月14日,我组织党员同志们开展慰问活动,为绍兴市一线抗疫人员送上100多箱爱心慰问物资,感谢他们在"疫"线负重前行。截至2021年底,乐清驻绍兴党组织累计捐款捐物价值100余万元。

从温馨"小家"到和谐"大家"

乐清人与中国轻纺城之间有着密不可分的关联与故事。我于1992年来到柯桥,至今已有30余年。在柯桥,我成家立业,有了自己的温馨小家,也加入了商会这个和谐大家庭。

2008年,中国轻纺城乐清商会成立,我有幸成为副会长,与乐清商会共同成长。乐清人在柯桥建立起了广泛的商业网络,促进了绍兴地区纺织产业的繁荣与发展,为当地经济建设做出了重要贡献。如果问乐清商会为什么发展得这么好,我认为很大一部分可以归功于乐清人的优良品质:乐清人不仅勤奋务实,坚定地追求目标,而且非常重视诚信,在与他人交往中始终能保持真实、坦率。

乐清人富有创新精神。21世纪初期,轻纺城的货品主要是"大路货",产品附加值低、利润不高,为了增强市场竞争力、提升产品档次,我们率先引进广东、江苏等地的新工艺、新原料及进口面料,产品投放市场后,获得了较好的反响,全国

江余旭坚信:齐心协力,就能跨越任何困难

各地客商纷至沓来。同时，我们将传统交易模式转变为公司化经营交易模式，并且获得了自主进出口贸易权，将外贸市场业务做大做强。可以看到，经过30多年的发展，商会中的企业大多都有了自己的创新产品及特色，正因为如此，乐清人才能在柯桥竞争激烈的市场中立足。

商会是企业与企业之间、企业与政府之间的桥梁和纽带。在我担任副会长期间，有件事印象很深。那是2016年，G20杭州峰会召开期间，商会全体会员企业积极响应柯桥区委、区政府的号召，按照有关整治印染企业的标准和要求，严格组织，积极打好企业转型升级硬仗，为峰会顺利召开做出了积极的贡献。尤其是我们徐杏地会长的企业，规模大、任务重、要求高，但他把打好这场硬仗作为一项政治任务来完成，投入了大量的人力、物力和财力，整治工作受到公安部消防局和省、市有关领导及柯桥区委、区政府主要领导的一致肯定，为印染企业树立了形象和标杆。

近年来，商会不断加强会员与绍兴、乐清两地政府的联系，更好地发挥商会的整体优势，构筑起企业合作、资源共享和政企交流的平台，倡导企业履行社会责任，为推动柯桥、乐清两地的经济发展做出了积极的贡献。

快节奏时代，企业运营尤其要注重"四个方面"的提升

创业不易，我们又身处一个快时代，怎么在这个快节奏的时代创业成功？很多年轻人都希望能走捷径。但经验告诉我，创业需要静下心来。在我看来，现在的企业运营尤其要注重四个方面的提升：第一个是提升数据管理能力，数据是重要的生产要素，是企业数字化、网络化、智能化的基础。假设我们企业有团队，但是没有数据管理，那是没有发展后劲的。第二个是提升产品创新能力，产品是企业的核心竞争力，做企业一定要注重提升研发团队的实力，持续开发有特色的产品是企业的生命线。第三个是提升产品销售能力，销售是一个企业运营最关键及最重要的部分，产品生产出来卖得出去，企业自然就有活力。第四个是提升企业内部管理能力，一个企业想要长久，不能忽略内部管理，企业有了完善的内部管理方案，各部门才能各司其职，最终实现企业价值最大化。

创业最怕的就是遇到困难只去逃避。遇到问题时，我们要和团队多沟通，形成良好的协同效应，要坚信只要大家齐心协力，没有什么难关是无法跨越的。现在年轻人的思路比较开阔，具备创新思维，但更需要有"咬定青山不放松"的坚韧精神。这也是我的"一米宽一千米深"准则：无论身处什么领域，都要发挥工匠精神，深耕于一个领域而不浅尝辄止，到最后都会有收获。

访谈时间：2023年6月30日

访谈地点：中国轻纺城乐清商会会议室

访谈整理：陶美霞 严 格 刘伊睿 陈欣雅

好风凭借力，纺企"国家级"

人物名片

王吉东，温州乐清蒲岐镇人，1966年10月生。现任中国轻纺城乐清商会副会长兼企业发展工作委员会副主任；曾任浙江云艺纺织有限公司法人、执行董事兼总经理，浙江华东纺织印染有限公司总经理。

哪里有商机，哪里就有乐清人忙碌的身影。在改革开放的大潮中，王吉东的哥哥王旭东从小就离家外出闯荡，辗转于兰州、广州、柯桥等地，做过木匠也卖过布。无疑，王旭东的经商之路深深影响了王吉东。在大哥的引领下，他也加入"南上北下，四处打拼"的行列，拉开了几十年艰苦创业的序幕……

卖布起步，创建了国家级高新技术企业

1985年，王吉东在哥哥王旭东的带领下，开始在兰州市永昌路一个批发市场做布料批发销售业务，一直干到1990年。当时他们经营的方式主要是从柯桥和广东采购布料，然后拉到兰州批发销售。1989年4月，他把部分销售业务设到了柯桥，其主要原因是当时兰州社会治安较乱，整体营商环境较差，而柯桥相对来说要好很多，加上浙江又是自己的家乡，心里比较踏实。来到柯桥后，王吉东逐渐退出兰州的业务，他把积压的货品全部处理完，就把精力全部放到了柯桥轻纺城的门店，从此扎根柯桥发展。

由于王吉东有在兰州做布料批发的经验，他在轻纺城如鱼得水，顺风顺水地做大了销售业务。经过几年的努力，他很快在轻纺城崭露头角；同时，他也与中国轻纺城一起迎来了飞速发展的黄金时期，赚取了人生的第一桶金。收获喜悦之后他当然不甘心就此止步，他们商议决定进军上游产业，做大供应链，大干一场。于是在2000年，王吉东集中资金成立了浙江华东纺织印染有限公司，2001年正式投产，企业主要从事面料织造、印染、销售等业务。到2011年，他们又进一步扩大生产规模，成立了浙江云艺纺织有限公司，这是一家集染色、印花及多项配套纺织品加工工艺于一体的纺织公司。两家公司占地约有150多亩。

由于经营管理有方，浙江华东纺织印染有限公司被评为国家级高新技术企业和创新型中小企业。

推陈出新，重视企业高质量发展

王吉东说他们很幸运，浙江华东纺织印染有限公司成立不久，就赶上 2001 年中国加入世贸组织，赶上了国家经济飞速发展的好时候。乘着这股东风，他们顺势而为，在短短几年中，就实现了长足的发展。企业紧跟时代步伐，重视技术革新，不断更新设备，引进了世界一流生产设备，拥有比利时必佳乐 220CH 喷气织机 200 台、瑞士贝宁格连续退炼漂机组、意大利卡鲁干湿磨毛机等，结合先进的科学技术及生产管理，开发纺织业高新技术产品，生产粗纺、全棉、麻类、涤棉、牛津布、弹力系列面料、雪纺、雪纺绉、多臂乔其及各种针织经编、纬编面料的染色和印花、绣花，以及适用于服装、家纺、帐篷、睡袋及工业用的面料等，不断实现产品的迭代更新，在产品质量上不断缩小与世界最优秀企业的差距，逐步形成了自己的品牌和特色。

公司以外贸为主导，产品远销欧、美、亚等几十个国家和地区。两家工厂在生产高峰时有 1400 多人，年生产超过 2 亿米的布料。随着设备不断升级，用工也在随之减少，现在公司有员工 800 多人，销售产值达到 5 亿~6 亿元。

随着国际环境和国内市场的变化，国外贸易虽然有所下降，但保持着几百万美元的营业额。对此王吉东觉得比较欣慰。为提高市场竞争力，公司逐渐把一些不擅长的或者效益低的生产模块外包给更加专业的企业去做，这样就大大降低了成本，提高了效益。同时，公司不断在产品质量上下功夫，在生产工艺上深挖，做强做精。

公司注重产品研发，有较为固定的研发团队，每年投入研发的直接经费大约为五六百万元，这还不算研发团队的工资和其他支出。公司还密切关注国内外的潮流趋势和前沿产品，结合本公司实际，不断使产品优质化、高档化。公司注重生产功能性面料，如防水、防污、防油、吸湿排汗的面料，不断推陈出新，形成自己的特色优势，从而稳步推动企业高质量发展。

创新管理，在数字化、可持续化上下功夫

如何使企业更具竞争力？除了更新设备、研发高新技术产品、严把质量关等方面外，王吉东认为优化管理也非常重要。王吉东的两家公司都和纺织印染有关，属于传统劳动密集型行业，公司根据不同生产工艺流程，合理排班，最大限度地节省了成本，优化了劳动力资源。浙江华东纺织印染有限公司于 2020 年被评为国家级高新技术企业，对他们是个极大的鼓励。"这不仅是荣誉，而且是一份压力和担当，为企业发展提供了新的平台。"因此，他们更加严格地管理企业，按照高新技术企业考核的标准要求，在建设创新型国家的战略指引下，进一步增强企业以自主研发为核心的综合创新能力，规范操作程序，改革管理体制，不断加强员工培训，提升生产动能，实现高质量发展。

浙江华东纺织印染有限公司工厂大楼

首先，加强创新管理，成立了浙江省华东绿色印染高新技术企业研究开发中心，取得了很大成效。2021年，该中心被浙江省认定为省级高新技术企业研究开发中心。其次，在数字化、可持续化上下功夫。在信息化改造、生态环保、消防安全等方面大做文章，努力做到符合新时代要求的数字化、可持续发展。最后，十分重视环境保护，企业不仅有专门的废水处理设施，而且每年都追加相当大的资金投入，做到水资源的回收再利用，走在同行业前列。

2001年，他们积极响应绍兴市政府的号召，将印染厂从柯桥钱清搬迁至滨海工业区，是较早一批落户滨海的印染企业。尽管在滨海工业区的两个工厂距离城区较远，招工比较困难，但他们通过开展系列活动，丰富员工生活，不断增强员工的凝聚力和进取心，这些年来，企业老员工的流失率不高，车间劳动力素质相对稳定，这为企业良性循环发展打下了坚实的基础。

希望加强知识产权保护，让好布卖上好价钱

谈到创业取得的成就，王吉东甚是谦虚。他说，如果说几十年下来自己算是有点成绩的话，一切都离不开国家改革开放带来的机遇。他非常感恩柯桥区委区政府的大力扶持和轻纺城乐清商会为乐商们搭建的平台。乐清商会是一个团结友爱的大家庭，乐清老乡互帮互助、共享各类信息，加深了彼此间的了解，协调了各种关系，形成了新的合力。同时，在慈善事业上，商会也起到了好的引领作用。

20世纪80年代，绍兴柯桥轻纺市场还未形成，很多布商在柯东桥附近摆一张钢丝床，上面放一些布，桥下是一条条穿梭于城市之中的乌篷船，这些小船就是当时的物流工具。而现在，柯桥基础设施不断完善，发生了翻天覆地的变化。轻纺城更是今非昔比，由过去比较简陋的集市发展成闻名遐迩的纺织品集散地，为汇集到这

里的纺织业厂商们提供了广阔的平台，也为乐清人实现抱负搭建了良好的舞台。一大批经营者亲眼见证了轻纺城的发展。

"柯桥轻纺城的有些织布企业在产品质量上已经达到世界顶尖水平，但是由于行业竞争的加剧，往往出现好布卖不上好价钱的现象，很是令人惋惜。希望我们不断加强知识产权保护，增强品牌意识，让好布能够卖上好价钱。"王吉东强调。

采访时间：2023 年 6 月 29 日
采访地点：中国轻纺城跨境电商产业园
采访整理：张　杰　董鹏程　吉素芬

让"可持续时尚"触手可及

人物名片

赵万云，温州乐清大荆镇人，1963年11月生。现任中国轻纺城乐清商会副会长；浙江大树纺织科技有限公司董事长，随州市金华飞房地产开发有限公司总经理，广西巨威房地产开发有限公司总经理。

从夜宿运布小推车，到跻身法国面料PV展

赵万云与纺织行业的缘分可以从他小时候说起。还在乐清老家时，赵万云家中就有不少亲戚朋友已在从事纺织行业，耳濡目染之下，赵万云也早早做起了纺织面料生意。起初，他奔波于全国各地，在激烈的市场竞争中一边摸索，一边积累经验。1988年，赵万云从同是做面料生意的朋友处得知，与乐清老家相隔不远的绍兴县已建成了"绍兴轻纺市场"，是当时浙江省最大的室内专业轻纺市场。随后的一两年间，绍兴轻纺市场越扩越大，一时声名鹊起。赵万云为了能让自己的事业稳定发展，1990年他毅然奔赴绍兴柯桥，并在1992年成立了浙江大树纺织科技有限公司。

创业初期，条件艰苦。当时轻纺城大桥还没有建成，104国道周边都是田地，交通不便。赵万云租住在今柯岩街道独山村一个不到50平方米的小房子里，一张床、一台煤气灶，既是仓库也是住处。赵万云一开始从事的是坯布印染，他将坯布从江苏等地运至绍兴滨海加工印花，一般是下午去拿坯布，晚上拉到印染厂里去印花，通宵印好后第二天清晨5点用拖拉机拉到仓库进行检验整理，等整理好后已是早上8点，又马上拉到档口上去售卖。

那段时间赵万云每天通宵达旦地奔波，晚上基本都睡在印染厂里，厂里没有床，他就只能躺在运送布料的小推车上。夏天天气炎热，厂区蚊子又多，撑起两个支杆将布往上一盖，简易蚊帐闷热得难以想象。赵万云回忆起当时的情景，不禁感慨道："当时是真的苦，一天能睡上五六个小时都是奢望。但想做出业绩，必须坚持下去！"为了能有更好的印花效果，抢占高端印花面料市场，赵万云还积极与杭州丝绸印染厂接洽，他追求质量不惜成本，对设计、配色、打版严格把关，只求能做出质量上乘的印花面料。在一次次试错之后，印染厂终于染出了色彩明晰、手感适宜的面料，一经投放市场便供不应求，当年销售额就高达500余万元。凭此，赵万云

找准了事业发展的方向——高端女装面料，"大树"也在中国轻纺城稳稳扎下了根。

浙江大树纺织科技有限公司 30 余年来一直致力于化纤类面料、天丝类面料、醋酸类面料的开发和生产，现已成为集面料研发、花样设计、织造、印染、后整和销售于一体的纺织企业。企业在发展过程中，不断与全球各地知名服装企业、零售商建立牢固的合作关系，面料年销售近 7000 万米，产品不仅销往全国各地，同时也销往北美、西欧、东南亚、中东等国家和地区，并深受广大客户信赖和喜爱。赵万云依靠敏锐的市场洞察力，积极捕捉全球纺织产业链和国际时尚前沿动向，并不断带领团队跑展会、找客户，让大树纺织科技在高端女装面料领域牢牢占据了一席之地。

法国第一视觉面料 PV（Première Vision）展（简称法国面料 PV 展）是赵万云一直向往的一个国际展会。法国 PV 展创建于 1973 年，是全球最新面料流行趋势发布的风向标，在业界具有公认的权威地位。2002 年以前，该展会的参展商仅限于法国纺织协会会员和欧盟成员国的纺织厂商，2002 年后该展会允许其他国家面料企业参展，但是要求极为严格，除企业经济、信誉情况外，还需要审核申请参展的企业连续几季的产品实物及研发状况。现如今每年有 4 万多名来自全球 100 多个国家和地区的专业人士相聚于此，同时，欧洲有 5 万多个中高档专业买家也会到展会采购商品。有业内人士曾经这样说过：能跻身法国面料 PV 展的企业，相当于进入了奥运会男子 100 米跑步决赛的选手。目前，中国仅有 20 家左右企业能有机会进入法国面料 PV 展，经过三年坚持不懈地申请，大树纺织有幸成为其中的一家，并于 2023 年 2 月在法国面料 PV 展上成功对接到了 D&G、CK、GIVENCHY、GUCCI 等国际奢侈品品牌，部分项目当前已在调样开发中。

"醋酸面料""种子设计室"……拥抱绿色、差异化发展

当下，中国轻纺城已不再满足于生产和销售化纤产品，棉、麻、毛、真丝、竹纤维、莫代尔、铜氨丝、醋酸丝等面料应有尽有。除了常规产品，功能性面料产品也都得到了很好的发展，它们不仅大大提升了面料的品质和附加值，而且深受下游设计师的青睐，需求量在逐年增加，产品利润较为可观。

"让可持续时尚触手可及"是大树纺织的长期发展目标。赵万云表示，企业在成立之初就明确了产品线。绿色环保、功能性的原材料和先进的纺织加工技术让不同的纺织品具备了稳定、非凡的品质，同时，它也在无形中改变了面料外观的风格。新型纤维与先进的纺织加工技术相结合，也将成为今后较长一段时间内纺织行业的一大趋势，不但能提高面料的绿色环保性能，更能提高产品的附加值。"随着消费者认知水平和要求的提高，这些绿色环保、功能性强的纺织产品市场前景将会十分广阔。"赵万云对此信心十足。为此，大树纺织多年来一直专注于醋酸面料的开发生产。醋酸面料与棉类产品所含的纤维素相同，具有纯天然、无污染的特点。醋酸面

大树纺织品质醋酸系列产品和闭环工艺

料透气性强、可塑性高，触感柔滑舒适有垂感，光泽和性能均接近桑蚕丝。制成成衣后，其不仅修身效果佳，同时具备抗静电、透气、吸汗、抗菌等功能。

通过多成分组合并经过反复试验，大树纺织现阶段又延伸推出了涤纶交织、黏胶交织、天丝麻交织等 60 余款醋酸交织产品，在国内均属于高端产品。此外，除市面上现有的醋酸染色技术外，公司还创新了醋酸印花技术。同时，大树纺织将目光瞄准国内的高端时尚企业，通过与欧时力、赢家时尚控股集团、影儿时尚集团、卓雅服饰等公司强强联合，不断推动醋酸面料在市场上的推广与应用，实现产品价值最大化。为了更好地服务客户，大树纺织最新推出了属于自己的城市展厅，城市展厅定位于轻奢面料体验馆，同时结合了醋酸图书馆、设计灵感来源地、图案趋势库等，对客户进行醋酸面料的全方位展示。经过在醋酸面料领域的精耕细作，大树纺织在 2020 年被中国纺织信息中心授予"国家级醋酸聚酯纤维开发基地"的荣誉称号。

要实现产品的创新发展，企业研发团队必不可少。大树纺织的研发设计团队可分为"种子设计室"和产品部两部分，由 30 多位毕业于中国美术学院、江南大学、西安工程大学等高校的专业人士构成，其中包含 4 位国外设计师。大树纺织的所有花型面料均是公司原创，研发人员通过不定期的采风获得创作灵感，并用手绘的形式将不同的风格元素加以呈现。为了解决成衣制作过程中的相关问题，赵万云还聘请了专业的服装设计团队。例如，在服装打样过程中选用不同的针线会影响成衣的整体效果，为解决这一问题，服装团队会对品牌客户事先进行相关知识的培训，告知其如何选用合适的针线制作成衣，以提高生产效率，避免原料浪费。此外，服装团队还为品牌客户制订了不同季节的企划方案，辅助其开拓市场。在面料创新上，大树纺织和品牌客户有着良好的双向互动，在自主研发的基础上，公司进一步调研客户需求，通过大树工程师的研发，对客户提供的进口面料的工艺进行改进，从而研发出高性价比的产品，增强客户黏性，实现战略合作的目标。目前，大树纺织以产品为抓手，从纱线、纺纱工艺、染整技术、企划、样衣等方面提供流行趋势解决方案。

数字化，期待"一亿米时尚面料装点世界"梦想成真

随着科技、管理、设计等方面的变革，中国的纺织行业也在不断攀登新高度，探索"从无到有"的新可能，逐渐摆脱"传统产业""夕阳产业"的刻板印象，开始向先进制造业、高附加值产业迈进，努力实现高质量发展。

纵观现在中国轻纺城的诸多纺织企业，数字化管理和营销已然成为企业行稳致远的新动力。作为一个从传统纺织企业转型的高端女装面料品牌，大树纺织也不例外。从成立之初，企业就和第三方"环思智慧"合作，根据企业需求定制了一套信息化管理系统，无论是成品面料的信息记录、数据跟踪，还是色卡的数据化溯源调试、货款的即时汇款等，信息化、数字化管理对公司运作的流程和效率都实现了优化和提高。以往需要5名负责人会签的一笔贷款，依托数字化管理系统，如今哪怕几位负责人在千里之外，也能在短时间内完成汇款；曾经不受大家重视的色卡数据也经系统收集汇总，成为企业了解客户需求的"宝库"……信息化、数字化管理带来的是整个流程的优化和效率的提高，在当下的市场环境下，为大树纺织提升了竞争力。为此，赵万云每年仍在不断地投入资金，根据企业发展升级、更新这套系统。

2022年，受疫情影响，线下市场受阻，大树纺织当即发力跨境电商市场，在进行传统电商营销的同时积极尝试直播等新模式，同时走与电商更匹配的"小单快返"路线。在外贸形势十分严峻的情况下，线上市场为大树纺织带来了新客户、稳住了老客户，其中不乏10万米的大订单。据赵万云介绍，去年夏季的爆款"小香风"女装，某主播一晚上就卖出了6000件，其面料就来自大树纺织；还有一款醋酸单色面料，某电商头部主播一晚上的预售成衣用料量就达五六千米。可以说，借助数字化，赵万云让"一亿米时尚面料装点世界"的梦想慢慢成真。

抱团发展，"大树"茁壮成长

2015年，赵万云在吴建春会长的引领下加入中国轻纺城乐清商会。近几年，在乐清商会的关心呵护之下，大树纺织准确把握了当前形势与机遇，进一步增强了发展信心，在危机中不断寻找出路，实现了更大的发展。"虽然我本人去商会的次数不多，但商会一直在为包括大树纺织在内的会员企业提供无微不至的高效服务。"赵万云提及，商会不定期地对会员企业进行实地走访调研，摸清企业生产经营过程中面临的困难，并积极协调有关部门来解决，同时帮助企业用好各类惠企政策，让企业享受到实实在在的政策优惠和资金扶持。

力量越集中，发挥的能量就越大。中国轻纺城乐清商会还积极组织和引导会员企业参与乡村建设、社会治理和慈善事业，在汶川地震、玉树地震、遂昌泥石流、"利奇马"台风、新冠疫情等事件发生后，商会广泛动员、组织募捐，先后累计捐款5500多万元。2019年，商会在柯桥区工商联的牵线搭桥下，与稽东镇久拥残疾人庇

绍兴市委副书记、市长施惠芳
一行调研走访大树纺织

护中心展开结对资助，赵万云也积极参与其中。他多次到贫困山区走访，前往平水、稽东等地送粮，几年来大树纺织捐赠的物资，一直未曾中断。

在商会这个平台，大树纺织也得到了来自政府的大力支持。不管是批地建厂房，还是一个月一次的技术指导，赵万云深刻地感受到了政府对中国轻纺城民营企业的重视。2023年疫情过后，绍兴市委副书记、市长施惠芳带领市税务局、市商务局等领导前来中国轻纺城进行企业走访，第一家便来到了大树纺织。施惠芳市长详细询问赵万云关于大树纺织在疫情过后为何发展势头依旧良好的原因，赵万云着重强调了团队合作创新研发的重要性。一方面在疫情期间，大树纺织未辞退任何一名员工，在疫情过后，员工也为感激公司，更加热情地投身于工作；另一方面，大树纺织一直秉持着创新理念，坚持面料创新、纹样创新、设计创新等，赢得了市场，赢得了消费者，使大树纺织在疫情肆虐的情况下销售仍逆势上扬，国内国际贸易额较上年同期增幅在30%～45%。

赵万云说，征程不断，在各级政府的关心支持下，在乐清商会的带领下，大树纺织一步一个脚印，在中国轻纺城这片沃土上正在成长为一棵"参天大树"。

访谈时间：2023年6月20日

访谈地点：中国轻纺城乐清商会

访谈整理：金梁英　王瑜阳　田倪兴

从"童工"到提花产品引领者

人物名片

庄国贵，温州乐清南岳镇人，1969 年 11 月生，中共党员。现任中国轻纺城乐清商会副会长兼任商贸发展委员会副主任；绍兴柯桥德泰纺织有限公司董事长，绍兴洁染丝纺织有限公司董事长。

年少从商，早早积累经验，一路兢兢业业做强做大

1987 年，年仅 16 岁的我就跟随哥哥从温州乐清南岳出发，跋山涉水到西藏学习经商之道，这一路的艰辛只有我自己清楚。由于交通不发达，我们只能一路坐船从温州到上海，再乘火车经西宁到格尔木。考虑到进入拉萨有个适应期，我们就在近 3000 米海拔的格尔木先待了两个多月。那时我年纪小，哥哥很照顾我。两个月后，我们连坐了三天三夜的货车进入西藏，虽然路途艰辛，但在看到神圣而庄严的布达拉宫的那一瞬间，我一下子释然了。在拉萨我开始了人生第一阶段的学习与工作，白天主要为当地的服装厂制衣，晚上则熨烫衣物，天天三更入眠，五更起床。这段经历让我摸索到了一点经商之道，也让我对服装行业有了一点兴趣。

1988 年，我回到老家乐清，应朋友之邀，开始帮他制作服装，并学习销售和管理之道。我在车间做服装，总是做到自己的极限才肯休息，用同样的时间我能做出同事双倍的数量，朋友很认可我。半年后，朋友就带我到全国各地做销售，从中我学到了服装的一些营销方法。

1989 年，听老家朋友说他在北京发展得不错，我感觉要想学到更多的新东西，还是应该出去闯一闯，于是我开启了创业之路。我在清华大学附近开了一家小服装厂，有 5 台机器和 8 名员工，做男装和军用大衣。我现在还清晰地记得，我的这家小服装厂位于北京 331 路公交车站附近，交通便利，来往的朋友也很多。我每天背着两大包做好的服装坐上公交车，送到前门、王府井等商业中心，等晚上结账后才能回来。久而久之问题也出现了，如果我们当天制作的服装过多，送货就会比较麻烦。当时我自己没有车，又舍不得打车。就这样我奋斗了三年，又萌生了去其他城市看看的想法。

1991 年，我前往湖北襄阳考察。这里打车费便宜，商场之间距离很近，送货方

20 世纪 90 年代初庄国贵（中）从北京回老家与朋友相聚

便。两个月后，我把服装生意迁移到湖北。在湖北，我生产的服装可以直销到两个商场，基本实现了自产自销。在湖北襄阳，我不仅生意好，还结识了很多好朋友，比如黄大姐，我有困难的时候她总是鼎力相助，直到今天我们还是挚友。在湖北的这段时间，我称得上小有成就，但我内心一直在寻找更好的发展之地。

"没想到我也可以开上宾利"

机缘巧合，一个在柯桥发展的亲戚邀请我到柯桥看看，我充满好奇地来到了柯桥。那时候柯桥的面料市场还相当简陋，但我意识到纺织和服装在这里有巨大的发展潜力。我被吸引了，暂时住下来做批发生意。我将面料销售到北京、湖北等地，由于当时物流不够完善，运输时间偏长，来回辗转也不是特别方便，我想还不如直接在柯桥发展。

1993 年，我携家人正式到柯桥定居，开始了新的创业之旅。大家都知道，每一次创业初期总是有困难的，我在柯桥也不例外，首先要解决住房和经营门面。我们花了十几万元一年的租金从别人手上转租到一间门面房，虽然这个租金对我们来说压力很大，但我始终坚信有压力才会有动力。我们在柯桥独山自来水厂附近租了一间民房，尽管条件简陋，卫生设施差，但我们坚持住了好多年。在这里我们体会到了"有付出就会有回报""吃得苦中苦，方为人上人"的道理。

在柯桥我开始做雪纺印花，那时印染厂是个香饽饽，我找了一个绍兴本地的朋友做合伙人，我们先到江苏购买坯布，然后去染色、印花。印花厂需要排队，像我们这种小客户一般都要排到半夜两三点。面料的季节性很强，上半年印薄料，下半年印呢绒厚料，为了赶时间，我们经常通宵达旦跟单，有时只能睡在布车上，随时待命，不敢有一丝松懈。艰辛的生活持续了两三年，最后我们也得到了回报，实现了"一分耕耘，一分收获"。

庄国贵的运动时刻

1996 年，积累了一些资金后，我萌生了在轻纺市场买门面房的想法。记得当时我们都是现金交易，傍晚时分对着麻袋数钱，那份累并快乐着的感觉，到现在还回味无穷。

我们乐清人有着"有钱先花，花了再赚"的性格，我赚了钱后的第一件事就是把借的钱先还清，然后买了大哥大，与圈里好友通话分享信息，再后来也买了几辆车。这一路走来，我时常恍惚，一穷二白的我，没想到也可以开上宾利，我是很幸运的。

不创新就淘汰，做自己的龙头

工作这么多年，我们始终坚持创新。从女装、冬装、时装面料的生产，再转型到研发提花技术，我们一直在创新！在轻纺市场，你必须跟着潮流走，市场变，你就要跟着变，否则就会被淘汰。如在面料花型上，我们每天创新花型，保证做工精细，效率高。我之所以选择创新做提花系列，是因为做提花的企业少，产量少，市场尚未饱和，接订单比较快，产品不会有库存积压。

我们公司本着"勇于开拓，不断进取"的精神，坚守"质量为本，信誉第一"的承诺，紧跟国内外市场潮流，通过多元产品的发展策略以覆盖更广阔的服装市场。市场需求不断变化，企业生产不断转型，我们就跟着市场走，不断创新，不断抢占先机。在员工培养上，我们同样贯彻了创新的理念，我相信"不能把鸡蛋放在同一个篮子里"的道理。我经常教育员工：如果你在我们德泰待过，出去的话就不要再去做和我们德泰同样的产品，否则你是没有市场竞争力的。我认为光复制不创新就是在断自己的路。我们公司作为产业龙头，已经被客户与市场认可，已经有了一定的品牌知名

组织公司员工开展团建活动

度，如果你还是去做和德泰同样的产品，拿什么去竞争呢？

员工出去创业，应该和我们成为合作伙伴，而不是成为竞争对手。我们可以共吃一碗饭，分好这一块蛋糕。我们要找机会挖掘更多有潜力的市场，争做龙头。

子女接力下一棒，为企业注入活力

我有一个幸福圆满的家庭。我和妻子风雨同舟，无论在什么时候，她都是我的坚强后盾，正是她的无怨无悔成就了我的理想。儿子虚心好学、肯吃苦，现在和儿媳妇开始继承家业，这是我最大的欣慰。对于儿子经商，我坚持让他在历练中学习，引导他循序渐进地接触企业相关管理事务。在他完成学业后，我引荐他到一家印染厂培训学习，初见成效后，又叫他到我与朋友合资开办的卫浴厂工作，并教他如何管理。儿子能够脚踏实地学习，能力提升很快。为了历练儿子，给予他更多学习和展示的机会，我发展了新的产业——纺纱、刹毛厂。我希望儿子尽快成长，从各种锻炼场"毕业"后，就可以正式接手我们的主产业。

现在公司的所有管理基本都已交给儿子。儿子、儿媳恩爱有加，年轻人之间也很有默契，小夫妻俩把提花生意打理得井井有条，大有青出于蓝而胜于蓝的发展趋势。女儿从小独立自主，获奖无数，一直是全家的骄傲。她自幼参加各项文艺比赛和表演，也参与我们商会的文艺演出。现在她即将大学毕业，有自己的想法和目标，我也非常尊重她的选择。

希望我的孩子们能够自强自立，做对社会有用的人。愿我的孩子们能继承我的创业初心，秉承抱诚守真的心态，积极响应国家的政策，将公司运营得越来越好。

访谈时间：2023 年 6 月 28 日

访谈地点：中国轻纺城乐清商会

访谈整理：任文杰　鲁颖婷　杜奕丹　曹书曼

随身的书包里，放着《禅者的初心》

人物名片

王跃江，男，1968 年生，温州乐清雁荡镇人，中国轻纺城乐清商会副会长，浙江耀光纺织品有限公司董事长，阿拉善SEE浙江项目中心工委副主席。

与王跃江认识多年，每次见他，都是一身清爽的运动装，背着黑色书包出现在大小场合。一坐定，跟人寒暄几句，他就打开书包，耳机一塞，现场办公。明明工作很忙，他的周身却洋溢着一种洒脱气息，与人交谈也是谦逊平易，像极了在大学图书馆里遇到的憨厚学长。

因为撰稿需要，我们相约在一家茶馆碰头。晚上九点，他才忙完一天的工作。他进了茶馆，只单穿一件黑色背心，而外面夜幕中飘着秋雨，我便跟他打趣：王总，体格健旺啊！王跃江一笑，摸了摸烫了小波浪的短发说，刚才出租车司机还以为我跟他儿子差不多大，结果我跟他才是同龄人！

西宁摆摊卖裤，床板就是工作台

和轻纺城其他乐清商人相似，来柯桥前，王跃江也有辗转各地经商的经历。他生在雁荡镇白溪村，家中有七口人，有两亩旱地、九分水田，勉强能填饱肚子。17岁时，他先乘长途车去上海，后坐火车去西宁。火车上要待48小时，他没买到坐票，在车厢里挤着，时间长了困乏，便把报纸往座位底下一铺，人钻进去，蜷在里面眯一觉。座位周边都是人，不免闷出汗来，一侧的脸就和报纸粘在一块儿，印了一脸铅字。

王跃江的哥哥已经在西宁待了一些时日，租了房子，架起一台缝纫机，雇了一个老乡做裁缝。

一层土房，两个房间，共 28 平方米，就是他们三人的住所兼作坊。旱厕在屋外，王跃江来时正是冬天，上个厕所屁股要冻成冰。屋里有煤炉，盖着铁板整天整夜闷着炭火，给屋子添点儿热气；到了饭点把铁板一掀，架锅烧饭。夜晚天气寒冷，他们瑟瑟发抖地蜷缩在被窝里。早上 6 点来钟，天还没亮，便收了被褥，床板成了他们的工作台，王跃江配合裁缝修裤脚，再举着熨斗，平整西裤。

他们一日三餐吃的都是馍馍，西宁的主食是面食，南方人吃不习惯，"馍馍又干又涩，刚开始真咽不下"。菜食也简单，萝卜白菜，白菜萝卜，每天只有这两样。屋子里布絮总在飞，一不小心就吃进了嘴里。

西宁日出得晚，七八点钟天刚亮，王跃江和哥哥留裁缝在家做工，两人各背着一包袱裤子出门摆摊，"包袱比人重"。他们弓着身子往前走，走到冰面，摔了跟头也是常有的事情。

他们摆摊的地点离住处不远，名叫水井巷，几十年前这里还是荒地，旧西宁的骡马市场就设在这里。20世纪60年代，巷口零星出现了一些经营小摊点，到80年代逐渐形成了一个混合型街市。

石板路面结有薄冰，他们在上面铺一块布，把一条条西裤折好码齐，便开始招徕来往的顾客。第一次摆摊，王跃江心情忐忑，既有少年的紧张羞涩，也有对未来的憧憬。第一天他们就卖出了十多条裤子，让他颇有成就感。

从天刚亮到天擦黑，露天摆摊的日子持续了4年。"一条裤子卖十几块钱，能赚两块钱。"利薄，市场里也不是只有他们一家摊位卖裤子，还有一些温州老乡在摆摊。裤子制作简单，都是均码的，颜色无非黑、蓝和咖啡色，为了降低成本，王跃江去200多公里外的兰州进布料。兰州永昌路已经有了大的布匹交易市场，也有温州老乡在那里做生意。

尽管王跃江在西宁积累了一定的基础，但为了看更大的世界，他一咬牙，决定到兰州闯一闯。他们先在永昌路市场租了门面经营服装，后来见兰州东部市场发展起来了，又把铺面迁到东部市场。他们每天8点钟开店迎客，20平方米的铺面主要经营西装，从福建石狮进成品，哥俩轮流守店、进货、送货。那时候已经有了公铁联运，货交给托运部，就可以从石狮运回兰州。他们也会到江苏盛泽镇进一些布料。王跃江说，从盛泽运布到上海火车站，他一路在卡车的车斗里坐着，冬天篷布被冷风吹得鼓鼓的，他冻得瑟瑟发抖；夏天则凉风习习，他心中还颇为惬意，庆幸苦中有乐。

值得高兴的是，一年去石狮10多趟，王跃江总能顺路经过乐清，回去看看父母。在西宁那几年，为了省钱，王跃江没有回过一次家。

后来经多方考察，王跃江决定在石狮服装市场租门面，与台湾同胞合作，建立一条台湾布、石狮做、兰州卖的西装销售链，当然，产品也销往别处。那是从1991年到1996年。其间，他在老家盖了房子，四层小楼，白瓷砖贴面。"跃江能干，才20来岁就盖房了。"乡亲们交口称赞，父母风光无限。

在属于自己的城市里创业，没有悲壮，没有忧伤

王跃江在兰州贩布时，就来过柯桥进货，也一直关注着柯桥轻纺市场的发展。

2022 年，中国轻纺城乐清商会走进王跃江的企业

1996 年，他从石狮来到柯桥，住在宾馆里，采购这里的布料，发货卖到温州、石狮。后来他又在萧山、绍兴的原料厂买白坯布，拉到柯桥周边一带的印染厂印染，再运到东升路市场销售。他生性乐观，广结善缘，拓展了销售渠道。他和家人一起，在市场上开了一家门面。经过多年的摸爬滚打，他的经营能力渐渐显现，渐渐将一家门面发展为浙江耀光纺织品有限公司。

2001 年 3 月 23 日，原绍兴县人民政府驻地迁址柯桥，结束了有县无城的历史，一座崭新的中等城市崛起在山会平原上。也正是这一年，王跃江在东升路市场对面的梦景园购房，正式在柯桥定居。

中国加入 WTO 后，他开始做外贸生意，北京、上海、巴黎、纽约、莫斯科、墨西哥城……他满世界参加展会、拜访客户。他的主业一直是做西装仿毛面料的生产销售，也给沃尔玛、Zara、H&M 等品牌的服装生产过成衣。他与时俱进，成品经过严格的质检规程，各项技术测试指标均能通过国际大买家指定的国际检测机构的测试，并长期和 ITS、MTL、CTL、SGS、TUV 等权威检测机构合作，在此基础上积极建设纺织品牌。近年来，王跃江又推动和参与柯桥西装仿毛面料产品升级，亲力亲为研究技术。

王跃江说，柯桥是他的福地，一切发展得都很顺利。他在乐清商会的一次年会上自告奋勇唱了首歌，随后还发表了感言："如果说乐清人是颗健壮的种子，那么柯桥则是肥沃的土壤。我们在这片热土能取得一些小成绩，应该全部归功于第二故乡柯桥对我们的包容和呵护，感谢这片深情肥沃的大地。而这么多老乡能聚集在一起发展，放眼全国都是少有的。天性进取的乐清人与勤劳质朴的绍兴人结合在一起，共同成就了轻纺城的辉煌。柯桥是我们自己的城市，我们不是外来户，我们在这里创业，没有悲壮，没有忧伤，有的是希望。柯桥是我们安放灵魂的所在，也期待我们都能够回报这片深情的土地。"

这些话是发自内心的，也引起了大家的共鸣。

一本笔记两本书，每天三百个俯卧撑

在轻纺城，王跃江的黑色双肩书包是个特别的存在，几乎与他形影不离，而上面绣着的"阿拉善SEE生态协会"字样，也有着特别的意义。

金点子纺织总经理赵国民跟我说，这个包里有很多宝贝，"有时候我们聊到一些观点，王总马上会从书包里翻出一本书，打开给我看，'国民，你说的话，这本书里也有写啊'"。

借着采访的机会，我问王跃江方不方便把包打开来看看。他说可以啊，随后从包里翻出一本硬壳笔记本、两本书。

这本硬壳笔记本里，有他的日程安排表，每天一页。前一天写好待办事项，罗列出一二三四，第二天晚上在列表后面打勾画叉，反省执行程度。我翻到9月8日，看到了以下几条：换书读；办乡贤会的事；和老婆商量十月纺织计划；下午两点纪灿兄来访；通知梁行长；约戴先生下周见面；样布发嘉兴；理出下一步的工作思路……还有几条是在表格周边另写的，显然是他突然想起了什么，就打开书包随手记下了。

表格下面，还有"完成日目标（百分比）"一项，王跃江给自己当天的打分是58%。

页眉上，写着"113＋114＋116"，他说，今天做了三次俯卧撑，这是每次的个数。其他页眉上也有差不多的数字。

每天这样打卡，他坚持了十多年了，笔记本也快攒到一人高了。"自律即自由"，所以在我们旁人看来，他总是周身轻快、没有负担的模样。

他书包里的两本书，分别是《方太文化》和《禅者的初心》。前者是建设企业文化的参考书，后者是日本禅师铃木俊隆的著作。

书包上绣着的"阿拉善SEE生态协会"是个什么组织呢？王跃江说，17年前，有感于北京沙尘暴肆虐，近百名企业家在内蒙古阿拉善盟发起成立阿拉善SEE生态协会——中国首家以社会责任（society）为己任，以企业家（entrepreneur）为主体，以保护生态（ecology）为目标的社会团体。三个英文单词首字母加在一起，就是SEE，"看见"的意思。王跃江得知后，便积极加入这个公益组织，十年如一日地坚持与付出，于2023年8月成为终身会员。他曾担任阿拉善SEE浙江项目中心工委副主席，致力于推动浙江区域的生态环境保护。2019年第六届中法环境月上，阿拉善SEE浙江项目中心联合法国驻华大使馆、绍兴市朝露环保公益服务中心等单位，组织志愿者前往绍兴日铸岭步道捡拾垃圾，王跃江也一手拿钳、一手拎着大号垃圾袋参与其中。

王跃江还参与过鸟类生态保护、植树造林等活动。他说："人是从富到贵再到雅，人在基本物质和其他条件实现以后，应该对身边的环境做出应有的回报。"

王跃江（中）参加阿拉善SEE生态
协会组织的活动

忙于事业，36岁终遇贤妻

　　王跃江现在住在瓜渚湖边，一早一晚往落地窗外一看，四季花木都在眼前，忙碌的日常也一下松弛了许多。他很感恩现在的生活，曾经他所摆摊的西宁水井巷离著名景点塔尔寺只有28公里，但他从没有去过，除了风雪大作的时日，他每日都要出摊。在西宁和兰州，他一年之中唯一的闲暇时间是春节，可以去公园里逛逛，但举目四望，也是光秃秃的高原土坡。而他最大的奢侈，就是逢年过节的时候烧几个好菜。

　　年轻时忙于事业，没有顾上结婚，当然，也是因为没遇上合适的对象，还有就是"不甘于父母的安排"。直到36岁，王跃江在乐清老家遇到了现在的妻子，一见钟情。

　　妻子是他事业上的贤内助，他有想不明白的事，跟妻子一商量，就豁然开朗了。而回到家里，妻子再累也会下厨，一顿乐清小海鲜，一盘大蒜炒年糕，让王跃江无比知足。

每隔两小时的闹钟，每日的读书打卡

　　王跃江说，他遗憾自己没有受过正规系统的教育，否则，公司可能会取得更好的业绩。所以他一刻不敢懈怠，每天都要翻翻书，历史、管理、教育、科技都是他涉猎的领域。此外，他还学习了浙江大学、方太集团的管理课程。

　　2023年，王跃江的大儿子考上了心仪的大学，去美国留学，弥补了他的遗憾。王跃江也欣喜地看到乐清老乡们非常重视学习和教育。"温州人的二次腾飞应该是靠学成归来的后辈，相信他们能够带领着我们一起融入世界。"

　　采访一直持续到夜里十一点半。大概每隔一两个小时，他的手机闹钟便会响一次，提醒他此刻应该做什么。他的时间管理井井有条，他还说自己正在参加"盛和塾"的每日读书打卡活动。我颇觉愧疚，打乱了他的计划。

在他书包里翻出的《禅者的初心》一书的第 39 页，他在一句话下面画了线，打了问号——"时间都是恒常地从过去前进到现在，再从现在前进到未来。这是真的，但时间会从未来来到现在，或是从现在走向过去，这也同样是真的。有一位禅师说过，'向东走一里就是向西走一里'。这是真正的自由，我们每个人都应该追寻这种完全的自由。"

他不太明白这是什么意思，问我，我也不太明白。

直到此刻，我写完这篇文章，想起他的一句话，大概有了答案。他说，他不敢回西宁，怕物是人非。

我想，那里一定有一个 17 岁的摆摊少年在等着他。

访谈时间：2023 年 9 月 17 日

访谈地点：柯桥湖西路雨林古茶坊

访谈整理：徐显龙　陈　丽　王维康

"4095999" 伴我在柯桥落地生根

人物名片

林阿友，温州乐清天成街道人，1962 年 7 月生，中共党员。现任中国轻纺城乐清商会副会长，浙江嘉创纺织科技有限公司总经理。

从做衣服、卖衣服到卖面料

20 世纪 80 年代初的兰州，国企众多，遍地都是产业工人，有全国前十的大学，有四通八达的铁路网，要政策有政策，要经济有经济，是大西北一颗耀眼的明珠。

1981 年，我，一个 20 岁的小裁缝，离开家乡的小村庄，和大多数老乡一样，怀揣着梦想孤身一人来到兰州淘金。经老乡介绍，我在兰州矿务局找到了一个落脚点，开始给人做服装定制。那时候，我在兰州做一件中山装能赚 8 元钱，而在乐清老家只能赚 2～3 元钱，所以心里别提有多开心了。那时，走在兰州大街上的人们穿的服装色彩单一、款式老旧。改革开放的春风吹遍神州大地，唤醒了人们那颗爱美的心，慢慢地人们开始打扮了，做新衣服的人自然多了起来。我们温州乐清人像候鸟一样，把时尚的种子向祖国各地播撒。

我给人做的衣服工艺比较细致，服务也真诚，吸引了很多顾客前来做衣服，可谓门庭若市。因为生意好忙不过来，我就把家中的几个妹妹都带了出来一起做衣服。在兰州做了一年后，我听说内蒙古鄂尔多斯有市场，赚钱的机会更多，便转移到鄂尔多斯。我在市场门口租了一间店铺，一边做衣服，一边卖面料，并隔三差五地去赶集，把做好的中山装、军队干部服拿到市场上去卖，还真卖到了好价钱。为了拓宽服装销路，我还去一个商场找经理商量，经理同意将我生产的服装放到商场柜台里代卖。就这样，我的服装生意越来越好，可以说，进商场卖衣服是我做服装生意的转折点。

之后几年，我先后去了天津、大连、武汉等城市做服装生意，只要听说哪里可以赚更多钱，我就带着团队去哪里，自产自销，什么款式好卖就做什么。

做了 10 年服装生意后，1991 年我辗转来到了北京，开始转型做面料生意。我到北京做生意还有个优势，就是与天津的毛纺面料厂家老板熟悉，能拿到较低的价格，当时毛纺面料市场需求量很大。在北京做生意的一年多时间里，我也从柯桥面料市

2021 年，天成街道驻绍兴党支部荣获先进党支部称号，林阿友代表支部上台领奖

场进货，比较来看，我觉得柯桥的营商环境更好，老乡多，做生意更有前途。于是，1992 年下半年我来到了中国轻纺城。

"4095999"是一串幸运数字

经老乡牵线，我在柯桥老市场花了 42.5 万元接手了一个门店，包括一个"4095999"的电话号码，这一串幸运数字，一直伴随我在柯桥落地生根，开花结果。我的面料生意从做广东进口面料开始，1997 年前，为了能拿到最新的面料，我一年中有几个月都住在广东流沙，将面料发到柯桥由家人销售。在全国各地做服装那段时间里，我积累了一定的客户基础，所以我在柯桥的生意做起来也比较顺手。加上我对服装面料有独到的见解，总能抢先一步布局，生意一直顺风顺水。多年的服装生意让我特别懂得客户需求，裤子有弹性，穿起来舒服，销量就会高。这些第一手信息，让我想到主攻弹性面料，做上游市场，错位发展。

为了延长产业链，2018 年我在上虞办起了自己的织造工厂，工厂智能化程度高。公司之所以有今天这样的成就，是因为我们对于质量的高标准、严要求。我们是较早开始做弹力布的公司，后来也有很多企业在做，竞争异常激烈，对于企业来说，要想在激烈的竞争中乘风破浪，立于不败之地，最关键的是要靠产品质量。对于高端，其实有一个误解，认为高端就是高价，把产品定一个高的价格卖出去，就是所谓的高端了。我不这么认为。高端，其实不是定价高，而是要关注客户需求，帮助用户解决更高的需求问题，做出真正的好面料。高端也并非一蹴而就的，要慢慢积累，建立起自己的实力和认知，从而打造出一个品牌。当客户认定这个品牌的时候，会更加信任你。高端，也意味着稀缺。工艺、材料好，外观有独特性，生产出来的产品就有特色。像我们企业生产的面料，独特的后道处理工艺是难以被复制的；专业团队花大量时间研发的产品，从设计到花色到纹理结构都是独一无二的。这就是我们对品质的追求。

面对面料行业日新月异的需求变化，我们企业投入了大量的精力做技术研发，始终秉持做好每一块布料的初心，以创新让顾客满意，这些我还是有成就感的。

内销外贸齐头并行

近几年受疫情影响，市场竞争加剧，国内购买力下降，于是我们开始将生意重心转向外贸，织造厂几乎 90% 做的是外贸单，以做坯布为主。外贸单要求更高，虽然遇到不少困难，但是我们企业在不断向同行学习先进的工艺流程和相关细节，根据客户需求及时适应和调整流水线，通过提高企业技术管理水平，不断提升产品品质，扩大公司知名度。内销外贸一起做是我们公司的战略定位。目前，我们企业内销外贸齐头并行，而外贸是趋势。全球有那么多国家和地区，相对来说也有着更大的发展空间，这是我们企业努力的方向。

与面料打了大半辈子交道，还想再奋斗十年

岁月悠悠，一晃 30 多年过去了。我们乐清纺织经营者把青春岁月都献给了这座城市，如今我依然能想起刚来柯桥的种种场景。1992 年是乐清人来柯桥的高峰期，大家看到这里有商机，这里的政府有温情，来这里的老乡都赚到了钱……我也算是见证了轻纺城的发展，对轻纺城有很深的感情。柯桥政府是非常开明的，在规范管理的同时，给我们外来商户提供帮助支持；柯桥政府也是一个人性化的政府，特别尊重企业家，给了我们很大的发展空间。这里已经成为我们的第二故乡。

如今，我的三个孩子均已成家，一个儿子在杭州工作，一个儿子和一个女儿跟着我在柯桥做面料生意，儿孙满堂，家庭幸福。我经常给孙子们讲我们的创业故事，我觉得那股不怕艰难、迎难而上的乐清人精神是值得孩子们继续发扬下去的。与面料打了大半辈子交道了，但我还想干，还想再奋斗十年。即便生命中偶遇艰难时刻，我仍旧深信，凭着我们乐清人那股拼劲和韧劲，风雨过后一定是彩虹。

柯桥的城市能级在不断提升，杭州亚运会的召开必将给柯桥带来更多的红利，相信也会给中国轻纺城带来再次腾飞的机会。我特别享受和老乡一起沟通交流的时光。我很满足，感恩这个时代给了我机会、感恩柯桥政府的帮助、感恩家人的支持，也特别感恩中国轻纺城乐清商会。我自愿加入这个商会团体，是因为它更像一个大家庭，大家都是老乡，有着一份特殊的感情。大家抱团发展、分享信息、共同学习、合作共赢……商会的每一次活动我都特别期待，每一次活动我都会有很多收获。我曾经应邀参加过一次广东兄弟商会的换届，印象很深刻，能够受到兄弟商会的尊

林阿友获评乐清商会 2021 年度优秀共产党员称号

重，这是我们乐清人的自豪。我们将继续努力，为在柯桥的生意布局赋能，为这座现代化的纺织之都增光添彩。

我们都清楚地记得商会会歌的歌词："雁荡山，那是我们的家乡，峡谷深深倾听溪水的流淌；乐清湾，那是我们的家乡，帆船点点伴随海鸥的飞翔。金柯桥，这是古老的地方，笛声穿空千年的回响。轻纺城，这是创业的地方，人来车往是繁忙的市场。讲一句乐清话，多么亲切情深意长；喝一碗酒，多么豪迈天宽地广。"

访谈时间：2023 年 6 月 29 日

访谈地点：中国轻纺城乐清商会

访谈整理：周群芳　陆　怡　唐根年　宋汉卫

心有多大，事业就有多大

人物名片

吴海珠，温州乐清南岳镇人，1967 年 4 月生。现任中国轻纺城乐清商会副会长；绍兴谊创纺织品有限公司总经理。

一个朝气蓬勃的农村少年，离开家乡到西藏、大连、石家庄、平顶山，闯荡江湖，最后落脚绍兴柯桥。"一个人到了非流泪不可的时候，反而离成功不远了。"他坚持着，始终有个信念，心有多大，事业就有多大。

吴海珠的老家在乐清县南岳镇杏三村，这里位于乐清市东部，面朝大海。其附近的码头有货轮往返于上海、宁波、温州及洞头、玉环等市县。新中国成立前，这里有商船通往菲律宾等国家与地区。南岳的经济以渔业、农业为主，素有"鱼米之乡"的美称。这里与内陆山区相比，并不贫穷。然而，生活在这里的人们似乎是为闯荡天下而生的。

第一次出门就是高远的拉萨

"我 16 岁就跟着姐夫外出闯荡了。在我们老家，让孩子走出去是理所当然的事情，而不是在父母的翅膀下享受生活。"吴海珠感慨地说。

"我们出去就是想赚钱。我在家中排行老七，上有五个姐姐、一个哥哥，他们都很照顾我，让我读书，但我初中毕业后还是外出打工了。"

那个年代，乐清一带流行学习手艺，木工、油漆、理发、修鞋等，这就是"腰缠万贯，不如一技在身"的朴素生存思想。妈妈建议他跟着四姐夫学木工，四姐夫也乐意收这个机灵的小舅子为徒。

姐夫早年在宁夏待过几年，所以了解木工行情，在兰州干木工每天赚 50 元，到西宁则是每天 80 元，如果去西藏，工资就更高。姐夫想，要干就跑得更远一点，在更短的时间里可以挣更多的钱。所以姐夫此行选择去西藏，而吴海珠根本不知道西藏在哪儿。"记得当时妈妈给了我 300 块钱做盘缠。"

"从上海到西宁，三天三夜的火车，我们没有买到坐票，晚上只好睡在座位底下。"吴海珠说。到了西宁转火车到格尔木，格尔木是当时中国火车铁道的尽头。格尔木距离西藏拉萨还有 1000 多公里，吴海珠的姐夫每天到停车场询问有没有去西藏的车子，好在当时有很多西藏军区的车子来格尔木拉物资，终于有一天在停车场拦下了一辆运送部队物资的军车，向驾驶员说明情况后，驾驶员把他们俩给捎上了。

"高原反应是我一生中记忆最深的经历。"吴海珠回忆道，当时去拉萨的路上，他感觉自己快要死了。

从格尔木开车到西藏拉萨需要一个星期的时间。驾驶员是藏族人，对他们非常友好。驾驶员把生羊肉当饭吃，拿刀削一片冻硬的羊肉就塞到嘴里，驾驶员也把生羊肉分给了吴海珠和他姐夫，但他们根本吃不下去，用自己带的饼干和橘子罐头在路上凑合了一个星期。晚上睡觉时他们就拿军大衣一裹，挤在寒冷的驾驶室内，冻得瑟瑟发抖，根本睡不着。到了那曲的时候，海拔达到5000多米，吴海珠出现了严重的高原反应，"我感觉头都快爆炸了"。16岁的吴海珠哭着对姐夫说，我们回家吧，再不回家我们会死在这里的！比吴海珠年长近20岁的姐夫不停地安慰他，尽管他自己也出现了严重的高原反应。翻过唐古拉山以后，海拔逐渐降低，高原反应才慢慢减轻。

到了拉萨后，面对的是一个完全陌生的世界。第二天他们拿着一把锯子，坐在街头一角，等候雇主来揽活。当时一同揽活的人中，有藏族人，也有汉族人。接到活他们会住在雇主家，但雇主一般没有多余的房子，他们只好睡在白天做家具的地方，简单打个地铺。"最辛苦的是锯木材，当时全是手工操作。"锯木料的时候，姐夫在上面，吴海珠在下面，呼哧呼哧，几个来回之后，吴海珠就上气不接下气，整个人感觉虚脱了一样。

半年之后，吴海珠和姐夫说，这样干下去身体吃不消，需要另寻出路。他们听说做服装既轻松又能赚到钱，四姐学的是服装手艺，于是姐夫打电报回家，把四姐叫过来，三个人一起做服装生意。吴海珠跟着姐姐学做服装。他们把摊位摆在布达拉宫下面的邮电局门口，因为邮电局来来往往的人最多。客人选好面料，定下式样，约定取衣的时间后，他们晚上回到租住的房子里一起做衣服。

结婚没摆酒席，姐姐姐夫作见证

19岁那年回老家过年时，在媒婆的撮合下，吴海珠和一位16岁的女孩见面了，两人相见后都觉得挺合适的。吴海珠回拉萨前，买好订婚喜糖托家人送到女方家，这就算是订婚了。吴海珠跟姐姐已经学到了做服装的技术，一年后他决定一个人单独出来做，于是把跟着哥哥在甘肃白银做服装生意的未婚妻叫过来一起做。就这样，在姐姐姐夫的见证下，两人走到了一起。

一段时间后，夫妻俩转型做理发生意。吴海珠负责洗头，老婆负责剪染吹，两人一年时间赚了一万多块钱，这是一笔很不错的收入。老婆怀孕后不能再到拉萨做理发行业了，于是经过慎重考虑，夫妻俩决定到北方去做服装生意。

辗转北方三地，忙于生意，顾不上儿子

"当时很多老乡在石家庄做服装生意，所以我们就去了那里。"吴海珠妻子怀着孕，与丈夫在石家庄市桥西服装批发市场做衣服。半年后他们辗转到了大连，和亲戚一起做服装，也是在那年的八月中秋，他们的大儿子在大连出生了。为了做生意，孩子出生后就让老母亲带回了老家。记得那年的冬天，正值市场生意很忙的时候，吴海珠去沈阳进货，晚上睡觉一直随身带的货款，睡了一觉后，第二天早上醒来发现被偷了。那一年，他们没挣到钱。

和老婆商量后，第二年吴海珠夫妇就去了河南平顶山，在平顶山一干就是四年。那个时候他们非常辛苦，做服装没日没夜的，凌晨3点睡，早上7点起床，因为年轻，也就熬过来了。接着老二出生了，他们又扔下儿子让老妈带，继续在外打拼。

后来听姐夫说去柯桥卖面料比做服装生意好，没那么辛苦，至少不用熬夜，于是在1993年，吴海珠一家来到了柯桥，这一来就待到了现在，如今柯桥成了他的第二故乡。

20万元的货被盗，成为心中永远的痛

"这批货被盗，差点要了我的命。"吴海珠谈起这段经历，仍然耿耿于怀。1993年，吴海珠一家来到柯桥老市场和姐夫一起做进口面料生意，卖的是从印度尼西亚、韩国、日本进口的面料，几十块钱一米，生意很好，货一到很快就卖完了。那个时候吴海珠没有多少积蓄，父母亲帮他们借了20多万元做本钱，最少三分利息，而且得利滚利。吴海珠在柯桥独山村租了一个仓库，进的货都放在这个仓库里面。那天早上去开门的时候，里面空荡荡的，货被偷了。这件事对他们打击太大，姐夫在广东揭阳流沙听到这个消息的时候当场晕倒。父母借的本钱全部押在这些货物中，一下子被盗，让吴海珠不知所措。姐夫有点心灰意冷，不想再干了，但吴海珠说，一定要干，要是不干，永远都起不来了。两人重拾信心，继续借钱做生意，当年就把这些损失挣了回来。

苦尽甘来，含饴弄孙享天伦之乐

吴海珠在柯桥站稳脚跟后，将两个儿子都接到了身边，先后送去国外留学，如今都在杭州成家立业，老大从事电商行业，老二从事金融行业，大孙女已经10岁了，还有3个孙子。吴海珠感到很幸福，他每周在柯桥住个三五天，周末去杭州陪孙子孙女，享受天伦之乐。

先苦后甜，享受新生活的美好

吴海珠说，这么多年下来，乐清商会里每个人对孩子们的发展要求不一样，很多人的孩子出了国以后回来继承家业，对于吴海珠而言，他的孩子在杭州发展也是一样的。"如果当年货物被盗时趴下了，我的人生就可能大不一样，我孩子的人生可能也不一样了。"

访谈时间：2023 年 6 月 29 日、9 月 20 日
访谈地点：绍兴中国轻纺城跨境电商产业园
访谈整理：张增祥　周群芳　陆　怡　唐根年

专注！做好一块布

人物名片

陈荣丰，温州乐清淡溪镇人，1967年2月生。现任中国轻纺城乐清商会副会长；浙江锦强针纺科技创始人，新加坡新强投资公司董事长，越南豐强纺织科技公司总经理。

身着洁白衬衫、高大挺拔的陈荣丰看起来远比他的实际年龄年轻，岁月的磨砺，留给他的不是沧桑，而是见过世面修成的一份静水流深的沉稳、淡定和从容。他目光深邃，透露着一种智慧。他说起在纺织行业辛勤耕耘三十年对人生深深的感悟，妙见迭出。

改革开放走出来：从布料批发起步

1992年，25岁的陈荣丰离开家乡开始到外面闯荡。用他自己的话说，就是"赶上好时代，改革开放走出来"。受亲戚朋友的影响，他先是北上石家庄、北京两地做布料的批发生意。他们买进布料有两个途径，一个是从东北进货，另一个就是从国外进口。深知敢拼敢闯能吃苦才有机会成功的陈荣丰，内心激荡着"要干出一点成绩来"的理想，起早贪黑摆摊设点、乘火车买几十小时站票东奔西走进货，正年轻的他都不以为苦，因为当时交通运输条件有限，时代大环境下经商群体经历艰辛在所难免。经过几年的摸索，他积累了一些经验，赚到了一些钱，也喜欢上了这个行业。

1997年春节期间，陈荣丰在老家走亲访友时，他的几个表兄弟说，柯桥纺织业营商环境挺好的，收入也不错。了解之后，他很快就做出选择，决定到柯桥跟表兄弟合作，一起做布料生意。到了柯桥之后，他勤勤恳恳，艰苦奋斗，用心经营，生意做得挺不错。但在经营过程中，他也遭遇过亏损的风险，有一年上半年竟然亏了100多万元！原因是在北方做生意时，他经常从东北进面料，那时东北纺织业发展得很好，来到柯桥后，有一些纺织布料他们仍从东北运输过来。而当时，广东广州、普宁等地服装面料发展势头迅猛，其质量、工艺、花色品种等逐渐超越其他地区，拔得市场头筹，深受消费者欢迎，而他们从东北进的大批面料只能亏本销售。幸好下半年他们及时调整方向，生意又慢慢好了起来，后来一直做得都比较顺利。

陈荣丰常说："事业事业，先做事，才能够有业。"2002年，陈荣丰和家人一起成立了绍兴丰强纺织有限公司，之后更名为浙江锦强针纺科技有限公司。公司兴建了以国际顶尖水平为建设标准的现代化厂房，占地7000平方米，拥有600台针织双面大圆机，成为集设计、纺纱、织造、染整、研发、销售为一体的高端纺织科技世界一流企业。

2011年，公司看准了针织面料梭织化的趋势，开始生产针织面料。针织工艺生产效率高、反应速度快，同时面料舒适度高，风格也越来越多样化，应用领域越来越广。这些年，他们开发的黏胶锦氨罗马布、仿麻泡泡布、仿呢绒面料等针织面料，都很受市场欢迎。

"我们企业以'荟萃现代梦想，点燃潮流之光'为经营愿景，遵循多功能、舒适、健康、环保、时尚的理念，不断推陈出新，研发出多系列不同风格的面料，深受海内外客商的高度评价和认可。我们的研发部每天都要开发出几款新产品，而且都应用了我们自己研发的工艺和技术。我们不少面料都申请了专利。"陈荣丰自豪地说。

"一带一路"走出去：在越南建立纺织企业

2011年，一次偶然的机会，陈荣丰遇到了中国针织协会会长杨世滨，在交流中，杨世滨专门谈到了针织市场的前景，针织面料应该怎么做，针织企业应该怎么经营，给陈荣丰带来很多启发。从此他开始自己办工厂，自己开发布料，不懂就学，找人帮忙。

老乡周文杰是纺织行业的领头人，在陈荣丰看来，周文杰不仅有格局、有大爱，还有技术人才。当时陈荣丰就向周文杰借了一支专业人才队伍来给自己做技术指导。

陈荣丰设在绍兴袍江的工厂外景

陈荣丰说，周文杰帮助他是出于对纺织的热爱，周文杰希望每个做纺织的人都能富起来，可以说，没有周文杰，陈荣丰也不会成长得这么快。

陈荣丰觉得周文杰等人是他人生中的贵人，他们的善意值得自己传递下去。2016年，陈荣丰的企业拥有了高针高织高密技术，这是当时在绍兴乃至国内顶尖的技术。讲到这里，陈荣丰感到很自豪，脸上扬起了一抹灿烂的微笑。2019年，陈荣丰请了德国的设计师，在越城区设计了一个工厂，现在也快建成了。同时，他响应国家号召，"一带一路"走出去，去越南买了土地做投资，建了集纺纱、织造、印染于一体的现代化企业。下一步，陈荣丰计划在柬埔寨建立一个工业小镇。

陈荣丰总结道：进入行业时，首先要了解并认识行业里的领军人物是谁，要学习他们身上的优点，获取经验，这样可以少走弯路，快速提高自身。同时一定要多出去走走，见识广了，思想境界自然也会提高，"读万卷书不如行万里路"。

国家·大家·小家

陈荣丰有三个孩子，一个博士、两个硕士，陈荣丰认为，要提供好的资源和平台给孩子们。他的大女儿五岁时就被送到上海，当时家里人都不在上海，专门请了一位老师教育女儿。后来大女儿在香港读了心理学，现在在上海一所学校里教美术。目前，大女儿并不满足于现状，她想创立一家属于自己的公司，实现更大的人生价值。大儿子毕业于美国波士顿大学，小儿子去年考上了上海师范大学，现在在读博士。三个孩子不仅努力，而且都很优秀，他们是陈荣丰的骄傲。

陈荣丰认为人生有三个阶段，第一个阶段是解决"我"——个人的问题，第二个阶段是解决"我们"——家庭的问题，第三个阶段是解决"他们"——别人的问题。我们要从第一阶段做起，但只做第一阶段价值不大。陈荣丰说："这就像自己不会游

陈荣丰设在越南的工厂

陈荣丰（第二排右六）参加商会组织的欧洲考察

泳，去救掉进河里的人，一个都活不了。所以说，首先要提高自己的能力，自己过好了，才能带动别人。当然做生意是有风险的，我们现在所看到的轻纺城经营者都是这个行业里的佼佼者，温州老板没有架子，做人低调，不管有钱没钱，都会努力奋斗。"

陈荣丰一直认为，要处理好国家、大家和小家的关系。只有国家好才能大家好，大家好才有小家好。他感谢国家制定的好政策，感谢柯桥政府提供了一个好的营商环境，使他们能够自主创业，收获成功。

做人，一定要怀着一颗感恩的心

陈荣丰认为，做人一定要怀着一颗感恩的心。

感恩时代，是改革开放的春风给敢闯敢干的乐清商人带来了满园绿意，是时代成就了他们；感谢党的好政策，感恩柯桥政府，他们的关怀和支持给予了商人挥洒青春的天地。时代成就商人，商人定当回报社会。

感恩老一辈乐清人的辛苦付出，绍兴军分区原司令郑文法，退休后把余热无偿献给中国轻纺城乐清商会，在他的指导与呵护下，商会日益规范化，逐渐发展壮大，成为互帮互助、温暖有爱的家；还有一些会长，他们也心甘情愿为商会付出，没有索取任何回报。

陈荣丰感恩生命中的贵人，像前面所说的杨世滨、周文杰，还有生活中心怀善意相助的每一个人，比如，医院重症监护室里的护士长，陈荣丰说，在他父亲生命垂危时，细心的护士长一路陪着把他父亲送回了家，还帮他们一起把房间打扫得干干净净。这份善意他永远记着。

父亲走后，陈荣丰和兄弟姐妹商量决定，在镇上成立一个爱心基金会，除了帮扶困难群体，谁做了好事就把奖金发给谁，将爱传递下去。"人生没有那么复杂，帮助别人，快乐自己。"

不忘初心，立于根本

谈起来柯桥的原因，陈荣丰认为柯桥是一个很包容的地方，它把国内甚至世界的纺织人吸引到了一起，它不歧视外地人。正因为受到尊重，包括陈荣丰在内的商人的能量自然就会散发出来。心在哪里，家就在哪里，柯桥自然就成了他们的家。陈荣丰举例道："我是温州乐清人，当我走出国门时，我会告诉别人，我是中国人。""不忘初心，立于根本"是他的座右铭。

经历了这么多年的奋斗，陈荣丰认为一个人的认知水平很重要，要具有全球化思维，他们的企业文化就是要做世界一流的企业，走出国门，走向国际。他说："纺织是我这一生该做的事，因为一个新生命到来后要先用一块布包起来，一个人生命将尽时又是用一块布包着送走，一块布连接着生死大事，所以，我把做好一块布作为信仰，作为一种追求。专注地做一件事很重要，是一种精神享受；同时，人生要做喜欢做的事，才能更好地实现自己的价值。"

"所以我这一生，就是专注做好一块布。"

访谈时间：2023 年 6 月 29 日

访谈地点：中国轻纺城跨境电商产业园

访谈整理：吉素芬　向婷婷

柯桥卖布，从未停下研发创新的脚步

人物名片

潘志华，温州乐清虹桥镇人，1968 年 6 月生。现任中国轻纺城乐清商会副会长；绍兴烨志纺织品有限公司总经理、浙江同创纺织品有限公司总经理。

闯荡北方不得志，还是回家卖服装

潘志华是从 17 岁开始经商的。

潘志华一家有六口人，兄弟姐妹四个，家里只有一亩三分地，土里刨食根本解决不了温饱问题。1985 年，潘志华刚刚中学毕业，就在家乡虹桥镇上开了个服装店。做了一年多生意。因姐姐也待业在家，考虑到自己是男孩子，以后要努力撑起家庭的门面，他就把店面给了姐姐，自己背着行囊去了兰州——有老乡在那儿做服装生意，据说还不错。

一开始，潘志华承包了兰州某个百货大楼的柜台，销售高档服装。他发现在温州流行的健美裤、休闲服在兰州街头却很少见。于是他干起了温州买、兰州卖的生意，收入很不错。可是，当时兰州的治安混乱，很不安全。当地人看他们的穿着长相和本地人不一样，称他们为"南蛮子"，一旦被那些地痞流氓盯上，就会遭到拦路抢劫或到摊位前强行要钱。做生意怎能身上不带钱？一次次被抢劫的经历让潘志华越做越怕。1987 年底回家过年，妈妈了解情况后很担心，不让他去了。

1990 年，在家待了两年的潘志华又去了河北唐山，根据以往的经验，他在百货大楼租了 4 个柜台，每个柜台有 1.2 米长，用来销售西服、皮衣等高档服装。他与合作伙伴每周从北京进货，利润空间倒是不小。可是，与兰州一样，唐山的治安也乱。当时收付款都是现金，大楼里的员工每天下午 5 点钟下班，当老板的潘志华 4 点半就要到柜台，把一天的营业额收来存进银行。快到年底时，一些地痞流氓踩准了他们的时间点和必经之路，几乎每天都在百货大楼唯一的楼梯口等着要钱，简直就是明抢！如果说没有钱，他们就去柜台拿几件皮衣。这样的日子太让人提心吊胆和憋屈了，所以，潘志华在那儿只待了一年就决定回到家乡。

1991—1996 年，潘志华在老家虹桥镇分别开了男装和女装时尚高端服装店，定位于中等以上消费群体。其间他去广州、深圳进货，每次都要去当地公安局打通行证，辛苦自然免不了，但是守着亲人做生意，生活平安幸福了太多。

1997—2002 年，他又到杭州四季青市场干了几年服装生意。一路走来，他的服装销售基本走高端时尚路线，包括后来到柯桥经营面料，也是自主开发，从不跟风。

说起这十几年的闯荡拼搏，潘志华说，从西北到华北，跑了大半个中国，严格意义上他只能说是为稻粱谋，很难说是创业，但是这么多年的历练打磨，倒是一笔不折不扣的财富。

不断创新，让客户满意，让合作方放心

早在 1993 年的时候，潘志华的两个姐姐就来柯桥从事纺织品经营了，因为自己是做服装出身，又懂点布料，所以 2002 年，他也来到柯桥做布料生意。

起初，他主要经营四季女装面料。"那时，但凡布料质量有保证的，都能挣到一点钱。这几年完全不一样了，产能过剩，就要淘汰一些东西。过去一个产品可以卖三年，现在卖一季，追逐时尚元素的年轻人很快就审美疲劳，所以只能不断地研发创新。"

2011 年，他们成立了绍兴烨志纺织品有限公司。相比于行业内的乐清老乡，潘志华做布料起步比较晚，怎样走出一条具有自己产品特色的路子，是摆在他面前的一个重要问题。和过去经营服装一样，向来有自己独特定位的潘志华认为，自己开发的产品才会有市场，才能立于不败之地。于是他选择不断地创新，开发新产品。他说："通过创新，我们要让布料从'中国制造'到'中国创造'。"

一年四季他都在动脑筋开发新产品，很艰难。开发过程漫长，一个产品要从 0 到 1、从无到有，还要被市场接受，周期一般需要 3 个月到半年。比如，他们从 3 月起开发秋季三个系列的女装面料，用三四个月产品才能成型，投入了大量金钱和人工；6 月份开始推广，9 月推向市场，不理想的要报废。拿布料提花来说，花型设计全是自主原创，可能打了 100 个花型样品，真正好的也许就那么三五个，可是其余 90 多个也是有成本的。但他们坚持初衷，定位高端，坚守"团结进取、诚信负责、激情坚持、务实创新"的企业精神，"让客户满意、让员工幸福、让合作方放心""具有社会责任心、可持续发展的幸福烨志"是他们的宗旨。令人欣慰的是，这么多年下来，潘志华他们研发的布料时常有爆品出现，有些客户坚持用他们的产品，其中还有一些知名品牌服装公司和他们保持着长期合作。

纺织行业也是吃"青春饭"，迭代更新是必然

目前，潘志华在海宁和萧山衙前有两个纺纱厂，自产自销。因为重视设计，客户说他们的产品是同类产品的风向标。但潘志华也有危机感，他认为纺织行业是吃"青春饭"的，服装是时尚产品，年轻人喜欢追逐时尚，因此现在需要年轻人打前锋，冲在前面。为什么这样说呢？潘志华说，他们在全国各地的代理商都是年轻人，

销售业绩很不错。在对接客户过程中的一个例子，加深了他要善用年轻人的认知。

那是2021年，他去杭州拜访一个大客户，为表示重视，他带了两个业务员一同前往。大客户服装公司的团队，做设计研发的都是20多岁的年轻人，最多不超过30岁。当时大客户的女设计总监问潘志华："你们公司有没有年轻人？"她认为跟潘志华交流有代沟，当时，潘志华有些尴尬。

"所以说这个行业和时装模特一样，也是吃'青春饭'的，从事纺织行业的人到了一定年龄还在一线奔跑，肯定是不行的。"

授人以渔，把年轻人推到第一线

对于生意的交接班，潘志华很民主，尊重孩子们的想法。他有一个儿子、一个女儿。女儿就读于浙江工商大学法律专业，大三时潘志华就问过女儿的就业意愿，是留在杭州还是回柯桥？女儿说：留在杭州试试吧！毕业时，女儿在杭州进了一家很好的国企做法务工作，后来因为不喜欢刻板的工作时间限制，于三年前回到了潘志华身边。儿子从初一开始就在杭州读书，大三的时候，潘志华也问过儿子的就业意向，是想过朝九晚五的安逸生活，还是来柯桥创业做生意？儿子说要来柯桥做生意，他就事先打好预防针，告诉儿子要对这个行业有兴趣、有热情，才能做好。

潘志华在杭州萧山衙前开办纺纱厂的基础上，于2017年成立了浙江同创纺织品有限公司，公司有160多名员工。从2018年开始，潘志华将公司的生产、采购、销售、开发等全权交给儿子打理。2019年，全国化纤纺织行业高峰论坛在厦门召开，为历练儿子，潘志华让儿子代替自己去参加论坛，并申请到在论坛上发言的机会，与会专家都给予了较高的评价。

潘志华觉得自己放手让儿子锻炼做对了，他更相信未来是年轻人的天下。

访谈时间：2023年6月29日、9月16日

访谈地点：中国轻纺城乐清商会电话

访谈整理：吉素芬　葛佳鑫　唐根年　宋汉卫

CHAPTER 6
第六章

青春织锦　青蓝接力

这是一个关于传承和发展的故事，这是一场"纺二代"的合奏及狂欢。

岁月不曾为谁停留——是的，孩子们长大了！他们目光敏锐，他们激情满怀，他们思维独特，他们奋发有为。他们或子承父业，将传统纺织融入国际眼光、世界技术，青出于蓝而胜于蓝，成为纺织业青年才俊、行业黑马；或踏浪互联网、进军文旅业、尝试新玩法，在不同的领域大放光彩……

在他们身上，你可以看到人生的多样性，感受到世界的瞬息万变，你会感叹"年轻真好"！而所有人，都在变和不变间，随着时代的滚滚浪潮，义无反顾地前进。

青年强就是商会强

人物名片

徐贤强，温州乐清淡溪镇人，1980 年 2 月生，绍兴市政协委员。现任中国轻纺城乐清商会副会长兼青年联合工作委员会主任；绍兴民主建国会企业家协会副会长；浙江嘉典针纺科技有限公司总经理，犇先觐科技创新（浙江）有限公司总经理。

徐贤强 30 岁加入民主建国会；35 岁经民建组织推荐为绍兴市柯桥区政协委员；35 岁加入乐清商会，同年被推荐为乐清商会副会长；2021 年被选为民建企业家协会副会长。他就是徐贤强。

梦想，拼搏，进取

乘着中国改革开放的浪潮，温州的民营企业犹如雨后春笋般出现，敢为天下先的温州人不但在温州把企业做得风生水起，很多温州人还把生意做到了全中国乃至全世界。徐贤强耳濡目染了父辈们的奋斗历程，从小就决心要出去闯一闯。在父母的支持下，他只身一人来到北京民德中学学习，由于身体素质过硬，他在老师的建议下参加了体育训练，并把考学目标定为北京体育学院。高中寒窗苦读三年，他却由于高考失误，与北京体育学院失之交臂。在那个令人煎熬的暑假，他来到家人做生意的柯桥，帮助家里打理生意，在忙碌的工作中看见柯桥的发展速度，他觉得人生不只有梦想的象牙塔，或许另一个起点也能够铸就精彩的人生。想想父辈们也没有太高的学历，甚至很多只是小学文化，他们都能够靠勤劳付出把事业做大，自己一定可以做得更好。于是，暑假结束后，他拒绝了父母复读一年的提议，留在柯桥跟家人学习做面料生意。在访谈中他说："20 多年来，我见证了柯桥的发展，从简单的面料市场到现在规划整齐的街道和高楼大厦，还有这么多标准化的工业园区，这里的腾飞离不开每位新老绍兴人的不断拼搏，当然我们年轻一代也享受到了红利，我们把家安在这里，成了新绍兴人。"

在经商的 20 多年里，徐贤强也曾经失落过、彷徨过。2000 年以后，很多浙商企业向全球发展，远赴投资热土迪拜。听说很多温州老乡去迪拜做房地产、做商场都发展得很好，徐贤强也有些心动。2004 年，他决定和朋友去迪拜开拓面料市场。在异国他乡，由于语言的障碍、文化的差异，他遇到了许多意想不到的困难。在伊朗，因为吃不惯那里的菜肴，他曾经连续几天只吃螃蟹和饼干充饥，偶尔泡一袋方便面吃都是一种幸福。这些生活的困难忍一忍都能克服，最大的困难是迪拜的市场已经被同行占领了，市场已经非常饱和，而大家还在不停地往迪拜发货，产品同质化的情况越来越严重，导致大量产品滞销。经过几年的折腾，徐贤强的生意一直没有太大起色。2008年，徐贤强重新回到了柯桥。可以说，在迪拜经商的那几年，徐贤强交了一笔"学费"。"当然，温州人骨子里面都有一种敢拼敢搏的精神，正是这种精神让我们乐清人离开自己的家乡，来到柯桥，走向各地，把最好的年华和青春奉献给了事业。"徐贤强坦然地说道。

做面料生意20多年，徐贤强认为坚守和创新是最好的发展方式。三年疫情，全世界经济都受到影响，徐贤强的生意也一样，这也让他静下来深入思考。他认为，疫情之后纺织品市场的经营模式发生了很大改变，粗放型的产品内卷越来越严重，客户对面料品质的追求越来越苛刻，常规的普通纺织设备生产的产品已经不能满足市场的需要。于是他决定在园区加大投资，引进更精密的生产设备，在产品研发上增加投入，不断创新提升面料品质、丰富面料品种，以满足客户对高品质面料的需要。就这样，他不但留下了以前的老客户，以前的同行也变成了客户。

转型"玩"数字，亮点在"未来"

近年来，数字经济异军突起。在国家乡村振兴和共同富裕的大背景下，为了在数字化浪潮中抢得先机，徐贤强坚持多元化发展，成立了犇先觐科技创新公司。公司主要从事数字基建、智能化工程，运用物联网、区块链、大数据、低代码、数字孪生、虚拟现实（VR）等技术，自主研发软硬件系统。目前，犇先觐科技创新公司业务主要涵盖未来社区、未来乡村、智慧工厂、智慧园区等场景。令人惊喜的是，公司已经渐渐打开局面，完成交付的有安昌街道安华村数字乡村项目、袍江精工钢

公司完成的物联网项目

构智慧工厂项目、亚运会大小莲花场馆物联网项目等。

据徐贤强介绍，公司将致力于工厂、园区、街道、乡村等不同场景的智能化解决方案，主要应用于管网、水电、公共设施等，提高工厂和园区的生产效率和精细化管理，建设街道和乡村的物联网，提升管理效率。"未来我们将在服务领域，如在解决老人和小孩健康的监测系统、乡村农作物生长等一系列的监测与管理等方面提供更多的服务。"徐贤强对此信心满满。

凝聚乐商，青春添彩

2014 年，徐贤强在老乡王信友会长的推荐下，加入了乐清商会这个大家庭。近10 年来，徐贤强已担任了两届副会长，并很荣幸地被商会推荐为青年联谊会主任。他组织开展了一系列活动，与年轻的企业家朋友们一起探索，碰撞思想，交流商业，推动相互间的合作；他们分享成功的经验与失败的教训，目的是让大家少走弯路；他们一起爬山，一起打球，在锻炼身体的同时，友情也得到了升华……问及他在商会工作感受最深的是什么，他的回答很坚定："一个人可以跳得更高，但是一群人可以走得更远。"

商会是企业家寻求归属感和责任感的一种新型社会组织，无论是叙乡情、话发展、谋合作，还是谈判维权、扶贫帮困，在这个温暖的大平台上，大家凝聚在一起，相互取暖、相互鼓励、承担责任、奉献社会。

徐贤强强调，作为年轻一代，我们要牢记习近平总书记对新一代民营企业家的寄语，继续保持艰苦奋斗、自强不息、居安思危、谦虚谨慎的精神风貌，充分发挥自身在推动产品创新、技术创新、商业模式创新、管理创新、制度创新等方面的优势，聚焦实业、做精做强主业，在加快建设现代化产业体系方面努力成长为"政治上有方向、经营上有本事、责任上有担当、文化上有内涵"的"四有"企业家。

"青年强则国强"，青年强商会就后继有人。"我们要努力吸引年轻人加入到商会

徐贤强主持商会"走进民建、走进商会"
"五四"联谊活动

2019年徐贤强（前排右二）从吴建春会长手中接过商会青联委会旗

青联组织中来，要研究商会青年的规律，秉持新的人才培养理念，为培养后备人才筑牢坚实的基础。"

作为青年民营企业家，徐贤强在担任柯桥区政协委员期间，积极为纺织业个体经济和民营经济发展建言献策，他认为扩大社会就业、构建企业内部和谐劳动关系、承担企业社会责任，是商会青联组织和年轻一代企业家努力奋斗的目标。

徐贤强不仅在商会青联委很用心，在家里也是一位好父亲。在他送小儿子去香港大学读书的高铁上，笔者拨通了他的电话，说到家人他特别开心，妻子在他的公司从事贸易工作，大儿子高中毕业后就去英国读书了，大学毕业回来后又在浙大学习了一年，现在在自己的公司从事未来社区工作；小儿子今年高考，被录取到香港大学读金融专业，他希望小儿子今后能从事金融工作。徐贤强家里的两个哥哥、一个姐姐都在做企业，父母亲退休后在乐清老家过着安逸的生活。一家人都很幸福。

奋斗的青春最美丽，徐贤强和商会的青年企业家们一定会继续努力，为商会增光添彩。

访谈时间：2023年7月5日

访谈地点：中国轻纺城乐清商会总部

访谈整理：陈 皓 叶易灵 吴姗姗 陶 悦

坚实前行，岁月不枉赶路人

人物名片

金云平，温州乐清大荆镇人，1984年12月生。现任中国轻纺城乐清商会副会长；浙江云胜新材料有限责任公司董事长、绍兴市柯桥金大地纺织有限公司董事长。

初见金云平，我们都惊讶："你很年轻啊！"他赫然一笑说："奔四的人，不年轻了。"但那澄明的目光、平易近人的笑容，像是一位不满30岁的大男生。这位青年乐商有着怎样的创业故事呢？

不用再出国，订单自会找上门

2003年，19岁的金云平从家乡来到柯桥闯荡，姐姐一家在这里做纺织生意，帮姐夫开车是他的第一份工作。其间，他和姐夫公司的翻译逐渐熟络并产生了感情，很快，20来岁的金云平就步入了婚姻的殿堂。

2005年，金云平受到妻子的启发，在姐姐和姐夫的支持下开始创业，在柯桥世贸中心租了商铺，成立了他的第一家外贸公司——绍兴市柯桥金大地纺织有限公司，最初主要进行布料的采购，销往巴西、巴拿马、墨西哥等国家。

金云平说，自己找到了一位好妻子，他们俩身上有着一股敢于尝试、敢闯敢拼的劲儿。外贸公司成立后，他和妻子去参加了广交会。其间，他妻子用流利的外语向客商介绍产品，吸引了很多外商驻足，他们做梦都没有想到，一位墨西哥客户看中了他们的产品，成交了一笔2000万美元的大订单，他们赚到了人生的第一桶金。更为可喜的是，这位墨西哥客户后来成为他们公司长期合作的最大客户。

创业期间，金云平还抓住机会去国外参展，第一次出国谈生意时，参展较为辛苦，由于他年龄小，也不会说多少英语，展位前几乎没有外商光顾，一单生意都没有做成，但他并不气馁。他想着，不是什么事都能够一次成功的，必须继续坚持下去。第二次出国参展时，他带着妻子一起去，他们分工明确，配合默契。在参展过程中，妻子不仅介绍了产品的材质、图案、特色，还介绍了中国浙江绍兴的风土人情，引来了外商的关注，把生意做成了。此后出国参展，只要妻子没有特殊情况，一定会一起前往。英语专业出身的妻子对金云平帮助很大，在金云平的事业发展中

金大地纺织产品展示中心一角

发挥了不可替代的作用。

打拼至今，公司的口碑已然打响，金云平不无自豪地说："不用再出国，订单自会找上门。"目前，他的金大地纺织有限公司已发展成为一家从事各类窗纱、窗帘、布艺、窗帘辅料及开发设计、生产及贸易于一体的现代化大型纺织企业。他把"立足中国，走向世界"作为企业使命，坚持提供优质产品，打造好口碑"作为企业目标，持续不断地研发新品，通过整合纺织面料的线上和线下渠道，使产品远销南美、欧洲、北美、中东等地，公司出口量在同行企业中名列前茅。

如今在后疫情时代，全球经济都不是很景气，商品利润较低，原料成本与人工成本增加，加上东南亚的巨大市场竞争及国外消费者心态的转变，曾经巨大的窗帘需求量亦出现了下降趋势。对此，金云平表示，金大地纺织有限公司将继续秉持"要么不做，要做就做最高端的"理念，谨慎选择和规划公司未来的发展道路。

把对的事情交给对的人做

自金大地纺织有限公司成立以来，公司员工从十几人增加到五十几人，再扩大到三四百人，基本无人员流失，企业氛围融洽，这归功于金云平的管理体系。

身为多种经营企业的老板，精力总是有限的。金云平认为，要管理好公司，就需要关注三点：一是搭好框架，适当放权；二是做好表率，规范制度；三是认识自己，寻找最适合的方式去管理。同时，他强调，要知人善任，发现人才，挖掘人才，把对的事情交给对的人做，给予员工充分的信任、尊重与包容。

说到这些，金云平给我们举了身边助理、财务顾问和法律顾问的例子，他对自己的助理赞许有加："会做事，会谈生意，有时候他出面谈的价格比我还好。"他的助理从大学毕业后就跟随着他，在金大地度过了漫长的时光，在公司运行管理方面出了不少力。公司聘请了专业财务顾问和法律顾问，把风险控制在一定的范围内。

他希望未来能找到更多合适、可以信任的人，让更多的人参与管理，这样可以把公司越做越大。

我人缘好，所有人都帮我

说到事业有所成就的原因，金云平说得最多的一句话就是："我人缘好，所有人都帮我。"三年疫情，生意难做不可避免，但金云平的生意受到的影响较小，或许是他的义气、他的豪爽、他直面困难的勇气转化为那么多惊喜的回报。因此，金云平依然不断努力，对未来充满信心。

提起柯桥政府，金云平诚恳地说："没有柯桥政府出台好的政策和中国轻纺城这个平台，我们就没有如今的发展。"就在 2023 年，他的第二个厂房已经在滨海工业园区建成。他说，与当地政府合作到滨海投资生产，源于疫情时期的一个契机：他的小女儿出生时，金云平发现洗脸巾在日常生活中因为使用便捷、干净而被大家广泛使用，于是萌生出生产加工洗脸巾的想法。他了解到制作洗脸巾的工艺技术要求并不高，最大的投资是设备。说干就干，金云平采购了在全国仅有不到 200 台的高端机器，从产品的生产源头着手，立志做前端的、舒服的好布，从生产到包装，创立了"柔夫人"品牌，设立了公司的目标，努力践行"要么不做，要做就做最高端的"公司理念。2023 年 6 月，公司产量已完成年度目标的 2/3。金云平在创业中，正如人们常说的那样：坚实前行，岁月不枉赶路人。

不断成长，懂得感恩

在柯桥创业初期，金云平在老乡那里得知有乐清商会，倍感亲切，他喜欢和这个大家庭里的老乡前辈们打交道，很快申请加入了商会，成为了会员。金云平含蓄而不张扬，待人大方，为人谦逊，喜欢并善于结交朋友。很快，他被推选为商会副

柯桥金大地纺织有限公司大楼

会长。他不仅在年轻人中具有号召力和凝聚力，还在老一辈人中也有许多忘年交。

商会于他而言，与其说是一个平台，不如说更像是一个家。他在这个"家"遇到了很多贵人，在前辈们的影响下迅速成长，前辈们也把他当成亲人呵护有加。比如，在跨行业经营的过程中，前辈们主动分享信息，帮他出主意，伸出援手，助力成长……

金云平懂得感恩，他致力于做出一番成绩后回报商会，他认为，中国轻纺城乐清商会在会长的带领下，一定会不断壮大，成为商会中的强者。

访谈时间：2023 年 6 月 20 日

访谈地点：中国轻纺城跨境电商产业园

访谈整理：吉素芬　林伊宁　钟贻雯　柴颖琪

彩布炫花身所系　　笔墨书香心亦迷

人物名片

林旭光，温州乐清淡溪镇四都人，1977 年 4 月生，中共党员。现任中国轻纺城乐清商会副会长；浙江华港染织集团七分厂总经理，韩菲紫纺织有限公司总经理。

　　林旭光中等个头，戴副眼镜，皮肤白皙，帅气俊朗，举手投足之间自然流露出一份儒雅和书卷气，如果不是事先了解他的职业和身份，你一定会把他和教师或文艺工作者联系起来。在他做自我介绍之际，商会的陈主任送来茶水，笑着向我们介绍道："我们林会长可是一个有学问的人，还写得一手好字哦！"

　　林旭光谦和地回道："哪里呀，不过是乱写瞎涂，个人喜好而已。"接着，我们便听他将他的经历娓娓道来……

从电器销售到花布印染

　　1999 年，我从宁波理工学院化工专业毕业，没有选择去国有企业上班，而是回到家乡乐清，进入乐清的传统支柱产业（高低压电器产业）从事销售工作。刚入行，理工科出身的我并不擅长推销，但我就是凭着一份执着和乐清人骨子里的那股拼劲儿，到全国各地出差，谈业务、谈代理，从业务员到业务经理再到营销总经理，一晃就干了 10 年。我把一个家庭作坊式的电缆附件厂，销量做到全国第一。虽然取得了一点点成绩，公司老板对我很器重，待遇也不错，但我还是有一股温州人特有的想自己当老板的"原始冲动"。

　　2008 年，我来到嘉兴，成立了贸易公司，主营房地产高低压配套电器，本想着到了一片广阔的新天地能够大有作为，谁知竟遭遇了金融危机。怎么办？在这期间，我经常去柯桥探望从事纺织品经营的哥哥和亲友们，受到哥哥与朋友的启发，感受到柯桥当时纺织业发展蒸蒸日上，也被绍兴深厚的人文底蕴所吸引，我萌发了转行的念头："到柯桥卖布去。"思索权衡之后，我下定决心，迈入纺织业的大门。

　　2011 年刚来到柯桥时，我对纺织业简直一无所知，这对我来说是个完全陌生的领域，一切从零开始。我饱含一腔热血，心里默默给自己鼓劲：我还年轻，一切还来得及。"丈夫生世会几时，安能蹀躞垂羽翼！"基于多年的销售经验，我发现当时柯桥童装印花面料很少，印花布大多是从广东进货的，我毅然决定开发童装花布系列，从经编超柔到全棉迷彩面料……幸运的是当时市场不饱和，公司运营比较顺利。做了几年的印花生意，我也认识了不少印花前辈和技术高人，在他们的鼓励下，我萌生了办印花厂的念头。说干就干，2018年，我与几个志同道合的朋友一起承包了2万平方米的厂房，办起了印花厂。不知是温州人特有的敢拼敢闯的性格，还是自己骨子里的不服输精神，一晃又干了10年。

前些日子，有一天在车间听着机器轰响，我心生感慨，写下一段文字发到朋友圈，聊表我对纺织和印染的情怀：

> 想当年，出身柴门，奋发图强。虽无旷世之才，却常激情澎湃。春去秋来，伏首滨海染厂，彩布炫花，此乃吾身之所系，吾心之所想。星河万里，岁月悠长。愿为这小小作坊，三千青丝见白发。现如今，年近半百，虽无金玉满堂，幸存醇厚情怀。

精益求精，以质量求发展

第一年做布料生意时很辛苦，我一直在不断地跑客户、造花样、催生产，一年6万公里的车程是我们努力的见证，后来慢慢地生意就顺了。刚办印花厂时，同行竞争已很激烈，这时候如何在同类产品中凸显我们的特色和竞争实力，找寻突破点，是我一直以来的目标。我虽不是柯桥纺织业第一代人，但我站在前人的肩膀上，不断学习。

科学技术是第一生产力，技术人员是我们公司生产发展的重中之重。在我们现有的300多名工人中，技术性人员占20%左右，比例远高于传统印染的同行，单质检人员就有超30人。一家公司发展的关键是留得住人，由于印染界技术人员流动性强，所以我们公司采取技术人才股份制，中层干部基本上都持有股份，因此每个人都是公司的主人。只有核心技术团队优异，布的品质才能好，这是我的信念，也是我们印花产品品质完美的底气。

我们公司的客户主要是国内的纺织外贸大公司，它们将印花布料卖给欧美的高端公司，不允许次品出货。好的品质不仅体现企业的专业精神，更是一种家国情怀——"好产品，中国造"。

公司组织员工开展消防演练

梅溪诗书照春秋

我是一个喜欢安静的人，闲来涂抹几笔，点划之间、顿挫之际，笔纸相引、砚墨互润，文有百态、字有千姿，虚实点线的巧妙组合，亦是生命篇章的悲喜交融。兴起闲哼两句，平仄声情之谐和，音韵美妙之变化，自会忘却世俗，陶醉其中。有时我在想，我喜欢中国传统文化中那些唯美的、古朴的、典雅的韵味，是否与我当初来到柯桥选择做印花布有着千丝万缕的联系？表面上看是我嗅到了商机，实际上我是不是被一种性情中相近的内在美所吸引了呢？

说起来颇有意思，一个理工科出身的人，偏偏一直以来心怀文学青年的梦想。直到现在，但凡有点闲暇时间，我就会翻阅唐诗宋词，临摹书家墨迹，拜访良师益友，有时还会为觅得一个工整的对句煞费心思、绞尽脑汁，偶有满意的字、诗或对联，就会欣喜不已，那种兴奋劲绝不亚于获得一个大的订单。

我的办公室不大，里面没有阔绰的老板桌椅，有的只是墙壁上挂着的几幅名家或书友的墨宝，桌面上堆满了笔墨纸砚和有些杂乱的即兴涂鸦，博古架上也尽是杯盏、折扇、印章之类。"一撇一捺一人生，半商半工半心酸"，这也许就是我的写照。我的家里也一样，不大，但家中有良好的学习氛围，这一点得益于我爱人对孩子们的言传身教。她爱好看书，除书柜外，沙发背后、电视柜、茶几、飘窗这些触手可及的地方基本上都放着各类书籍，孩子们无事时随手就能拿起一本书看看，激发孩子主动阅读的兴趣。如今大儿子就读于浙江大学，已读大二，小儿子上五年级了，他们都保持着良好的阅读习惯。

我对文化知识和人文环境的尊崇，对书法和中国传统文化的喜爱，都得益于家乡生长环境的滋润。我的老家在乐清市四都乡，山清水秀，有风景秀美的雁荡山脉；人杰地灵，站在老家先贤求学的"朱苔岭"古道上，南眺半里是南宋状元王十朋（字龟龄，号梅溪）的出生地，北望半里是南宋诗人翁卷（字舒灵）的故居，似乎吹

林旭光的办公室不大，摆满了笔墨纸砚和杯盏

过的山风中都弥漫着诗文墨香。我曾撰长联"观雁荡奇峰东海潮涨游百里山河自然景,品梅溪诗文南师墨香传千秋故事儒雅风";也曾在"丽阳小院"诗中写下"夏戏梅溪水,冬问舒灵雪,日出听凤鸣,落霞白马归"。家乡情怀,永铭于心。我也得益于绍兴深厚的文化底蕴的熏陶,徐渭、陆游、王羲之;沈园、鲁镇、兰亭……无处不诗书,遍地皆文章。还有众多的良师益友的谆谆教导和交流提携,也对我影响颇深。前几日,我刚喜撰一联:"凤山良木泽日月,梅溪诗书照春秋",诚请兰亭书会会长王建华老师予以挥翰。在欣赏老师苍劲有力的大作之际,我心底默想,但愿"梅溪诗书照春秋"的凤愿早日实现,同时也希望自己能为家乡的文化乡村建设添砖加瓦,尽绵薄之力!

访谈时间:2023 年 6 月 21 日

访谈地点:中国轻纺城乐清商会会议室

访谈整理:吉素芬　林伊宁

启航轻纺城，踏浪互联网

人物名片

王石建，温州乐清虹桥镇人，1985 年 8 月生。现任中国轻纺城乐清商会副会长；绍兴中昆物业管理有限公司总经理；中国轻纺城跨境电商产业园副总经理。

王石建从 985 高校毕业，做过国际互联网上最大的综合性网络媒体之一——人民网的编辑；不到 30 岁就自带股份投资过两个地产项目；作为主要成员参与中国轻纺城电商产业园的策划、建设与运营，在人生画卷上书写下浓墨重彩的一笔。"年少不惧山海远"，王石建一如既往地迈着坚实的脚步，继续在创业路上奔跑前行。

梦想之舟，从柯桥启航

1991 年，年幼的王石建跟随从事纺织品经营的父母来到柯桥，每天目睹父母起早贪黑，不辞辛劳地工作，尽力为子女提供良好的读书环境。从那时起，这个懂事的小男孩就暗暗下定决心：自己一定要好好学习，长大后打拼出一片新天地，为父母遮风挡雨。

从小学到中学，一路走来，王石建的努力程度自不待言。2004 年，他以优异的高考成绩从浙江省杭州第二中学毕业，被武汉大学法学专业录取。寒来暑往，教室、宿舍、图书馆三点一线的生活串联起了王石建难忘的大学时光，为他的人生积淀了很多宝贵的精神财富。2008 年，大学毕业的王石建入职了人民网——《人民日报》建设的以新闻为主的大型网上信息发布平台，两年半的权威网站编辑的工作经历，练就了他严谨细致、认真负责、踏实肯干的工作态度。

2011 年 2 月，勇于挑战自我的王石建尝试踏入新领域，跳槽到重庆新锦江地产有限公司。在摸爬滚打的 4 年半时间里，他自带股份投资的两个住宅项目（第一个项目有 18 万平方米，第二个项目有 27 万平方米）均收获了不菲的业绩。当然，每一份成绩的背后都离不开汗水的浇灌，王石建深知新的工作内容必须补充新的能量，为了提升自己，他于 2011—2013 年间见缝插针地学习，攻读了四川大学 EMBA。

2016 年，响应政府"浙商回归"号召的王石建，刚好碰上一个要在柯桥落地开展的项目，虽然在外面打拼的事业初见起色，但他看好柯桥的营商环境和跨境电

2023 年王石建（左）在安庆参加现代纺织服装产业展览会

商中心的发展前景，于是毅然加入项目团队，回到柯桥这个他梦想之舟启航的地方，再出发，驶向新征程。

迎接新挑战，做个"键盘侠"

将柯桥作为今后事业发展的落脚点，从今天来看，王石建觉得是非常正确的一个人生选择。一方面，中国轻纺城在柯桥的发展势头迅猛，他们团队入手的跨境电商产业园项目，地方政府也会提供坚实可靠的政策支持。2015 年，"互联网＋"上升为国家战略，多个领域、多个地方的"互联网＋"政策陆续出台，传统企业和互联网企业纷纷践行"互联网＋"战略，互联网应用和创新层出不穷，互联网作为创新发展驱动引擎的地位和作用更加显著。在 2016 年，互联网进入了新的发展阶段，王石建的人生也迈入了新的发展轨道；另一方面，之前在外打拼，大多都是打工，为别人作嫁衣裳，这次在柯桥，王石建下定决心，要在这片开放、热情的土地上，开拓出一番属于自己的事业。

当时，互联网对于轻纺城来说还是一个陌生的事物。历来勤奋踏实、埋头苦干的柯桥纺织人对于这个新鲜又陌生的事物并不太了解，之前都是做线下实体交易的他们怎么也想不到，几年之后，在落地完工的轻纺城跨境电商中心，他们只需要轻敲电脑键盘，在对话框和直播间中与客户沟通交流，价值数百万元的订单就产生了。

而项目在初创之时，每一步走得都很困难。在团队总指挥吴建春的带领下，王石建和他的伙伴们从项目启动、拿地到跟踪项目，历经了 3 年多的时间，仅仅是项目之初的立项工作就花费了非常大的力气。

一个项目要想立项，新的思路非常重要。在刚回到柯桥加入团队时，整个项目的发展思路并不清晰。尽管当时有不少的经营商尝试探索跨境电商的发展奥秘，但是因为没有前人开路，所有人都不知道出路在哪里，所以没有多少人敢做第一个吃螃蟹的人。第一个问题就是，如何自己的产品向购买者展示？因为只有让别人了解到自己的商品，才有之后的一系列交易。但面料作为产业链的中间产品，不同于一般成品，线上很难看清面料的成品、颜色、工艺。供应商与买家之间存在信息差，很难将产品的具体信息、核心竞争力在短时间内传递给顾客。面料的线上营销在整个项目中是一个亟待解决的问题。

王石建说，他们团队的伙伴们集思广益：既然单纯线上的路子走不通，何不将线上线下融合在一起，打造一个一站式的跨境电商中心，为有相应需求的企业提供发展平台？这一想法与柯桥区委区政府提出的纺织产业提档升级、打造两个 2000 亿元市场的想法不谋而合。

项目于 2019 年 2 月完工，当年招商情况就很不错，商户入驻率为 60%。在项目运行还不满一年的时候，碰上了疫情。疫情三年，他们与商户共渡难关。目前，轻纺城跨境电商产业园入驻企业 457 家，与 2019 年相比，园区年收入翻了几番。

电商产业园，培养孵化了上百家企业

在"互联网＋"的背景下，轻纺城跨境电商产业园区正日渐成为区域电子商务服务的枢纽、大众创业万众创新的孵化器、促进电子商务发展的主要承载体。如今该项目已成为地区一流的集跨境电商、传统电商、电商配套于一体的大型一站式综合性跨境电商产业中心。随着周边项目的不断开发，这里俨然已是柯桥的新中心、新地标。整个跨境电商园区地上占地面积为 18 万平方米，地下占地面积为 3 万平方米。入驻园区的企业，有 80% 是以经营电商业务为主，其中电商业务领域范围一半面向国内内销，一半出口国外。跨境电商产业园作为一个孵化器，培养孵化了上百家企业。

在孵化过程中，政府牵头，跨境电商产业园配合，为有跨境电商业务需求的企业提供技术支持，帮助它们进驻海外亚马逊电商平台，为它们初步打开海外市场助力。这一技术接口问题的解决，在很大程度上促进了企业发展。王石建介绍说，如果没有跨境电商产业园区的统一布局，单个企业开展外贸的效率会低得多；经过统一布局，单个企业在推进海外发展的道路上少花了近两个月的时间。"当时我们提出这个解决办法之后，就马上开始落实，我们为入驻电商中心的商户和企业尽可能地提供帮助，帮助它们攻克对外贸易的壁垒，这也是我们成立电商中心的初衷。"

疫情三年，正是电商中心初创的三年。初创阶段，是最缺人的。在中心的发展推进过程中，在人才引入和科技创新方面，王石建团队也积累了一些经验。他说："我们现在在柯桥发展，就想着能在带动当地企业发展的同时，促进相关人才的引进。西安工程大学、东华大学、浙江理工大学、江南大学都与我们跨境电商中心有合作。"这四所学校都有与纺织面料技术相关的专业，通过校企合作的方式，帮助学生深入一线开展实践。

这几年，王石建团队也对接了不少学校，为园区引入新鲜血液做准备。同时，中国轻纺城跨境电商产业园也开展了专项行动，助力柯桥本地高校拓岗促就业。作为园区的副总经理、中昆物业管理有限公司总经理，王石建参与了园区产业学院建设、浙江工业大学之江学院实习见习基地建设，在进一步开拓就业渠道和就业岗位等方面与浙江工业大学之江学院展开深度合作，切实为高校毕业生就业、柯桥本地人才就业助力。

商海沉浮这些年，王石建始终坚持着一颗赤诚的本心，对朋友、对工作伙伴、对客户都是这样。每说到一件事中有什么重大转折点或是困难挫折时，他都笑着说，顺其自然。但成功的路上哪里会是一路顺风的呢？回过头看，王石建和他的伙伴们陪伴中国轻纺城跨境电商中心走过的这几年，汗水与苦累相伴，收获和幸福相随。唯其艰难，方显勇毅。是他们不懈的努力和坚持，才收获了现在的成功和喜悦。

柯桥情深，这里就是"第二个家"

王石建和柯桥的缘分可以说是非常深厚。身为乐清人，他从小跟着父母来到柯桥，在这里成长，从这里出发到外面闯荡，再回到这里书写人生新篇章。王石建说他对柯桥有着非常深厚的情感，柯桥就是自己的"第二故乡"。他和很多人一样，在柯桥买了房、安了家，做起了"新柯桥人"，真正实现了"创业在柯桥、居住在柯桥、共富在柯桥"。

王石建将大部分时间和精力都投入自己的事业中，而生活中他也是个顾家的好爸爸、好丈夫，平时一有空就会带着女儿出去玩，帮助老婆做家务。他爱爬山，和园区团队伙伴们去山里走走，这是他忙碌工作之余的解压方式。对于王石建来说，在柯桥工作生活是一件很幸福的事情，因为这里有他儿时寒暑假快乐的回忆，有父辈艰苦奋斗的足迹，最重要的是，"我的家人现在都陪在我身边，即使是在外打拼，但只要家人在身边，我就觉得很幸福"。

商会，是一个非常重要的"情感枢纽"

说到乐清商会，王石建是年轻的"老会员"，他加入乐清商会已经有许多个年头了。在王石建的印象中，柯桥、乐清商会这两个词一直伴随着他的成长过程。王石建的父亲、叔叔、伯伯都是乐清商会的第一代会员，王石建的父亲还曾经担任过乐清商会的第二届会长。小时候，王石建就知道长辈们是乐清商会的一分子，对商会有很深的情感，在空余时间，长辈们也经常参加商会的各种活动。从那时起，王石建和柯桥之间就埋下了缘分的种子，多年来，曾经的小小少年不断积蓄能量，现在已成长为在商会工作中独当一面的中坚力量。

　　在商会日常组织的各项活动中，都能看到王石建的身影，他作为商会的年轻一代，积极为商会建设出力。现在，王石建作为一名入党积极分子，正在积极地向党组织靠拢。工作之余，他上党课、学习党的知识、参加党建活动，与商会建立更加紧密的联系。在园区见到王石建时，他正身着正装，打着暗红色的领带。"待结束这个采访之后，我就要去学习了，以便更好地为商会尽一份绵薄之力。"

访谈时间：2023 年 6 月 29 日

访谈地点：中国轻纺城跨境电商产业园

访谈整理：吉素芬　刘忆恬

不仅要扩大出口，更期待海外开店

人物名片

吕卫兵，温州乐清大荆镇人，1973年6月生，中国民主建设会会员。现任中国轻纺城乐清商会副会长，大荆同乡会副会长；民建企业家协会副会长，印花布行业协会常务副会长；绍兴利佰家贸易有限公司董事长。

抢抓机遇——从经营服装面料到开"宽幅被套"先河

1983年以前，我国的纺织工业生产能力还比较低，国家对棉布实行票证供应，虽然可以保障老百姓生活的最基本需要，防止不合理的分配和消费，但也给人民生活带来了限制和不便。直到20世纪80年代中期，随着纺织品生产量的大幅增长，城乡市场纺织品供求关系发生了变化，在纺织工业部和商业部的共同建议下，国务院决定取消布票，敞开供应棉布，在中国流通了整整30多年的布票退出历史舞台，成为中国纺织产业开始崛起的强有力的信号。

吕卫兵的父亲率先捕捉到了这一信号，并顺应时代的潮流，开始进军纺织行业。当时吕卫兵跟随父亲来到山东济宁经营面料批发生意，在实践中不断积累经商经验。1991年，济宁建成了纺织品批发市场，该市场辐射整个鲁西南，是济宁人购买窗帘布料等纺织品的首选之地。吕卫兵瞄准了商机，将广东佛山的进口面料批发到济宁纺织品批发市场售卖，立马成了当时市场中生意最红火的商户之一。或许是温州人骨子里有敢闯敢拼的基因，在济宁赚到第一桶金的吕卫兵又于1996年转战到了绍兴柯桥这个全球知名的纺织产业集群基地。

初到柯桥的吕卫兵，其业务主体为服装面料。通过对当时市场行情进行深入的分析与研判，2001年吕卫兵将业务主体调整为家纺用品，并迅速成立了绍兴利佰家贸易有限公司。而作为家纺产业集群核心区的江苏省南通市叠石桥，是全国最大的家纺产业集群地和交易中心。但由于缺乏先进的织造机器，较长一段时间内，南通的家纺企业都无法实现2.3米以上宽幅被套的直接生产，更多的是将两幅1.6米的窄幅面料进行拼接。随着老百姓对生活品质的追求不断提升，越来越多的消费者不再能接受拼接面料带来的廉价感。吕卫兵敏锐地察觉到了宽幅被套这个商机，在2002

年，通过不断改进面料生产技术，完善坯布的上机门幅、钢筘的型号、原料的纤度、织物的组织结构、坯布的经纬密度等织造参数，实现了全棉宽幅高档家纺面料的生产。

花型，被誉为纺织面料的生命线，更是企业核心竞争力的源泉。在纺织行业持续发展的环境中，花型设计逐渐占据重要地位。吕卫兵在数十年的经营过程中，发现了这样的现象：一款图案精美的纺织产品，就算其工艺不够精细，原材料选择也不够讲究，但仍能实现销售；反观那些工艺精细但花型设计普通的产品，销路困难重重。为此，吕卫兵倾注了大量资金和精力用于花型的设计研发，同时积极采购法国等国的知名设计师作品，以确保每个季度都能推出百余款新花型，并在全球范围内获得注册权。如今，众多知名家纺品牌采用的面料均来自利佰家，同时借助广东地区的特约经销商作为主销售渠道，在全国各地的每一个布料批发市场，都能看到利佰家的产品。

行业坚守，首要是"诚信"

回忆起创业初期的艰难时光，吕卫兵讲述了他在佛山进货运输过程中惊心动魄的故事。当时正值改革开放初期，佛山因其毗邻港澳的优越地理位置及历史悠久的纺织业传统，纺织服装产业快速发展，成为国内纺织服装产业的前沿阵地。吕卫兵与一位好兄弟很快捕捉到了这个商机，经常去佛山进货，每次运货吕卫兵都自己押车，丝毫不敢有半点松懈。

在广东和江西的交界处，不法分子横行，当路过的货车上坡时，他们就会用刀具将捆缚货物的绳子砍断，货物顺势从车上滚落，便成了他们的囊中物。吕卫兵就曾遭遇过多次类似的偷布事件，最终通过警方的全力抓捕，成功地挽回了一部分损失，这也让吕卫兵更深刻地意识到了财富的来之不易。在 2008 年席卷全球的金融危机浪潮之下，纺织行业面临着极其严峻的挑战，市场环境的恶化导致了订单量锐减。然而，吕卫兵却依然不屈不挠，毅然决然地采取了品质不变、价格降低的营销策略，这无疑是一场充满挑战与艰难的征途。在当时并不乐观的市场环境下，吕卫兵仍然抱着希望，坚持着自己的信念，守护着企业的价值，直至 2010 年市场开始逐渐回暖。

2010—2012 年，中国经济开始蓬勃发展，如火如荼地向前推进。当时棉花的价格更是一天一个价，涨势惊人，价格波动幅度巨大。有时候，今天买进的棉花价格是每吨 18000 元，明天价格就飙升到了每吨 20000 元。在这样疯狂的市场环境下，柯桥生产特宽幅床上用品的 8 家工厂更是如同一条高速运转的生产线，每条线每天的产量都在 3 万米以上，这无疑是一个令人惊叹的数字。在这样充满挑战与机遇的市场环境中，吕卫兵的企业凭借着坚定不移的信念与独树一帜的营销策略，勇敢地

设立在轻纺市场的利佰家门市部

迎接这场经济风暴，终于在 2012 年收获了市场的回报。

2020 年全球疫情严重时期，各行各业都遭受了重创，尤其是对于利佰家这类主营家居生活用品的企业来说，影响相当大。当季最新款式的床上用品生产包装完毕，却无法进行销售，这让利佰家面临着巨大的经济压力。在这个过程中，利佰家始终坚持以做高品质的床上用品为目标，采用天丝和棉等天然植物为原料，坚决不以次充好。然而，在这样一个网络发达、信息流通迅速的时代，对于利佰家这类以线下销售为主的企业来说，又是一次不小的打击。网络和实体销售最大的区别就在于，在网络售卖中顾客是摸不到面料质感的。利佰家用纯棉，网络店铺用涤纶，同样的花型，老百姓只知道网上 45 块钱的货品比实体店里 200 块钱的货便宜，但其实面料质感及成本完全不同，最后体验感也完全不一样。但即使是这样，利佰家也依旧坚持质量第一，保持着线下内销经营模式，时而也会出现供不应求的情况。

吕卫兵见证了家纺市场从首轮高峰到如今逐步回落的漫长过程，并秉持着业内公认的高度敬业精神和精益求精的职业态度，在这个行业里坚守了整整 22 年。利佰家始终坚持以诚信为发展基础，不断打磨和打造自己的品牌，将优质的原材料和优惠的价格，以及与时俱进的创新精神有机结合在一起，形成了自己独特的竞争优势，使利佰家的品牌在市场上的影响力越来越大，名声越来越响亮。

同舟共济——每月 15 日是商会的"法律援助日"

2023 年是吕卫兵携利佰家加入乐清商会的第 15 年。商会制定了会长轮流值班制度，确保了全年的高质量服务，轮值会长都会准时地投入忙碌的商会工作中。每年的 3 月份是吕卫兵担任轮值会长的时段。谈及未来，吕卫兵希望自己能够拓展海外市场。2020 年，受疫情影响，诸多柯桥纺织企业在"走出去"的过程中遭遇阻碍，其中也包括利佰家。为解决企业难点、痛点，中国轻纺城建管委成立了绍兴柯桥轻

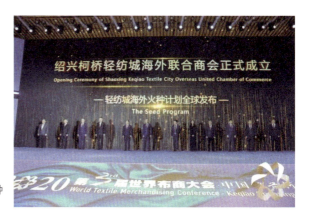

绍兴柯桥轻纺城海外联合商会"海外火种计划全球发布"

纺城海外市场促进会，这是一个面向纺织企业推介拓展海外贸易的服务平台，为众多中国轻纺城的企业架设了通往全球的"云之路"。利佰家依托良好的平台和政策，一直坚持"走出去"与"引进来"相结合，以更加自信、开放的姿态开拓新的业务领域。

　　目前，吕卫兵的子女在海外求学并创办了自己的品牌，他期望孩子就像当年的自己一样，持续努力，不仅将面料出口至海外，还在海外开设利佰家门店，拓宽欧美和东南亚市场，让利佰家走向世界！

访谈时间：2023 年 6 月 20 日
访谈地点：中国轻纺城乐清商会会议室
访谈整理：陈　丽　金梁英　顾茗思懿　韩雪懿

纺织业的"80后"黑马

人物名片

滕钊剑，温州乐清虹桥镇人，1984年2月生。现任中国轻纺城乐清商会副会长兼青年联合工作委员会副主任；浙江大义针纺有限公司董事长。

打工经历，培养了能吃苦的品质

滕钊剑家一直经营电子产品，因从小受到熏陶，他对电子颇有兴趣，并在大学选择了计算机专业。但毕业后由于没有找到理想的就业岗位，他便进入亲戚的纺织企业打工。他从基层岗位做起，每天早上6点多就起床干活，直到很晚才下班。对于一位刚刚毕业的大学生来说，这是一种锻炼，更是一种考验。刚开始，滕钊剑对纺织业一窍不通，也没有长期在纺织行业工作的想法，但接触多了，慢慢地熟悉后，他与纺织结下了不解之缘。打工的四五年间，滕钊剑对纺织行业的基础程序、整体规模、生产流程等内容有了基本了解，在对各个环节进行充分学习后，他便有了自己创业的想法。刚开始，他在绍兴安昌创办了一个规模并不大的纺织厂，圆机只有30多台，经过努力，工厂慢慢发展扩张，现有圆机200多台。

质量至上！从厂长到普通员工"大换血"

企业的创办过程并不是一帆风顺的。滕钊剑回忆，他遇到的最大挑战是在2016年，当时，厂里的圆机规模已经达到了140多台，数量上已经足够应付订单需求，但此时最大的难题是产品质量不稳定导致订单下滑，企业出现亏损。大学毕业的滕钊剑运用计算机专业思维，层层分析查找原因，发现了问题的根源——工厂的管理模式。管理人员只追求产品的生产速度和数量，而没有考虑到产品的质量。管理不到位，质量出现问题，直接导致客户数量萎缩，整个企业陷入了困难。再三考虑之后，2017年，工厂上到班子成员、下到普通管理人员，全部大换血。滕钊剑重新对外招聘技术人员，并花重金从一家大企业挖来一位优秀的管理人员，组建新班子，用标准化模式和管理制度去管理生产车间。工厂建立起日报告制度，车间主任配合查验，从源头上杜绝质量问题。

在管理模式之外，疫情也对整个纺织行业造成了一定的冲击。滕钊剑决定进行面料转型，将产品做精，走高端、精细化路线，调整价格。工厂除生产全棉面料外，还生产天丝棉、醋酸、真丝等面料。面对挑战，滕钊剑以较高的反应度与敏锐度做出了快速反应，较好地完成了疫情期间的经营。

"破除万难，将整个纺织厂转型升级，需要很大的心态转变，我觉得，必须这么做，哪怕销量不好，也要把质量提上去。事实证明，我做出这个决定是正确的。"滕钊剑总结道。

十年来，坯布厂规模进一步扩大，质量得到了很大的提升，这是滕钊剑最开心的事。经过几年的转型升级，如今企业产品在市场上具有较大的优势，得到了外商的认可，销量稳定。关于质量，滕钊剑补充道，他受到了家庭的影响，父辈企业生产出来的电子产品，对质量要求非常高，早期100件商品中只有六七十件能通过合格检测，有问题的坚决淘汰掉。这也是他把精益求精放到纺织行业上，把坯布的质量做到最优的原因之一。

"聊"出一个机器人

滕钊剑作为计算机专业的毕业生，对自动化与创新有一定的追求与想法。就在2021年，他与南京航空航天大学的一名博士合作，共同研制开发出一个搬布机器人。

在滕钊剑的眼里，这个合作的达成，说来也有些奇妙。某年春节期间，他和南航的一位博士坐在一起聊天时感叹道，如果有一个搬布机器人就方便多了。博士说，这很简单，只需要设计一个程序就可以了。就这样，他们俩达成了初步的合作意向；没过多久，搬布机器人就投入了使用。搬布机器人的出现大大缓解了人工搬运布匹的压力，提高了劳动效率。这种省时又省力的搬布机器人一定是市场所需要的。滕钊剑打算与博士继续合作，将搬布机器人批量生产并推荐给同行，共同提高生产效率。

传统纺织行业引入自动化产业，是一种创新。滕钊剑认为，时代在变化，社会在进步，年轻人必须跟上时代的节奏，将新理念和技术运用到企业经营与生产中，做市场的先行者、时代的先行者。完全固守原来的传统人工生产，是一种落后。在未来，不只是一个小企业，而是整个轻纺城都将智能化，百花齐放，年轻人会做得更好。

商会教会我很多

乐清人非常团结、乐于助人。乐清商会更是一个大家庭，加入这个大家庭，年轻成员从老一辈身上传承了乐于奉献的传统品质。

滕钊剑（左）在柯桥青年定向比赛活动中讲话

商会以活动为载体将会员组织在一起，传递很多好的、先进的理念和思想，寻求共同进步。比如，商会重视新一代青年人的培养，成立了青年联合会。这里的年轻人大多是"布二代"，商会把这批年轻人组织起来，希望他们多出去走走，传递更多的正能量。滕钊剑与其他会长一起组织了四明山红色之旅、迎亚运羊山竞跑等活动，在活动中激发商会年轻一代的凝聚力和青春活力。

滕钊剑有很多的思想观念是受到了商会其他成员的影响，比如"如何做才是正确的""怎样做才能做得更好"等，在这些方面商会教会了他很多。

在孩子的教育方面，他坚持让孩子在小学开始就住校，从小培养他们的独立生活能力，他认为自立是做好一件事情的第一步。除此之外，他教会孩子不要空谈努力而脱离实际，这将是无用功。

他始终坚信，脚踏实地地投入肯定会有所收获。他每天都会把今天要做的事情罗列出来，做到今日事今日毕；每天晚上他会复盘当天的工作有什么不足之处，然后把第二天的事情安排好，这是他十几年来一直在坚持的。

经过十几年的发展，在政府的支持与帮助下，滕钊剑的纺织厂不断拓展高端市场，开发生产天丝醋酸、天丝羊毛、真丝等高端布料，企业正在变得越来越好。

滕钊剑始终把自己当成最大的竞争对手，只有高质量的产品，才能吸引更多的人。所以，他在不断创新，突破自我。对于未来，他有明确的规划，他要与世界一线面料厂合作，把产品做精做强，出口到欧美等国。对于目前的滕钊剑来说，这还是有一定困难的，需要机遇，但他经常对自己说"爱拼才会赢"，机遇总是留给有准备的人。

访谈时间：2023 年 6 月 29 日

访谈地点：中国轻纺城跨境电商产业园

访谈整理：吉素芬　庞莜涵　董　勇

搞专利定标准，在传统行业里另辟蹊径

人物名片

吴荣国，温州乐清大荆镇人，"80后"青年企业家，香港财经学院MBA，染整工程师，九三学社成员。现任中国轻纺城乐清商会副会长，浙江中多控股集团有限公司董事长。

用创新弥补父亲的遗憾

我是"80后"，算是乐清商会中的"创二代"。我的年纪正好处在新老两代交替之间，也许是大家对我这个"中间人"的信任，也许是我做企业还算成功，老乡们通过无记名投票将我推选为乐清商会副会长，想起来受之有愧。高中毕业后，我就离开家乡乐清大荆镇来到柯桥跟父亲一起打拼，见证了父亲的艰辛和成就。2012年，我前往香港进修学习，取得工商管理硕士学位，在学习过程中见识到了不同的经营方式和经商理念。

乐清"创二代"是幸运的，前辈探索道路，我们就少走弯路。20世纪90年代初，我父亲和一批老乡看中了柯桥的发展前景，选择到轻纺城扎根。中国轻纺城的繁荣史也是第一代乐清商人的发展史，前辈们是轻纺城得以壮大的功臣。父亲作为这批开拓者中的一员，在我眼里辛苦远多于光鲜。在轻纺城经营初期，他的生意模式比较简单——开个门市部，什么纺织产品好卖就卖什么，产品涉及面广、利润低、专业度欠缺。经商十多年，父亲总是闷闷不乐，每天回家吃饭时都是心事重重，我想他在这个行业里做得很苦，承受了太多压力。轻纺城经营户人员庞杂，大家来自全国各地，知识产权意识还没有形成，相关的法律法规也不完善。我父亲想去创新但又不敢创新——当时这个市场的风气是新产品一出，大家就一窝蜂抄袭，辛辛苦苦研发的产品，一夜之间遍地都是。父亲为人老实，不会以其人之道还治其人之身，也不会在背后算计别人，只是经常无奈地对我说："我这些都白弄了，白干了""我们的东西被人抄了"。正是因为父亲的这些经历，让我毅然走上创新之路——做精做强，做别人模仿不了、抄袭不了的东西。

麂皮绒是别人跨不过去的门槛

由于父亲的经历，我对抄袭、模仿很反感，开始关注知识产权保护方面的内容。别人费时费力才得出的研发成果，有人却不劳而获，这放在哪里都不是正道。于是 2003 年下半年，我就开始寻找高门槛的产品，最后选定研发麂皮绒产品。2004年，我创立了"中多"品牌，2007 年正式注册商标。2012 年我在香港财经学院攻读MBA，学成归来后，我就组建了浙江中多控股集团有限公司。我选择麂皮绒这种面料有其特殊原因，它跟其他的产品比起来技术门槛高，别人想模仿也很难。

麂皮绒的生产加工流程需要经验丰富的技术人员精准把控，比如定型温度控制：别的面料定型温度控制在 80～120 摄氏度，范围很广，而麂皮绒的定型温度要控制在 125～130 摄氏度，这绝非易事，需要精准把控。而且，产品在染缸里的时候，工作人员隔一段时间就要去看布料颜色、毛效的变化，不像一些传统产品，扔进染缸两小时，可以不管不问。针对不同的麂皮绒，我们还要确定相应的专业工艺，选择先定、中定还是后定，磨毛是先磨、先起还是先剪，都有讲究。生产环节的精准度直接决定了产品的高端性。我在开始做麂皮绒的时候，这些环节并没有什么行业标准，我也没有资源，只能靠砸钱培养技术研发团队，攻克难题，研究每一道生产工艺，一步一个脚印走到了今天。如今我能说出来的这些标准，全是靠团队丰富的经验去摸索和制定出来的。我选择的面料本身就有门槛，又有这些难得的理论和实践经验加持，因此我们产品的门槛很高，普通同行跨进来都难，更别提去抄袭和模仿。

起草行业标准，成为隐形冠军

回望 2004 年的选择，我感到很庆幸，这 20 年，我把一种面料做到了极致，成绩斐然。一家公司只做一种面料，也让旁人惊讶不已。原先麂皮绒产品只能说是"蒙眼做"，一般企业把它当作常规产品，至于技术含量、颜色要求等只能听天由命，不能保证做出来是什么样的效果。在这种生产技术条件下，麂皮绒被框在边角料和辅料范畴，比如做凉席包边、鞋面用料、服装手肘部位的补丁材料等。中多是全中国第一家把麂皮绒做成了主料的企业，一旦面料大面积使用，会对技术提出更高的挑战：拼接处的颜色统一、毛效呈现等直接影响到成衣的效果。中多的麂皮绒面料现在所拥有的客户包括巴宝莉、阿玛尼等国际大牌企业。

我们中多控股集团公司起初规模小，面料单一，在市场里存在感没那么强。后来，中国纺织工业联合会到访柯桥，指名道姓要考察、参观我们的企业。我们还获得了"中国十大创新纺织企业""中国十大科技驱动榜样企业""中国纺织行业十大可持续发展榜样企业"和"中国首批纺织行业'专精特新'企业"等十多个荣誉称号，连续十年赢得"中国国际面料设计大赛"奖项。中多成为一个单项冠军，也开始在市场上小有名气，并占有一席之地。我个人拥有麂皮绒的发明专利 2 项，企业持有实用新型专利 20 余项，还被授权成立了中国麂皮绒生产基地、中国麂皮绒研究院，当选为行业标准起草单位。中多 20 年前选择的这条特殊赛道，如今已经成为柯

吴荣国接受媒体采访

桥创新企业的标杆，隐形冠军开始形成。

深耕与拓展麂皮绒行业是中多的未来

　　乐清商会的前辈们为我们打下了市场的基础，为我们营造出了很好的营商环境。我非常尊敬和钦佩前辈们吃苦耐劳、持之以恒的创业精神和孜孜不倦开拓市场的毅力和决心。现在新的时代市场瞬息万变，一些"80后""90后"的纺织二代脱离了继承家业的老路，转而选择去新兴行业发展，而我还是有一种"一条道走到黑"的劲头，坚持做强麂皮绒主业是我未来的基本思路。中国轻纺城今后会成为一个创新面料、专业化中高端面料和时尚面料的集散地，我相信我们研发的麂皮绒面料在其中必将占有一席之地。

　　目前，我在筹建新的企业产品展览中心，以办公和展览为目的，以时尚和科技为主题，打造梦幻式的观展体验。中多集团现在有员工100多人，其中研发团队16人，年产值在2亿～3亿元，管理框架完善。同行、主管部门和权威机构的肯定不是我们奋斗的终点，中多集团近期的两大发展战略目标是全力打造化纤、纺织、印染、服装、国际贸易产业链，加强科技创新，走差异化道路；强化科学管理，立足现有优势，在做强主营产业链的同时，逐步往高新科技、投资金融等方向拓展，在实业化、多元化、国际化的道路上实现科学发展和可持续经营。针对这两大战略目标，我还提出了四个努力方向：一是以产品研发、创新来提高附加值；二是以管理降本节耗来提高效益；三是以品牌战略来提高企业无形资产；四是以国际化经营来提高市场占有率。

　　中多人过去在传统行业中另辟蹊径，勇创伟业。未来面对复杂多变的市场，我们将加快建设现代化集团，努力跻身世界纺织业前列，矢志不渝。

访谈时间：2023年10月20日

访谈形式：电话采访

访谈整理：司马伊莎

年总产值 2 亿多元！这个"80 后"会经营

人物名片

张维建，温州乐清芙蓉镇人，1980 年 5 月生。现任中国轻纺城乐清商会副会长兼青年联合工作委员会副主任；绍兴恒屹纺织有限公司总经理。

跟随本心，辍学经商

20 世纪 80 年代，中国的改革开放刚刚起步，整个社会的思想禁锢被打破，处处都生机勃勃，农民离开祖辈赖以生存的土地进城了，小商品经济开始活跃起来了。敢闯敢拼的乐清人率先走出家门，到全国各地寻找商机。张维建的父母也和大多数乐清人一样外出经商谋生计，他们把年幼的张维建托付给长辈抚养。张维建就成了"小候鸟"，只有在假期能和父母团聚，直到 13 岁小学毕业，父母在石家庄做生意，才将他接到了身边读初中。虽然小小年纪便离开了家乡，但是在乐清老家度过的那十多年无拘无束的童年时光，让张维建知道，自己的血液里流淌着乐清人勤劳、智慧、团结的基因，无论飞得多高，家乡总是令人魂牵梦萦。

来到父母身边后，张维建看到父母每天起早贪黑、风里来雨里去地忙着生意，很是心疼他们。抑或是受父母的影响，或者是乐清人自带经商天赋，张维建对做生意的兴趣远远超过对读书的兴趣。他决定跟随本心，辍学经商。张维建至今仍清楚地记得他对母亲说过的话："妈，请相信你的儿子一定会闯出一番天地的！"他在心里暗下决心要超越父亲，那一年，张维建 16 岁。

做生意其实很辛苦，但张维建的内心是愉悦的，因为他在做自己真正喜欢的事情。"做生意的目标就是挣钱、挣钱，脑子里面天天都在想着如何挣钱。"张维建说，刚开始他跟着父母一起在市场里做男装生意，第一年就赚了 10 多万元，那时一年赚 10 多万元比现在一年挣 100 万元还带劲！18 岁那年，他又跟着父亲做面料生意，他们从柯桥、广州批发面料，拉到石家庄去卖。20 岁那年，张维建遇到了心仪的对象结婚了，此后便自立门户，在石家庄服装市场租了两个店铺，做布匹批发生意。

张维建赶上了好时代，生意的版图不断扩大。意气风发的少年在父亲的栽培下，已经磨炼成商海老手。22 岁那年，张维建和老丈人、大舅子合伙在石家庄开办了一家服装厂，招收了 300 多个工人，生产牛仔裤、西裤等，直到现在他还持有服装厂的股份。26 岁时，张维建和舅舅一起在石家庄又承包了两个服装批发市场，做起了店铺租赁生意。经过 10 多年的摸爬滚打，凭借着坚韧不拔的毅力，张维建在众多的乡亲当中脱颖而出，成为圈子里一个小有名气的商人。

"从 16 岁做生意开始，至今没有亏损过"

2011 年，张维建来到柯桥中国轻纺城发展，先是在柯桥从事面料批发业务，后来在安昌开办了一家针纺公司，从事圆机针纺业务。2017 年，公司不断创新发展，走差异化道路。张维建在经营过程中发现，假捻丝这种产品市场需求量相当大，在柯桥、广州市场乃至全国都非常走俏，需要这种特种纱的厂家都要排队等货。他当机立断，抢抓商机，一下子投入 5300 多万元，其中设备投资就花了 3000 多万元，购置了 130 多台机器，这个规模当时在柯桥算是首屈一指了。目前，假捻工厂年产纱量可达 3500 吨，一年销售额大约在 7000 万元，张维建在柯桥的两个工厂总计年产值达到 2 亿多元。

"一年一个台阶，无论是在石家庄做服装销售生意，还是在柯桥开厂办企业，脚踏实地，一步一个脚印。从 16 岁做生意开始，至今没有亏损过。"张维建自豪地说。拼搏是实打实的，从言谈举止中我们能感受到他身上有一种特有的气质，不断激发他在生意场上的斗志。一个人完全可以在自己喜欢的领域打开一个新窗口，用心做好自己擅长的工作。每一个商业投资活动，张维建都能展现出经商方面的独特才能，他善于敏锐地去捕捉隐藏在背后的商机。刚入行时，他每天都在想着怎么挣钱，一年能赚个 10 万、20 万元就觉得很满足了，当然现在他每天也在想着要发展，但不同的是肩上多了一份责任与担当。

张维建坦言，这些年来，如果说他之前是为自己的事业打拼，那么之后还要为别人的事业打拼。"我们恒屹纺织公司有 60 多名员工，每位员工的身后都是一个家庭，我得对他们负责。我身上的担子永远不会卸下来，这也是我们乐清商人的普遍想法。"

一个人能从事自己热爱的事业并有所成就是一件人生幸事。"做人必须要有四样东西，一是扬在脸上的自信，二是发自心底的善良，三是融进血液里的骨气，四是刻进生命里的坚强。"张维建说。他一直是这样做的，也常常自我反思，不断鞭策自己。他觉得，做生意要学会荣辱不惊，再多的坎坷和艰难都是暂时的、能够克服的。人在青年时的定位，人到中年时面临的压力，都与自己承担什么样的社会责任密切相关。人生是一场直播，不可能重来，我们要走好每一步，过好每一天，无论遇到什么困难，太阳都会在早上升起来，生命中总有新一轮的期许。

回顾近 30 年的从商历程，张维建说成功离不开自己的全力以赴，但才华和抱负

张维建与乐清商会会员
一起赴土耳其考察

得以施展也离不开上天给予的机会和生命中的贵人。同时张维建也特别感谢柯桥这片热土，这里有非常深厚的纺织产业土壤，这里有世界级的纺织贸易平台，这里的营商环境一流，柯桥是他的福地，他很爱柯桥这座城市。

帮助他人，是提升眼界的机会

张维建虽少小离家，但不忘乡土情。2017 年，张维建加入中国轻纺城乐清商会，并担任副会长，承担了家乡几个乡镇的党组织管理工作。他积极参与各类公益文化活动，感受商会大家庭给他带来的温暖和感动。"人和人的交往就是大浪淘沙、不断洗牌的过程。与正能量的朋友在一起，才能更好地提升自己，积极投身公益事业之中，进一步体现自我价值。"

张维建的热心在乐清商会人人皆知，他的好口碑不仅体现在敬业和诚信，还体现在他的真诚和善良。他不辞辛劳地参与商会组织的各种活动，他认为助人也是提升自己眼界和心胸的机会。汶川地震发生后，乐清商会积极捐款；乐清老家经受自然灾害需要救助的，商会都在第一时间捐款捐物。在柯桥，哪里有困难，哪里就有商会的身影。"我们是团队一起去捐的，很少有单独去捐的，这也是集体活动。"予人玫瑰，手有余香，张维建相信，利他也是利己，助人便是助己。

"商会对我们会员企业很上心，商会会员在一起抱团发展，在吴建春会长的带领下，大家目标一致，团结奋进，不断创造新辉煌。"近年来，张维建感受最深的是，商会每年的年会、团拜会都很隆重，商会的管理也越来越规范。商会的作用越来越大，商会会长、秘书长为乐清人无偿解决了很多困难，不管是不是会员，只要是乐清人，"有困难找商会"成了大家的共识。

"我有两个孩子，一儿一女。儿子今年 24 岁了，大学毕业后在杭州开了一家公司，做京东店。"谈起孩子来，张维建的幸福之情溢于言表。"年轻人就是要让他们自己去闯荡，我就是自己闯出来的。目前儿子在京东已经开了 30 多家店，在天猫、抖音上也有自己的直播平台。他在平台上卖服装、化妆品、汽车用品、登山工具等，基本上讲得出来的商品他都在做，有上万个品种。"受父亲的影响，儿子聪明又专注，事业心也很强。张维建的女儿今年17岁，正在上海读大学，学的是美术专业。他认为对子女的教育要学会放养，要给足孩子自由，让他们朝着自己喜欢的方向去发展。

访谈时间：2023年10月20日

访谈地点：绍兴恒屹纺织有限公司办公室

访谈整理：张增祥　周群芳　司马伊莎

"油画"穿在身上，公益做到心里

人物名片

毕昌煜，原籍乐清大荆镇人，1996 年生于浙江绍兴，自闭症①画家，在国内外多次举办个人大型画展和艺术元素时装秀，参与米兰世博会和纽约时装周，创立文创产品品牌"BCY"。2008 年开始投身社会公益慈善活动，成立了"浙江省毕昌煜公益基金"。曾获"2017年度中国残疾人事业新闻人物""最美浙江人"等殊荣。

　　瓜渚湖北岸的"毕昌煜艺术生活馆"可谓柯桥的文化地标之一。它是中国残疾人联合会授牌确定的"全国残疾人文化创意产业基地"，也是"2022 年杭州亚残运会残疾人事业展示点"。在生活馆门口，有四件可爱的塑像——亚运会吉祥物"琮琮""莲莲""宸宸"与亚残运会吉祥物"飞飞"。它们敞开胸怀，迎接来自世界各地的游客。

　　毕昌煜艺术生活馆成立于 2015 年，是由自闭症画家毕昌煜及其团队组建的艺术创作、展示、交流场馆。在这里能看到许多毕昌煜的油画，还有油画的衍生品——印有画作图案的丝巾上、时装及专供运动健儿的运动衣。人们会被画中意境吸引，感佩这位艺术家的才能，但其实，在他的绘画能力没有展现出来之前，他的自闭症令家人们痛苦不堪。

绘画，让情感正向表达

　　毕昌煜的父亲毕光钧、母亲赵灵芳都是浙江乐清人，他们 1990 年来到柯桥从事纺织贸易。毕昌煜 3 岁以前与正常孩子无异。忽然有一天，妈妈赵灵芳发现，每次叫儿子，他总是没反应，而且情况似乎越来越严重。她慌了，带着儿子四处求医。当得知毕昌煜被诊断出患有自闭症，终身无法治愈时，全家如遇"天塌地陷"。

　　人们这样描述自闭症儿童：他们不聋，却对声响充耳不闻；他们不盲，却对周围的人与物视而不见；他们不哑，却不知该如何开口说话。他们生活在自己的世界里，像天外来客，与身处的世界格格不入，所以，他们也被称为"星星的孩子"。

　　妈妈带着毕昌煜度过了一段极其艰苦的训练时光。2000 年，他们来到北京星星

---

①　人们习惯把"孤独症"称为自闭症，在本文中保留这种习惯表达。

雨教育研究所。整整半年，他们与其他三家人租住在一幢农民房里，共用一个卫生间。卫生间很小，洗衣服、洗澡、洗菜都在里面。课程安排得很满，家长和孩子每天 7 点多起床，晚上 8 点结束课程后才回到农民房里做饭、洗衣服。

刚到星星雨时，毕昌煜基本一个字都不说，理解力比较弱，很多话他听不懂，脾气也特别不好。赵灵芳发现星星雨的一系列课程并不是针对自闭症孩子的，主要是机构老师们手把手教家长如何带孩子。当时的毕昌煜像多动症一样来回走动，根本坐不下来，更不会拿笔写字。老师让毕昌煜坐在小板凳上，让赵灵芳用脚夹住孩子，用手扶着孩子的手握住笔，手把手教孩子写字，这样孩子才能有进步，也只有这样才能让家长懂得如何引导孩子。家长要一直不停地跟孩子们说话、训练，课后老师还会给家长布置作业，几天后老师当堂测试。直到此时，赵灵芳才彻底了解了什么叫自闭症。

"我觉得我自己和孩子都找到娘家了。在绍兴，人们觉得我的孩子是傻子，但在这里每家人都有自己的问题。"刚去北京的时候，赵灵芳发现很多家长和她一样，情绪十分低落，每次开家长会，家长们就在一起特别伤心地哭。"妈妈们更多是靠眼泪交流。"后来赵灵芳和其他妈妈都慢慢接受了孩子患自闭症的事实。

"我会尽自己有生之年，更好地教育他，让他能够慢慢缩小与正常人的距离，这就是我的愿望。"赵灵芳说。

2003 年，当毕昌煜无意间在白纸上画出一个苹果时，赵灵芳惊讶不已："可能对正常孩子来说这很简单，但对我来说这就是一个奇迹。"这一发现，让她兴奋极了，一家人都开心不已。"后来我们都开玩笑说，这可能是人类史上继亚当夏娃、牛顿、乔布斯后，发生奇迹的第四个'苹果'。"

毕昌煜的绘画之门开启了。家人买了画纸、画笔、各式颜料和许多画册，毕昌煜沉浸在色彩的世界里总能安静好一会儿，甚至画上三四个小时。

一开始，父母只是想让儿子通过绘画等方面的学习，让他的生活充实有趣，拥有正向的情感表达方式与理解认知能力，减少其暴躁情绪的发生，并没有奢望他"成为画家"。但令人意外的是，自闭症儿童"与世隔绝"，所以他们在某一方面表现出兴趣或相应的能力时，往往单纯而专注，能创造出令人叹为观止的成就。

毕昌煜在绘画方面进步飞快。

中国美术学院教授全山石在很认真地看过毕昌煜的油画作品后，对毕昌煜说："你画得很好，很有调子，色彩非常和谐。"

诺贝尔文学奖得主莫言在看到毕昌煜的作品《星空》后，为毕昌煜题写了一副对联："看缤纷世界美轮美奂，画奇幻图形半梦半真。"

毕昌煜和妈妈参加第 4 届亚残
运会火炬接力

油画感动新西兰国宝级设计师

毕昌煜的父母在柯桥做了 30 多年的纺织生意。

一个偶然的机会，毕昌煜的油画图案被爸爸毕光钧印到面料上，收到了热烈反响。于是家人成立了以毕昌煜姓名首字母命名的 BCY 品牌，专营毕昌煜油画艺术衍生品，包括时装、丝巾、首饰、床品、鞋包、茶具、瓷器等 20 多个系列。毕昌煜艺术生活馆用于展示这些产品，也成为推介绍兴文化产业的窗口。中央候补委员、中国残疾人联合会原理事长周长奎，浙江省原副省长王文序，著名主持人鞠萍，著名导演张继刚，著名艺术家吴永良、吴冠南、周春芽、刘国辉、郭海平，著名服装设计师吴海燕，"希望工程"发起人徐永光等都曾到访生活馆。导演薛晓路、演员汤唯、主持人黄婕都穿戴过这些艺术衍生品出席各种场合。鞠萍姐姐特意在央视"大手拉小手"公益活动中举办专场秀，亲自佩戴 BCY 的丝巾、穿高跟鞋做模特。

2015 年，印有毕昌煜作品图案的服装亮相纽约春夏时装周，以其独特的颜色搭配、时尚亮丽的艺术气息，一下子引发了不小的震动，毕昌煜从此成为各大时装周的常客。

2017 年 6 月 21 日夜晚，新西兰的奥克兰市灯光璀璨，欢迎一位中国青年画家的到来。原来，新西兰国宝级设计师特莱里斯·库珀在参加上海纺博会时，路过毕昌煜爸爸公司的展位，一眼看到毕昌煜的画作就喜欢上了，随后用毕昌煜的艺术元素设计了很多时装。

恢宏的音乐响起，秀场 T 台被打造成海洋的场景，现场的模特如美人鱼穿梭。她们身上的时装图案，或是自然花草，或是建筑街景，或是山川草原……意象与色彩的过渡变化，结合高端面料与匠心，打造出层次丰富的款式设计，构成天人合一的旖旎美景。

这是毕昌煜的个人艺术元素时装秀。它将这位中国青年画家笔下的画作以立体与流动的方式展现给世人。中国轻纺城乐清商会的会员们身处秀场，如在梦中。商会秘书长王新生说，很多人都是第一次看到这么高档的走秀，大为震撼。

摩挲着毕昌煜笔下的色彩，那位少年直掉眼泪

外界的盛名与商业上的回报，对于这个"星星的孩子"来说没有意义，毕昌煜不懂，也不想懂——当然，办画展他会很开心，因为自己的作品挂在墙上，有那么多人在夸他，给他竖起大拇指。只是，这与姑姑为他买了瓶汽水、妈妈给他买了个汉堡包带来的兴奋相差无几。回到家里，他便一切如旧，不再惦记。

20多年前，赵灵芳带着毕昌煜跑遍各大医院，从美国回来的医生口中得知"自闭症"三个字，那时候人们对这个病症知之甚少。从2008年4月2日第一个"世界自闭症日"开始，全世界给予了这个群体越来越多的关注。中国官方与民间有很多相关组织与项目成立了。毋庸讳言，毕昌煜有今日之成就，除了个人努力与家庭、团队的支持以外，更是借助了自闭症知识普及及人们关注自闭症的东风。毕昌煜成了其中的代表，同时，他的画家身份被人们投射了浪漫的想象，他的父母以极大的牺牲精神将家庭的斑斑血泪向世人剖肝沥胆，也在为这场运动推波助澜。

实际上，毕昌煜只是一个普通的自闭症患者。他依然会在凌晨敲响父母房间的门，因为他睡不着；他依然有许多刻板动作，时不时发出怪异声响，摇摆身体……但自从绘画之门开启后，他越来越能感知外部的善意，表达也越来越正向了。他能下厨做饭，会用毛笔"画"出隶书（很多字他并不认识，只是依样画葫芦），会默写古诗文和《心经》，会背诵词汇，钢琴水平过了三级，他的情绪、状态较之十多年前，已经是家长无法想象的稳定了。

年纪渐长，喜爱可乐和炸鸡块的他，也要减肥了。早晨，赵灵芳会带他绕家门口的瓜渚湖散步一圈，全程六公里，持续一个半小时；或是在湖岸骑自行车（妈妈骑着电瓶车在旁边跟着）；晚饭后，他也要在家中做仰卧起坐和一些瑜伽动作。他还要

毕昌煜油画作品元素参与时尚走秀

去健身房接受训练。"减肥这个过程真的还是蛮艰难的，所幸，无论多么痛苦，他都配合下来了。"从2023年3月8日到6月8日，他的体重由181斤减到了149斤，3个月足足掉了32斤。

2023年4月，毕昌煜去北京参加星星雨教育研究所的测评。测试时间较长，但他一直保持安静，十分配合。负责测评的吴老师说，毕昌煜的学习能力、认知和理解能力都非常强了。这让赵灵芳颇为欣慰。

在瓜渚湖边行走，许多人已经认得毕昌煜，热情地与他打招呼。当他能感受到外界的友善，内心里的单纯与阳光就散发了出来，也反过来影响了外界，形成了一个良性循环。在出席自己的展览、时装发布秀和公益活动时，他会把手插在口袋里，酷酷地配合"粉丝"们的合影请求，颇有"明星范儿"。

尽管他还需要监护，但赵灵芳说"渐渐就'相看两不厌'了"。听到这句话的人，都会发自内心地感佩她的付出。一个自闭症孩子，终于在妈妈20多年如一日的教导下，与亲人之间的感情越发融洽。

毕昌煜父母推己及人，多年来一直以"毕昌煜"之名在做一些公益项目（现名为"浙江省毕昌煜公益基金"），利用毕昌煜义卖作品的捐款、版权收入和社会捐赠，支持云南维西希望小学、柯桥育才学校，也帮助过澳大利亚的自闭症患者；举办"星光论坛""星星雨移动课堂""启智培能"等教育宣传项目，惠及长三角一带的自闭症家庭……其中最大的一笔捐赠，是为"肯德基全家桶"代言，每卖出一个"全家桶"，捐出一元钱给贫困山区儿童改善营养，最后卖出了3000万个"桶"，筹资3000万元。

在柯桥型塘村，一位家庭贫困的自闭症少年从慰问者手中接过印有毕昌煜油画图案的被套时，摩挲着包装上的色彩，竟然一直在扑簌簌地掉眼泪，而在接过被套的前一秒，他还在自顾自地"笑"着。这大约是两位自闭症者的"心灵感应"吧。

毕昌煜在他的童年、少年时期，为自闭症群体提供了成功的榜样，也为世界提供了了解自闭症的案例。如今，他已是青年，未来还有很长的路要走——社会关注自闭症患者，更多的是在关注自闭症儿童。因为儿童可塑性强，治疗效果更明显，并且更能引起人们的恻隐之心。当自闭症儿童长大了，成为自闭症青年，他们以后的路该怎么走？他们如何进入家庭、事业，如何与社会接触？这些都是需要社会关注并且尝试解决的问题。毕昌煜的家庭和团队现在正在探索伴随他成长的模式——有艺术事业上的，也有商业方面的，更有公益层面上的，不只是为了他，也为所有关心他的人，以及满怀期待注视着他的千千万万自闭症孩子的家长。

访谈时间：2023年6月28日

访谈地点：毕昌煜艺术生活馆

访谈人物：赵灵芳

访谈整理：徐显龙

没有大起大落，何尝不是快乐

人物名片

吴明田，温州乐清南岳镇人，1969年10月生。现任中国轻纺城乐清商会副会长；绍兴矞鑫针纺科技有限公司总经理，浙江卫鼎卫浴有限公司总经理。

见到吴明田，是在他的办公楼下。他身着浅蓝色T恤衫，留着寸头，鼻梁上架着一副金丝眼镜，神采奕奕，笑容可掬，举手投足之间尽显历经岁月淘洗的一份成熟持重。他热情地招呼我们，拾级而上，缓步走向他在二楼的办公室，并亲切地向我们介绍他的公司：一侧墙上是员工打卡考勤机，另一侧是企业宣传栏，隔窗望去是一排气派的厂房……

吴明田坦言，他很遗憾当年没有上过多少学，只能在创业过程中持续不断地看书学习。他通过学习计算机，钻研一些专业知识，管理和经营水平都有提升，不仅公司质量监控报表做得很专业，而且经营也上了轨道。吴明田成功的秘诀在哪里？让我们一起来看看他是怎么说的。

从家族企业中独立出来，在"自学"中发展

我中学毕业后就进入家族企业工作，走南闯北做纺织服装贸易生意，经过10多年的打拼，吃过一些苦，但也积累了一些经验。1997年，我随家族企业一起到绍兴柯桥，从事纺织生产经营；10年后我萌生了独立经营的想法。20、21世纪之交，中国纺织业蓬勃发展，绍兴柯桥也逐渐成长为纺织品生产和贸易的重要基地。特别是2001年，中国加入世界贸易组织，极大地推动了绍兴纺织业的发展。许多纺织企业和外贸企业如雨后春笋般地涌现出来。当时绍兴县还出台了好多政策，鼓励和扶持纺织产业的发展。那时候，绍兴市纺织企业发展迅猛，我身边的同乡好友纷纷加入此行列。看到这么好的市场前景，我也跃跃欲试，萌发了自己创业的想法。

2006年，我正式离开家族企业，独立从事梭织品的生产经营。当时我的企业规模比较小，产品也相对单一，主要在国内销售产品。尽管以前有一些经验的积累，但真正自己独立出来后，还是遇到了产品质量管理、产品营销、成本控制和人事管理等方面的困难和挑战。为此，我买来很多相关书籍，开始自学。这些书里不仅有

浙江卫鼎卫浴有限公司厂房

纺织生产专业方面的内容，还有经管类和人文历史方面的内容。自学几年下来，我不仅在专业技能、纺织业发展趋势、管理经营企业策略等方面有了提升，而且在新知识、新视野和处世哲学、格局等方面也有了积累，促进了公司的经营和管理。

2012 年，经过 6 年的经营摸索和资金积累后，我正式成立了绍兴勰鑫针纺科技有限公司，开始从事针织品的生产和贸易。现在我们公司有双面针织大圆机 150 多台，有 12～36 针等多机型针筒。当然，纺织业是不断发展的，我们的设备也是不断更新换代的。在绍兴勰鑫针纺科技有限公司成立之初，我们同时生产男女装面料，现在是以生产男式针织面料为主。我之所以做出这一改变，主要是考虑到纺织市场竞争很激烈，一些大型企业资本雄厚、设备齐全、技术力量强，生产的面料多、样式齐全，具有很强的竞争实力，占据了市场较大的份额。而我们的企业相对较小，在很多方面不及大企业，必须集中精力聚焦产品，把有限的资金放到新产品开发上，实现单品突破。现在我们生产的男式针织面料，在市场上已经有了一定的竞争力，产品初具品牌效应。我们已与很多客户建立起良好的伙伴关系，他们对我们产品的忠诚度很高，因此，我们的产品销路畅通。哪怕是疫情期间生意有些波动，但因为老客户的支持，我们很快又回到了正轨。

重视专业化和数字化，但求产品"小而强"

纺织业是传统行业，竞争压力比较大。我的企业缺少大公司的规模优势，怎么走出自己的路子？经过深思熟虑，我决定集中精力在产品专业化和精细化方面下苦功夫，不求产品"大而全"，但求产品"小而强"。

如何实现呢？我喜欢学习，懂得一些电脑知识，又到人才市场聘来一位计算机软件开发人员，按照企业的实际工艺流程，共同探讨开发符合企业生产的数字化操作软件。经过共同努力，我们终于设计出一套能监控面料生产质量的流程报表操作软件，大大提高了产品生产过程中的规范性和可监控性。同时，我们还共同开发出一套财务办公软件，既节省了劳动力成本，又提升了管理效率。

纺织业数字化是时代趋势，在纺织面料生产流程中引入数字化系统，主要看企业经营者是否有这种意识。如果单纯依靠购买外部研发的软件，不能结合自身企业生产流程加以设计或改进，即使使用了软件，一旦出现故障，不仅耗资，还会耽误生产。所以我要求技术人员必须结合我们企业实际的生产流程开发系统。

作为传统行业的小企业，我们的资本不如大企业那样实力雄厚，在发展战略和生产经营上，我们也是"摸着石头过河"，稳步发展。我们始终根据自己的实力，脚踏实地稳步推进，不干超出企业能力的事，尽可能规避因不良经营所导致的风险。

我实现了创业，让孩子去"守业"

从创业到现在，我没有令人夸耀的成绩，但企业发展也没有很大的波折。我认为，保持轻松平和的心态很重要。工作本身就是一种乐趣。一家企业没有大起大落，每年都在盈利，这何尝不是一种快乐呢？

我现在经营着两家企业，一家在柯桥区——绍兴劦鑫针纺科技有限公司；另一家在萧山区，是经营生产卫生洁具的企业——浙江卫鼎卫浴有限公司。随着年龄的增长，我在考虑如何守业。儿子大学毕业后已经参与到我们企业的生产经营管理中。都说创业难，守业更难。就我的家庭而言，我实现了创业，孩子就要守业。如何让孩子更好地守住这份家业，并发扬光大？这就需要培养和锻炼他，放手让他去干，让他快速成长，成功守业。

吴明田（左三）获评2019年度优秀副会长

在从事纺织加工贸易的这些年中，我始终满怀感恩之情，感恩柯桥，它拥有全球最大且最具活力的轻纺城，为我们这些纺织企业经营者提供了广阔的平台；感恩乐清文化的滋养，让我养成吃苦耐劳、敢闯敢拼的性格。

加入轻纺城乐清商会，我深深感受到大家庭的温暖，学到了老乡们为人处世的好品格。

采访时间：2023 年 7 月 15 日

采访地点：绍兴荔鑫针纺科技有限公司

采访整理：张　杰　吉素芬

CHAPTER 7 第七章

真情服务　真爱无价

人前，他们是叱咤风云的商界精英；人后，他们"俯首甘为孺子牛"，充当着一颗颗小小螺丝钉的角色。谈不上轰轰烈烈，却温暖至极，说不上贡献多大，却不可或缺。

　　他们，有的柔肩担重任，有的退休不退心，有的青春写锦绣，让所有在柯桥的乐清商人找到了归属感，也激发了责任感。叙乡情、话发展、谋合作，谈判维权、扶贫帮困……思想在这里碰撞，争议在这里解决，感情在这里升华。

　　在"金柯桥"这片流金宝地上，他们相信，一个人可以跳得更高，但是一群人可以走得更远。

挑担卖烟起家的商会"大管家"

人物名片

孙加珍，温州乐清淡溪镇人，1969年11月生。现任中国轻纺城乐清商会常务副会长兼财经委主任；浙江真龙伊泰纺织有限公司总经理。

杭州第19届亚运会召开期间，柯桥羊山攀岩中心作为赛事场地，受到了全球的瞩目。该场地邻近怪石嶙峋的羊山，以"蚕茧"为造型，融合了织物的飘逸灵动，夜晚在灯光下显得辉煌壮丽。曾经，羊山一带还密布着厂房与仓库，一位乐清籍企业家有33亩仓储基地就设在这里。2019年，为了配合攀岩中心及周边设施的建造，响应政府号召，他将基地让出。他就是孙加珍。

武义挑担卖烟，靖边开店卖布

1986年，孙加珍在上初二。暑假里，他跳上了一辆卡车车斗，跟随几个同村人去了200公里外的武义县。随车的，还有一批香烟。他们此行是要把这批4分钱一包批发来的香烟，按5分到1毛的价格卖出去。

他们在武义县城租了个放置点，便挑着香烟担子分头出发，到各个村镇销售香烟。孙加珍说，那时候，他一天要走10多公里山路。

夜幕降临，烟还没卖完，他只能就近问村民是否可以借宿，"我给你两条烟"。村民都实在，看他年纪小，都很热情地请他留宿。"他们说不要香烟，但我一定要给人家。"

一担子香烟要卖三四天，卖完了坐车回到县城拿货，再出发去村镇销售。别人七八天能卖完的货，孙加珍年轻阅历浅，要10天才卖完。不过这一趟，他还是净赚了82块钱。

从这时开始，他就认为只要肯吃苦，就能品尝到成功的喜悦。于是他产生了出门继续经商的想法，随即不再去上初三了，而是出门卖了几个月的香烟。1986年10月，他去投奔在陕西省榆林市靖边县做布料生意的四姐。他独自一人从虹桥镇出发，坐了10个小时客车到杭州，再坐半天火车到上海，然后乘坐两天三夜的火车到兰州；到了兰州，再转乘一晚上火车到银川；到了银川，还要坐8小时汽车才能到靖

孙加珍（右）与陈立毅参加商会组织的军训

边。他一趟下来，差不多用了一个星期时间。

四姐在这个偏远县城开了门市，销售从兰州永昌路批发来的面料。孙加珍给四姐打下手，渐渐熟悉了卖布业务。

转眼到了年底，四姐一家由于连续好几年没回过老家，就把生意交给孙加珍打理，自己回家过年。孙加珍一个人在靖边过年，吃得也随便，买来猪肉，煮一大锅米饭，简单对付一下。

过了年，孙加珍想自己单干，他准备开个裁缝铺子，做服装。于是他跟父亲联系，父亲从老家带了个裁缝过来，铺子就这样开起来了。中山装、喇叭裤、夹克衫他们都做，也兼着卖布。当年他们就赚了七八千块钱，离象征富裕的"万元户"仅一步之遥。那时，他才18岁。

再等到过年回到了老家，孙加珍便相亲订婚了。他的岳父就是后来在中国轻纺城叱咤风云的乐清商会首任会长徐祥川。

柯桥经营 37 年，担任商会"大管家"

那时，绍兴有很多印染厂，生产的产品虽然普通，但是价格便宜，吸引了各地客商。徐祥川就在绍兴皋埠批发布匹运往兰州。孙加珍婚后便与妻子驻扎在兰州的市场，承接这些货物并开展销售工作。

1989 年，柯桥已经建起了室内轻纺市场，徐祥川决定来到这里经营。此时孙加珍也来到了柯桥，开始自己独立做起布匹生意。他在轻纺城东市场和精工广场分别开设了门市部。

"现在想想，扎根柯桥经营布匹生意是非常正确的选择。柯桥的纺织产业能从 1988 年绍兴轻纺市场的有点水花，到成为世界纺织之都，与柯桥纺织业深厚的历史沉淀、先天的地理优势、优美的人文环境有密切关系。还有，更重要的是地方政府的开放开明。"孙加珍说。

孙加珍刚来绍兴时才 20 岁，内心其实是很忐忑的，未来谁说得准呢？他怕赚不到钱，又怕受人欺负。那个年代，乐清人到了绍兴就是外地人，人生地不熟的，为了争地盘红过脸，甚至打过架，可以说是很有压力的。但经过一段时间磨合和适应后，他发现绍兴地方政府对商户是非常支持的，特别是税收方面与其他地方相比很有优势，并且出台了政策鼓励他们把生意做大，所以孙加珍的顾虑自然就消除了，对市场也越来越有信心。

20世纪90年代初期成立的乐清商会（当时称为乐清县个体劳动者协会绍兴轻纺市场分会），由孙加珍的岳父徐祥川担任会长。商会把乐清人都聚拢到了一起，奠定了乐清商会团结进取的基调。

孙加珍记得，第一届商会成立时，虽然没有章程、管理办法等相关制度，但老一辈企业家为把商会建设好，自筹资金，做了大量的工作，大家齐心协力，充分利用好身边的资源，帮助老乡把生意做好。伴随着中国轻纺城的日益壮大，孙加珍的事业也顺利发展起来。2005年，他创办了浙江真龙伊泰纺织有限公司和浙江龙之亮进出口有限公司，开始做起外贸生意，把布匹销往欧美国家。

在勤业广场15楼，孙加珍的公司照壁上挂着"真诚相待，龙马精神"的标牌，这是他的企业文化。在他的办公室里，放着商会颁发的诸多荣誉。他说，在老一辈企业家的鼓励下，他在2008年加入了乐清商会，从会员到副会长，再到常务副会长兼财经委主任，前后已经任职15个年头了。孙加珍认为，商会是会员发展的平台，通过商会牵头抱团合作，强强联手或以强带弱，资源共享，带动大家去创业并创好业，实现共同发展。作为财务"大管家"，他对经手的每一笔账目都严格把关、精打细算、合理支出，没有出现过不良资金使用情况。

进军医疗产业，一年产出百亿根针头

孙加珍的产业不只在纺织领域，他的三次收购也别具慧眼。

2010年，一个偶然的机会，孙加珍看到绍兴市越城区法院公布了一则土地拍卖的通告，就和朋友商量一起去参拍，经过几轮抢拍，他们以每亩67万元的价格拍得了羊山一带的33亩土地。经过规划设计，他们造了5万平方米的厂房。除了给自己

孙加珍在乐清商会六届三次理事会议上做《商会2020年度财务报告》

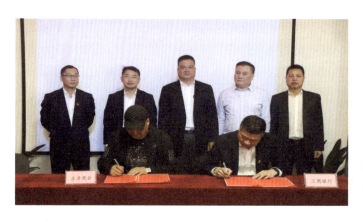

孙加珍（前排左）代表乐清商会与中国银行签订银企合作协议

企业做仓储外，大部分厂房用于出租。

2012年，经银行的一位朋友介绍，孙加珍和朋友在绍兴柯北，以每亩102万元的价格，购得占地83亩、面积达4万平方米的大越酒厂。他们按照消防安全要求对厂房进行重新改造后，获得了13万平方米具有产权证的厂房，并将空余厂房出租，获得了稳定的收益。

2016年，得知温州市建设银行在打包处置17家破产企业的资产时，孙加珍和朋友们注册了杭州智园企业有限公司，通过与东方资产管理有限公司合作，拍得17家破产企业的资产处理权。他们对瓯建医疗器械有限公司进行资产重组、升级改造，建立了6000平方米的十万级净化车间（最高标准），"进去有三道门，每道门消毒一次，里面工人都穿着防护服，生产的针头是直接插入人体的"。公司拥有13本国家药品监督管理局与浙江省药品监督管理局审批的医疗器械注册证，生产输液器、配药针、配药器、无菌注射针等，一年产出百亿根针头，出口美国、土耳其及欧洲国家。此外，企业还生产美容玻尿酸、牙科针等。孙加珍是该公司大股东，公司由职业经理人负责管理。

2015年开始，孙加珍渐渐把纺织企业交由两个儿子打理。他们都在绍兴长大，分别毕业于英国诺丁汉大学、美国西雅图大学，读的都是金融专业。虽然两个儿子刚接班，但孙加珍也不太去干预他们，放手让他们去做。

"当年信息不流通，只要敢闯就有机会，发现机会后通过经营，公司就能慢慢成长起来。而现在是互联网时代，创业更加艰难，获取信息和知识的渠道多了，竞争增强，加上疫情冲击与中美贸易战，发展的难度更大了，对年轻人是更大的挑战和考验，但他们都很有信心。"孙加珍说。

访谈时间：2023年7月5日、10月24日
访谈地点：浙江真龙伊泰纺织有限公司
访谈整理：徐显龙　陶　悦

把握先机，独具慧眼识商机

人物名片

吴朋钱，温州乐清南岳镇人，1948年8月生，中共党员，能源管理师，乐清市人大代表。现任中国轻纺城乐清商会副会长、乐清市南岳镇驻绍兴党支部书记；中国胶粘剂和胶粘带工业协会理事、中国聚氨酯协会理事、浙江省粘接技术协会副理事长；浙江多邦新材料有限公司（上虞）董事长、浙江多邦化工有限公司董事长（柯桥）。

从工人到干部，建设"京温大厦"

20世纪80年代初，乐清市人民电器厂迎来了几个南岳乡政府的工作人员，他们此行的目的，是要为乡政府招聘一位分管工业的办公室主任。

彼时，整个温州地区的工业发展迅速。1980年，温州市工业的年增速已高达31.5%，虽然到1982年因政策原因陡然下滑为-1.7%，但随着政策的纠正，工业发展回暖，急需专业的人才。

在乐清市人民电器厂这家村办企业，乡政府人员一眼相中了吴朋钱。那时，吴朋钱才30来岁，正是年富力强的时候，在厂里表现优秀。就是这么"一眼"，便让吴朋钱由一名普通工人转变成一位乡镇干部。这种身份错位，让他颇为恍惚。而时隔不久，他又从一位乡镇干部再次转身，穿上了西装、打上了领带，去了北京，负责温州市委、市政府交办的任务。

1989年，温州市委、市政府决定由乐清市政府负责筹资，在北京建立"京温大厦"。大厦选址所在的丰台区，地处北京城郊，因聚集了大量乐清人在此租用农民房，从事服装生产与贸易，被坊间称为"浙江村"。而兴建"京温大厦"，就是建立一个市场，让商户拥有一个"根据地"，同时也规范商户们的经营行为。

受乐清市政府委派，吴朋钱与乐清市公安局、工商局的同事组成三人小组，一起赴京开展"京温大厦"建设的筹资工作。据吴朋钱回忆，他们三人商议后很快拟定了一个方案：根据大厦建设总资金6500万元的预算，如果能找到1000位温州老乡筹款，那么每人只要预缴65000元，就能筹齐建设总投资款。作为给投资人的回报，项目承诺"京温大厦"建成后，每位投资人将得到一间门市部。这个筹资方案很快

吴朋钱参加南岳镇在绍乡贤座谈会

得到了乐清市政府的批复。吴朋钱三人拿到审批文件后，马不停蹄地来到温州老乡集中的面料市场，挨家挨户地做宣传工作，许多老乡都觉得这是政府出面筹建的专业市场，可信度高、回报力度大，就这样在老乡中一传十、十传百，很快就集齐了大厦的筹建资金。两年后，"京温大厦"顺利落成。到1999年时，该商城已经成为北京乃至整个华北地区服装批发市场的龙头。

"京温大厦"成为很多温州人、乐清人发家致富的幸运大厦。附近的珠江骏景小区80%的房子被乐清人买走，共有630户；望陶园业主中温州人的数量占到了70%；木樨园一带80%的商铺和住宅由温州人持有。还有一家"后院·蒲岐海鲜"饭店，专营乐清小海鲜。

"京温大厦"也让吴朋钱的管理、组织、协调等能力得到展现。很显然，在完成了这个项目后，吴朋钱将会在仕途上得到跃升，但他却选择了另一条充满挑战的道路。

果断"停薪留职"，启航创业之路

在落实"京温大厦"项目的两年里，吴朋钱看到了大城市里不一样的商业氛围，从商的种子也在他内心悄悄地生长着。1991年，在一位朋友的邀请下，吴朋钱来到绍兴柯桥。他被轻纺市场里的繁荣景象所震撼，很快买下了一间门市部，请朋友帮忙照看。

他当然明白，"鱼和熊掌不能兼得"。1993年，吴朋钱不顾家人的反对，毅然决然提交了"停薪留职"的申请，落地柯桥，成为一名布商。他眼看着绍兴县政府对中国轻纺城进行了大规模的硬件设施改造，引进了电脑网络，增设了自动扶梯，改造了市场通道、楼梯、消防等公共设施，使整个柯桥轻纺市场越来越兴旺。他也跟随着轻纺城发展的脚步，成立了公司，开始了公司化经营和管理。他敏锐地捕捉到流行趋势，不断开发新型的布匹面料，拓展销售渠道。而正是由于吴朋钱对面料工艺的钻研，为他日后的再次转行奠定了基石。

大胆涉足化工，领跑粘胶行业

2000年末，吴朋钱对与面料相关的化工产品越发感兴趣，便和两位朋友以合股的形式在江苏盛泽购买了一个占地6亩的小型化工厂。由于管理理念上存在分歧，建厂初期的两年里，工厂一直处于亏损状态。其间，吴朋钱还被在北京大兴的老乡们请去帮忙解决"国际服装名牌基地"的土地问题。直到2005年，重返化工厂的吴朋钱担任总经理，经过三年的不懈努力，终于研发出受市场追捧的产品，让公司扭亏为盈，此后赢利达5000万元左右。

考虑到家人和其他生意都在柯桥，吴朋钱卖掉了还在盈利状态的化工厂，回到了柯桥，重新成立一家化工企业。

柯桥政府对化工企业有着诸多的限制，因此厂址的选择成了一个巨大的难题。几经周折，多方打听后，他在杭州湾上虞经济技术开发区购买了一家正在转让的化工厂，投资了一亿多元对原有厂房进行整体推倒重建和技术改造，淘汰了原来所有的生产设备，按照国际聚氨酯行业的标准引进台湾地区先进的生产流水线。这就是今天的浙江多邦新材料有限公司。目前，浙江多邦新材料有限公司和浙江多邦化工有限公司两家企业共有员工100多人，已获专利27项，拥有大化工的全自动设备，是集科研、生产、销售于一体的现代化化工企业。

吴朋钱一直提倡和坚持凭技术开拓市场、凭管理增创效益、凭服务树立形象的理念。这样的坚持也很快得到了领导和专家们的高度认可。有一次绍兴市市长来企业调研时这么评价多邦："厂虽小，但是自动化在全国行业中可以算顶尖了。"

捐出上虞封城后第一批爱心物资

时间如白驹过隙。吴朋钱除了庆幸30年前做出来绍兴创业的决定外，更有着对绍兴这片热土的无限感激。他说，绍兴是他的第二故乡，他愿意以自己的绵薄之力持续回报绍兴。

吴朋钱是温州乐清市第二届人大代表，也是绍兴柯桥乐清商会党委委员，在管理好自身企业的同时，他一直奔波于乐清和绍兴两地。他向乐清南岳镇住建局提交议案，赋能家乡建设；他尽自己所能做好乐清商会相关工作，帮助在柯桥的温州商户发展事业。吴朋钱常常感念，一个企业要做大做强，要感恩党的领导、政府的关怀，更要有一颗有家国情怀、适时回报社会的心。

疫情3年，对于每个中国人而言都是难忘的，吴朋钱也一样。2021年12月8日，绍兴上虞出现第一例新冠病例后，疫情迅速蔓延开来，整个上虞区迅速"沦陷"，绍兴其他地区也岌岌可危。绍兴市政府于2021年12月9日启动新冠疫情I级应急响应，柯桥乐清商会党委及广大党员积极响应，通过捐赠物资、争当志愿者、承诺不返乐等方式，全力配合当地政府的工作。但那时的吴朋钱心里更多地牵挂着已经陆续封控的上虞。所有人对突如其来的疫情都没有经验，应该做点什么呢？

吴朋钱立马和上虞工商联取得联系，得到的回复是上虞急缺防护服。吴朋钱很快通过各种渠道，在12月12日中午联系上了一家防护服的生产商，还没问价格，就直接订购了1万套。"质量要好，生产要快，尽早到货！"他要求。

当天晚上，装着1万套防护服、挂着"疫情之下，爱未远离，浙江多邦疫情物资捐赠车"的大货车，就从湖南出发直奔上虞。防护服很快就送达上虞了，但怎么卸货又成了难题。因为上虞已经全面封城，物资专车绕了好几个高速口都不能下高速，吴朋钱担心这样会影响医护人员抗疫，于是他再次联系上虞工商联领导，最终这批物资通过绿色通道送达防疫一线。这1万套防护服是上虞封城后收到的第一批爱心物资，也解决了当时防疫物资紧缺的燃眉之急。当医护人员拿到防护服时，直夸这批防护服质量好。后来才得知，吴朋钱捐赠的这批防护服是最高级别的医用无菌防护服，质量上乘、价格昂贵。但想到能为抗疫贡献自己的一份力量，吴朋钱内心感到由衷的安慰。

吴朋钱也牵挂着乐清商会。据他回忆，1993年他刚来绍兴的时候，乐清商会还只是一个小小的协会。但"麻雀虽小，五脏俱全"，协会里聚集了不少精英。后来在乐清党委政府的支持下，成立了乐清商会。吴朋钱是较早加入商会组织的。乐清商会在历任老会长的努力和吴建春会长的带领下平稳发展，商会与绍兴各地区、各部门保持着良好的沟通，目前乐清市十个镇驻绍兴的党支部和九个分会团结一致，共同发展，柯桥乐清商会蓬勃发展，呈现出一派和谐共融的景象。

让吴朋钱记忆犹新的事有很多，比如在处理商户生意纠纷方面，原先，乐清商户与其他外地商户之间发生纠纷后，会产生一些恶性事件。但自乐清商会成立后，

吴朋钱捐赠的抗疫物资由专车运送

人们发生了纠纷，会在第一时间联络商会，由商会与商会之间进行沟通。"坐下来谈"，成了解决问题的新方法。

在慈善事业方面，吴朋钱作为乐清商会慈善委员会主任，更是起到了带头作用。商会每年都带着生活物资慰问山区贫困或残疾的孩子们。每逢教师节，他会和妇女主任一同前往学校，为教师们送上礼物和诚挚的敬意。他一直活跃在公益活动的第一线，为南岳镇修公路、建学校、盖礼堂、扶困助贫，多次为疫区或灾区运送物资。

作为一名民营企业家，吴朋钱始终不忘初心、敢为人先，心怀感恩、敢于担当，展现了一位优秀企业家的高尚情怀。接近采访尾声，吴朋钱强调，自己这一生艰苦创业所取得的成绩离不开家人的鼎力支持，他非常感谢他的孩子们在任何时刻都选择无条件地陪伴、理解和支持他的工作，他也希望自己可以一直在商会里发光发热……

访谈时间：2023 年 7 月 6 日
访谈地点：中国轻纺城乐清商会会议室
访谈整理：王小萍　陈紫来　王思淇　徐显龙

车轮滚滚，风雨兼程二十年

人物名片

张国平，温州乐清淡溪四都人，1968年12月生，中共党员。现任中国轻纺城乐清商会副会长兼商会权益保障工作委员会主任，乐清市淡溪镇四都驻绍兴党支部书记；绍兴国翔物流有限公司董事长。

停车杆一抬起，我们的车开入了轻纺城物流中心。这是一个空旷的园区，一家家物流公司都有自己的双层办公楼，楼前停着一辆辆大卡车。在国翔物流办公楼前面，几辆有"公路之王"美誉的斯堪尼亚重型卡车，颇有气势。那一刻，让人有点儿恍惚，仿佛置身于飞机场——夜色降临时，这些"航站楼"就会点亮灯光，"停机坪"上的大卡车会像飞机一样，载着这些布料飞往世界各地。

张国平坐在办公楼二楼的茶台前给我们斟茶，偶尔瞥一眼窗外，看着几个工人开着叉车，将码好的布卷往集装箱里运。他说，现在是上午，还不忙，业务员都还在市场里跑，到了下午，布料收齐了，工人装车要忙到凌晨一点。"现在有的工人还在楼下睡觉。"这位55岁的汉子，身体壮实，脸膛黝黑，一笑起来露出白牙，温和又实诚。

三名司机轮换跑，深夜到达广州城

张国平的整个童年都在一个名为"佐溪"的山顶村庄里度过。从这里去赶集，要先走两小时山路，到达山口的陈坦村，再花上三五毛钱，乘坐拖拉机颠簸10多公里到虹桥镇。直到20世纪90年代，在佐溪村村支书，也就是张国平父亲的带领下，出村的土路才变成了水泥路。

张国平一家五口人，靠两亩山地根本不够糊口。1986年，张国平跟着做木匠的堂兄去了宁夏银川。这是他第一次出远门，先要坐近20小时的汽车到杭州，转坐一天一夜的火车到北京，再坐一天一夜火车到银川。在银川，谁家孩子要结婚了，就要请木匠置办全新的桌椅床柜。张国平给堂兄打下手做家具，两人吃住都在东家家里。东家常以烟酒招待，客客气气，张国平不觉得苦。从吃米饭的南方到了吃面食的北方，他也没有觉得不习惯，还爱上了劲道十足的手擀面。

1988年，张国平的舅舅在天津雇了几个人包下柜台卖衣服，夏卖短袖、冬卖呢料，他也放下了刀刨凿锯，拿起了皮尺剪刀。他靠做衣服攒了点小钱，隔年就娶了媳妇。

1990年，张国平到了石家庄，跟妹夫合伙在新华路市场开了30平方米的布店。这里是乐清人汇聚的华北布料集散中心，他们从柯桥贩来布料，卖给北京和河北各市县的批发商。两年后，张国平又把店开到了河南郑州，在那里经营到了1997年。由于生意好、货量大，运费也是一笔不少的开支和成本。他敏锐地注意到，从柯桥运布到河南，一公斤布要花7毛钱，一吨就是700块钱，一次运30吨，要花两万多块钱，而运输成本还不到一万块。

柯桥轻纺市场非常繁荣，每天都有全国各地的客商来这里进货，运输业充满机遇。张国平想趁着年轻放手一搏，便于1998年来到柯桥，联络了亲戚，组成了一个十多人的创业团队，转让到手一个营业执照，成立了绍兴县轻纺城铁路托运有限公司，通过铁路专列，把柯桥布运到湖南株洲。

他们早上六七点起床，胡乱洗把脸、填饱肚子就去市场，一家家门面、一个个档口找业务。他们每个人分一个片区，到了下午就归拢订单，把货物分拣后，雇小货车送到火车站，再装上货运火车，就这样常常忙到深夜甚至凌晨。后来张国平又把业务发展到了公路运输。

创业之初，步履维艰。张国平能够在竞争激烈的环境中发展壮大，全靠两个关键词——勤快和诚信。

当时，信息还比较闭塞，想要获得业务，就要勤与客户沟通。无论严寒还是酷暑，张国平都坚持和伙计们一同外出跑业务，只要客户一来电话，他们就立刻出发，一秒也不敢耽搁，马不停蹄地装车、运货。

有一次，张国平在市场碰到一个非常焦急的门市部老板，上前一聊，才得知老板有一批要运往广州的货，需在合同约定的时间内送到服装厂，因出货时间十分紧张，没有运输公司敢接这个单子。

张国平估算了一下，从柯桥到广州，时间确实十分紧张。他灵机一动，一辆车一般配两名司机，如果配三名司机跑这趟业务，也许可以完成这个单子。张国平对

国翔物流公司从柯桥往返广州的专用物流车

老板说："如果你信我，那这个单子就交给我来做，我尽自己的全力，尽量保证你的交货时间。"老板像是抓住了一根救命稻草，说道："你如果能按时完成这个单子，那我就多付你一些费用，如果真的不能按时交付，那我也不怪你，这个时间确实太紧了。"

张国平立马安排人员到指定仓库装货，随即，三名老司机坐上了同一辆运输车出发了。一路上，三名老司机除了到服务区加油外，一直轮换着在路上开车，终于赶在交付当天晚上 11 时许，将货物运到了指定地点。老板非常感谢张国平，从此与他长期合作。

引进"公路之王"，组建王牌车队

大约在 2003 年，当时全国各地的公路运输线路都开通了招投标，政策规定，只要是能交得起风险押金的公司，都可以参与公路运输的招标。因为张国平熟悉广东线路，为抓住这次机会，他果断地交了风险押金，参加了投标，并成功获得了广东这条线的公路运输证，大大压缩了公司的时间成本。原来从柯桥到广东，铁路运输需要花费 3 天的时间，而公路运输则只需要 16 小时，整整节省了 2 天多的时间，客户们都很满意。

他们也开通了运往南昌、湘潭、株洲等地的公路物流线路，公司渐渐发展壮大，买了二三十辆解放牌大卡车，每辆载重 20～30 吨。张国平说，光是公司运往南昌的布料，一天就有 80 吨。

2012 年，政府的公路运输线路政策放开了，取消了招投标制度，货畅其流，这下就可以把布料运输到全国各地了，张国平的业务范围也扩大了。但张国平的公司最主要的还是做柯桥到广东的线路。因为柯桥的布料供应着广东的服装制衣产业，货源比较稳定；而回程时，又可以将广东的服装运回到杭州、义乌、绍兴等地。稳定的货源给张国平带来了较高的收益。

其实一开始，张国平的运输业务是以外包为主。2008—2009 年，考虑到要长期在运输行业发展，就要有自己的车辆和车队，经过对国内外多个重型卡车品牌的比较后，张国平最终选择了有"公路之王"美誉的斯堪尼亚重型卡车。当时，张国平采购的第一辆斯堪尼亚的车辆是 P380 型，这也是斯堪尼亚在绍兴销售出的第一辆车，售价为 120 万元。为了追求更高的标准、更快的速度，张国平又斥巨资陆续采购了 30 辆车，并聘请了驾驶技术过硬的司机，组建了自己的车队，使运输有了更好的保障。10 多年来，车队的斯堪尼亚重型卡车已经升级换代到了 P500 型，并在广州、温州、瑞安、南昌、郑州设立分部。现在，公司在广州分部的工人，就有百来个。

一年中，除了六七月之外，张国平的国翔物流公司基本都处于物流旺季，每天最多可发 10 多辆车前往其他城市，运输约 400 吨纺织品。淡季时，每天也可以发车四五辆，可以基本维持公司的运作。

车队的组建给公司带来了很大的效益，但随之也出现了一些如交通事故等方面的问题。对此，张国平制定了一系列规章制度和紧急预案，例如每辆车配备一主一副两位司机，实行6小时打卡制。在运输过程中，如果发生交通事故，公司会第一时间赶去处理，并承担一切费用。每年，整个车队缴纳的保险费就高达100多万元。交管部门也给了公司极大的支持，给车队统一安装GPS、定期开展会议普及道路交通运输安全知识等。

自2019年新冠疫情发生以来，各个行业都遭受了沉重的打击，物流行业更是惨淡经营。物流受阻、司机隔离、人力短缺等，各方面压力都随之而来。有时候司机将货物运到目的地，却因为疫情没法卸货，只能在车里吃喝睡。等到允许卸货了，司机可以返回柯桥，又因属地疫情管控要求而被隔离。业务不畅，货车还有按揭贷款，资金压力巨大，但张国平没有裁减员工。相反，如果员工不幸感染了病毒，除了政府承担的费用之外，其他一切费用都由公司全包。

对手变伙伴，多亏老乡照顾生意

在张国平办公室，与他坐对桌办公的合伙人姓楼，是义乌人。早年间，柯桥的物流生意大多是义乌人在做。哪知到了20世纪90年代末，斜刺里杀出一队张国平的乐清人马。

那是野蛮生长的时代，法制和商规都不健全，两队业务员为了抢夺生意，大打价格战，让客户都无所适从。他们都没有自己的车队，接了业务还要争着雇用市场里为数不多的运输车——开车的都是江西人。无论是运布到湖南还是广东，过境路线最长的都是江西，江西人熟悉情况，能规避车匪路霸。在双方关系最紧张的时候，

张国平（前排右）出席"律护营商，法助共富"专项行动签约仪式

一位中间人约了张国平和老楼坐下来一起吃个饭，聊一聊。老楼说："我见他人品好，开始信服他。"眼见着轻纺城快速发展，物流行业也大有可为，双方互相交往了一年后，2001年便合伙了。如今，22年过去了，公司已经报废了六七十辆斯堪尼亚大卡车，按一辆卡车能开60万公里来算，他们的车队有超过4000万公里的运输里程，大约能绕地球赤道一万圈。坐在茶台前，两位合伙人讲起当初血气方刚的日子，都嘿嘿一笑，点燃的香烟烟圈在空中缭绕……在座的还有乐清商会副会长林旭光。这位印染厂老板白白净净，戴副眼镜，写得一手好字。他与张国平原籍都是乐清四都乡，如今四都并入了淡溪镇，但在中国轻纺城乐清商会，依然保留着四都分会。在林旭光眼中，"张书记是在柯桥的四都人的'老大哥'。大家有什么困难，都找张书记商量，而他都尽心尽力地给予帮助"。面对两位老友你一言我一语的称许，张国平淡淡地说："没有，这是靠大家的。"他说，这么多年，也多亏乐清同乡照顾生意，有布都找他来运输。

履行党员义务，助力商户维权

尽管在商业上取得了一些成绩，但张国平认为，这归功于自己赶上了一个非常好的时代。改革开放以来，中国经济的快速发展和社会的巨大变化为个人的发展提供了更多的机遇。在这个过程中，张国平深刻地认识到了中国共产党领导下的中国特色社会主义制度的优越性。

2003年，张国平加入共产党，作为一名党员，他也一直积极参与党务工作，是淡溪镇四都驻绍兴支部的书记，为商会和企业的党建工作贡献自己的力量。张国平相信，只有坚持党的领导，才能保证企业发展的正确方向，实现可持续发展。近年来，他用认真的学习状态、勤恳的工作态度、扎实的工作作风，踏踏实实一步一个脚印地前进。从一名普通党员到支部书记，一路走来他得到了群众的认可，得到了上级党委领导的赞许，也得到多次表彰。他先后被评为中共乐清市淡溪镇党委优秀党员、中共中国轻纺城乐清商会党委优秀党支部书记。党支部事务纷繁复杂，而且大量事务需要丰富的知识储备和较高的综合协调能力才能办好。张国平积极发挥自身特长，运用所学知识处理党支部各项事务，很好地完成了本职工作。每年他回到乐清，就与贫困村建立帮扶结对联系，并想方设法帮助贫困群众解决生活方面的困难。每逢过节，他也经常去看望他们，送一些生活必需品和慰问金。除了特困家庭，张国平还联系困难党员、困难户，帮助他们解决生活上的困难，为他们提供优抚慰问、生活保障及教育保障等力所能及的服务。为传承中华敬老爱幼之美德，他会在重阳节带领支部党员来到佐溪老祠堂，为佐溪老人们带去慰问金，陪他们度过一个祥和的节日。平时工作不忙的时候，张国平还组织支部的党员们积极开展志愿服务，他和其他党员同志自掏腰包为困难户送棉衣、棉被，为贫困村民提供生活必需品。

张国平还是商会维权工作委员会负责人。商会在每个月15日设立法律咨询日，邀请法律顾问接待会员，在非咨询日也接待来电会员，解答他们遇到的法律难题，帮助起草起诉书等。当区政府决定易地建立国际物流中心的通知发出后，业主在拆迁赔偿款上存在很大的分歧，这里面涉及乐清人70多户、面积14.8万平方米。于是，他们书面致函商会请求出面帮忙协调。当商会收到请求函后，吴建春会长等领导十分重视，立即以商会的名义，致函中国轻纺城集团公司，集团公司董事长潘建华高度重视，亲自多次找乐清籍业主协商，最后双方达成一致协议，问题得到了圆满解决。张国平在其中发挥了重要作用。

抱团发展，互助互惠，一路走来，商会赋能了张国平的事业，而张国平又反哺了商会的发展。张国平深信，商会的明天会更好！

访谈时间：2023年7月18日、10月17日
访谈地点：中国轻纺城物流中心
访谈整理：徐显龙　王小萍　潘晓红　卢佳茜

轻纺城的影响力，来自柯桥足够的包容性

人物名片

倪华义，温州乐清虹桥镇人，1972年8月生。现任中国轻纺城乐清商会副会长，虹桥分会会长；浙江弘特纺织有限公司总经理。

温州乐清因"七山二水一分田"的地理特点，粮食自给有限，于是敢于吃螃蟹的乐清人纷纷外出闯世界，渐渐形成了经商的传统。浙江弘特纺织有限公司总经理倪华义家就是这样，他的祖父以上几代人都靠商业经营谋生，做得最多的是特色农产品生意，他们利用地域差异，走遍千山万水，历尽千辛万苦，从一些区域买进特色农产品，再运往另一个省份、另一个区域出售，赚取其中的差价。他的父辈开始做布料生意，所以倪华义说自己是轻纺城乐商中的"布二代"。

接力父辈，一步一个脚印往前走

倪华义的父亲早在1991年就开始做进口面料贸易，从广州买进面料到全国各地纺织市场上销售，这样"搬砖式"的经营做了几年，听说柯桥轻纺城的营商环境比较好，又有众多的乡里乡亲，于是他就来到轻纺城扎根柯桥了。

中学一毕业，倪华义也来到柯桥，跟着父亲做起纺织品生意。有了一定原始积累的父亲担心儿子有"大树底下好乘凉"的依赖心理，时常告诫他，要懂得前人种树的辛苦。父辈的谆谆教诲，年轻的倪华义时刻铭记在心，不敢有丝毫的懈怠，工作起来也格外卖力。的确，在具体的工作中，起早贪黑照管门市、远赴千里采购、磨破嘴皮推销……他深深体会到了父辈基业来之不易，每一分钱都是汗水换来的。

在市场竞争日益激烈的形势下，怎样守牢父辈披荆斩棘打下的基业，如何在父辈的基础上开拓进取，把业务做大做强，这些是倪华义经常思考的问题。经过综合分析和考量，他把"稳"字当头，最大限度规避投资风险，确定将稳中求进作为经营方针。

2015—2016年，倪华义有了兴办工厂的想法，于是就与伙伴合作，成立了浙江弘特纺织有限公司。虽然办了工厂，但是他们仍以贸易为主，生产的产品配套于贸

易。公司以小工厂、大贸易为方针，根据客户需求生产相应的产品。由于工厂规模小，他们自己只生产最主要的一道工序，次要的工序就委托给省内外的一些专业对口企业加工，这样就避开了企业管理成本的高投入，从而提高产品的价格优势和竞争力。

从事纺织业二三十年来，从租赁门市部到有自己的铺面，再到拥有自己的公司、买地造2万多平方米的厂房，他们的面料销售量逐年增加，产值也渐渐增加，从单纯做贸易到现在工贸一体，倪华义不无感慨地说，能走到现在，他和父亲都是很谨慎的，"一步一个脚印"，很少有大起大落的情况。

当然，3年疫情期间，由于进出广州、郑州等城市运货不方便，公司经营的纺织品销量减少了20%～30%。疫情过去后，他们积极响应国家提出的内循环政策，瞄准国内市场需求，加大生产力度，严把产品质量关，市场经营状况迅速得到了恢复。

紧跟市场"走"，不断调整布料生产方向

倪华义形象地把市场动态比作企业经营的"航向标"。由于轻纺城是配套性市场，不是终端市场，所以他们与时俱进，时刻关注瞬息万变的市场行情，紧跟市场走，把握市场需求，不断调整生产方向，进行新产品的开发。

倪华义和他的团队不断在面料更新上下功夫，研发新产品。基于公司主要经营化纤、棉麻材质的春夏秋冬四季女装面料，他们与下游的服装厂直接对接服务，不断设计生产特色面料，目前，产品已经占领了一定的市场份额。

2012年，他们研发以短纤为主材料的仿棉面料，把化纤做出毛料的感觉，替代成本较高的毛涤面料，这种布料具有毛涤的质感，却比毛涤织品的色泽好、色牢度高、便于打理，同时原材料便宜，性价比高，大大节约了成本。产品一经面世，就在武汉、北京、西安、郑州、广州、杭州等多地市场颇受欢迎，销量由10万米迅速攀升到20万米，翻了一番。

2013年，他们又研发了拉毛（刺毛）产品，其手感柔软舒适，颇为畅销。一时间，好多经营者购买机器前来学习面料加工，倪华义的贸易额又实现了一次飞跃。

2017—2018年前后，他们合作的下游服装厂商拿着进口的雪尼尔绒，建议倪华义的工厂生产这种新型面料。这种用化纤生产出绒面感觉的雪尼尔绒的确手感好，不管是成人大衣、裤子还是童装都适用，看起来有高级感。当时浙江省还没有生产这种面料的纺纱机，而进口纺纱机时间长、价格昂贵。他们四处打听，最后了解到江苏省有通过学习国外技术而制造的机器，倪华义毅然购买了国产机器，两个月后就投入生产了。

尽管他足够谨慎，但在生产经营过程中也遇到了这样那样的麻烦，其中的主要问题是货款不能按时收回。倪华义经营的针纺织品及原料、服装辅料的生产等业务，

主要通过电话联系，随机下单，其订单大多没有走正规的合同形式，存在弊端。

近年来，中美贸易战对纺织业影响比较大，欧美市场缩减。虽说倪华义公司主要是做国内贸易，但多多少少也会受到大环境的影响。加之国内纺织行业内卷严重，市场竞争日益加剧。面临新挑战，他们公司将更加注重产品质量，提高竞争力。

优秀的人，就要向优秀的组织靠拢

"能够光荣地加入中国共产党，是我人生中最大的幸事。"倪华义说。以前他读书不多，对党的认识也不是很深刻。但当他来到柯桥做生意后，遇到了很多党员，看到他们不仅严于律己、实事求是、认真做事，而且关心老乡和同行朋友，不由得产生了羡慕之情。随着倪华义对中国共产党认识和感情的不断加深，加入党组织的愿望也越来越强烈。在商会党组织的关怀下，2013年他递交了入党申请书，于2016年光荣地成为一名党员。加入中国共产党后，他树立了更远大的追求和理想，这对他经商也起到了极大的促进作用，更加激发了他的斗志。倪华义还自豪地说："优秀的人就要向优秀的组织靠拢。只有加入中国共产党，我才会有新的更大的进步，才能使自己变得更加强大。"

商会党组织每个月召开组织生活会，倪华义会放下一切工作准时参加，通过学习，他觉得心中的方向更加明确，会时时关心国家大事和周边小事。习近平总书记提出的"一带一路"倡议擘画了与周边国家合作发展的新蓝图，对纺织行业走向"一带一路"合作伙伴起着非常大的推动作用。倪华义经常以一名优秀党员的标准来严格要求自己，大到汶川、玉树地震、肆虐的新冠疫情、带来巨大损失的"利奇马"台风，小到家乡铺路架桥，他都以身作则，积极捐款。2017年，他被轻纺城乐清商会党委评为年度优秀党员。

有轻纺城这个大平台，我们一定会做强做大

倪华义刚来柯桥时，正值风华正茂的青葱年华。弹指间，当初的毛头小伙早已

倪华义（右一）参加商会党委组织的活动

变成了成熟稳重、事业有成的中年人。回首往事，倪华义无限感慨："柯桥见证了我的成长，我目睹了柯桥的发展、轻纺城的繁荣，柯桥就是我的第二故乡，我对这里的山山水水了如指掌。"

轻纺城在不断成长壮大。四通八达的道路、鳞次栉比的高楼大厦、现代化的商贸区，柯桥区委区政府为纺织企业搭建了很好的商贸平台。在这里，不仅有温州乐清人，还有来自全国各地的商人，更有着不同肤色的外商，足以显示出轻纺城的包容性和影响力。同时，轻纺城为各类企业提供了很多政策支持。"虽然我们是小企业，但是我相信，以轻纺城这个大平台为依托，我们的企业一定会由小做大，越来越好。"

"我们乐清商会是一个大家庭，大家团结，有活力。"身为轻纺城乐清商会的一员，倪华义深有感触。商会在及时解决内部矛盾纠纷、督促会员合法经营、组织学习政治经济政策等方面，发挥了积极的作用。

商会以活动为载体，增强乐清人的凝聚力，还实行评奖机制，充分肯定和激励大家正向发展。2017年倪华义一家被商会评为第一批"五好家庭"，2019年他被商会评为优秀副会长。倪华义表示，这些肯定和激励对他而言是一种动力。

采访时间：2023年6月29日
采访地点：中国轻纺城跨境电商产业园
采访整理：张　杰　林婧琦　吉素芬

东海捕鱼　瀚海独行　商海搏浪

人物名片

庄文龙，温州乐清南岳人，1964年10月生。现任中国轻纺城乐清商会副会长兼商会文体委副主任，南岳分会负责人；绍兴人从众纺织有限公司总经理。

渔家子赴南疆，石油基地做油漆

我的老家在东海之滨的乐清市南岳镇杏渔村，父亲是渔民。每当生产队出海捕鱼满载而归后，每家每户都能分到不少鱼、蟹、虾，甚至能分到十来斤重的野生黄鱼，拿到市场上卖，可以有不少收入，因此我的家境还算不错。

初中毕业后，我也下海捕鱼，干了一阵子后，我还是想出去闯闯。1981年正月，乡里一个油漆师傅要去新疆乌鲁木齐做工，我怀揣母亲给的200块钱跟着去做了学徒。那时候交通不便利，我们辗转到上海、西安、兰州，过了许多天才到达乌鲁木齐。

在乌鲁木齐，我跟着师傅学习了3个月，掌握了给家具做油漆的基本工艺后就想自己出去单干了。我知道有个亲戚在喀什做木匠，于是就想过去跟他一起干。师傅通情达理，给我买了一张去喀什的车票。车票50元，路程1500公里，要四五天时间才能到达。一路所见，都是被称作"瀚海"的戈壁滩。中途我就在维吾尔族或者回族农家的供应点吃馕，晚上睡在简易的旅馆里。

我的邻座是一位维吾尔族教师。那时，维吾尔族人中很少有人会说汉语，但他汉语很好，经过几天的相处，我们便熟悉起来了。到了喀什，我一时不清楚亲戚具体在哪儿，这位教师就邀请我先住到他家里，正巧他们家也需要干点油漆活儿，我就在他家住了一个多月。后来，我跟父母通过电报联系，才知道亲戚在喀什地区的泽普县石油基地。

我还没有跟亲戚联系，就急着坐上了去石油基地的客车。在车上打听时，刚好一位乘客就在石油基地工作，一聊起来，他竟也是浙江人。他说："你跟我走就行了。"

我跟着他到了石油基地，他很热情，让我先住在他家，再陪我在石油基地打听亲戚在什么地方。基地不大，我们很快就找到了人。亲戚是木匠，他做好的家具，由我负责油漆。

石油基地在戈壁滩上，由一顶顶帐篷发展到一幢幢平房。周边还有军分区的两个团。在部队，连长以上级别的军官可以分房子、带家属、做家具。由于位置偏僻，油漆工在当地很紧俏。他们待我很好，在炮团一个星期可以吃一次米饭。

那时候做一天油漆可以赚四五十块钱，我第一年就赚了1700块钱——当地猪肉才8毛多一斤，这算是高收入了。

从夫妻店到"人从众"公司，再到海外参展

1985年，我回家结了婚，妻子是裁缝。在新疆认识的一位老乡建议我们去西安做服装生意。于是我们来到西安，租了一间房子，自住兼开裁缝店。很快，我们在老乡们的帮助指导下又去康复路批发市场租了个摊位。我和妻子的分工是女主内、男主外。记得当时我们买的是运动面料，拿回家由妻子加工，妻子手很巧，很快做出运动服和沙滩服，我就拉到康复路批发市场的摊位上去卖，卖出服装后再去进面料，日复一日，渐渐地我也掌握了不少面料知识。1991—1992年间，在进面料的过程中，我到柯桥考察，并到亲戚在柯桥做纺织生意的门市部交流，柯桥纺织行业比较发达，市场很大，我亲戚说他一年能赚几百万元。

1993年，我跟几个朋友在柯桥开了门市部，一起经营，生意不错，尤其是2000年，生意格外好。后来，生意情况基本稳定后，我和朋友就分开做了。2004年，我只身一人到上海打拼，跟朋友合伙和台湾同胞做起了浴室防水布生意。想起创业至今，辗转新疆、陕西、辽宁、江苏、上海等多个省市搏浪商海，我受到过很多朋友的资助和指点，心中充满感激。

一年后，我又回到了柯桥，帮助妻子和女儿茜茜创立了公司，并将自己的产业渐渐交给她们打理。

说起女儿茜茜的名字，还有个故事。女儿出生在西安，因为当时我们在西安创业，在字典里看到一个"茜"字，下面有个西安的西，觉得这个字好，就给她取名茜茜吧！

2012年，我女儿结婚。同年，我们的新公司——绍兴人从众纺织有限公司也成立了，真可谓双喜盈门。

公司历经多年的发展，已经拥有优秀的研发团队，一直致力于新产品的研究与开发。公司主要从事针纺织品、服装等业务，经营的产品主要有空气层、泳装布、天丝罗马、CEY、四面弹等面料。

公司名为"人从众"，寓意为"星星之火，可以燎原"，我始终坚信团结就是力量，只要公司上下一心，就是再小的力量，也会绽放出属于自己的光彩。公司秉承

庄文龙参加南岳在绍兴能人志仕座谈会　　2020 年庄文龙（前排右六）参加商会体育活动

"以人为本，以质为根，客户至上，互利共赢"的原则，致力于打造中国纺织行业的优质品牌。十多年的风雨，造就了人从众不断进取、追求创新的品格。

现在，女儿以公司内部管理为主，女婿以外部经营为主，他们将面料等产品出口到中东和欧美国家。公司生意越做越大，疫情前，他们曾多次赴海外参加展会，开拓了海外市场。

文体活动，捐资助困，以身作则

我一直是乐青商会南岳分会成员。2005—2008 年，负责商会南岳片区工作的吴建春要去成都投资，临时委任我为代理负责人。我自 2008 年担任商会副会长兼文体宣传工作委员会副主任和南岳分会会长以来，尽我所能帮助商会会员、服务社会，积极开展文体活动，组织篮球队换届等活动。

商会是个温暖的大家庭，每当有灾情，商会都会第一时间组织会员捐资助困。汶川地震、玉树地震、乐青台风及疫情期间，我们多次开展捐款活动，为灾区群众献爱心。我妻子也曾捐资帮助一名鲁迅中学的高中生顺利完成学业，考上大学。

我们虽然在柯桥定居发展，但始终不会忘记家乡的养育之恩。听闻家乡在提升社区服务效能，建设文化礼堂，特别是想为老年人提供休闲娱乐场所的时候，我们南岳分会一同商讨捐资事宜。大家踊跃捐款，前后共捐赠了 100 多万元，获得家乡人民的好评。

访谈时间：2023 年 7 月 5 日、10 月 17 日

访谈地点：中国轻纺城乐青商会

访谈整理：陈　皓　叶易灵　苏鹏翱　徐显龙

柯桥是我们乐清人心目中的风水宝地

人物名片

薛化培，温州乐清淡溪镇人，1975 年 8 月生。现任中国轻纺城乐清商会副会长；绍兴鑫龙达纺织有限公司总经理。

年轻时，我曾经经历了一个比较迷茫的阶段，对自己的未来并没有一个清晰的规划，也没有想过 10 年之后的自己会是什么样子，所拥有的全部资本就是年轻和年轻人那股敢闯敢拼的劲头。现在想想，也正是这股劲头，成就了现在的我。

1993 年初中毕业后，我开始跟着父亲做木材生意，从福建发货运往上海销售。那时候做生意很辛苦，赚的钱也不是很多。1997 年，我听亲戚说柯桥布料生意好做，想着做木材生意不是长久营生之计，不如试一试。于是我来到了柯桥。

刚来柯桥时我对布料一无所知，我在网上查阅布料的相关知识，了解布料的基本性能，又跟着亲戚实地学习，渐渐开始独立经营。

执着——异地建厂完善产业链

我在绍兴柯桥成立了绍兴鑫龙达纺织有限公司，主要经营男装、女装、童装面料，与江苏吴江盛泽的生产基地合作，把布料发到柯桥染色加工，做的是备货生意。我们以内销为主，面料主要销往杭州、武汉等批发市场。我们的备货需要对行情进行准确分析和研判，万一判断失误就会造成严重损失，但我运气还不错，没有太多的失误。

后来在做生意的过程中，我认识了嘉兴的一位朋友，我们很谈得来，想着一起开个纺织厂，于是我们经老乡朋友引荐，一起在河南平顶山开了一个占地几百亩的纺织厂，生产坯布，正好跟柯桥的企业形成了一个上下游产业链。我经常看新闻，听专家说，规模优势是当前中国经济最为突出的优势条件。产业链可以通过"成本分摊"降低生产成本，以抵消大环境下劳动力成本上涨造成的压力。党的二十大报告也指出，"着力提升产业链供应链韧性和安全水平"。在这样的宏观大背景之下，我们更加坚定了做产业链的决心，当初创办的平顶山纺织厂确实发挥出了这个作用。

鑫龙达纺织有限公司自创建以来，始终坚持"创新、品质、服务、节约、敬业、感恩"理念，吸收新创意，严把质量关口，进行全方位的服务跟踪，坚持做出高品

薛化培参加乐清商会六届一次会员大会时合影

质产品。本着"追求、员工、技术、精神、利益"十字宗旨，我们以质量为生命、时间为信誉、价格为竞争力的经营信念，经过多年的经验积累，长时间产品的打磨及完善的服务，取得了良好的效益。

疫情过后，很多同行都转向了外贸行业，并且柯桥也设立了"新义欧"班列，不可否认，外贸具有利润高、回款及时的优势，但也面临着海外需求收缩、订单量骤减、收汇风险增加等不利因素。我想专注做好内销，因为国内有14亿人口，仍有较大的内需潜能，我想继续发挥好我的产业链优势。

创新——"面料再造"让衣服"不一样"

大家知道，服装流行趋势明显，服装的款式变化迅速，要求我们做布料的必须保持更新节奏，与时俱进，不断地开发出适应市场的新产品。

从春装到冬装，市场始终处于激烈竞争态势。在优胜劣汰的市场竞争中，布料的整体市场结构问题更加严峻，产业升级迫在眉睫，这对我们来说是一个很大的挑战。每年服装的流行趋势都不一样，我们只有不断加快创新脚步，紧跟国际潮流，保持面料更新频率，才能保持甚至扩大我们的客户群。对整个柯桥轻纺市场来说，客户群是共有的，哪家创新快、产品对路，哪家做成生意的概率就大。从客户的角度看，他们也在不断寻找替代供应商。所以我们必须经常关注纺织服装的流行趋势，外出调研，向他人学习，多交流借鉴，提升团队的设计能力。

在经营过程中，有这么一个规律，一般到年底，原料如锦纶、氨纶、涤纶长丝都会不同程度地涨价，成本增加，利润被压缩，我们的经营压力自然就会增大，这些都是整个布料行业面临的问题。近几年受电商影响，加上经济下行，消费者购买力也有所降低，大环境消费低迷，收账很难。我做备货生意，有时积压库存也是难免的，如何把积压的货物利用起来以减少损失？我们就要创新再创新，把货物充分利用好，使其价值最大化。

我们设想，可以把一些相同的元素在一块面料上进行重复运用，完成面料再造，赋予一件衣服不一样的观感；或者是通过纱线分析、纱捻结构变化、经纬纱织变化、经纬色组合变化、编织结构变化、粗细纱变化、颜色穿插变化、后期人工整理等，通过压胶覆膜等特殊工艺及纱线成分变化等物理、化学调整，达到艺术效果，迎合当季流行趋势的概念来创新。流行镜面面料，我们就在布面上覆上一层化学胶膜，达到布面闪亮效果；流行编织效果，我们就把各种纱线组合在一起，丰富色彩……我们通过种种创新，让生意回温。

秘诀——把复杂的事情简单化

如果说我来柯桥奋斗了20多年还算有点成就的话，我觉得成功的秘诀就是：把心态放好一些。不论是创业还是生活，心态放好，才能更好地应对竞争和压力，始终以一种积极的思考、乐观的精神面对工作和生活。还有一点就是用简单的头脑去处理复杂的事情，把压力变成动力。其实有些事情本身并不复杂，是我们把事情弄复杂了。回归简单，会使各方面更顺畅。压力有大有小，你把它看得重，它就重；你把它看得轻，它就轻。做生意这么多年，适当的压力对我来说也是需要的。适当的压力可以让我不畏惧困难，思考如何去打开一个新的局面，如何打破旧有的格局，萌发自信和勇气，这些都是生意场中非常重要的因素。我一直向别人学习，努力克服困难，想办法赚钱，才有今天的收获。当然机会也很重要，我也是比较幸运的，赶上了一个好时代，遇到了一个好商会。

柯桥的区位优势明显，是我们乐清人心目中的风水宝地。如今，柯桥区的营商环境打造已从基础阶段迈入了提升阶段。柯桥政府通过在服务作风和效能方面做文章，确保了优质的营商环境，大家在此安居乐业。我的儿子从部队转业、女儿在大学毕业后都来到柯桥谋发展。相信柯桥的未来一定会更加美好！

访谈时间：2023 年 6 月 29 日
访谈地点：中国轻纺城乐清商会
访谈整理：唐根年 宋汉卫 吉素芬 董鹏程

两代人的15岁：出门经商与出国留学

人物名片

赵章富，温州乐清淡溪四都人，1972年6月生，中共党员。现任中国轻纺城乐清商会副会长；绍兴恩知纺织贸易有限公司董事长。

赵章富在市场卖了30多年布，他的一儿一女的婚事也都是在市场里结缘的。

兰州卖布，背着女儿摔在冰面上

赵章富的老家在四都双尖凤村。这是一片山中谷地，家家户户除了种地，都做点木匠活儿，主要做和八仙桌配套的木凳子。每月初三、初八，人们天不亮就会把凳子搬上拖拉机，拉到虹桥集市上去卖。赵章富的父母很勤劳，他从小也跟着学了木匠手艺，帮忙做活补贴家用。

1986年，赵章富初中毕业，虚岁15岁，对未来还很懵懂。他的姑父在内蒙古做过木匠，后来又做裁缝生意，赵章富便跟着去了。这是一个内蒙古东部的小乡镇，靠近吉林，风沙很大。赵章富自小生长在青山绿水中，哪里见过这份荒凉？风沙一起，他便特别想家，而乐清人出去闯荡，往往过年才回一趟老家。他看看墙上挂的日历，还是那么厚的一本，要撕到什么时候才能见到爹娘？

不久，赵章富又随着姑父到了甘肃天水秦安县，在一个小商品市场里租了门市部卖布料，姑妈在柯桥给他们进货。县城在黄土高原上，柯桥的布料到兰州要一个星期，兰州再运到秦安要走六七个小时的盘山路。

1987年，他们辗转到了兰州。乐清老乡徐杏地（中国轻纺城乐清商会原会长）在永昌路边架上钢丝床，露天摆摊卖布，带动了许多乐清老乡一起过来摆摊，渐渐形成了一条马路市场。赵章富也在其中。后来，徐杏地带动这些乐清布商转战到了下一个市场——柯桥。

赵章富和姑父在兰州的人民饭店租了两个房间，一间作为仓储，一间住人。他们在硬板床上睡觉，在柴油炉子上做饭。房子一个月要七八百块钱租金，尽管价格高于一般民房，但同乡们都聚在这里，能够互相帮衬。柯桥布料经过几道托运，往往是凌晨到货，冬天气温动辄零下十几度，没处雇人卸布，还要现付车费。敲敲邻居的门，互相搭把手，垫付点钱，是经常的事。今天你帮我，明天我帮你，有时还合伙进货，一起卸货。

1988 年，兰州政府把摊贩们引导到了光辉布料市场。赵章富他们租下了一个十几平方米的门店，楼上还能住人、做饭。他们在那里做了六七年，经营的布料很杂，客人要什么，他们就找什么，或者根据自己的判断来进货。客户大部分来自青海、内蒙古、新疆等地。除了过年回老家，他们每天从早上八点营业到下午五点。

每到过年，游子回乡，牵线做媒的便忙碌起来。赵章富一家人都善良和气，邻居见他实实在在，乐得把隔壁村在石家庄做裁缝的表妹介绍给他。在农村，每家每户知根知底，当时的风气也较为单纯，有钱没钱，差距不大。年底回乡，双方见面觉得合适，就订下了亲事，出了十五过了年，两套行囊合到一处，就肩并肩外出做生意了。

1995 年初，赵章富的女儿在兰州出生；不久，妻子又怀了二胎，到了 1996 年临近春节，妻子有了早产迹象，赶紧住了院。赵章富料理完生意，背着女儿去看妻子，道路已经结冰了，他小心翼翼行走着，还是一个趔趄，扑倒在地。女儿受到惊吓哇哇大哭。他不顾自己的疼痛，安慰女儿，心里还在庆幸，好在是朝前摔倒，没伤到女儿。

儿子早产了两个多月，住进了保温箱。赵章富一家在医院里过的年，听到窗外的鞭炮声，似乎还能闻到兰州人家的饺子香。赵章富想着自己 15 岁就出门经商了，可生意还做得这样小，有时一年能赚几万块钱，有时又亏得一无所有，难免心情失落，那无尽的思乡愁绪漫过心头。

柯桥创业，一家四口蜗居七八平方米单间

20 世纪 90 年代，兰州市场上卖布的乐清人掀起了去柯桥创业的风潮。大家都在说，柯桥市场大，赚钱机会多，于是陆陆续续向柯桥转移。以至于整个光辉市场，只剩两三家乐清商户还在经营。

1996 年，赵章富和妻子，除了抱着一双儿女，几乎两手空空地来到柯桥。他们在一纺新村租下一个七八平方米的房间，与其他租户共用一个客厅，开始了在轻纺

赵章富接受笔者的访谈

城的创业生活。这时，他还是和姑父、叔叔一起经营，在东交易区圆厅摆开钢丝床，销售布料。品类并不固定，全凭自己的眼力与判断力，看好什么卖什么，也发货卖到兰州去。那段日子很是辛苦，为了把控品质、保证货源、保持竞争优势，赵章富没有批发市场里的现货，而是自己把关做成品，先到原料厂找好坯布，再运到印染厂染色。那时候印染厂业务紧俏，每天都是人挤人。赵章富得随时盯着进度，一次没排上，可能别家就抢了先，再也轮不上了。他常常在印染厂的食堂和宿舍吃住，有时索性就睡在印染厂的货车上。待布料染好，再和老乡们拼车发往兰州。

1999年，赵章富考虑到市面上男装的花色同质化现象明显，缺少一些新颖样式，决定做差异化的男装面料。于是他在材质、花色、设计等方面做了很多大胆的尝试，果然，一些比较新颖的花色在市场上大放异彩，有了很好的销路，得到了客户的认可，从此他更有信心了。

随着生意的扩大，他也有了自己的门店和仓库，有了自己的公司品牌。随着产品款式的多样化和产量的增加，生产压力也随之增加，赵章富选择与知名度高、质量上乘的工厂合作对接，分工细致，强强联合，开发出更多高品质的新颖男装面料。赵章富带领团队克服惯性思维，在面料的色牢度和抗起毛起球方面下大工夫，不断提升产品质量，赢得了客户好评。

他说，布匹的竞争力不仅与本身材质有关，印染技术也有诸多讲究。除了印染以外，其他针织方式也会对布匹的耐磨程度、舒适程度等产生影响，这就要求生产厂家对产品品质进行严格把控。

女儿留学，以父母创业艰难激励自己

转眼间，赵章富的一双儿女都在柯桥长大了。女儿15岁那年，得到了新加坡高中的留学信息，心生向往，于是征询父母的意见。

赵章富明白，对于一个少女来说，下决心独自远涉南洋的那一刻，就已经明白这对于她来说意味着怎样的艰辛。想到自己15岁时还对未来懵懵懂懂，赵章富心中感到欣慰，决定支持女儿的选择。

女儿抵达新加坡后，不可避免地遇到种种不适，也常常流着眼泪打电话回家，跟父母说说话。赵章富和妻子给了她很多鼓励。而女儿从小见惯了父母艰苦创业的状态，知道他们在跟自己一样的年纪时，已经远赴北国谋生，心里自然会不断自我激励。

就这样，女儿在新加坡读完了大学，回到柯桥后，先成家，后立业，现在与女婿一起创业。说来有趣，赵章富在兰州时，认识了同在市场经营布料的老缪，两人过年回乡也总会在酒席上遇到，不免碰上两杯。现在，两人成了亲家，是当初谁都没想到的。

儿子的婚事也是在市场里结缘的。与赵章富由邻居牵线结婚相似，在联合市场，

他的隔壁就是儿媳的大伯的门店，儿子和儿媳四五岁就一起玩耍了，两家人也常常开玩笑，后来竟也真联上了姻亲。

很长一段时间，赵章富都是和姑父、叔叔在一起经营，直到儿子从上海财经大学国际贸易专业毕业后，他们才开始自己独立经营，不断丰富面料风格款式，为海澜之家等众多品牌服装企业长期供货，并尝试拓展国际市场，将产品销往美国、印度、意大利等市场。

当选商会副会长，却自称只是"卖布头"的

2006年，赵章富终于在柯桥买下了自己人生中的第一套房子，是一套复式，面积有180平方米。从人民饭店连带仓储的出租房、光辉市场门店的附层、一纺新村的单间、红建新村与笛东花园七八十平方米的租住套房，到如今傍水而居的美宅，他不无感慨。他热爱柯桥，也喜欢这里的人。1997年，老市场一个门面一年租金要40万元，他为了节约经营成本，经人介绍，与比他大几岁的老张合租了一个门面，一人半边，赵章富做TR仿毛面料，老张经营毛料，他们在生意上互相照顾，在生活中成了朋友。门店每日早上八点开门，下午六点关门，两年下来，绍兴人的勤俭、善良、"够意思"，让他十分感动："乐清人是外来户，生意做得好，有点反客为主的意思，但绍兴人并不介意，甚至乐见其成。"

市场上的同乡也很有凝聚力。实际上，轻纺城经营男装面料生意的乐清人很多，但是大家在合作中竞争，又在竞争中合作，形成了一种积极、友好、互助的良好氛围。

2018年，经大家的推荐，赵章富出任乐清商会副会长。"商会对所有在柯桥的乐清人来说就是自己的家，它是一个充满活力和创新精神的组织。我一直认为自己的条件并不足以胜任商会副会长，很多会员企业都做得很好，无论是外界还是会员，大家对商会的评价都极高。能够出任副会长，我感到这是一种莫大的荣誉。"

在商会，人们总会说"携手共进"。这也是赵章富很喜欢的一个词，他和很多老客户，不仅是生意上的合作伙伴，而且在生活中也成了好朋友，彼此之间相互信任，建立了深厚的友谊。他说："未来，我们在保持销售以梭织类为主的男装面料的同时，也将不断尝试出口成衣。期盼在客户选择面料的同时，也喜欢我们制作的成衣。"

赵章富是穿着老布鞋来到乐清商会驻地接受采访的。低调朴实的他很少提及自己的成绩，他谦虚地说自己只是"卖布头"的，跟大家比不了，还要继续努力，做好自己的小生意。

访谈时间：2023年10月17日

访谈地点：中国轻纺城清商会会议室

访谈整理：徐显龙 任文杰 余 豪 孙梦涵 林思彤

"偷师学艺"成长　引领技术高质量发展

人物名片

　　王兴柱，温州乐清芙蓉镇人，1962 年 11 月生，中共党员。现任中国轻纺城乐清商会副会长兼财务监督工作委员会副主任；绍兴协华彩涂压皱有限公司董事长，中国轻纺城永昌布业有限公司董事长。

学习永无止境，技术引领突破

　　1992 年，我到绍兴发展，此前我已经从事了近十年的服装供销生意，对布料非常熟悉和了解，我发现绍兴柯桥市场布料质量不是很好，就抓住这一突破口，开启了在绍兴柯桥的创业发展之路。

　　为了学习更多的布料生产工艺，填补布料生产技术的缺口，1994 年我只身去韩国学习，考察了韩国的几大工厂，学习他们的生产技术与加工工艺，这个过程是充满刺激和挑战的。因为当年我是"混"在一些与我合作的北京采购商中去各大工厂参观的，如果以生产厂商的身份到韩国工厂学习，肯定会吃闭门羹，于是只能伪装成采购商的身份"偷师学艺"。国内布料行业与韩国等纺织企业先进生产工艺技术的差距让我震撼。不过面具总有被揭穿的一天，几年之后，当我再次去韩国学习考察时，我布料生产厂商的身份被他们发现了，自然被列入禁止参观的名单。

　　虽然这件事很尴尬，但也算是我创业过程中一段难忘的经历，也让我收获颇丰。那几年的学习考察，在感叹技术差距的同时，我也暗暗下定决心，一定要在国内生产出更加优质的布料，追赶并超越国内外同行。我们成立了研究团队，研究分析我所学习考察到的先进技术和加工工艺，慢慢领悟，再反复实践，最终成功研发出自己的优质布料，如摩丝、桃皮绒、麂皮绒、皮毛一体面料等，可以说，在当时填补了国内生产技术和市场的空白。

　　我组织开发的这些产品主要销往北京的雅宝路。20 多元就能购买一米布料，大大低于五六十元一米韩国布料的价格，我们的产品性价比超高，有很大的优势，受到了市场的广泛喜爱。1996 年，产品一度火热畅销，我的货车一开到雅宝路，就会有三五个商户开着奔驰车来抢货，当时我感到分外自豪。

　　因幼时成长于农村，家庭并不富裕，我形成了好学、好动的性格，也让我在创

王兴柱（前排左一）参加商会组织的海南会议

业路上不断学习，精进技术。2006 年 9 月至 2008 年 1 月，我专门到浙江大学 EMBA 班学习。俗话说"活到老，学到老"，学习是永无止境的，有新技术才有新突破，引领企业更上一层楼。

这些年来，我受邀出席第五届中国经济高层论坛年会、第八届中国经济学家论坛，公司被国家工商总局（现为国家市场监督管理总局）《中国工商报》、中国企业家信用委员会授予"中国信用企业示范单位"称号。

一路的发展，关键在不断选择

一路走来，困难是在所难免的，成功的关键在于选择。我原本在乐清开办采供销一体的服装绣花厂，因为一个契机来到绍兴创业。1986 年，我到苏州采购服装布料，恰巧遇到了来自绍兴的布料厂商去苏州购买原料，他们邀请我到绍兴看看，从此有了联系。1992 年，我正式在绍兴开始新的征程，由原来做服装供销转变为做布料生产。

1999 年，我发现外贸的商机，也希望进一步提升产品的知名度，将优质布料向全世界展示。于是我又做出了一个选择，开始将产品送出国门，走外贸出口道路。我们的产品主要出口到韩国、俄罗斯、德国等国家，也出口到土耳其、叙利亚等中东国家，由此打开了产品的外销之路。同时我们也注重国内外市场协调发展，在国内，我们的产品主要销往北京。

21 世纪初，我们做出了一系列重要的抉择。2003 年，我们选择在柯桥创办一家纺织后整理厂——协华彩涂压皱有限公司，我认为布料生意才是长久之策。2005 年，一位在福州开发房地产的老乡向我抛出橄榄枝，邀请我去福州一起发展。当时正值房产红利期，我开发的别墅类商业房地产差不多销售一空，收获了丰厚回报。房地产业务虽然获得了可观的收入，但总归是短期的，无法维持长久稳定的发展。我最终选择回到绍兴柯桥，专心主攻面料生产。企业就像一棵树，要想其长得高大，抵御狂风暴雨，就必须把根扎深、扎牢、扎稳。而柯桥就是我发展的"根"，我能感受到在柯桥发展会更安稳、更便利、更可持续。

目前，我已处于半退休状态，慢慢退出企业管理，将企业交由子女经营，给年轻人更多发展机会。我从农村走进繁华城市，拥有的资源有限，对子女来说，从商是一个比较好的发展选择。我希望他们能在继承公司的基础上，凭借自身的技术条件，闯出属于自己的一片天地。

在学习中改进，在比较中发展

在企业发展过程中，我一直秉持着"多学多看"的理念。我喜欢到国外去考察一些纺织企业，尤其喜欢去发达国家如日本、韩国、美国及欧洲各国学习取经。2010年，我还专门去美国斯坦福大学学习了企业管理课程。20年前我就认为，国外纺织业的状况就是我们20年以后的发展状况。我们要不断学习，努力赶超目标。

我平时比较善于总结思考，我觉得我们国家有着丰富的人力资源与廉价原材料，在国际上有着价格优势。当然，产品的质量和品牌还需要不断提升，未来，只有做好做精，有品牌才有优势。我十分注重产品质量，在未来5年，我希望把产品做得更精更细。我们现在的外贸产品都是按照欧标、美标、英标，主要以这些地方为出口方向，尽力达到对方对于环保、水压、光照、牢度等方面的需求。

针对面料涂层技术，公司十分注重质量基础管理，不断加大技改投入，提高科技含量，同时注重高素质技术人才和核心研发技术团队的培养，并引进了多台进口涂层联合机、压皱机等设备，对PA、PU、阻燃等涂层开发及直皱、乱皱、泡花皱等深层次加工技术进行研究，从而保证产品的竞争优势。我们的产品也获得了深圳整理认证中心颁发的质量体系认证证书。随着世界纺织涂层技术日趋风格化、功能化，我们也希望在比较中提升，在比较中发展，做一家不断致力于发展纺织新技术、新材料、新产品的"三新"企业。

政企商"三角形"构成最稳固的发展模式

我们的纺织企业能够快速发展、取得成就，离不开各方的共同努力。首先是绍

2010年，王兴柱获斯坦福大学企业经营与财务管理课程结业证书

兴政府给我们的支持与帮助。我曾经在其他城市经商 10 多年，但是绍兴柯桥政府对待商界的亲和力是最好的，有问题帮你解决问题，并用良心解决问题，为我们商人提供了很好的营商环境，是一个真正的服务型政府。这就是柯桥从一个只有 2 万多人口的小镇，发展成为全球规模最大、经营品种最多的纺织品集散中心的中国轻纺城的原因所在。

商会是我们永远的底气支撑。我很早就进入了商会，我们乐清商会是一个很好的沟通平台，大家互相支持理解，彼此关照。大家有着共同为商会发展而奋斗的目标，并且积极履行社会责任，不断做公益来回报社会。

商会是一座帮助企业与政府连接的桥梁，商会与政府间相互协调、密切联系、鼎力相助，为我们企业保驾护航，使我们企业的发展越来越好。虽然我们也遇到过困难，如疫情严重时正值过年期间，我们在温州的乐清商人回不了绍兴，工厂的运作和形势的严峻使我们陷入两难境地，幸好商会及时与两地政府沟通，乐清当地政府给我们开绿灯，使我们能够及时回到柯桥，维持工厂运作。我们很幸运能在这样的营商环境下发展，祝愿中国轻纺城越来越兴旺。

访谈时间：2023 年 6 月 28 日
访谈地点：中国轻纺城乐清商会会议室
访谈整理：任文杰　鲁颖婷　杜奕丹　曹书曼

勤以载道，不负人生

人物名片

周仕法，温州乐清虹桥镇人，1964 年 8 月生。现任中国轻纺城乐清商会副会长；北京仕法纺织公司董事长。

干旱少雨、冬季寒冷、昼夜温差大的青海共和县是周仕法事业的起点，其距离乐清有 2600 多公里。19 岁那年正青春，周仕法辞别父母，只身一人从家乡前往老乡们的聚集地青海，不知不觉在青海共和县一待就是 11 年。

"整个脸晒成了高原红"

"1982 年，我从老家乐清出来，记得很清楚，路途遥远，当时从温州坐船到上海，上海坐车到南京，再从南京浦口坐火车到西宁。火车上没有座位，我就站在厕所里面，实在困了就到别人座位下的地板上睡上一会儿，饿了就吃一点自己带的东西，48 个小时的辛苦永远难忘。"当回忆这段经历的时候，周仕法刚从北京赶到绍兴柯桥，面对我们的提问，他轻描淡写道，"那时年轻，一觉醒来就又有精神了。"

周仕法的眼里充满坚毅与诚实。艰难的生活，磨炼了他的意志，如今的成就也是对周仕法热爱生活、拼搏奋进的褒奖。周仕法家中有 6 个兄弟姐妹，他排行老四。由于人多地少、家境贫困，小学毕业后他就跟着村里师傅学习木工手艺，在周围村庄帮人做做简单的家具，混口饭吃。

每个人的少年时期都有一颗梦想的种子，周仕法也不例外。面对大山，周仕法常常想着如何走出去，在一个个外出谋生的老乡的点拨下，这颗种子开始发芽。

在青海，周仕法靠从老家学到的木工手艺，主要帮人打家具。其间，他在当地人的家里包吃包住，按照要求把家具做出来，每天起早贪黑，一天能赚到两块钱的工钱，比在老家干赚得多一点。就这样，这家做好了介绍到那家，这村做好了又跑到另一村，他一做就是三四年。事无百日功，周仕法朝着自己的目标一步步走去，而其中的辛苦只有自己知道。青海共和县是回民区，有很多风俗跟温州完全不一样，主食以面食为主，白米饭很少，菜品差异巨大。但在当时能吃饱穿暖，还有工钱，对周仕法来说，也就心满意足了。

在青海做木工期间，周仕法认识了在青海西宁开服装门市部的老乡姑娘，一来二去，互诉衷肠，产生了好感，1987 年，他们结婚了。第二年，他们生下了女儿；1993 年和 1994 年，两个儿子相继在共和县出生。由于夫妻俩的业务很忙，孩子出生后就被送回老家交由父母照顾。其间，周仕法除了做木工，还做过油漆工。

结婚后，夫妻俩在共和县做起了服装生意。当时的青海共和县没有市场，周仕法他们租来一间门市部，既当店面又当住房，白天夫妻俩把布料摆在马路上叫卖，晚上在店里休息。当时的布料都是从兰州进货的，兰州市场有很多乐清老乡，因为兰州是甘肃省的省会，比共和县要热闹不少，生活相对方便一些，海拔也较低。但为了赚钱，周仕法还是在生意人相对较少、更为艰苦的共和县做。那时他们生活的地方还没有自来水，每天用的水都是井水，要靠周仕法去挑。由于共和县属高原气候，夏天紫外线晒得周仕法整个脸变成了高原红；冬天气温达到零下 30 多摄氏度，只能靠煤饼炉来御寒。有时，煤饼未充分燃烧的气味呛得人喘不过气来，只能开门换一些新鲜空气进来，然后又关上门……为了生存，为了孩子们的健康成长，他们想着还是要转移，到更能赚钱的城市去。

"华达呢"的面料在市场上很抢手

1995 年，周仕法听老乡说，北京的面料生意特别好做，于是他马不停蹄地赶到北京。经过一番市场调研后，他决定带着一家人来到北京发展。他们在北京木樨园大红门市场租了门市部，经营起服装和布料生意。一开始他们在北京做羊绒料子。其间，他们通过老乡的介绍，到绍兴柯桥考察，后来很多布料都从柯桥采购发到北京，从中赚差价，生意做得比在共和县大了许多。

苦心人，天不负。2003 年，周仕发在北京成立了北京仕法纺织有限责任公司。在 20 多年的经营中，周仕法的生意一直很顺利，由于他为人诚实、守法经营，口碑很好，"仕法纺织"品牌也渐渐形成，开始在市场崭露头角。

北京良好的经营环境也让周仕法如鱼得水。在北京的 20 多年中，周仕法经营的一种叫"华达呢"的面料，在市场上很抢手。华达呢是一种质地紧密的面料，表面呈现出清晰、细致、紧密的斜纹结构，具有一定的防水性。在当时的木樨园大红门市场，要购买"华达呢"面料，一定少不了会到仕法纺织门市部来走一走、看一看，最后绝大多数采购人员都会在此下单。北京仕法纺织公司成立至今已有 20 多年了，北京的经营环境很宽松，市场很规范，周仕法说他们的成绩很大程度上得益于良好的经营环境。

在北京经营的过程中，周仕法经常到江浙一带采购货物，一是因为周仕法的老家在浙江，二是江浙一带的纺织市场发达，选择余地大。浙江除了中国轻纺城这个轻纺大市场外，海宁皮革市场也很有名。北方人都非常喜欢皮革皮衣，周仕法就想，何不也经营一些皮衣呢？2017 年，周仕法来到海宁买了两间房子，有 400 多平方米，他在这里开了一个分公司，经营起皮革面料、羊绒大衣和羽绒服等生意。羊绒大衣一般

周仕法投资在北京朝阳区的美加医疗美容门诊部

从江苏常熟、张家口进货，"我一过去供应商就知道我要什么服装，我口碑很好，大家都会把质量好的产品提供给我"。这样一来，周仕法的品牌越来越有名。

整个家庭都在打拼事业

31岁时，周仕法转战北京；20多年后，面对新一轮的市场竞争态势，他支持儿子和儿媳开辟新的领域——美容整形；还谋划布局宾馆酒店。他认为，人生的乐趣在于打拼，"不戚戚于贫贱，不汲汲于富贵"。2016年，周仕法在常熟开了分公司，由女儿和女婿经营，妻子常年在女儿家，一切都很顺利；2020年，大儿子和大儿媳在北京开设了美加医疗美容门诊部，周仕法给他们在北京朝阳区投资了数千万元，租赁了1000多平方米的场地，设置了20多张床位，并且购买了设备，聘请了20位医护人员，其中主任医生12位、护士8位，完全按照医院的配置进行经营，并通过了卫生主管部门的检查验收。由于受疫情影响，美容门诊部2023年才开始营业，工作千头万绪。经过悉心经营，目前门诊量一天比一天多。小儿子一家在绍兴柯桥从事面料业务，目前经营情况相当不错。周仕法在北京拓展的新行业——宾馆的布局工作，也正在如火如荼地开展中。

中国轻纺城电商产业园开张后，周仕法得到消息后专门跑到柯桥购买了五间房，后来因为要专注于北京的业务，就把这五间房租出去了，由在柯桥的小儿子代为管理。这期间，经吴建春会长介绍，周仕法加入了中国轻纺城乐清商会这个大家庭，与老乡们在一起总有说不完的话，大家交流生意上的得失、子女的培养教育、家乡的变化，有亲情、有友情，一切都是那么和谐自然，让周仕法这位远在北京的乐清商人感到无比的幸福！

周仕法说，他虽然人在北京，但他的老家在浙江、在乐清，他永远是一个乐清人！他希望乐清商会抓住机遇，乘势而上，继续发扬"四千"精神，让乐清人的团结奋进精神代代相传！

访谈时间：2023年10月24日、11月18日

访谈地点：电话采访、之江学院

访谈整理：张增祥 吉素芬 杨炀一诺

打个包裹到柯桥，追寻品质和时尚

人物名片

管步福，温州乐清虹桥镇人，1968 年 7 月生。现任中国轻纺城乐清商会副会长，绍兴柯桥汇弘纺织有限公司总经理。

"无线电"一毕业，就踏入纺织业

1986 年，我 18 岁，从家乡的一所职高——乐清振乐无线电学校毕业后，开始寻找出路。亲人和朋友有在山西大同做服装生意的，据说生意还不错，于是我来到大同尝试做服装买卖，就这样一脚踏进了纺织品行业。

改革开放初期的中国，物资还比较匮乏，当时市面上服装面料、款式都相当单一，一旦某一种服装款式流行，可能会风靡全市乃至全国，大家会争相跟着潮流购买，而且这个潮流会持续流行好几年，所以生意相对来说比较好做。1988 年大同流行中山装，我们就从辽宁西柳采购将军呢面料，批发面料的同时也加工成服装出售，面料和衣服都很抢手，收入挺可观。

背着巨额现金，南国北疆万里贩布

1991 年，我有个好兄弟在新疆乌鲁木齐经营纺织品和服装，生意不错，于是我也去了新疆，租个摊位做起了面料生意，第二年我们便有了自己的门店。我们从广东广州、普宁采购当地生产和进口的男女服装面料，运到乌鲁木齐的市场上批发，因新疆离俄罗斯很近，有不少俄罗斯客户前来购买，所以我们当时就以外贸业务为主。我们就这样一直做到 1997 年，生意还是相当好。

20 世纪 90 年代初，交通条件有限，我们从乌鲁木齐坐车到广州，路上要花近 10 天时间。就这样，我们从北疆到南国，再从南国到北疆，长途跋涉，万里迢迢纵贯大半个中国。

那时候我们刚到广东，人生地不熟，两眼一抹黑。当时没有银行汇兑，我们身上携带着大量现金，当地治安又不好，每次前往都很忐忑，只有把布料采购好、现金花出去，这颗心才算落地。印象最深的一次是 1994 年，我们一行 5 人从广州白云机场下飞机后，搭乘一辆面包出租车去普宁。傍晚时分，在一个前不着村后不着店的地方，面包车抛锚了！当时我身上携带着 200 万元现金，其他人也都带了不少现金，眼看着夜幕降临，天越来越黑，车子一下子还修不好，我们那种焦急不安，可以用万分惊恐来形容，每一分钟都是煎熬！我脑子里胡思乱想，万一碰上歹徒怎么办？要知道，那时候社会上抢劫事件时有发生。一分分、一秒秒……一个亮光出现了！原来是同行乘坐的车子路过！我们像是遇到救星似的，"连滚带爬"搭乘上同行的车，一颗悬着的心总算放了下来。

1997年下半年至1998年上半年，我们的生意遇到了困境。由于当时全球爆发金融危机，我们的布卖不出去，7个仓库的货物全部积压，后来只能贱卖，亏了几百万元，几年来赚的钱大多赔光了。

遭遇这次打击后，1998年下半年我们开始转变思路，决定"两条腿走路"：外贸内销一起做。基于在广东布料批发市场几年采购的经验，我在乌鲁木齐做外贸的同时，又到佛山西樵轻纺市场买了个摊位，一方面在西樵搞批发，另一方面将纺织品面料发往乌鲁木齐走外销，就这样外销、内销结合，生意又慢慢有了起色。

打个包裹来柯桥，与海澜之家有合作

做生意期间，我到过柯桥纺织市场多次。2006年，广东的市场开始走下坡路，而柯桥的轻纺市场发展蒸蒸日上，营商环境好，乐清老乡多，于是，我们夫妻俩把新疆、广东的市场摊位都转让掉，来到柯桥轻纺市场，租了个门市部又开始了新一轮的打拼。

到柯桥后，多年合作的老客户依然与我们保持着密切的生意关系，我们很快站稳了脚跟。2009年11月，我们在柯桥成立了自己的公司——绍兴柯桥汇弘纺织有限公司。公司主营男装面料，与江苏、福建等地知名男装品牌均有合作，如劲霸、七匹狼、海澜之家等，海澜之家占大头。所有产品我们都自己开发、自己设计，直接在杭州萧山、江苏盛泽纺织市场找企业加工。如何在众多男装面料商中做出自己的特色、在竞争日益激烈的纺织行业持续发展？我们不停地思考这个问题，并着重在企业文化上下功夫，提出"追逐时尚经典，缔造完美品质"的理念。

紧跟时尚是我们的产品定位。公司做得最多的是男士西服面料，我们研发西服面料，既紧跟潮流，看准市场发展趋势，又做出差异化。比如TR男装面料，当时市场上流行，生产的厂家也多，但是我们做到了差异化，研发的面料有自己的特色，引领潮流。我们的面料材质多样，有毛涤、粘纤加毛、粘纤加涤等，色彩丰富，条纹、格子、纯色都有。我们一直做西装面料，也开发婚庆西服面料。差异化发展使我们的产品有竞争力，成为一些知名男装品牌首选的布料供货商。

我们公司的宗旨是：精益求精，把品质做到最好，服务好客户，让客户放心。因为对品质的注重，我们与海澜之家的合作已经持续了14年。海澜之家对品质的要求极高。第一年与其合作，由于质量达不到要求造成货物严重积压，过了季节我们就亏本贱卖了。有一年，我们做了十几万米布，做好后衣服出现起泡现象，怎么解决？我们几个月没日没夜地加班加点，绞尽脑汁，最后把布起泡的问题解决掉，才使客户接受这批货物。正因为我们有这样负责任、有担当的勇气，才能与这些品牌服装公司保持长期的合作关系，我们布匹的质量、合格率都高于国家标准。

响应"一带一路"倡议，看好非洲市场

2016 年 12 月，我们又成立了浙江禄辉纺织有限公司，积极开拓非洲市场，主要与"一带一路"沿线非洲国家做服装面料出口业务。2018 年，我们在肯尼亚开了个服装公司，主要经营西服、裤子、衬衫等。

中非及东非的肯尼亚、尼日利亚、坦桑尼亚等非洲国家，虽然还比较落后，但这是一个庞大的有潜力的市场。第一年我们就在东非做了几千万元生意，业务发展得还是挺不错的。

我接触过的外商都比较勤劳善良，其中巴基斯坦人给我留下的印象最深刻。20 世纪 90 年代，我在新疆乌鲁木齐时，不少面料是卖给巴基斯坦商人。我们的仓库

管步福经常"走出去"考察学习

在五楼，当时把布料从五楼搬到一楼装车，搬运费需要几十块钱，为了节约这几十块钱，他们常常自己扛。

2020 年国内疫情暴发后，出国和货运都受到疫情管制，我们就撤回了非洲的服装公司，但业务信息一直没有中断。因为我们相信，非洲的市场前景是好的，我们计划 2024 年再出发！

教育孩子：答应客户的就是责任

做生意这么多年，我认为人品和诚信最重要。答应客户的事情，就是责任，言必行，行必果，诚信为本，说到做到，不能坑人，我也是这么教育孩子的。

我的儿子管哲弘很能干，大学学习了纺织专业，毕业后，自己打理浙江禄辉纺织有限公司，目前是乐清商会理事，篮球队队长；现在他已经慢慢接手公司的日常管理。另外，他还涉足了餐饮业，自己经营一家小型餐厅，菜品以温州、台州特色菜为主，生意还不错。年轻人能够多方面发展，自己在多领域创业，去适应市场环境，才会成长得更快、更全能。

我不到 20 岁就出来学做生意、创业，一路走过来，深有感触。回首往事，那段时光里，有欢笑也有泪水，但更多的是成长和历练。现在我在柯桥的生活十分幸福，我曾经说过一句话：柯桥政府很给力，"你发财，我发展"使四面八方的经营者扎根在柯桥，我对柯桥心怀感恩。

访谈时间：2023 年 6 月 29 日

访谈地点：中国轻纺城乐清商会

访谈整理：吉素芬 唐根年 宋汉卫 陆怡

CHAPTER 8 第八章

回馈社会　回味初心

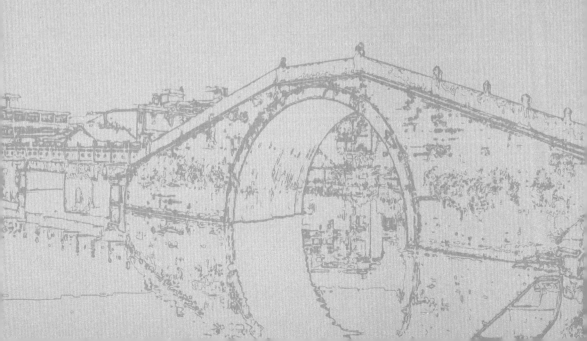

人终其一生，都在思考且践行着"我是谁，我从哪里来，我将要到哪里去"的哲学问题。

　　情深如纺，千丝万缕。他们从长城内外来，又往天南海北去；赠人玫瑰，手有余香，当回首往事，他们不会因虚度年华而悔恨，也不会因碌碌无为而羞愧，更不会因名利双收而沾沾自喜；他们最快乐的事，不只是自己得到了什么，更是自己为这个社会、为他人做了什么，以"我是一个有价值的人"回答了"我是谁"这个问题。

　　海上生明月，天涯共此时。无论何时何地，在乐清人的心中，都有一轮明月，一轮关于奋斗和奉献、创造和分享、钟爱和希望的当空皓月……

布商三代，勇闯海外市场

人物名片

金荣卫，温州乐清大荆镇人，1972 年 6 月生，中共党员，乐清市第十七届人大代表。现任中国轻纺城乐清商会副会长兼文体宣传工作委员会副主任，乐清大荆镇荆北村党委书记、主任；杭州萧山温州商会副会长；金荣集团有限公司总经理。

　　34 年前，来自温州乐清雁荡山的小伙子金荣卫来到柯桥经商——从一位籍籍无名的普通布商到如今在海外拥有 8 家公司的成功创业者，这不仅是身份的转变，更是责任的转变。30 多年来，他是如何将业务拓展到海外，又是如何带领伙伴渡过种种难关的？且听他讲述他的漫漫创业路。

以布为基，拓展新天地

　　我们家从我爷爷那辈开始就一直在做布料生意，我算是第三代了。虽然我们现在经营的范围很广泛，但是布依旧是我们企业的核心产品。在当今这个经济快速发展的时代，很多企业生存不下去，与它们"既想要这个，又想要那个"不无关系。我们的企业能够生存下去，是因为我们专注于做好一件事情。

　　1989 年，我来到柯桥，那个时候柯桥已经有老市场了。乐清商人刚来柯桥时，从在老市场租赁一个摊位干起，慢慢积累了资金，拥有一个属于自己的门市部，再逐步扩大经营。这么多年一步一步走过来，我亲眼见证了柯桥布商一点一点壮大，可以说，乐清商人对轻纺城的感情是非常深厚的。目前，我们全家人都在柯桥定居了，乐清商人跟柯桥的关系就如同布艺与针线的关系，我们离不开柯桥。

　　当时我在柯桥老市场卖布，卖了几年之后，积累了一定的经验和人脉，柯桥整个卖布的节奏比较快，新的品种、花样、机型等层出不穷。当时我们没有跟上市场的节奏，慢了一拍，所以公司发展得特别艰难，很多困难都迎面而来，我们企业不停地寻找新的出路，最后决定去国外发展。

与时俱进，总有办法

　　地震海啸、军事政变、持枪抢劫……海外创业，要在危机中抢商机。每当企业面临困难时，我们的解决方略可以用八个字概括——与时俱进，总有办法。

2008年金融危机的时候，国内银行银根紧缩，每个企业都面临着不同的难题。我们已经立在马背上下不来了，只能往前冲。跟着这个时代前进，跟着社会的潮流进步，在政策的基础上进行新的突破，这是"与时俱进"。作为一家企业，各方面你想得到、想不到的问题都会发生，如工人的问题、订单的问题等，我们总要想出新的对策去应对，这是"总有办法"。

2004年，我们的企业走向了南美智利、巴拿马等国家。走向海外创业的过程是非常艰辛的，首先遇到的第一大难题就是语言不通，无法跟当地老百姓正常交流。其次是企业与企业之间存在着恶性竞争，各行各业都在"卷"。因为金融危机，老百姓口袋里没钱，购买力有限，国外的客户压价压得很厉害，我们的利润空间很小。最后是我们很难融入当地的市场环境。好在我们没有向困难低头，在最艰难的时候咬咬牙，也就坚持过来了。我们主打"诚信"二字，诚信经营帮助我们在国外树立了良好的口碑。比如有一次发售出去一批布料，后来核账时发现有一个品种的单价略有误差，我们马上联系客户做了说明，并退回了差价。久而久之，我们的口碑和品牌就推广出去了，如今已经是南美、非洲国家响当当的品牌。

海外的市场蕴藏着各种商机，但也存在着各种风险。我们的第一个海外市场智利，是全世界有名的地震国家，自从2001年开办公司至今，几乎每天都在经历大大小小的地震，中国籍、外国籍的员工对此都习以为常了。2015年9月17日的8.3级地震让我们想起来都很后怕，所有的员工都逃离了住所，跑到山上避难，晚上也是搭帐篷睡在山上，生怕余震及海啸再次发生。

在非洲这片动荡的区域，军事政变及疟疾等传染病都是经常发生的。2016年4月，埃博拉病毒在非洲暴发，几乎所有的中资公司外派人员趁着航班还能起飞都撤回国内，我们的外派员工还是坚守在一线，正常开展业务。甚至我们公司的董事长在这样危难的情况下还前往几内亚，稳定驻外中国籍员工情绪，协助开展日常业务，并且在所有法航航班取消的情况下，开车30多小时，从几内亚首都科纳克里过境到马里首都巴马科，一路风险重重。在非洲的这么多年，我们经历了马里、布基纳法索、几内亚的政变，在这片艰难且变幻莫测的土地上，我们默默耕耘，逐步成长，现在在当地也算是小有名气了。

在人生地不熟的异地他乡创业的这几年，我们也遇到过被当地人勒索的危险事件，印象最深刻的是七八年前在中美洲，有一天深夜，我睡得正酣，忽然就被一声低沉的"De pie"（西班牙语"起来"）惊醒，同时脑门感觉异样，竟然是当地不法分子半夜潜入了家里。他们拿着枪顶着我们的脑袋，把我们的家人全部绑起来，喝令我们赶快拿出钱来。我惊魂甫定，连忙找钱给他们，得到钱财后，绑匪迅速离开了。后来在非洲，像这样拿枪潜入室内抢劫财物的情况也发生过，为了保证员工的生命安全，我们公司立下规矩，遇到这样的危险时刻，以满足对方的要求为主，不能反

金荣卫（二排左一）参加海外
纺博会与外商合影

抗，以免造成不必要的伤害。

国外的商机相对于国内来说还是更多的，我们主要是把国外的原料进口过来，比如说非洲当地货币贬值，我们就把当地货币换成资源。国内主要是生产和贸易结合，工贸一体化，做刺绣、绣花、家纺、针织之类，而国外主要是贸易进口，比如从智利进红酒，从西非几内亚进花梨木。一个区域分公司成功了，我们就复制下一个。经过三年的复制，到目前为止我们在国外已有8家公司，其中在中南美有4家，在西非也有4家。

铺路架桥、乡村整治、结对助学……回报社会是种缘分

我加入乐清商会已经有20多个年头了，成为副会长已经有15年。在乐清商会这个大家庭里，我学到了很多经商经验，这是个非常大的交流平台，大家能相识也是一种特别的缘分。在这个圈子中，大家身上都有一个共同特点，那就是勤奋上进。空闲的时候大家总是聚在一起聊今后企业的发展，未来应该怎么走，都是一些朋友间的真诚探讨。现在关起门来搞自己那一套是不行的，必须多交流、多思考，才能够带领企业走向未来。

乐清人也是十分团结的。邓小平同志提出的"先富带后富"理论，乐清人是出于本心的践行者。我们温州人向来有"传帮带"的好传统，从我们公司走出去创业的员工，现在自己生意也做得很好，甚至个别员工在特定的领域做出了自己的强项，生意做得风风火火，稳步向前。他们时刻秉持着我们"金荣人"诚信踏实的美好品德。我们也为不少待业人员提供了工作岗位，他们不仅取得了丰厚的劳动报酬，也积累了宝贵的工作经验。"不积跬步无以至千里"，可以说金荣集团是他们创业路上的基石。

致富不忘乡梓，不忘回报社会。我在做生意的同时，还担任着乐清大荆镇荆北村党支部书记、主任职务，尽自己所能帮助家乡建设，无论是铺路架桥还是乡村整

金荣卫（前排左一）应邀出席企业家活动

治，都慷慨解囊，倾情赞助，累计捐款上百万元。2017年，绍兴市慈善总会号召为贫困大学生提供帮助，我也踊跃报名，与一名大学生结对，一直资助帮扶到其大学毕业，传递乐商对下一代的关心、关爱和鼓励。

作为乐清市第十七届人大代表，我关心民生、民情，积极建言献策，发出好声音，提交提案建议"关于对农村老卫生院重新整治解决农村老人看病不方便问题的建议""关于加大农村公共交通设施建设方便农村老人出行的建议""关于如何关爱农村留守儿童的几条建议"等，设身处地提出需要解决的实际问题。

访谈时间：2023年6月21日

访谈地点：中国轻纺城跨境电商产业园

访谈整理：吉素芬　李钰妍

致富不忘本，难忘"十五的月亮"

人物名片

陈立毅，温州乐清蒲岐镇人，1959 年 10 月生，中共党员。现任中国轻纺城乐清商会副会长兼企业发展工作委员会副主任；浙江汇豪机械制造有限公司党支部书记，绍兴汇晶新能源有限公司董事长；温州市雁荡山仁德慈善基金会第六届轮值主席。

　　爬过山的人知道山有多高，蹚过河的人知道水有多深。半个世纪再回首，真是"六十三年无限事"，而陈立毅最难忘的几件事情仿佛就发生在昨天。

从山西到青海，再翻过唐古拉山到拉萨

　　17 岁时我便背井离乡，去山西临汾建筑工地上谋生，凭借着勤快肯干，我们兄弟俩第一个月就寄回家 300 块，在 1976 年的农村，这可是相当丰厚的收入，引得乡里邻居们十分羡慕。随着时光的流逝，我们家的条件逐渐好转，父母也如愿盖起了房子。也是在这一年，我经历了惊天动地的唐山大地震，感受到它对生命带来的伤害。至今我还清楚地记得那天凌晨三四点工地上震耳欲聋的警报声。次日，由于年纪尚轻，在当地领导的安排下，我被遣返回乡。但不到一周，闲不住的我就又来到山西工作，这一做便是 3 年。

　　3 年后的我决心拜师学艺，师傅懂建筑、擅木工，是一位德高望重的木匠大师，在十里乡镇颇有名气。在他的悉心栽培下，我逐渐成长为一名手艺匠人，经过一段时间的打磨锻炼，我的手艺日渐精湛，直到可以跟随师傅出山接活。我们远赴青海，那时候这些地方对于木匠技艺充满好奇，我们制作的一件件精美的家具在他们眼里是几何和艺术的魔法。师傅回乡后，我凭借一技之长在青海谋生。一年后，我又辗转到了甘肃兰州，再去西藏打拼。

　　由于当时交通受限，没有长途车，我便在青海格尔木搭乘货车，在路上寻找"藏"字的车牌，挨个问司机是否能载我一程去拉萨。翻越海拔高度在 5231 米的唐古拉山，我辗转颠簸了一个星期才到达拉萨，我还因为高原反应，在一段时间内失去了听力。做木匠是很辛苦的，在西藏的半年时间里，我兢兢业业，经常熬夜加班赶制客人的家具，从不曾出去玩或者懈怠，至今我还一直遗憾，年轻的时候距离布

达拉宫这么近，都不曾去过。

先做木匠后卖电器，产品安全让我"怕"

在西藏待了半年之后我回家过年，偶然间听说师兄的朋友在南疆做木匠，有不错的收益，我就心动了，不顾父母的反对便奔赴新疆和田，做木工活和推销电器产品，这一待就是6年。

在新疆待了五六年的时候，我认识了一个电力公司的总经理，经他引荐，我逐步走上电器销售之路，而当时的我连26个英文字母都不认识，在乐清柳市购买了一本电器产品目录，花了一个星期时间，我硬是把零部件上所有字母和它们代表的含义全部熟练地记下来——这是当推销员必须熟练掌握的专业知识。而当时电器的零部件品种繁多，电器产品的功能和对应的报价及代码，即便要花再多的功夫，我也很用心地去记去背。由于市场经济还未完善，电器行业质量意识不强，以次充好低价竞争常有之。在经营过程中，我发现所推销的电器产品质量有所下降，存在安全隐患，特别是当时国家在严打劣质产品，杭州武林广场发生了烧温州鞋事件，我深知质量的重要性，在没有得到更好和更有安全保障的产品之下，我果断地放弃了这份工作，开始思索转型问题，寻求其他经营门路。

"家庭会议"说柯桥，亲戚朋友都支持

在回上海的路上，我没有停止思考，当火车经过兰州时，我突然决定中途下车去拜访好友王旭东一家。当时王旭东在经营面料批发业务，租用了很多废弃的教室来当仓库，堆满一个个教室的纺织品让我很震撼，没想到这个产业能在短短几年就有了快速的积累。这一年是1989年，三十而立的我，从此开始与纺织品结缘并走上了贸易经商之路。

回到家中后，我快速组织家人奔赴兰州，在好友的帮助下开始露天销售布料，由于起步晚，加上当时的经商环境不是特别好，想要做好并不容易，我又开始思索谋求新的规划。这一年，初踏上经商之路的我也是胆战心惊，由于大部分资金都是找亲朋好友借来的，觉得压力特别大。

一次偶然的机会，我得知绍兴有轻纺市场，敏感地嗅到了其中的商机，便在家庭会议上分析绍兴的优势。"你刚刚开始做生意，资金又不多，换地方做仍然有风险。"频繁迁徙遭到了父亲的强烈反对，他认为年轻人应该沉住气、脚踏实地，而我坚信自己的选择，与其跟他争论，不如让父亲借帮我之机亲自去绍兴采购。经过实地考察，目睹绍兴、兰州两地的差距，父亲开始支持我的南迁计划。而我的家人，特别是舅舅、舅母鼎力支持，把仅有的存款借给我，让我的起点更高，也更有信心。

拉来妹妹妹夫开"布行"，背着上百斤现钞谈生意

在绍兴经商，我一开始便非常有信心，思索着怎么扩大经营，想到了邀请妹妹

妹夫加入，还从我和妹夫两人的名字中各取一字，创办了绍兴锦毅布行，很快又成立了绍兴锦毅纺织发展有限公司。

我们凭借大胆和独到的眼光，坚持差异化经营，从广东沿海地区采购韩国、日本、印度尼西亚的进口化纤面料，再从轻纺城销往全国各地。当时广东的进口布料是受限制的，我们通过合法渠道，协助当地的销售方通过主动到当地工商局缴纳罚款来取得合法手续和证明。即便如此，运输途中依然有重重阻碍，当时的各地关卡和检查站各自为王，办过的手续和证明互不承认，多次经历不合理没收或者重复罚款，困难重重。最严重的一次损失高达几百万元，但由于地方保护，最后不了了之，我们损失惨重。

当时的银行系统不发达，到账很慢，货币没有百元大钞，现钞转移麻烦且不安全，几家经营户抱团联合送款，甚至坐飞机都需要携带上百斤现钞。外出谈生意把钱带过去，银行也没办法即存即用，只能存到当地老板的保险柜里，危险状况时有发生，有巨额货款不翼而飞的，甚至还有被谋财害命的。那个年代的苦难和风险，回想起来都令人心有余悸。

但即便在这样不完善的大环境下，也有做得很好的地方政府。有一些货物通过火车零担托运，外省货物托运到绍兴火车站被沿途查扣，当时在绍兴县工商局对轻纺城的保护政策下，工商局领导出面帮助商户和物流铁路部门协商，作为商户的我们，都感到非常暖心。这里的领导清明且亲商，对轻纺城很有感情并且爱护有加。1992年，绍兴县委书记纪根立、工商局副局长濮耀胜，特意邀请我们外来经营户举行中秋联欢晚会，在原市场东区楼上，与我们一起互动，手拿麦克风，唱起《十五的月亮》。他们平易近人，与我们亲切交谈，回想起来我依然心中暖流涌动……就是因为有这样的地方领导，一直坚持对市场、对商户的关心和重视，才织就了轻纺城今日的繁荣，实现客从八方来，"布满全球，誉满天下"。

陈立毅（右二）陪同来访企业家参观公司生产车间

无论是商会还是慈善基金会，都是为了"开心、善心、爱心"

我们是最早建立个体户工商协会的，后改名为中国轻纺城乐清商会。商会在帮助广大经营户调解各种纠纷方面，起到了非常大的作用，每次在活动中听到《团结就是力量》这首歌我总是感慨万千，深刻体会到凝聚团队力量需要一个有力的组织。

由于乐清商会当时在柯桥无党组织，于是我于1996年回到家乡申请入党，经培养光荣地加入了党组织，成为一名正式的共产党员。蒲岐镇驻绍兴柯桥临时党支部在华东纺织印染厂会议室挂牌成立，时任绍兴县委组织部副部长孙爱保、乐清市组织部副部长陈旭光与会并发言，充分说明两地政府对外来党支部的关心。

蒲岐镇驻绍兴柯桥临时党支部的先进事迹有许多，如在汶川地震、长江水灾、玉树地震、捐助贫困学生和家乡的白血病人、非典、新冠疫情防控等事件中，我们都做出了应有贡献。作为一名共产党员，我明白致富不能忘本，决心回馈社会与家乡。2010年12月10日，由22位同乡好友发起，经浙江省民政厅批准，温州雁荡山仁德慈善基金会在海南博鳌成立，我很荣幸加入了该组织。2015年12月11日，温州市雁荡山仁德慈善基金会在柯桥召开大会，我当选为第六届轮值主席。慈善基金会本着"开心、善心、爱心"的宗旨和"修身养德、修心乐助、崇善尚爱"的理念，为广大会员搭建了一个交流与融通、齐心与互助的平台，创立以来得到了各级领导和社会各界人士的好评。

一滴水是微不足道的，渗入泥土，便会消失不见，可汇聚成河却能川流不息。在许多困难面前，一个人总是力量单薄，难以行稳致远，可当我们团结起来，就可以创造无数的奇迹。

访谈时间：2023年6月21日

访谈地点：中国轻纺城乐清商会会议室

访谈整理：吉素芬　余知非　汪俊东

研制最好产品，做到最好服务

人物名片

吴应金，温州乐清天成街道人，1968年2月生，中共党员。现任中国轻纺城乐清商会副会长，浙江爱衣服装科技有限公司董事长，浙江帕特纳服饰发展有限公司董事长，曾任天成街道驻绍兴党支部书记，乐清商会企业发展委员会主任。

踏进位于乐清湾港区的浙江爱衣服装科技有限公司的大门，映入眼帘的是"我们一起向未来"七个大字，两侧是公司的寄语——"研制最好产品，做到最好服务"。整个厂区占地20余亩，建筑面积有3万多平方米，行政办公、生产车间、员工宿舍等建筑错落有致、井然有序，整个园区设计精巧，给人的第一印象就是安静温馨。

园区右侧是一座别具匠心的小花园，有火炬式喷泉、鸽子屋、亭子等。循着水声，曲径通幽处，可以坐在亭子里小憩；玻璃地板下，有数尾锦鲤在欢畅游动，水清澈见底；微风吹拂，神清气爽，让人仿佛置身于世外桃源，心也瞬间变得宁静。

花园的每一处布置都很别致，看得出主人的精心构思。而园子里最令他钟意的当属"望照亭"，亭子上的一副对联"自笑平生为口忙，老来事业传绵长"，来源于苏东坡的名句，而经他巧妙改动后的"传绵长"三字，则是他的自喻、自省及与员工们共勉的企业精神，也是对自己事业寄托的厚望。

吴应金是一个追求完美的人，对公司的每一个细节都精益求精，至善至美，他对公司的管理规范提出了三个"jing"，第一个"jing"是"净"，即干净。整个厂区内尽量无尘，绝对禁烟，进入生活工作区域，首先要换鞋。一家数百人的工厂，工作区域、生活区域、学习健身休闲区域都能做到一尘不染，可以窥见公司的管理非常扎实，而公司的理念和愿景确实是扎扎实实地落到了实处。他说，"净"既是为了产品的品质，也是为了员工的工作环境和身体健康。

第二个"jing"是"镜"，即明镜，意为像镜子一样，明确未来的方向，要做世界最好、最精致的服饰产品，并一代代传下去。

第三个"jing"是"静"，即安静。公司致力于营造宁静舒适的工作、生活环境，引导员工静心地留下来，为企业创造价值，与企业共同成长。

浙江爱衣服装科技有限公司

走南闯北，将柯桥当作自己的"第三故乡"

吴应金出生于乐清海边的天成乡，这里的村民靠海吃海，或者以打鱼为生，或者以跑海上运输为生。他的父亲从事海上航运工作，往返于上海和乐清之间。他自小就很懂事，做事很认真，学习成绩也很好，在小学期间一直担任班长。初中毕业后，他先是跟随舅舅来到甘肃甘南自治州碌曲县学做木工，想着学一门技艺能养活自己。结果事与愿违，当时只有90多斤重的他，根本没有足够的力气拉锯，舅舅也心疼外甥，只能让他回家另寻出路。"舅舅找了一辆过路的卡车，请求司机将懵懵懂懂的我送到兰州车站。这一程让我明白了一个道理，不要干不适合自己的事情。"吴应金说。

回到老家后，正巧远近闻名的马良村裁缝师傅马雪涛老师办了一个服装裁缝学习班，吴应金就去报名学习了。从小机灵、好学的他，3个月时间便已经学得有模有样，老师甚是喜欢。毕业后老师就把他带到山西太原去做服装。在这期间，他主要是帮老师做衣服，虽然他年纪小，但是肯吃苦、爱动脑筋，学习能力很强。在太原的工作经历为他日后做服装事业打下了重要的基础，这也是他的"工匠精神"的起点。

翌年，吴应金又跟着"中国企业改革十大风云人物"之一的赵章汉先生学做服装生意。尽管30多年过去了，他至今还清晰地记得做服装生意时的细节：他拎着从虹桥缝纫机厂花300元买来的一台本土品牌的包缝机踏上火车，直奔山西太原。到达太原后，在太原钢铁厂门口，他拉起一根绳子，把做好的学生装、中山装挂起来卖。当初的条件很艰苦，晚上在工作间旁腾出点地方，就算是休息处了。日复一日，年复一年，在积累了一些技能经验后，吴应金就开始做服装生意。

吴应金的服装事业真正起步是在他1986年到天津以后，妻子也跟着一起打理生意。女主内、男主外，生意做得顺风顺水。1989年，吴应金创办了天津市金发制衣厂。刚开始他们是租的房子，骑着三轮车进货、送货。经过夫妻俩的精心打理，服装厂的生意日渐红火，一年更比一年好。1993 年，他又成立了天津帕特纳实业发展有限公司，打造自己的服装品牌，主攻大衣的批发零售。最兴盛的时期，公司的经销商及实体店多达 200 多家。作为优秀创业青年，吴应金被评为天津市南开区十佳青年，担任了天津市南开区第十二届政协委员，那一年他 34 岁。

吴应金担任天津市南开区第十二届
政协委员纪念章

2000 年时，朋友万立丰告诉吴应金，绍兴县城将迁址柯桥，直觉告诉他，这里一定有商机。绍兴是江南水乡，地理位置十分优越，绍兴县是全国"十大财神县"，柯桥又是全国最大的面料集散中心，面料辅料的供应链很完备。考虑到羊绒大衣在北方的销售时间比较短，于是他就特别关注柯桥的招商信息，正好柯西开始招商，地块和要求都能满足他的需要，给的政策也很优惠，吴应金当即便决定落地柯桥。

买地、造房、办厂……一波操作下来，都很顺利，生意也很有起色。新成立的浙江帕特纳服饰发展有限公司位于柯桥华舍街道，占地 38 亩，建筑面积达 3 万平方米，有员工 500 多人，专注羊绒、羊毛类服饰的研发、生产及销售。公司依靠精湛的技术、先进的设备、严格的管理、周到的售后服务，对每一件服装产品的设计构思均力求完美，引领时尚潮流。直到 2018 年，因为城市规划的原因，厂房所在地属于拆迁区域，吴应金面临一次新的选择。为了响应政府的拆迁号召，经过权衡，他这一次选择了回归家乡乐清，将公司总部迁到了乐清湾。虽然回到了家乡，但柯桥在他心中早已成为了他的"第三故乡"。他说柯桥人善良、包容，柯桥的文化底蕴深厚，柯桥与杭州的融合发展也是大势所趋，所以柯桥这个大舞台是他一直的惦念。

要他律先自律，以办技校的高标准做企业

来到柯桥建立生产基地后，吴应金就积极谋篇布局，将产品定位为高端女装外套，逐步建立了自己的设计团队，与国内知名企业雅莹集团、朗姿股份、敦奴股份等合作，不断提升帕特纳品牌的竞争力，把"版型""工艺"和"天然"贯彻到产品设计和生产中。2022 年，中国雅莹集团授予帕特纳"品质先锋奖"。回到乐清后，趁着重建工厂，吴应金决定站在更高的起点，做一家可以代代传承的企业，这就有了前文提到的"传绵长"的愿景。他说，他是土生土长的乐清人，作为一名本土企业家，他有责任、有条件、有能力把企业做好、做精。

从厂房的设计、建设到内部的装修、园景的布置，再到设备的更新换代，甚至

浙江爱衣服装科技有限公司及服装展示厅

入口处的一块"请换鞋"的温馨提示，吴应金都亲力亲为，做到至善至美。他以创办技校的超高标准做企业，对待员工的工作一丝不苟，严格再严格，生产出来的衣服要求没有任何线头，员工必须无条件遵守换鞋进车间的制度；而他在生活上却又处处体现出了家长般的宽和，为了让员工安心地工作，他给员工提供免费的一日三餐、标准间宿舍。更令人称羡的是，标准的游泳池、美标网球场、室内高尔夫球场、台球桌等体育娱乐设施一应俱全，让人恍惚间觉得来到了一家高标准的健身俱乐部。每到暑假，他就在二楼的亲子活动中心为员工的孩子们举办夏令营活动，解决员工们的后顾之忧。亲子活动中心有整洁的学习环境，有丰富的图书，就像家里的书房一样温馨。一些老员工20多岁进厂，到现在都一直追随着吴应金，在他们心里早已把公司当成了自己的家。多年前，吴应金戒酒戒烟后，也倡导员工不抽烟、尽量少喝酒。他时常苦口婆心地教育员工："现在大家生活条件那么好，我们一定要留着健康的身体去享受，喝酒抽烟容易伤身体，会给家人带来沉重的负担。"就因为这些如家长般的关爱，让员工们觉得幸福满满，干起工作劲头十足。公司员工的忠诚度很高，厂龄在10年以上的员工占比达60%以上。

"我们一起向未来""不离不弃"这些话吴应金不绝于耳，念念不忘。他希望员工们是发自内心地去做好每一件衣服，这样做出来的衣服才是有温度、有灵性、有价值的。"要他律首先要自律"，他的自律可以说到了严苛的程度。他每天早上准点起床，先游泳半小时，再开始一天紧张有序的工作；到晚上则准时入睡，日日如此，年年未变。妻子与他节奏一致，每天准点起床练习瑜伽，雷打不动，白天则全心投入公司的工作。夫妻俩同甘共苦，其乐融融，把身材和精气神都修炼得倍儿棒，打趣说要一起工作到80岁。父母的言传身教，对孩子们也产生了潜移默化的影响，女儿定居法国巴黎，从事时尚服装设计工作，为公司捕捉最前沿的潮流信息，为客户提供款式及流行趋势咨询。2020年在杭州成立的浙江桂馥霓裳服饰科技有限公司，主营设计开发、产品展示和电商销售等，由儿子负责管理。

人生要向"第三层楼"攀登

借用弘一法师的"人生三层楼"作比喻，吴应金认为人生有物质层面、精神层面和信仰层面三个层面，其中信仰是最高境界。

自从 2000 年来到绍兴，得知有乐清商会这个组织后，吴应金便义无反顾地加入商会，并积极向党组织靠拢，于 2007 年加入中国共产党。2008 年至今，吴应金在乐清商会连续担任了三届副会长。

2010 年 6 月 11 日，在郑文法司令的大力支持下，吴应金牵头成立了天成乡（街道）驻绍兴党支部，并连续担任了四届党支部书记。党支部在成立之初只有 4 名党员，发展至今已有 10 多名党员，他说，要么不做，要做就要做到最好。支部没有活动场地，他和万立丰自掏腰包为党支部租办公场所，添置办公用品，这种无私奉献的精神感动了身边所有人。在吴应金的带领下，天成街道驻绍兴党支部的组织纪律严明。支部规定每月一次的党支部会议，所有出席人员必须在手机端签到，党支部会议上一律不能接打电话，甚至开会时的着装都有统一规定。这一规范的操作流程已经成为其他党支部建设的范本和标杆。在中国共产党成立一百周年的庆祝大会上，吴应金带领支部同志们演唱了歌曲《国家》，同志们个个精神饱满，深情表达了对祖国的热爱和对祖国未来的美好祝愿，并获得了中国轻纺城乐清商会庆祝中国共产党成立 100 周年红歌会"风采奖"。

他说，商会对他的启发很大，他学到了很多做人做事的道理，加入商会是人生中最难得，也是最难忘的一段经历。他感恩商会的信任与帮助，感恩商会有郑文法司令那么平易近人的长者提携；感恩具有很大影响力的薛金乐主任的无私帮助，感恩吴建春会长在他遇到困难时帮他渡过了难关，感恩老大哥王信友、老会长王美松、好朋友王锦汀……

2010 年，中共乐清市天成乡驻绍兴支部委员会成立大会

懂得感恩，让爱传递，这是吴应金一直以来秉持的信念。在担任党支部书记期间，他也总是在别人需要的时候，及时伸出援助之手。当听说老家一位刚大学毕业走上讲台的年轻教师患白血病的消息，吴应金立即动员支部成员捐了20多万元，送到患者手中；为了助力乡村振兴，他们为结对的万一村捐建了"龙湫亭"；此外，他们也积极参与各种社会慈善捐款活动。

不管工作有多忙，吴应金都会抽出时间给自己充电。2018年，他和王锦汀等一行好友成了北京横山书院的终身学员，和名人名家一起学习中国历史和中华优秀传统文化，每次问学都让他受益匪浅。他极为认同著名的相声艺术大师侯宝林先生的八字名言"见大不小，见小不大"。每个人的成长境遇不同、成就不同、角色不同，但是在人格上都是平等的，侯宝林先生道出了做人的真谛。侯宝林先生家境贫苦，自小学艺，虽然只上了3个月的学，但是在63岁时却被北京大学聘为中国语言文学系客座教授，成为"一代巨匠"。侯宝林先生的成长经历告诉我们，一个人只要努力进取，在自己的领域里刻苦学习，不断修炼自己，提高自己，就可以做到"见大不小"；而一个人只有始终心怀谦卑，才可能做到"见小不大"。

人生要向"第三层楼"攀登。作为一名共产党员，实现共产主义是我们的坚定信仰。信仰是目标，是理想，也是航向标，只要有了坚定的信仰，人生就会充满奋斗的能量，就会越来越精彩。此心庄严，共创中国好品牌！

访谈时间：2023年12月5日

访谈地点：浙江爱衣服装科技有限公司

访谈整理：周群芳　董　勇

幸福人生是肯吃苦拼命干出来的

人物名片

郑祖宣，温州乐清石帆街道人，1951年11月生，中共党员。现任中国轻纺城乐清商会副会长兼公益慈善工作委员会副主任、乐清市石帆街道驻绍兴支部组织委员；浙江冠洲贸易有限公司董事长、绍兴冠特贸易有限公司董事长。

卖过小鸡卖过烟，时装加工赚点钱

我今年73岁了。我父亲是高中毕业生，是村里的"文化人"。受父亲的影响，我也读了9年书，学了不少东西。比起一般的家庭，我家境还算可以，但毕竟兄弟姐妹多，那时候的生活还是清苦的，看着父母每日辛勤劳作、疲惫不堪的身影，我就产生了放弃读书的想法，一心谋划着如何赚钱，早日替父母分担责任，让家人过上好的生活。就这样，16岁时，我便走出家门到县城找寻赚钱的门路。

20世纪70年代初，我离开家乡，开始做贩卖小鸡的生意。起先，我在温州与上海崇明岛之间往返，从温州往上海贩卖小鸡，因为轮船不让运破壳的小鸡，鸡蛋可以，所以我运送的都是那些即将孵出小鸡的鸡蛋。因为温州和上海距离还算近，只需要一两天运输时间，而小鸡破壳一般需要21天左右，所以运输的鸡蛋都是已经孵化了十八九天的，把鸡蛋包住，就可以保持温度。那时候温州的明珠轮船会停靠在上海的公平路码头，所以一般来说，如果小鸡卖得好的话，我就会去公平路码头等着温州的鸡运来。等天气转暖了，我就会去东北卖小鸡。温州到东北路远，路上花的时间比上海更长，需要4天的时间，所以我就在鸡蛋孵化前4天，把鸡蛋放在轮船里，到大连码头的时候，鸡刚好破壳而出，就可以拿出来卖了。

我一般会去大东沟卖小鸡，尤其是出产高丽参的山边最好卖。虽然如今看来只是小打小闹的生意，但总算可以寄点钱回家了，父母亲很高兴。

1975年的时候，我开始在老家造房，一共造了三间，后来将房子无偿赠送给了村里的困难户。也因为这件事情，1987年，村里优先给我批了四间房，家庭也因此渐渐富裕了。20世纪八九十年代，我每年平均能挣到十几万元。

回想我刚做生意那会儿，市场还真是不怎么景气，随后乘着改革开放的东风，

机会就出现了，出去无论做什么都可以赚到钱。从 1981 年开始，我做过沙发椅的弹簧和椅子脚，也卖过香烟，经营过时装。走南闯北虽然很辛苦，但自己能吃饱穿暖，还能为家里分担压力，大家都觉得我有出息了，我感觉很幸福。

在外出的几年里，我认识了湖南常德市烟草公司的总经理。1984 年，他打电话给我，说可以把香烟打折卖给我，和我一起投资经营。我在当地租了店面，雇了营业员卖香烟，生意很不错，我因为有其他买卖在做，很少去常德。到了 1988 年，常德的香烟不再允许经营，只能停下这个生意。1989 年，经老乡介绍，我去了河南新乡经营服装。一开始做服装毫无经验，我就去聘请师傅，自己也跟着学，当时我主要做时装加工业务，师傅帮忙做了一年，我学会了做衣服，懂得了面料，也积累了一定的资金。

每逢金融危机，生意风险就很大

1994 年，我来到绍兴柯桥，确实如亲戚朋友所说，这里的生意很好做，到柯桥的第一年我就赚了近 20 万元。但第二年，受亚洲金融危机的影响，我做的流纱面料价格跌得很厉害，库存积压很多，为盘活资金，只能亏本卖出去，这一下就赔了近 100 万元。那时我开始害怕，努力思索对策以减少亏损。是否重新回去做服装？幸好我看中的两款做女装的苏哈龙面料市场上还没有，我就进了货，高价卖了出去。我永远都会记住 1995 年 4 月 27 日这个难忘的日子，那天我进的面料高价卖出去了，后面的生意就开始好转；到了下半年，我终于把亏本的 100 万元又挣了回来。可以说，1995 年是我做生意风险最大的一年。

有了一定的资金积累后，2011 年 3 月，我们成立了冠特贸易有限公司，主要经营针织提花、针纺织品等。

与爱人 52 年没有红过脸

我的家庭很幸福，我和爱人非常恩爱，孩子们都知道，我们结婚 52 年没有红过脸。我很感谢我的爱人，我的成功有她的功劳，没有她，我也创不出这份家业。

对我而言，我的爱人是世界上最好的妻子，不仅温柔贤惠，还给我很多的鼓励和支持，从来没有因为生意上的问题和我吵架。我每次遇到困难，她都会鼓励我。现在，我的家庭美满幸福，孩子们既懂事又孝顺，公司已经交给他们经营了，他们都很能干，我非常放心。

年轻时，出门旅游我都带着爱人一起去；现在，我身体不大好，出门旅游是她带着我。她称得上是一位贤妻良母。

时代不同了，读书真的很重要

40 多年前，恰逢改革开放的大潮，只要大家把心思用在正道上，拼命地干，最后都会成功。就像我一样，尽管只有初中文化，但我起步早，靠着肯吃苦、拼命干，

郑祖宣（右二）参加商会
组织的慰问活动

就把生意做成了。但现在行不通了，不是靠蛮干就可以成事的。

其实我也有遗憾，因为读书少，有的东西我不会操作，像智能手机和电视机的一些功能说明我也看不懂，变成了"现代文盲"……所以我意识到读书学习非常重要。我一直要求孙辈们好好念书，要求儿女们无论如何都要把孙辈们培养好，求学向上是人生非常关键的一步。

过去像我这样没有多少文化也可以赚钱，那是碰上了时代变革的好机会；现在时代不一样了，孩子们一定要好好学习，要学本领，否则就会被时代淘汰。

"乐清精神"最主要的就是"敢想敢做、团结互助"

乐清商会对我而言是非常重要的平台，我们乐清人是很团结的，就像我之前所说的，一个人成不了事，需要一群人共同努力和团结互助。

商会为我们提供了很多机会，大家这么多年来互相帮衬，做出了很多成绩。疫情三年，也是靠乐清商人抱团取暖和互相帮助，在那些寒冬里，不畏风雪，走出了一条路来。同时，多年来我们也通过商会捐款捐物回馈家乡、回报社会，温暖别人、提升自己。所以我说，如今的时代是很好的时代，我们在中国共产党的领导下努力奋斗；在柯桥政府的关心关爱下，我们乐清商人扎根柯桥，同心同行，共创未来，一定能够打造出一张努力拼搏、团结互助、敢想敢做、饱含乐清精神的金名片，相信我们的事业一定会一年更比一年好。

访谈时间：2023 年 6 月 21 日

访谈地点：中国轻纺城乐清商会会议室

访谈整理：吉素芬 余知非

深耕粗纺产业，做好最熟悉的事

人物名片

叶金安，温州乐清蒲岐镇人，1957 年 8 月生。现任中国轻纺城乐清商会副会长，蒲岐分会会长；浙江同得利针纺织品有限公司董事长。

缘结纺织，"喜欢"柯桥就得勤快

1996 年，叶金安来到柯桥，因为他有不少亲戚、老乡在这里创业，原本他只是趁着闲暇来绍兴探望亲戚的同时旅游一番，没想到初到柯桥，他就喜欢上了这个地方。

风景秀丽、古韵天然不说，这里的人还有海纳百川的胸襟，不排外，乐清人十分受绍兴人欢迎，他的亲戚朋友们在这里创业，布匹生意都做得不错。衣食住行，衣在首位，他想这是个可以长久做的事，因此就萌发了尝试做布匹生意的念头。叶金安真正全身心投入纺织品经营是在 2001 年，他与兄弟姐妹们一块儿做起了布匹买卖。他十分敬业，经常早上 5 点起床去杭州的四季青市场看布料，了解行情和动态；后又去服装厂，了解服装加工厂对面料的需求。那时他们都是亲自上门去推销，用他的话来说，就是"不辞辛劳，非常勤快"，就这样，生意开始渐渐有起色。

慢慢地，他们生产的纺织品已经开始有平台进行运作了，而产业中做得最好的一块就是女装的粗纺针织、毛呢面料。当时这些面料的普及历史并不长，他们做的是机织的迈尔登面料，针织粗纺也才刚刚开始出现。于是他们想抓住机遇，向服装厂持续不断地推陈出新，将自己的布料推广出一定名气后，产业发展也开始步入正轨。

他很喜欢这种创业生活。他心中一直有一个信念，就是一定要把生意做好。

在与大品牌的合作中，打造自身产品的影响力

为了将公司"同得利"的名气打出去，叶金安经常到市场里转悠，时时关注市场动态。他去找有影响力的服装厂，比如秋水伊人、三彩、海贝等这些当年在杭州名声大噪的服装品牌，在与他们的合作中宣传"同得利"的好面料，把自己公司面料的名气打出去。这些由"同得利"生产的布料制成的衣服售卖后，因其极好的质

量，得到市场的一致认可。就这样，通过这些大厂家，"同得利"在杭州甚至在全国的影响力日渐扩大。由于"同得利"的布料产量大、质量好，得到了广大客户的青睐，郑州、武汉的大牌服装厂家也来合作，事业上逐渐由被动转为主动。

因为是生产以粗纺为主的产品，公司的旺季主要是在下半年，从8月份到12月份。而在名气做起来之后，订单量逐渐增多，"同得利"甚至在过年以后都很忙碌，因为冬装的布料要求多一些，他们也会为制作反季节衣物的服装厂提供布料。

当时有些服装厂会欠账，因此许多布料商不愿意与这样的服装厂进行合作。而他则转换思想，认为对方的产业既然已经做大了，影响力有了，那就不怕欠账，这个是双方合作的底气。

随着产业越做越大，他扩大生产经营规模，在江苏张家港落户创办毛呢面料生产厂，又在宿迁创办纺纱工厂，这些面料生产工厂解决了当地一两千人的就业问题。因为有自己一套完整的生产管理规定，"同得利"的产品质量稳定，得到北京、广州、郑州、武汉等地客户的一致认可。后来一说到"同得利"的名字，就是客户心中的"免检产品"，在市场上享有较高的知名度。

企业无论大小，都需要有自己的企业文化

从2003年到2016年，纺织产业持续上涨到高点，之后慢慢走到了低谷。他认为这是事物发展的必然规律，因此十分坦然地看待这件事情，而他要做的就是坚持下去。

随着年事渐高，现在他的孩子们已经接手他的产业，他则慢慢退居幕后，在大事上他作为长辈和经验丰富的过来人，会去把控一下，小事情则是放手让下一代大胆去做。

抚今追昔，叶金安所创立的布料品牌"同得利"在市场上已经闯出一片天地，这让他觉得很幸福。在乐清商会里，他或许不是做得最好、最大的，但是说起粗纺这个领域，一定有他的一席之地，这是大家都认可的。

叶金安（右一）参加商会组织的喜看绍兴新变化活动

反思纺织业陷入低谷这个问题，叶金安直言，目前这个产业最大的问题就是产能过剩。纺织业是以需求拉动产业发展的，对市场有较大的依存度，随着全球金融危机的爆发，出口需求萎缩，纺织品销路不畅，浪费了许多资源。而发达国家的产业大多会评估市场形势，预算有多少就做多少。纺织品加工企业之间存在恶性竞争，造成产品大量过剩的情况。

叶金安一直从事布料生意，坚持把最简单的事情做好，把最熟悉的事情做好。目前纺织业难做，也有行业内人士转型到高科技产业、文化产业、房地产业等其他领域。有的转型较为成功，发展得不错；也有的在一个大项目上投入很多资金，结果十几年的积累最终打了水漂。

谈到办企业，叶金安认为，一个企业要有企业文化，要用优秀的文化引导人、影响人。中国几千年传承下来的优秀传统文化是我们国家的根，滋养着生生不息的一代代人。一家企业无论大小，都需要有自己的企业文化，如果企业有清晰的使命、愿景和价值观，形成员工乐意共同秉持和维护的企业文化，就能够使企业保持市场竞争力，获得长久的生命力。

希望下一代既要传承勤奋，也要继续做慈善

叶金安说，乐清商会在吴建春会长的领导下、郑司令的带动下，都非常有爱心。郑司令在退休后，将自己的余热无偿奉献给了乐清人。所以，我们要向郑司令学习，低调行事，奉献爱心。

回报乡梓，叶金安从一件件小事做起，为村里修路、向有困难的村民伸出援手，为重病患者提供帮助，向因煤气爆炸被双双烧成重伤的夫妻送上救治费用、向在"利奇马"台风中受灾的乐清大荆、雁荡镇捐款，向蒲岐镇的慈善机构捐款……多年下来，他的捐款累计超过百万元。他还教育自己的下一代，不但要学习乐清人的勤奋和吃苦耐劳的精神，也要继续做慈善献爱心，把温暖传递下去。

访谈时间：2023 年 7 月 3 日

访谈地点：中国轻纺城乐清商会会议室

访谈整理：吉素芬　杨炀一诺

"爱心妈妈"金名片　第二故乡为大家

人物名片

王桂芬，温州乐清蒲岐镇人，1963年11月生，中共党员。现任中国轻纺城乐清商会副会长，曾担任乐清商会妇女联合工作委员会（简称妇委会）主任；绍兴菲逊纺织发展有限公司董事长。

人们经常用漂亮、优雅、知性、大方来赞美优秀的女性，在中国轻纺城乐清商会见到王桂芬女士，用这些词来形容她是最合适不过了。她以柔和舒缓的语调讲述自己在绍兴30多年的创业历程，话语间满溢着对纺织行业的钟爱，对柯桥"第二故乡"的情感，令人如沐春风。

创业艰辛，收获更多的是喜悦和成就感

我与柯桥结缘已经有30多年了，最初因为对服装设计特别感兴趣，我便在浙江丝绸工学院（现为浙江理工大学）进修了一年，学习服装设计。在进修过程中，我发现身边很多姐妹在柯桥都发展得不错，当时我的家族也从事服装行业，经常去柯桥进货。毕业之后，我便先来到了柯桥，家里的兄弟姐妹也陆续从东北来到了柯桥。我们在创业过程中摸索着前进，起初从事进口面料的贸易，但由于国外市场和国内市场存在时间差，并且在经营过程中遭遇了亚洲金融危机，导致我们遭受了很大的损失。后来机缘巧合，我们与一家外资印花企业合作，在合作中我对品质有了更高的追求。

在柯桥打拼30多年，我们从一间门面做到了年销售额上亿元的服装面料公司，由外出进货到自己研发并创立"菲逊"品牌，并处于时尚前沿，为诸多知名女装品牌提供面料，一步步走来难免有艰辛，但收获更多的是喜悦和成就感。

杭派女装评价好，春夏面料找"菲逊"

21世纪初，随着人们生活水平的逐步提高，国内纺织品的需求不断增长，尤其是天生爱美的女性对衣着服饰有了更高的追求。看到这一发展趋势，2002年，在积累了十多年面料经营经验的基础上，我们成立了绍兴菲逊纺织发展有限公司，瞄准国内市场，持续开发创新型的春夏印花面料、素色面料，追求高档品质。

我们每研发一个新的花型，就按照生产流程找专门的厂家加工，坯布前处理、印花、检验，每个工序都要求严格，每块布卖出去都经过严格把控，确保产品质量检测合格，让下游的服装公司放心，拿到手的都是高品质面料。我们主要从消费者的需求和体验感考虑，会把一个季节的面料再进一步细分进行开发。比如，过去民间流传着"二八月乱穿衣"这句话，其实就是因为春秋季节气候多变，人们就会厚薄衣服齐上阵，穿得五花八门。怎样让人们在春秋季节穿衣时既厚薄舒适，又能穿出美丽？为此，我们对准秋季面料，将其细分为秋1、秋2、秋3，并把不同的色系、花型、质地的面料打样比对，有的一个色系会打十几次样品。

"菲逊"因为拥有创新的理念和对品质的极致追求，因花型时尚、质感优良等特色，很快就在业内有了影响力，产品畅销国内面料市场，与上海、深圳的一些知名女装上市公司多有合作，每当一款新产品面世，往往成为诸多品牌女装公司的抢手货，尤其是杭州与中国轻纺城那么近，"菲逊"面料更是多年来一直深受杭州多家服装公司的青睐，签订了长期的供货合同。

像秋水伊人、伊芙丽、衣香丽影和红袖等知名品牌，我作为它们的面料供应商，可以说跟着它们一起成长，也见证着它们一路走向辉煌。当时不少杭州高等院校的服装系毕业生看到服装业良好的发展前景，都开始白手起家创业。其中就有浙江丝绸工学院本科毕业生，他们最初起步时就从我这里拿布料，刚开始都是小批量购买面料，然后做好成衣放在学士路售卖，因质优价廉，销量非常可观，于是购买面料的量从刚开始的几十米到几百米，后来甚至成千上万米地购买。他们从几台缝纫机做起，自己设计、剪裁、制作，从而走上了创业之路。上面所说的多家女装品牌公司都是这么一步步走过来的，一个个"夫妻店"式的女装铺面逐渐升级为专卖连锁店，成为杭派服装的佼佼者。合作过程中，我们的"菲逊"布料在质量、花色、品种方面不断迭代升级，在当时的杭州女装公司间流传着一句话："春夏面料找'菲逊'。"

2016年前后，我们面临着前进路上的一些坎坷。电商的兴起给品牌实体店带来了巨大的冲击，服装行业逐渐失去了原本的竞争力。与此同时，人工成本的大幅提升及消费水平的提高，促使工厂不断开发新的产品种类。因此，目前的服装行业面临着巨大的挑战，我们在坚守的前提下也必须不断创新。

妇女能顶"半边天"，妇委会打出"金名片"

乐清的妇女们个个都很能干，丈夫在外工作，妇女们也能把店面管理得很好。乐清商会妇委会成立于2009年3月8日，是中国轻纺城各商会中第一个成立的妇委会，现有会员400多名，成立以来，全体会员在各自的岗位上锐意进取，奋发有为，充分发挥了"半边天"的作用，为商会、为妇委员会做出了积极的贡献。2009年成立时，我就担任了第一届乐清商会妇委会主任，着手开展各项工作，一开始没有经

王桂芬组织女企业家们在柯桥瓜渚
湖畔走秀

验，但我们不断摸索，不断完善，其间也得到了各方面的支持。

"一件事要做，就要做好"，这是我们乐清人的风格。几年来，乐清商会妇委会活动不断、好戏连台：每年开展"三八"节系列活动，组织"智慧人生"讲座，赴杭州宋城观看"宋城千古情"大型文艺演出，参加总商会组织的建党九十周年唱红歌活动。尤其是为了活跃"三八"节的氛围，我们每年都组织自编自导自演的文艺晚会。商会会员平时业务繁忙，很少顾及子女的婚姻，造成部分会员有后顾之忧。商会妇委会急会员所急，于2013年成立了未婚青年联谊会，并组织了登山活动和联谊晚会。此外，妇委会还举办一些课程讲座，以"美好家庭""幸福人生"等为主题，以此提升大家的知识面。

举办活动，是一个社团组织提高凝聚力的有效手段。2017年3月，在柳芽吐翠的瓜渚湖边，中国轻纺城乐清商会妇委会举办了一场旗袍盛宴，以此庆祝"三八"国际妇女节。200余名乐商佳丽身着各种颜色的旗袍、手撑绸伞，向大家展示了旗袍的魅力和乐商佳丽的风采。这不仅展示了乐清女性积极向善的美好形象，也为乐清商会打出了一张"金名片"。

妇委会根据自己的特点，在加强社会公德、职业道德、家庭美德、个人品德建设方面发挥了独特作用，为建设和谐商会做出了自己的贡献。我本人也被授予"浙江省巾帼建功标兵"称号，2010年获得轻纺城范蠡奖，2017年被评为轻纺城"轻纺之星"。

助学扶贫解急难，"爱心妈妈"很顾"家"

妇委会工作得到了柯桥区妇联、绍兴市妇联、浙江省妇联等有关上级领导和部门的充分肯定。

我们借助商会和妇委会这些平台，积极投身社会公益事业，积极参加助学、扶贫等，开展了多种多样的活动：在汶川、玉树地震后捐款捐物，淡溪分会资助乐清

王桂芬（左二）陪同时任省委副书记王辉忠考察乐清商会妇联工作

市淡溪镇建设中心小学，蒲岐分会为家乡交通建设和生病同乡捐款，南岳分会为新建南岳杏湾大会堂募捐，大荆分会帮困结对和向慈善机构捐款，天成片组向乐清市天成街道慈善分会捐款，商会向绍兴县慈善总会捐款，向患白血病的淡溪镇西林村十二岁小女孩捐款，资助乐清蒲岐北门村因为煤气爆炸烧成重伤的夫妇，等等。

2017年、2018年连续两年，我倡议中国轻纺城乐清商会妇委会与绍兴鲁迅中学高三学生进行结对，为贫困学生尽自己的一份力量，妇委会副主任、委员共18位"爱心妈妈"积极响应，迅速行动，与该校18名高三学生结对帮扶，资助他们大学期间的全部学费，18名同学已全部考入重点大学。与我结对的那个孩子非常优秀，去年已经大学毕业并且考上了浙江大学研究生，在他读研究生期间，我会继续资助他。

2011年9月，妇委会的委员们从《乐清日报》上看到《煤气爆炸，夫救妻双双烧成重伤》的报道后迅速组织了捐款。我当时和一些会员电话联系，募得141100元，专程送到蒲岐镇北门村该夫妇家中。

在面对灾难时，我们个人的力量虽然微小，但相信每一份善意的捐助都能为受灾地区带来希望和重建的力量。我个人在汶川地震期间捐助了5万元给柯桥慈善机构，希望能够为灾区人民提供一些帮助和支持。在玉树地震发生后，商会妇委会与青年联合会迅速行动起来，联合在中国轻纺城东区和北区门口设立了募捐点。我们希望通过集结大家的力量，为灾区筹集更多的资金和物资。

去年，我与横山书院的学友们去新疆考察，偶遇一群放假回家的当地学生，看到他们把行李装在编织袋里在路上拖着走，心中不免心酸，当时我们一行人就决定对这所学校进行捐助。尽管疫情对捐助工作造成了一定的影响，但我们信守了这份承诺，2023年将这项捐助工作落实了下来。虽然我们所做的仍有不足，但我们始终

王桂芬组织的"爱心妈妈"与柯桥中学18名高三学生结对帮扶时合影

相信，每一份善意都能为当地学生带去改变，带去一些温暖，让他们感受到社会的关怀和支持。同时我们希望能够鼓励更多的企业家和社会组织加入公益事业，共同为改善当地教育环境做出贡献。

在回馈社会的过程中，我们积极参与爱心活动，投身慈善事业，在第二故乡找到了"家"的意义，已经迈出了一些步伐，但这只是一个开始。我们会继续不断探索和尝试，寻找更多的方式来帮助那些需要帮助的人群，共同创造一个更加美好的社会。

访谈时间：2023年6月29日

访谈地点：中国轻纺城乐清商会会议室

访谈整理：吉素芬　袁思彤

走出乐清卖布　回到雁荡做茶

人物名片

毕光钧，温州乐清大荆镇人，1968年11月生，企业家、慈善人士、阿拉善SEE生态协会成员。现任中国轻纺城乐清商会副会长；创办了纺织企业"金点子纺织"、公益品牌"BCY"、茶叶品牌"说一堂"、艺术机构"青藤文化"等。作为自闭症画家毕昌煜的父亲，他发起成立了"浙江省毕昌煜公益基金会"，致力于自闭症儿童的艺术疗愈。

最惦念的还是这山这水

毕光钧说，旧时木房不隔音，但夜晚山村安静得过分，好在家门口有一条小溪，他能在潺潺水声中入眠。上别家做客，没有这潺潺水声，还睡不着——他是个喜欢热闹的人，后来果真去了商海里搏浪。不过如今年过半百，他回头一看，最惦念的还是这山这水。

毕光钧是雁荡山深处的叠石村人，光看名字就知道这里石叠石、山套山，如果在雨后，整个村子就笼罩在云海里。村子位于台州和温州的交界处，现跟邻村合称为"水叠湖村"，属于乐清大荆镇，但从村子去镇上要步行两个小时。这一带有经商的传统。他指着远处的山头说，那边有座山，当地人叫隘门岭，早年自发形成了一个竹木市场，因为处于乐清、黄岩、温岭三地交界，各处的山民都把竹木运到这里交易。毕光钧儿时，正赶上一次次"割资本主义尾巴"、抓投机倒把，山民们充满了智慧与坚韧，"这边县里来了监管人，他们就扛着木头往那边邻县地界跑"，如是"逃逸"着、流动着。因地处乐清北上的"官道"，来往的人多，爷爷就在路边开小客栈，做点小生意，每卖三尺布，会多送一寸给客户，受人尊敬。父亲年轻时候也是个走南闯北的人物，能爬上毛竹顶端，砍完竹枝，一使劲，借着竹尖的弹力，跳到另一棵毛竹上，牢牢把住，继续砍竹枝，底下的人看得心惊肉跳，佩服不已……他把竹枝卖到不产竹子的北方做赶马鞭。

少年毕光钧的成绩不错，初中毕业后考上了大荆中学，但上了两个星期后就辍学了。那是20世纪80年代初，温州涌动着发财致富的热潮。毕光钧说："我喜欢做生意，认为自己即便读了书、毕了业，也还是要做生意的。"就这样，他跟着爸爸卖布去了。布料轻，方便携带，家家户户都需要，于是成为他们创富的首选。

毕光钧很有销售的天赋。现在，他的门店已经连成片，厂子有四五百位员工，看到有客户来选布料，他都会亲自去当业务员，不管单子大小，他拿起布料推介时，眼睛是发亮的，他喜欢这给人暖意的经纬，客户也会因此而受到感染。

父子俩去过广东、四川、贵州、山东、河南、江苏、福建及浙江各地做面料生意，一做就是七八年。他最得意的一笔生意，是从宁波国营布厂里批发布料，走街串巷，兜兜转转，竟然卖给了厂长的母亲。待厂长回到家里，母亲很高兴地说：今天捡到大便宜了，这么好的料子！厂长一看，这不是我自家产的布吗？第二天，厂长再给布商批布，气不打一处来："谁把布料卖给了我妈？！"毕光钧这才回过味来，差点笑出声来。

他成为叠石村早早富起来的人之一。有一次他在福建卖了布，把一沓钱往福州的百货柜台上一放，换回了一台三洋牌收音机。他放入磁带，塞进大节的熊猫电池，在大巴上放起歌来，一直放着，走在家乡的黄泥山路上，享受着乡亲们的羡慕。1986年，父子已积攒了10万元资金，在叠石村建了一座大房子。当时村里不通车，水泥砂石全靠肩扛手提，打地基的石头靠手工一点点砸碎。毕光钧说起这件事，脸上还泛着红光。就这样，你带动我，我带动你，叠石村民都富裕起来了，如今还能看到一些人家的门头上贴着马赛克瓷砖，图案是拼音"CHUN NUAN HUA KAI"（春暖花开），透露出明媚质朴而又追求洋气的20世纪八九十年代的光景。

房客当老板，房东拉板车

1991年，毕光钧和家人便来到柯桥，先住在当地著名的鱼得水大酒店。毕光钧说，当时的房费是120块钱一天，算是巨款了，也可见小镇的繁荣程度。后来，他们租住在萧绍铁路南边的独山村。独山村民风淳朴，对于这些温州商人也友好。房东姓薛，见毕光钧要运布，就拉上自己的板车帮忙，赚一点报酬。"房客当老板，房东拉板车"，这样的身份错位，毕光钧至今说起来，还常常笑着。但老薛不以为意，对于他们来说，有小钱赚赚，有老酒喝喝，日子就很知足了。

毕光钧在他参与创办的杭州珀莱雅·青藤艺术中心自闭症公益画展上致辞

毕光钧说，早年柯桥和萧山都在搞轻纺市场，乐清商人差点被萧山吸引过去，毕竟柯桥当时还只是一个小镇。但当时的绍兴县领导和工商部门负责人很有魄力，为了挽留乐清商人，制定了大量惠商留商政策，让大家能在柯桥安心创业发展。

1995 年，毕光钧成立了浙江金点子纺织有限公司，如今已经是一家优秀的面料企业，每年的"柯桥时尚周"，都能看到金点子的身影。2021 年，金点子公司还与浙江工业大学之江学院进行校企产学研合作，挖掘人才，发掘作品，连接互联网，贴近年轻人。无论时代怎么变，毕光钧的立身之本没有变，他说，爷爷每卖 3 尺布放 1 寸，我现在每卖出 100 米布，实际给客户 101 米。

用儿子的名字创立了"BCY"品牌

毕光钧的儿子毕昌煜，是有"世界声誉"的自闭症画家。毕昌煜从一个自我封闭的个体，到打开心扉、情绪稳定，耗费了毕光钧夫妇大量的时间和精力，也得益于绘画让他可以"自我实现"。他的画作感动了许许多多的人，而大家所反馈的温暖善意，也为他孤独的心灵营造了安全的港湾。如今，毕昌煜参加展览活动已不再惧怕，遇到"粉丝"来求合影，会坦然地把手往裤兜一插，默契配合。他能下厨做饭，会跑步骑车，在柯桥城市的任何角落都能找到回家的路，还常常会说"妈妈我爱你"，会在半夜听到门外的响声便起身给加班回来的爸爸开门。这些，原本都是毕光钧夫妇不敢想象的。

毕光钧用毕昌煜姓名的首字母创立了"BCY"品牌，开发的艺术产品包括时装、丝巾、首饰、床品、鞋包、茶具、瓷器等 20 多个系列，亮相纽约时装周等国际舞台，受到前中国女排教练郎平、主持人鞠萍、新闻主播欧阳夏丹、新西兰国宝级设计师特莱里斯·库珀、世界礼仪皇后达领小姐（Miss Dally）等名人的喜爱。在亚运场

中国国际纺织面料及辅料
博览会（上海）金点子馆

地羊山攀岩中心举办的 2023 第一届全国攀岩冠军赛上，BCY 品牌的 POLO 衫、T 恤作为本次赛事工作人员、志愿者、嘉宾的指定用衣并受到欢迎。其面料采用 50S 长绒棉，通过零下 33 摄氏度的液氨工艺，使棉花分子的排列得到改良，不仅保留了棉织物的吸汗功能，同时因为棉分子排列得更加紧实，面料不易起皱，洗涤后不易变形。服装在设计上也很出彩：胸口紫色的攀岩图标、袖口的 BCY 字母、后背的攀岩印花，都透露出简约时尚感。

在一次次创新的背后，BCY 品牌不仅让艺术更好地融入生活，更唤起更多人对弱势群体的关爱和帮扶。毕光钧说，浙江制造、柯桥品牌能够凭实力在国内外绚丽绽放。

位于柯桥城市中心位置的"毕昌煜艺术生活馆"，是 BCY 品牌的展示空间，已被中国残疾人联合会授牌确定为"全国残疾人文化创意产业基地"，同时也是"2022年杭州亚残运会残疾人事业展示点"。生活馆门口摆放着亚运会吉祥物"琮琮""莲莲""宸宸"与亚残运会吉祥物"飞飞"，他们敞开胸怀迎接来自世界各地的游客，成为柯桥的重要文化地标。

做茶，做故乡的茶

"这些是我前半生的事业，是一项温暖人的事业。"毕光钧说，他为自己后半生选择了另一项呵护人的事业——做茶，做故乡的茶。

毕光钧 3 岁那年，就被母亲带到了叠石村边的牛郎山茶园。这片种植于 1958 年的茶园，高踞雁荡群山之巅，遥望东海波涛。母亲在茶园采茶，他到处抓虫摘花，或坐在茶树之间，躲避下午的日头，也等待着树丛底下偷偷长出的覆盆子结下火红的果。

毕光钧一家与新西兰国宝级设计师特莱里斯·库珀及其模特团队合影

半个世纪过去了，山里人都往外走，180 余亩茶树眼看着就撂荒了。茶树长了一茬又一茬，长到了 3 米多高，自顾自地立在孤远的山巅。

他于心不忍，2011 年前后拉着工人上山，牛郎山又响起了采茶的歌声。层林密密匝匝，200 号茶工散在茶园中，居然只闻其声，不见人影。嫩芽在高处，工人们昂首采茶，虔诚地承接高处的馈赠。

毕光钧说，一杯清茶中饱含着自然馈赠与辛勤汗水。例如明前茶，30 个茶工一天一共才能采 10 多斤鲜叶，制茶不过二三斤，采完后还要等茶园休养两日才能再采。他分外珍惜这方山水，坚持茶园不打农药，不施化肥，连路边的杂草也不用除草剂，而用人工锄去，可想而知，180 余亩地有多大的工作量。每年的春季，毕光钧都在茶园住下，亲自采茶，亲自监工制茶，也亲自销售，产出安全、环保、给自己喝的放心茶。他以自己的斋号"说一堂"为茶叶商标，代表着一种诚信的态度。他的茶叶具有精细洁净、条索秀长、紧结匀直的特点，以沸水泡之，汤色浅绿，清澈明净。

他用这家乡茶，接待过来访的作家王旭烽、袁敏、荆歌、车前子，画家吴冠南、周春芽、张捷、夏回，以及许多政商名人。同时他也带着茶叶走出国门，受到意大利时尚协会主席马里奥·博赛利的欢迎。如今，毕光钧还巧妙地将茶叶与面料结合在一起，开发了茶纤维面料，其具有抗菌防臭功能；此外，他还开发了茶叶面膜，其含有天然的植物精华，能够深层滋养肌肤，改善肌肤质地，让肌肤更加健康和光滑。

有人评价，他创立"说一堂"品牌，有着深远的意义：一是发挥了"乡贤回归"的示范效应，带动了其他乐清乡贤建设故土。二是响应了中央乡村振兴的号召，以生态农业、文化产业赋能乡村振兴，推进非物质文化遗产和重要农业文化遗产的保护利用，打造了乡村振兴的"牛郎山样板"。三是擦亮了雁荡与乐清的地域品牌，在茶界、文旅界、工商界获得很好的反响，为家乡知名度、美誉度的提升立下了功勋。

毕光钧是阿拉善 SEE 生态协会成员（该组织是中国首家以社会责任为己任，以企业家为主体，以保护生态为目标的社会团体），与全国众多企业家一起，共同推动生态保护和可持续发展。

回首半生路，毕光钧说，感谢这个好时代。在这位擅长书法的儒商的接待室里，他以遒劲的行书题壁："白金换得青松树，君既先栽我不栽。幸有西风易凭仗，夜深偷送好声来。"

访谈时间：2023 年 6 月 20 日

访谈地点：中国轻纺城乐清商会

访谈整理：徐显龙　宋汉卫

践行温商精神　建设美丽城市

人物名片

王琦，温州乐清虹桥镇人，1972年10月生，无党派人士，高级经济师。现任中国轻纺城乐清商会副会长兼文体宣传工作委员会主任；柯桥区第二届政协委员、乐清市第十七届人大代表、温州市第十四届人大代表；乐清市党外知识分子联谊会副会长、乐清市侨联常委；温州大学绍兴校友会常务副会长、绍兴嘉华置业有限公司董事长、浙江嘉华房地产开发有限公司董事长。

从中学教师到房地产投资开发商，20多年来，王琦不断挑战自我，成就理想，以敢想敢干敢吃苦，有梦有爱有情怀的精神与耐力，克服无数困境，实现多次跃升。

仰望星空，脚踏实地

王琦是温州乐清人。如今只要说到温州，人们便会想到"走遍千山万水、想尽千方百计、说尽千言万语、吃尽千辛万苦"的"四千"精神和敢闯敢拼、敢想敢干、不放弃不抛弃的温商性格，而他就是这一群体的代表。

作为20世纪90年代"凤毛麟角"的大学生，王琦起初被分配到了老家的一所中学教书。然而，面对清闲的工作环境，他非但没有感到半点轻松，反倒是很不安。在王琦看来，这种一眼就能看到头的状态并不适合自己。与其将希望寄托在学生身上，不如自己出来奋斗，通过努力实现人生价值。怀着这样的想法，1994年初，他做出人生中第一个重要的决定：来到绍兴柯桥轻纺市场从事纺织品经营。

经营之初的日子异常艰辛。当时走南闯北的温州人习惯了勤俭节约，大都过着"白天当老板，晚上睡地板"的生活，王琦也不例外，每天早出晚归打理着生意。不仅如此，有时生意繁忙，客户催得急，他还要和背布工一起跑去仓库背布。每当这时，平日里穿在身上薄如蝉翼的布料就会变成一座座高山，背在肩上压得人喘不过气来，等回到市场时，身上的衣服早已湿透。

如果说这只是创业时期的缩影，那么一次特殊的经历则让王琦终生难忘。

20世纪90年代，交通不发达，从柯岩独山到轻纺市场之间隔着104国道线和萧甬铁路，时常会有货物列车停靠。通过铁路道口绕行虽然相对安全，距离却相隔很远，一来一回要花费很多时间，客户往往也等不及。为了抢占商机，也为了节省时间，当时好多年轻人会选择直接从铁轨上跨过或者从停放的火车车厢下爬行穿过。一旦不注意，就有可能在车轮下丧生。"一次客户催得急，绕行铁路道口来不及，恰好又有火车停着。虽明知危险，但为了留住客户、将生意做成，我也只得硬着头皮从两节火车车厢的连接处爬行穿过。就在这时，火车鸣笛车厢震动，我顿时被吓了一大跳。好在火车没有马上移动，不然后果一定特别严重。"时隔多年，当王琦再次说起这件事时，仍是心有余悸。他表示，在经历了这件事后，无论做什么，包括后来从事房地产投资开发建设，他都坚持安全第一。"若没有安全作为前提，其他都是空谈。"

心有多大，舞台就有多大。20 世纪 90 年代末，王琦进入了房地产行业，从合作开发华泰大厦开始。等房子竣工验收交付后去建设局办理房产证时，他才知道要先办理房屋预售证。就这样，在不断摸索中，王琦积累了依靠自有资金、不负债、稳健操盘开发的经验。

"实践出真知。"善悟哲理的他，适时总结出了六字箴言：稳健、品质、用心。多年来公司一直秉承"专注品质，用心建筑"的开发理念，并持之以恒地保持初心。这使他在群雄逐鹿的房地产行业，不管市场狂热还是降温，做事都是游刃有余。王琦在绍兴投资开发了财富大厦、财智国际、金色水岸、乐创时代物流中心等项目；在温州相继开发建设了香格里拉花园、香格里拉嘉园、香格里拉海景园、香湖郡、春风嘉里等系列楼盘，屡获温州市瓯江杯优质工程奖、浙江省"钱江杯"优质工程奖。

厚积薄发，执着耕耘，专注品质

2009 年 9 月，王琦凭着对柯桥的热爱，带领团队参与土地拍卖，以超过起拍价 103% 的 7.94 亿元竞拍夺得鉴湖柯岩旅游度假区约 217 亩的核心地块，当时业界一片哗然，无不为嘉华房产担心。王琦说："乐清人能将纺织业做到最好，为轻纺城'布

王琦在公司年终表彰会议上讲话

满全球'做出贡献，我们就是亏钱也要将馥园做成精品，精心规划好，用心建设好，让建筑与环境相互融合，成为鉴湖一道亮丽风景，一定要为乐清人争光，回报绍兴人民。"扎扎实实做产品，踏踏实实树品牌，过程管理兢兢业业、一丝不苟，工程投入精益求精、不惜成本，如今嘉华馥园这一鉴湖首席资源型别墅已大功告成，成为绍兴风景豪宅的代名词，得到业主、政府及社会各界认可，为千年鉴湖增光添彩。

温州乐清虹桥镇湾底旧村改造项目自 2008 年启动后已有 10 年，村情民意复杂加上资金短缺，一直不能开工。旧村改造遥遥无期，俨然成为老大难的社会问题。2017 年，应时任党委政府主要领导"支持家乡城市建设，反哺农村，改变城乡面貌，帮助湾底百姓走出旧村改造停滞的困境"的邀请，出于对家乡的情怀和领导、群众的信任，王琦正式接手该项目。嘉华房产团队始终以"我们是如此热爱虹桥"的感恩之心，在房地产形势严峻、资金压力极大的情况下，并没有将项目按照拆迁安置房的标准来做，而是按照高档品质项目设计施工建设，同时出资数百万元建设东干河景观公园等，已于 2021 年顺利通过竣工验收并正式交付村民、业主。大美实景所见超乎想象，不仅赢得社会各界赞誉，还荣获了温州市"瓯江杯"优质工程奖，真正实现了通过一个项目改变一个村庄，提升虹桥南大门形象，建设美丽家乡的美好愿望。

饮水思源，真情奉献

饮其流者怀其源，学其成时念吾师。采访中，王琦表示，企业的发展离不开党委、政府和社会各界的支持，财富取之于社会，也应回馈于社会。多年来，他始终秉承"源于社会、回报社会"的理念，带领企业脚踏实地、勤恳做事，勇于担当社会责任，做有良心、有爱心、有情怀的企业。从 2012 年至今，企业和他个人已累计向社会公益事业捐赠人民币近 800 万元。其中 2013 年捐赠 100 万元在温州大学设立嘉华创新励志奖学金，帮助品学兼优、家境贫寒的学生完成学业；2017 年向柯桥区慈善总会捐赠 30 万元；2020 年 12 月专门向温州人学捐赠 30 万元用于博士点申请；2021 年 4 月向虹桥镇慈善分会捐赠 30 万元；2021 年 4 月向温州市关心下一代基金会捐赠 100 万元；2022 年向虹桥镇慈善分会捐赠 50 万元。他多次获评温州市履职优秀人大代表；被乐清市委、市政府授予"乐清慈善突出贡献奖"；被乐清市、柯桥区两地党委政府授予"优秀中国特色社会主义事业建设者"。

作为连续多届人大代表和政协委员，王琦始终坚持将老百姓"所盼、所怕、所愁、所急"的社情民意通过各种途径向政府有关部门实事求是地反映，敢于亮剑、敢于说真话，关心群众的热点难点问题，心怀真诚、真心、热心的服务意识，切实为民办实事、办好事。

104 国道虹桥段交通拥堵严重，严重影响虹桥乃至乐清市的经济社会发展，群众

2021 年 4 月，王琦（中）向温州市关心下一代基金会捐赠 100 万元

的改造呼声非常高。王琦联合其他代表通过翔实的调研走访，领衔提出议案，并得到 107 名人大代表附议签名。他强调："虹桥过境段改线工程，不是要不要上，而是如何上马、何时能上、怎样才能尽快竣工的问题！"摆问题直截了当，提建议具体实在，议案受到了市人大常委会和党委、政府的高度重视，被列为"人民听证"议题，很快得到落实，工程于 2010 年 9 月顺利开工，并于 2014 年 5 月通过验收通车。

通过调研，王琦还相继提交了"加强对民办学校规范管理""促进城乡教育均衡发展，努力办好人民满意教育""关于开工建设虹桥中学迁扩建工程的议案"等多份提案，并多次在会上发言提出"教育是最大的民生，必须优先发展公办教育，办好家门口的学校"的建议，希望通过公平、和谐、健康的良性教育竞争，"阳光招生""零择校"、民办学校教育成本监审，推动教育的全面、可持续发展。对于为何聚焦教育，王琦这样认为："虹中兴，虹桥兴！虹中迁扩建，人人有责！最好的教育不是一家独大，而是百花齐放，这个时代要做的是提供尽可能多的善意和公平，让孩子们无论在公办还是民办学校，都能看见希望，让农村孩子'读好书'，通过努力改变命运。"

"挑战自我、超越极限、坚忍不拔、永不放弃"是马拉松长跑的精神。早在 2015 年 2 月，王琦在温州市第十二届人民代表大会第五次会议上发言，"要振奋温州人精神，温州企业家要跑步，不要跑路"，并领衔提出"温州市举办马拉松赛事的建议"。在他的努力下，温州市第一届马拉松比赛于当年 12 月 6 日成功举办。

王琦跑步缘起于戈壁挑战赛。2014 年 5 月，经过层层选拔，他代表浙江大学管理学院参加了"玄奘之路"商学院第九届戈壁挑战赛。在长达四天三夜的比赛中，他与浙大戈 9A 队的其他 8 名队员一起，从瓜州塔尔寺出发奔跑 120 公里到达白墩子，经历了沙尘暴、骆驼刺、烽火台、黑戈壁、烈日、温差、风车阵的重重考验，为"承诺、责任、理想、荣誉"而战，用脚步和汗水践行"理想、行动、坚持"的

浙大管理学院党委书记包迪鸿到戈赛终点
白墩子迎接浙大戈九A队，王琦是队员之
一（后排右二）

玄奘之路精神，终获"沙克尔顿"奖。

2023 年 11 月 26 日，王琦跑完 2023 年绍兴马拉松比赛，熬成越马"五年陈"，顺利完成了自己第 37 个"全马"。跑步锻炼已成为他生活、工作中很重要的一部分，成了一种习惯。在王琦看来，跑步就是跑步，跑着舒服就好。不管你跑多快多远，总有人在你前面，也总有人在你后面；不要想着速度多少，不要只是想着瞬间的爆发，方向比速度重要，享受身体与内心的对话；要坚持，要感悟，不要赶路，在路上最重要；忍受寂寞，享受孤独，要学会控制欲望，要有敬畏之心。做一个负责任的跑者，做人、做企业和跑步都是同样道理。

访谈时间：2023 年 11 月 28 日

访谈地点：中国轻纺城乐清商会会议室

访谈整理：吉素芬　刘子涵

创业路上永葆初心　奉献家乡传承家风

人物名片

柯乐辉，温州乐清南岳镇人，1971 年 8 月生。现任中国轻纺城乐清商会副会长；绍兴柯桥区乐力纺织品有限公司总经理。

走南闯北，一路艰辛

我们这一辈踏上经商之路是与时代息息相关的。那时的教育资源稀缺，许多人并没有得到更高层次的教育机会。在我的记忆中，一个初中班仅有约 10 人能进入高中，而从高中走向大学则仿佛在过一座独木桥，难度很大。我的家乡乐清没有好的民营企业，国有企业也不多，就业岗位的稀缺让很多人不得不走经商这条路。

1993 年，我高中毕业后来到了柯桥经商，那时候柯桥只有一个布料市场，品类杂而繁多。当时我们家的经营模式是我从柯桥采购布料，将布料发至北京，父母在北京负责销售，家里每个人各司其职。

这听起来似乎很简单，但实际上当时的风险与压力都非常大。我们通过民间借贷凑齐 6 万元本钱，每一分债务背后所要承担的利息都是一份重担。因此，我们将 6 万块钱都用在刀刃上：3 万元一次性支付了在北京的摊位的 6 年租金，3 万元则用于柯桥的货物周转。从创业的第一天开始，我就怀着一个远大的梦想，决心要将这份事业做得既稳健又长远。现在每次和朋友分享创业初期的故事，我都为自己年轻时的胆量和果断感到惊叹。

1997 年，我结婚了，然后和妻子去了北京，后来有了三个孩子。像任何一对平凡的夫妻一样，我们一路走来相互扶持，取长补短。生活对我们来说并不轻松，从日常的柴米油盐、教育孩子到打理生意，我们经历了种种挑战。毫不夸张地说，我们的生活就是"白天当老板，晚上睡地板"。当时在北京，我们住在一个小平房里，为了更好地利用空间，我们巧妙地把它改造成了两层。在那仅仅 30 平方米的空间里，我们一家五口挤在隔层上方，而我的父母则住在楼下。小小的 30 平方米房间竟然住了 7 个人，而且就这样住了多年。尽管生活条件很艰苦，但经营上的挑战又需要我们付出更多的努力和时间。那是我们共同努力、不屈不挠的黄金时代。

康庄公路，不负众望

2002 年，我再次踏入故乡，因为当时的我被赋予了一个崭新的角色——村委会主任。如同俗话所说，"想致富，先修路"。那时，村里积极推进康庄工程，旨在实现村村通公路的愿景。但修建公路并非易事，需要村民先行垫资，待政府验收合格后才会拨付项目款。对于一个规模不大的村子来说，这无疑是一个沉重的负担，每个村民都心怀忧虑，害怕其中有环节出错，每一个家庭都在权衡风险与机会。

正当村里人拿不定主意时，我们乐清南岳镇的书记找到我，希望我回乡担任村委会主任，为家乡贡献一份力量。考虑到自己在外多年已取得一定的成绩，是时候回馈社会，应该为家乡做点事了，我欣然接受了这一任务。尽管心中充满信心，但每个决策的背后都带有深深的担忧——害怕出错，害怕辜负乡亲们的期望。

经过与村民们的共同努力，我们顺利地完成了盘山公路的修建，得到了村民们的信任和拥护，我很荣幸地连任了两届村委会主任，并见证了我们共同为家乡所做的贡献。我对家乡的热爱与责任感从未改变，一直坚持一个原则——只要能帮助家乡，就绝不掉队。因为我深知，无论走到哪里，都不应忘记对故乡的感恩与奉献。

转战柯桥，坚持初心

在我担任村长期间，公司的业务基本由父母和妻子打理。2006 年，我们开始将业务重心从北京转向柯桥。

1997 年，我们公司在北京开始开发麂皮绒，到 2000 年，我们已经有了一套完整的麂皮绒面料开发技术，可以生产独特的麂皮绒面料。最初我们的产品多销往美国市场，销量不大但整体稳定。直至今日，我们仍持续在外贸领域寻找合作的机会。为此我们感到骄傲，因为放眼市场，我们的高品质产品一直都能让顾客满意。

或许有人好奇，为何我们这么执着于麂皮绒产品，而不选择多元化发展？实际上，这与我的经营理念有关。我始终坚信，精准地定位自己，不断优化自己的独特优势，专注一件事，可以确保品牌知名度和质量，并得到最人化的回报。

我们的经营模式是"不开厂，少人员"。我们学习苹果公司的生产方式，联系代加工工厂进行产品制作，通过这种生产方式达到降低成本与减少风险的目的。考虑到自建工厂的高昂资本开销，我们选择这种模式来保留更多的净资产。这种轻资产的模式不仅为我们带来了更低的经营风险，也使公司的运营更加轻松。

"少人员"便是精简公司员工，与工厂直接签订合同，不需要自身拥有工厂员工。我们的员工简单分为跟单员、财务，两者各司其职。跟单员负责与工厂的协调工作，确保产品按时生产并达到我们的质量标准；而财务部门则负责资金的管理和统计。这样一个五人团队听起来很精简，但每个人的角色都十分明确，能够灵活应对各种情况。这种运营模式并不是一开始就有的，而是在实践和摸索中逐渐形成的。

柯乐辉眺望大海

对于未来，我们已经制订了三到五年的规划。我们将继续沿袭专注与专一的生产理念，持续为市场推出技术精湛、质量上乘的麂皮绒产品。在任何产品的生产上，要想形成竞争力，都需要漫长的培育过程。我们不仅要抓住市场风向，在每一个商机面前都备足砝码、做好准备，而且要挑战自我，做别人不曾考虑或不敢尝试的事情。针对大众市场，为大众需求服务，这不仅是我们的信念和目标，更是我们始终坚持的经营之道！

教育先行，家风传承

相比自己的经商之道，我更喜欢分享育儿经。我最幸运的就是培养了三个优秀的孩子，他们都在海外求学，硕士与博士的学历，是他们努力的成果。

重视教育是我们家的一个核心任务。这不仅仅是因为我们认为学业能为孩子带来更好的未来，更是因为我们坚信，教育可以塑造一个人的性格、品质和视野。商会的许多成员都有同样的观点，认为教育孩子比积累财富更为重要。因为财富是会消失的，但教育和品格却可以永远陪伴一个人。

我和妻子一直尽量为孩子们创造一个良好的学习环境，尤其是在家庭之中。一个和谐、互相支持的家庭环境，对孩子的心智健康成长至关重要。我们鼓励孩子们不断努力，认真对待每一件事。孩子们也受益于在不同的地方如北京、江苏、浙江的求学生活。这种多元的环境和成长背景使他们学会了适应和接纳，养成了独立和坚韧的性格。

我们这一代的成功受益于改革开放带来的红利，但时代在进步，每一代人都有自己的使命和责任，所以希望孩子们能在自己选择的领域中发光发热，为社会做出更大的贡献。

结缘商会，情深如海

2006 年来到柯桥之后，我很快就加入了乐清商会南岳支部，虽然规模不大，只有五六个人，但与商会就此结下了缘分。

能成为柯桥乐清商会的一员，我是很开心的。这里充满了亲切感，让人有十分强烈的归属感。无论是孩子的教育，还是与会员的处事方式，我们都在老一辈人身上学到了很多。商会就像一个大家庭，成员间相互扶持、共同成长。如果用一个词来归纳对商会的感受，便是温暖。

商会的赋能，也进一步增进了我对中国轻纺城及柯桥这座城市的情感。柯桥亲清政商的环境给予我信心，公平开放的政策给了我们最好的发展机会。我很感激，也很珍惜。

我如同热爱自己的家乡一样，热爱这片热土。

访谈时间：2023 年 6 月 20 日

访谈地点：中国轻纺城乐清商会会议室

访谈整理：任文杰　余　豪　孙梦涵　林思彤

扎根柯桥　性贵平淡

人物名片

卓登千，温州乐清淡溪镇人，1969 年 3 月生。现任中国轻纺城乐清商会副会长，绍兴柯桥万邦包复纺织有限公司总经理，绍兴柯桥万帆纱业有限公司总经理，绍兴奥莉纺织有限公司总经理。

拜访卓登千时，他正好在巡查厂区。他带我们穿过繁忙的车间，来到走廊尽头的办公室，招呼我们在古色古香的茶台边上坐定，边泡茶边说道："当年我还是个 17 岁的少年，就到这边白手起家，柯桥是我扎根的地方！"他平易近人，说话间手上的动作还未停歇，滚烫的热水被倒在杯中，安静地托起杯底的茶叶缓缓升起。

乌篷载新布，辗转水陆间

1986 年的盛夏，17 岁的卓登千背着行囊跟随同乡大哥来到柯桥，那时还没有轻纺城市场，只有马路市场。在江南水乡，若要把布卖出去，就要乘着乌篷船走水路，交通不太便利。但当时卓登千经过考察，了解到在柯桥买布进价便宜，可以卖到兰州赚差价，他便和几个朋友合伙做起卖布的生意。"那个时候我觉得卖布比较简单，也没多想，就这样开启了卖布生涯。第一年做生意不赚钱，不好做，做了一段时间我那几个朋友就不做了，只有我还在坚持，谁知道这一卖就是半辈子。"卓登千感慨道。

那时做生意的人在马路边卖布，讨价还价的声音络绎不绝。柯桥河水荡荡，桥下是堆满新布的乌篷船，它们顺着水流浩浩荡荡朝着四面八方驶去。在石桥边，青涩的卓登千望着远方摇摇晃晃的乌篷船，耳旁是大哥们指挥着工人扛着布匹搬上船的声音……忙碌的景象让他感到柯桥充满着创业的希望与热情，让他在这里找到了归属感。

10 年间，卓登千辗转在几个城市之间卖布。他靠销售涤纶布和梭织布在兰州这个"联络四域、襟带万里"的大市场里赚到了第一桶金。"一捆布是 50 米。四年里，我也不知道卖出了多少捆布。"1990 年，市场转变，卓登千打听到在郑州卖布利润高，便又转到郑州经营。自 1953 年开始，国家投入巨资扶持郑州，一家国营全能大型棉纺织厂坐落于此，使这座静谧的城市一下子成为全国六大纺织基地之一。但柯桥的布料依然紧俏，卓登千在往郑州发货卖货这四年里，不仅将布匹的价格、成色摸得一清二楚，还注重打造诚信口碑，为之后的公司发展奠定了一定的资金和客户基础。

市场潮流瞬息万变。1994 年，广州中大布匹市场周围的城中村有大量廉价土地和劳动力，在这里聚集了一大批服饰加工小作坊。中大布匹市场提供的生产原料由周边的制衣厂加工，再配送到沙河、白马、十三行等服装批发市场，形成了完整的产业闭环。在这样的闭环中，布匹面料成为重中之重，卓登千看到了其中的商业价值，于是把布料销往广州。

从柯桥带过来的布匹一般为涤纶，这种布进价低，实用且易加工，随着时代发展，布匹的花色纹样复杂多样且精致耐看，市场价格逐渐上升，利润也随之水涨船高。但随着广州城市的发展和产业的升级，劳动力和土地价格也在不断上涨，而此时的柯桥诞生了属于自己的市场——轻纺城市场。

纺城初诞生，家在柯桥城

卓登千不仅仅是轻纺城市场诞生的见证者，他还是推动柯桥纺织业发展的助力者。"1985 年的夏天，当时的绍兴县在柯桥西侧投资建造了一个占地 3000 多平方米的柯桥轻纺产品市场，当时的环境跟现在是比不了的，但那时候有这么一个棚屋式的市场，大家都高兴极了，摩拳擦掌，要好好大干一场！"就这样，第一代轻纺市场应运而生，成为中国轻纺城的雏形。随着东交易区和北交易区接连扩建，绍兴轻纺市场越扩越大，一时声名鹊起，中国轻纺城成为全国首家冠名"中国"的专业市场。"说起 1992 年，是我难忘的一年，那年绍兴轻纺市场被命名为'中国轻纺城'，也是我跨入人生新阶段成家立业之年，我在老家成家后，把老婆也带来了柯桥，彻底扎根柯桥。"卓登千满脸幸福地回忆。

"柯桥于我而言是像家一样温馨的地方。"小小的马路市场在成长，他亦是如此。他从门市部做起，批发售卖涤纶布，凭借着六七年的打拼，有了些资金积累，便开工厂做原料，生意不错，也在柯桥买了他的第一套房子。2006 年，卓登千利用积累下来的资金、客户、口碑，与几个绍兴好友共创绍兴柯桥万邦包复纺织有限公司，在公司定位上以进出口为先，同时生产销售针纺织品、加工氨纶包复丝、经销化纤原料等。公司建立初期，卓登千与好友一同决定以"同心、求是、自强、争先"的乐清精神为企业文化。

抓信息促发展，同商会共成长

"2008 年下半年，绍兴县人大召开县委十二届五次全体（扩大）会议，提出要大力实施纺织集群升级工程，着力打造国际性纺织制造中心、国际性纺织贸易中心和国际性纺织创意中心。这个政策调整使我深刻感受到机会来了。"为应对这样的机

卓登千想过闲云野鹤的生活，但当下还是做好传承最重要

遇，卓登千在2010年出资成立万帆针织有限公司（现改名为万帆纱业有限公司），主要从事纺纱加工、面料纺织加工和服装辅料、针纺织品及原料销售，后跟随市场发展也自主研发了一些针纺织品，同时增加了货物进出口种类，公司的发展一直比较平稳。

2012年，由于市场动荡，货物种类更新迭代，对设备的要求日益提高，卓登千在朋友的提议下，合资成立了绍兴县奥莉纺织有限公司（后改名为绍兴柯桥奥莉纺织有限公司），在万邦工厂的协助下，以从事纺织业为主，增加纺织品后整理加工，生产羽绒制品，以及批发、零售针纺织品及原料、服装及辅料、纺织工艺品、羽绒制品、塑料制品、皮革制品等生产销售渠道。由于产业渠道拓宽，需要大量的资金投入升级设备，卓登千决定将绍兴柯桥万邦包复纺织有限公司的工厂出租，推动新公司的发展。

在公司的不断成长中，卓登千也发现：生产加工机器在某种程度上决定了公司的发展速度和高度。对此他大力引进人工智能的先进机器，不仅将公司提升了一个高度，还成功度过了三年疫情。

这些年，在柯桥的生活也让卓登千有机会持续参与乐清商会的活动。问起他在商会的表现，卓登千非常谦虚地说："你们是无法想象乐清人有多团结一致，但凡我有点难处，他们总会第一时间帮助我。我就是一个平凡的跟班，不给商会添麻烦是最低的要求。"在卓登千心中，乐清商会是他牢牢扎根于柯桥的重要支柱，让他忽然明白他为何将这里当成了一生的归宿。

数字打造轻纺，传递乐清薪火

2020年12月初，"数字轻纺城"开始启动筹备，以"分系统、分市场"为基础进行分步、分期建设。自中国轻纺城开始打造"数字孪生"市场以来，不断推进市场管理更加智慧化、服务更加精准化,让买卖双方不受时空阻隔影响。在多次"触网"转型、数字赋能下,这座城市正焕发新的生机与活力。而在电商的不断冲击下,卓登千并没有任何不安,反而淡定自若,颇有"坐看云起时"之势。他兴致勃勃地介绍,现在的车间采用国产自动化高端智能设备,没有灰扑扑的地面,也没有喧嚣的机器声,就连空气都是干净清新的。在科技的加持下,智能工厂的作用远不止如此。

在这里,纺织产品数字化转型在自动化、智能化、生产管理、低能耗、柔性生产、供应链管理等多方面取得了不同程度的进展。同时,公司对产品管理进行了升级,主要是通过"生产数据采集+智能化装备"实现数据连接和管理,通过信息化软件和系统建设完成精益分析,最大限度地提升了产品制造的数字化水平;同时连接外部企业,优化供应链协同,针对小批量、定制化订单,实现柔性生产,打造信息化供应链管理体系。

这个家族企业也非常团结。"现在的我不仅有贤内助,还有两个分工明确的儿子,在公司经营方面,他俩一个抓管理和业务,一个抓技术和设备。"卓登千骄傲地说道。面对现在的网络直播及电商行业对传统行业的冲击,他并不觉得这会对轻纺城市场产生不良影响,反而察觉到数字赋能的强大助力。卓登千始终认为,不论是未来处于何种阶段、政策如何变化,都必须守住底线,守住"客户至上、高效低能、诚信务实"的价值原则,凭服务、价格、品质在市场中获得一席之地。

卓登千对于自己的过往保持着云淡风轻的态度,眼睛里沉淀着不少的辛酸史,但是生活在继续,他也认为到了该放手的时候。"也许我没有什么特别大的成就,甚至退休之后想在家种种地,过一下闲云野鹤的生活,但我觉得最重要的还是传承。不管日后我的孩子们发展到什么地步,都要将乐清精神的薪火传递下去。我也希望他们能多多参与乐清商会的活动,结交挚友,携手共进,展望未来。"

访谈时间:2023 年 10 月 19 日

访谈地点:奥莉纺织有限公司

访谈整理:王维康 许馨尹

CHAPTER 9 第九章

志在千里　志得气盈

做生意，乐清人是有一套的，"高山放风筝，全靠四面风"的借势借力，"爱拼才会赢"的勇气和胆魄，"走南闯北"的决心和毅力，"走出去，看世界"的胸怀和眼光，在奔流不息的历史长河中，他们演绎着中华儿女志在千里的本色。

　　做人，乐清人也是有一套的，"心系家乡，心系纺城"的情怀，"让小世界的孩子快乐成长"的柔情，"不忘初心，凝心聚力"的团结，"生意要兴旺，素质要跟上"的品质，在轻纺城的一草一木中，温暖了时光。

　　于家，于国，他们的情感始终是热烈而真挚的。

凝心聚力，不忘来时初心

人物名片

林明宣，温州乐清虹桥镇人，1967年5月生，中共党员。现任中国轻纺城乐清商会党委委员，乐清市虹桥镇驻绍兴党支部书记；绍兴晋益纺织有限公司总经理。

做生意是一场"持久战"

我于1989年起在河北石家庄经营布匹生意，我人生的第一桶金是在石家庄赚到的。当时家里条件不是很好，我借了钱出去闯荡，那时候什么都不懂，只能一边学一边做，慢慢适应。在石家庄销售的纺织面料是我从广东南海一些纺织厂里采购，然后租赁大货车途经广东、湖南、湖北、河南等地，到达石家庄分批销售。运输路途非常遥远，到处都是山路，公共基础设施也非常差，而且沿途某些地方治安情况也不是很好，经常遇到在运输途中货物丢失的情况。后来听亲戚朋友们介绍，了解到绍兴柯桥轻纺城市场前景很好，当地政府正在大力拓展轻纺城市场规模，大力支持外来人员到绍兴经商，经过深思熟虑后，我最终决定来到绍兴柯桥做生意。

我于1993年11月正式到绍兴发展，并且在柯桥购买了门市部。当时的绍兴县治安情况比较好，当地人的素质也较高，而且非常热情、包容。绍兴当地政府有关部门也非常重视我们生意人，积极帮助我们解决问题。在柯桥有了自己的门市部后，我便安下心来从事纺织品贸易。当时我将广东佛山南海生产的面料拉到柯桥销售，经过几年经营后，开始在绍兴本地及萧山、嘉兴等地做生产加工纺织面料的生意。我慢慢地在柯桥扎根，安家立业，一步一个脚印走到了现在。

我们公司主要做纺织品批发，这样的经营方式相对比较稳定，风险也小。我主要负责的是生产制造这一块，包括委托第三方进行染布、印花等工作。随着时代的变迁，年轻人比较擅长互联网营销模式，因此我将公司的销售全权交给我的子女，我对他们有足够的信心，同时我也经常提醒他们，学习是一个循序渐进的过程，贸易是一场"持久战"，只有在学习中不断成长，在实践中不断锤炼，才能稳扎稳打走好纺织贸易之路。他们没有辜负我的期望。

林明宣（前排右二）参加乐清商
会庆祝中国共产党成立 100 周年
活动

共产党员讲究的是一种奉献精神

中共乐清市虹桥镇驻绍兴支部于 2011 年 4 月 8 日在柯桥成立，现有在册党员 22 人、流动党员 49 人，共 71 人。党支部成立以来，积极开展党员学习教育，组织开展丰富多彩的党员活动，不断提升支部的凝聚力和战斗力。

我于 2001 年正式加入中国共产党，成为一名党员。我积极响应上级党组织的号召，发挥党员带头作用，协助乐清商会为在绍兴经商人员服务。2010 年，在乐清市和虹桥镇党委的大力支持下，我开始筹建虹桥镇驻绍兴党支部，经过将近半年的筹备，于 2011 年 4 月 8 日在鉴湖大酒店隆重举行了虹桥镇驻绍兴党支部成立大会。如今我们乐清商会有 10 个驻绍兴党支部，已经涵盖温州乐清的大部分城镇。

我们支部每月的 18 日 20：00 都会召开支部学习会，主要是结合本单位的具体情况，认真传达贯彻执行党的路线、方针、政策和上级的决议、指示；研究安排支部工作，将支部工作中的重大问题，及时提交支委会和支部大会讨论，为今后的工作指明方向。会上，我们也会及时地学习虹桥镇的相关政策，了解家乡发展的情况，为助力家乡发展献计献策，做到理论学习与实际情况相结合。

我们支部每年 6 月也会定期组织年度党建活动，先后前往了井冈山革命根据地、南湖革命纪念馆、浙南革命纪念馆、一江山岛战役遗址、福建古田革命烈士纪念馆、延安革命纪念地、遵义会议会址等红色革命根据地现场参观学习，每到一处，都会邀请当地的讲解员讲述经典红色故事，在参观中回顾党的历史，感怀党的恩情，加深对革命历史的了解，回望革命先辈英勇奋斗历程，充分激发党员的爱国主义热情，增强党组织的凝聚力和战斗力。作为党支部书记，我始终坚持用行动去践行初心和使命，坚定信仰，力求在学习形式上灵活多样，内容上丰富多彩，提高党员队伍整体素质，增强先锋模范带头作用，全面提升基层党建工作整体水平，通过开展党建活动，进一步提升支部党员爱党、敬党、忠党的意识，增强使命感和责任感。

我始终认为共产党员讲究的是一种奉献精神，党员同志始终要提高认识、增强服务，发挥党组织先锋模范和战斗堡垒作用。只要家乡有需要，我们定当出力。我认为为家乡做贡献是一件很幸福的事，我在虹桥这片土地上出生、长大，对家乡怀有深厚的感情。我也希望自己能起到带头作用，带动更多乡贤为家乡办好事、实事。不管在外有多大的事业，我们还是殷切期望家乡能够更快更好地发展。我们做得最多的就是资助家乡建设，20多年前我就出资为村里改造了一条水泥路；新冠疫情期间，我们组织乐清商会虹桥分会为乐清、柯桥两地捐款捐物，为防疫工作做出我们的努力。

真心实意帮助会员排忧解难

我们温州人在外都非常团结，当时听闻乐清商会成立，我马上主动申请加入商会。乐清商会为我们提供了一个有归属感的平台，不仅方便信息交流互通，提供业务上的协助，而且真心实意帮助会员排忧解难。我也出面帮助会员调解过一些纠纷，其中有两件事让我印象深刻。

第一件事情发生在2018年，我们商会有一个会员，在袍江租用了一位老板的厂房开印花厂。当时由于交通和位置等原因，厂房老板经营状况不佳，向法院申请破产清算，这个厂房作为破产清算的对象即将被清算，法院要求限时腾空厂房，如果不腾空，等到清算时，厂房里的财物也将被一同清算。但是由于租赁期限还没有到，厂房老板执意不让我们会员搬出，说我们会员还欠他几十万元，要等还清欠款才可以搬走，但是我们商会会员说最多只有几万元欠款，双方争执不下，差点要动手打架。当时这个会员找到我，希望我牵头帮助解决。于是，我找到商会，说明情况后，商会给我出具了一封介绍信，委派我去帮助交涉、处理。我们首先与厂房老板沟通

林明宣组织企业党员赴遵义开展教育活动

协调，但对方没有明确表态，在这种情况下，我们拿着介绍信前往当地派出所说明情况，表明我是代表乐清商会来合法合理地协调处理解决我们会员的纠纷，不希望矛盾扩大。派出所警官听后非常感动，他说这件事情派出所也协调过好几次，现在由商会出面，解决起来就方便多了。经过沟通，厂房老板的态度有了明显好转，我们的会员第二天就把东西搬出去了。

第二件事发生在疫情期间，商会中有一名会员向一家公司采购了一批价值140万元的熔喷布，熔喷布作为制作口罩的原料，在疫情期间供不应求。会员把这批熔喷布卖给了一家口罩厂，然而在送口罩厂检测后发现这批熔喷布的质量不合格，口罩厂要求退货。我们的会员找到出售熔喷布的老板，以质量问题要求退货退款，但是对方坚持说自己的这批熔喷布没有问题，不予退货，于是双方产生了纠纷。我们的会员找到商会，希望帮忙解决这个问题，在商会出面多次沟通协调后，对方最终承认熔喷布存在质量问题，并答应以分期退款、退货的方式解决好问题。最终双方仅仅用了20天左右的时间就解决了这个纠纷，我们的会员还拿到了8万元利息。

展望未来，青年将大有可为

在乐清商会党委书记、会长吴建春同志的带领下，我们对乐清商会的未来充满信心。我们的商会是一个团结的集体，一直以来都致力于促进企业间的合作和发展，为会员提供专业支持和服务。随着时代的变迁，如今的商会已经非常成熟了，相信在未来，我们将顺应时代的发展，促进会员企业不断发展和壮大。

同时，商会党组织需要不断发展壮大。在党支部未来的工作方面，希望我们可以吸收、培养年轻的会员加入我们党组织，因为年轻人思想活跃，我们需要吸收新鲜的、年轻的血液，这一点是非常重要的。

作为重要的生产基地、贸易中心和流行时尚策源地的中国轻纺城，未来将越来越受到全世界纺织服装行业瞩目。我愿意贡献自身的力量，拥抱这座城市，让柯桥变得更加美丽！

访谈时间：2023 年 7 月 1 日
访谈地点：时代广场乐清商会会议室
访谈整理：陈 华 陈 琳 刘友平

走南闯北入了党，多了责任与担当

人物名片

胡亚安，温州乐清大荆镇人，1958年2月生，中共党员。现任中国轻纺城乐清商会党委委员、商会理事，大荆镇驻绍兴党支部书记；浙江亚星纺织有限公司、绍兴迈科斯达纺织有限公司董事长。

2023年6月30日，骄阳似火，我们一行人来到柯桥时代广场，乘电梯到达最高层，在乐清商会见到了胡亚安会长。

他短发短衫，素衣无饰，一言一笑，波澜不惊。胡亚安掌舵企业多年，如今已经退居幕后。但我们仍见其眼里有光，是岁月所不能减的意气风发。

谈笑间，溯及那些年的坎坷与风华，胡亚安感慨，没有一条通往成功的道路铺满鲜花，没有一项崇高事业不经风雨⋯⋯

1998年在西安创业时，我光荣入党

1980年，我开始进入纺织行业。那年我22岁，拿着200元钱前往河北开始创业。当时，我妻子和小舅子在绍兴、萧山负责进货，我和一些志同道合的同乡背着包四处推销纺织品。第一年下来，我们每人分到了780元，大家都高兴极了，要知

大荆镇驻绍兴党支部成立，
胡亚安任支部书记

道那时普通工人一个月工资才 30 元左右。

1982 年，我们发现绍兴、萧山等地一些镇办、乡办纺织企业做出了 150 厘米门幅的面料，觉得很新奇，就去批发宽门幅面料，到全国各地推销。我们第一站来到山东省张店（现隶属于山东淄博市），在汽车站附近的旅馆，我们租了几间房销售宽门幅面料。当时，条件十分艰苦，烧饭用的是蜂窝煤炉，睡觉的地方只有一张床，这张床白天铺上布当销售柜台，晚上揭开布当床睡觉。为了扩大宣传，我们还跑去附近各地赶集，贴广告。生意好起来了，我们开始为货源不稳定犯愁，因为当时绍兴这些镇办、乡办企业规模不大，生产能力有限，货品供不应求。为了保证供应，我们在山东周边的纺织市场找货源，近的去过山东周村、泰安市场，远的去过河北沧州市场、石家庄火车站附近的市场。

1988 年，我听说陕西西安碑林区新开了一个市场——文艺南路纺织品批发市场，是由原先的农贸市场改造完成的，正在招商。经过考察，我和家人决定到西安发展。当时市场经营户主要来自陕西本省，还有浙江省和湖北省。1990 年，西安碑林区市场工商管理所、税务所牵头成立了"文艺南路纺织品批发市场个体协会"，共同参与市场管理，我有幸成为个体协会负责人之一。1991 年至 1994 年，文艺南路市场的生意红红火火，连文艺南路周围也开满了销售布料的店铺。

1995 年，陕西省第三产业个体协会党委在全省有贡献的个体经营户中物色发展对象，经碑林区工商局与市场工商所推荐，我与卢希勒（乐清大荆人）两人被列为入党积极分子进行培养考察。1998 年 1 月，我光荣地成为一名中共预备党员，一年后如期转正，成为文艺南路纺织品批发市场个体协会中最早加入党组织的两个人之一。加入党组织对我的影响很大、很深刻，我在自豪于党员身份的同时，更加明白党员的责任。

胡亚安（左三）与胡雄炜（左四）一起接待津巴布韦总统夫人

从来柯桥"探探路"到如今儿子接了班

1996年，在中国轻纺城经营的朋友多次建议我到柯桥发展，说这个市场面向全世界，全球各地的客户都到柯桥进货，很有前景。我决定先过来探探路，如果确实有发展前途，再把家人接过来。

2000年，经过深思熟虑，我在柯桥开始专做工装面料。工装面料不属于利润高、赚钱快的产品，但是当时生产厂家很少，是个待开发的领域。看准了我就开始做，就这样，我成为柯桥第一家做工装面料成品现货的企业。为了让客户有更直观的感受，我开发了面料色卡，当时没有机器可以做色卡，只能靠手工，一个系列几个颜色，需要一块一块地手工剪裁、粘贴，很费时间，我就白天做生意，晚上粘色卡。起初生意不好做，一个颜色只能发一两批，而且都是小订单，我还要负担房子的装修费、管理费等，所以第一年亏了10多万元。但是我没有放弃，凭着一股子韧劲咬牙坚持，凭借过硬的产品质量，慢慢地把产品口碑打了出来。2001年，家里人也从西安来到柯桥。

2007年，大儿子胡雄炜从温州大学计算机专业毕业，加入公司经营管理中来。年轻人富有战略眼光，在儿子的推动下，我们企业开始进行一系列改革。公司确立了"依靠科技、规范管理、诚信为本、产品一流"的经营方针，推行技术化改革，引进新设备，提高生产质量及效率；同时，打破管理层只用亲戚朋友的思维定式，向社会公开招聘，公司规模日益壮大。目前公司有喷气织机90台，剑杆200台，梭织机100台；在绍兴、高密、成都三地都设有仓库，面积达4000多平方米；生产面料从初始的50多个色号发展到现在的七大类别共2700多个色号，涵盖工装、休闲装、衬衫、专业防护、医用、职业装和制服、军民两用印花面料和防静电、阻燃、防水、防酸碱、耐氯漂等特种面料。2020年，公司作为参展商参加了中国国际纺织面料及辅料（秋冬）博览会。

信用、品质、国际化视野是我们一贯坚持的经营理念，追求质量、秉持诚信是我们公司的原则。靠着长年积淀的口碑，公司在中国轻纺城有了一席之地。现在，公司基本上都是我的两个儿子在打理，大儿子负责对外，小儿子负责对内，兄弟俩配合得很好，我完全可以放手了。

置办新厂，扎根柯桥

创业的路总是艰辛的。2016年，由于政府修建地铁的需要，老厂房的面积骤减，公司迫切需要一个环境、地段、面积都合适的厂房。当时我们在柯桥、柯北周边找了挺长时间，也参加过土地拍卖，但一直未能如愿。

2017年3月25日，我在淘宝上看到一条厂房拍卖的信息，地点很符合我们的要求，我就下定决心一定要把它拿下。但这个时候距离4月6日开拍只有10天左右的时间了，我们认真准备，从起拍价 2100 万元加到 2700 万元、2800 万元，最后我们以 3270 万元的成交价，在 11 家参拍企业中脱颖而出。

虽然拍得的厂房在建筑质量、层高、布局方面不能完全满足我的需求，但我看中了它的环境和地段，所以并不后悔。厂房腾空的过程也一波三折，前后协调了两个多月，我们对房子内外做了彻底清理，按照公司生产经营的需求重新设计装修。10 月 5 日，浙江亚星纺织有限公司正式开业。从那一刻起，我彻底扎根柯桥。

<h2 style="text-align:center">每月 17 日，作为支部固定学习日</h2>

乐清商会自成立以来，在历届会长的带领下建设得越来越好。商会的会员数量每年都在增加，这就是商会吸引力的有力证明。目前乐清商会的会员达到 2000 多人，其中有党员 456 名。2008 年，大荆雁荡分会加入中国轻纺城乐清商会，将我们分散在柯桥各个角落的家乡人聚集到了一起。

大荆镇党支部成立于 2012 年，现有在册党员 17 名，流动党员 35 名。从支部成立起我就担任支部书记，10 多年来，不管企业的事情有多忙，我都把支部的工作放在第一位。每月党支部学习会召开之前，我都会把当月的会议精神、方针政策等内容先学一遍，做到带头先学一步，学深一层。为保证学习质量，我们充分发挥民主集中制原则，经过大家讨论，确定每月 17 日为支部固定学习日。每月的这个时间，无论是在册党员还是流动党员，大家哪怕在外地，都会尽量赶回来参加学习活动。正因为如此，我们在上级党组织的统一部署下，党支部主题教育能够扎实推进，党员发展进一步规范，队伍建设进一步加强，党员的党性修养和党支部的战斗力、凝聚力进一步得到增强。我时刻提醒自己，身为一名共产党员，我要对党负责，对人民负责，对社会负责。在今后的人生道路上，我将继续做一名遵纪守法、诚信经营、依法纳税的好党员，不断提高自己的党性修养，不断追求进步，为柯桥的乐清人增光添彩！

近年来，随着会员企业的贸易业务量持续增长，企业规模发展迅速，会员企业在商业交往过程中也会发生纠纷。商会非常重视会员的权益保护工作，专门设立了权益保障委员会负责会员维权，并和律师事务所合作，设立定期法律咨询日，向全体会员及乐清籍企业家提供免费的法律咨询，帮助会员企业预防和规避风险。平时，会员们碰到自己无法解决的事情都会第一时间寻求商会的帮助，商会也会尽力帮助会员。2021 年 10 月 15 日，乐清商会与乐清人民法院合作启用"共享法庭"平台，为会员提供更加精准、专业的法律服务，更好地服务会员。商会的用心服务让在轻纺城经营的乐清人做事更有依靠、有信心，把事业越做越好。

访谈时间：2023 年 6 月 30 日

访谈地点：中国轻纺城乐清商会会议室

访谈整理：郑旭阳　蔡雪菲　周一帆　白贺鹏

生意繁荣"兴"旺，首要"忠"诚品质

人物名片

王兴忠，温州乐清芙蓉镇人，1965年6月生，中共党员。现任中国轻纺城乐清商会南清芙党支部书记；浙江中侨纺织科技有限公司总经理，杭州兴美贸易有限公司董事长，绍兴柯桥伽尔门服饰有限公司董事长、绍兴铭创化纤有限公司董事长。

初到柯桥，遇上纺织业的无梭化改造

1986年，我开始创业，踏进了纺织业。那时，我才20岁出头，先在西藏拉萨做纺织生意。相对于国有商场，我们的营销更为灵活。因为我们销售的面料质量好、图案新、价格低，所以很受市场欢迎，一年下来我就赚了几万块钱。1987年，我去湖北开服装店，第一年就挣了4万块钱，两年总共赚了10万块钱。后来听朋友说，柯桥这边有一个轻纺专业市场，日客流量能达到近4000人，市场年成交额约2000万元，而且老市场里的商户基本都是温州乐清人，有的甚至一个村子的人都在这里，这让我很心动，开始考虑是否到柯桥来发展。

1994年，我下定决心来到柯桥，和几位同乡合伙办厂。初来柯桥，我们就遇上了绍兴纺织业的无梭化改造，生产技术正在革新。当时，绍兴纺织企业的设备大多是普通的铁木有梭织机，全部依靠人工操作，不仅产量低，质量也无法保证，印染也全是手工分色描稿。此时国外纺织企业已实现无梭化，印染采用电脑分色制版。于是从

王兴忠（第一排右五）在中国轻纺城南清芙党支部成立时合影

2019 年王兴忠（左一）组织南清芙党支部开展慰问贫困户活动

1995 年起，绍兴开始推广无梭化改造，我们也开始尝试技术改造，不断引进新设备。

虽然创业之路走得比较艰难，但是柯桥的创业环境很好，对外来人员很包容，有一些创业扶持政策让人很暖心。比如孩子的读书问题是大多数创业者都会遇到的难题，柯桥历届政府对这个问题都非常重视，千方百计办好教育，提供了充足的、优质的教育资源，解除创业者的后顾之忧。以前，我也曾考虑过到其他地方发展，但是比较之后发现，很多地方的政策、环境没有柯桥这么友好，特别是在营商环境、治安环境方面，柯桥有其他地方不可比拟的优势。后来，我把户口也迁到了柯桥。

那个冬天，几乎每晚都睡在面料定型机下面

2002 年，我创办了浙江中侨纺织科技有限公司，主要经营服装制造、服装服饰批发、服装服饰零售、面料纺织加工、针纺织品销售等业务。我始终认为，优胜劣汰是商场上的生存法则，企业的核心竞争力不强，一定会被市场所抛弃。要想在市场中立于不败之地，就要不断追求品质、提档升级、努力创新。

公司在创立之初，我就坚持品质第一的经营理念，把好产品质量关。我记得，公司刚成立的那个冬天，我几乎每天晚上都睡在面料定型机下面，守着机器给面料定型，定型定好了，产品质量才有保证，我才能放心。因为产品质量过硬，公司积累了稳定的客源，有很多客户和我们至今还保持着友好的合作关系。为了增加竞争优势，公司始终注重新产品的开发，比如麂皮绒面料，产品投放市场以后很受客户欢迎，收获了口碑。这几年受疫情的影响，国内有些纺织厂向东南亚国家转移，但是对产品要求精细的订单他们是带不走的，东南亚国家还无法完成品质要求比较高的订单。

2001 年之前，公司产品主要以轻纺城内销为主，市场淡旺季明显，像印花类的订单，到了冬季基本就没什么生意，订单多的时候印染厂的产量又上不去，导致一些厂家经常因为这些订单产生矛盾。随着中国加入世界贸易组织，轻纺城的辐射力从国内扩展到了全世界，绍兴纺织品走向了世界舞台。一个偶然的机会，我和国内几家企业合作，开始给美国市场提供纺织产品，我们负责提供面料，由其他国内企业做成成品销售到美国。借助这个机会，公司把生意做到了美国、韩国等国际市场。

国外市场的拓展给柯桥纺织业带来了更多机会，工厂的规模也随之扩大。柯桥现在拥有很多大规模工厂，有的工厂机器体量可以达到5000多台甚至1万多台，柯桥纺织业竞争实力明显增强。

2008年，金融危机爆发，国内纺织业面临转型升级的挑战。我意识到"不能把鸡蛋放在同一个篮子里"，要拓展公司业务范围，于是在2009年创办了绍兴柯桥伽尔门服饰有限公司，主要从事服装服饰、针纺织品、床上用品的生产、加工、批发、零售。通过外销市场的锻炼，目前我们的生产线能实现从纱到面料到服装的一条龙生产。现在提倡加快构建"双循环"新格局，助力中国式现代化建设，公司也在考虑内销、外销"两条腿"走路。内销必须打造自有品牌，而品牌的塑造需要一定时间的积累。现在，市场竞争激烈，如果没有鲜明成熟的品牌，消费者不愿意买单，容易出现产品积压问题。现在的消费者对服装的需求是既要好看、新潮又要实惠，尤其是女装，大家都追求个性独特。如何更好地打开国内市场，是公司面临的新时代新课题，需要我们去思考、去解决。

我做生意这些年，体会最深的就是诚信经营永远是第一位的。做生意，市场上的赊账行为无法避免，如果一位客户总是赊账又没有信用，那很难成为长久合作伙伴。从商多年，我遇到了很多诚信、有原则的客户，比如有一位山西的客户，第一次合作时，我们约定最晚还款时间不超过3个月，结果到了还款时间，他其实还没有足够的资金来支付，但他排除万难，保证了按时还款。因为这次合作，我们打下了深厚的信任基础。后来，有一单货他要得很急，但资金一下子到不了位，我同意我的工厂先出货，他们后付款。不到3个月的时间，我们做了170万米的布，垫付了400多万元资金，最后我们按时出货，客户按时还款，实现了共赢。我们做面料服装生意的，最需要抢占市场先机，看上的产品爆款，谁先生产出来谁就能赚到钱，这个时候，用争分夺秒来形容一点都不过分，如果没有企业间长期积累的相互信任，这笔订单也就无法成交。

参与慈善公益和志愿服务，是企业的社会责任

身为共产党员，一项重要的基本素质就是"以身作则"，要求别人做到的自己要率先做到。"其身正，不令而行；其身不正，虽令不从。"2012年，我在芙蓉镇雁东村入党，我始终牢记使命、兢兢业业、严谨求实，在工作生活中力所能及地发挥党员模范带头作用。

2015年，根据乐清商会党委的要求，建立了南清芙党支部。当时，南清芙分会由南塘镇、清江镇和芙蓉镇三个镇组成，有100多名会员。南清芙分会的秘书长林希伦负责党支部的建立。我和林秘书长从小在一个村里长大，他是比较了解我的，知根知底。在他和另一名党员同志的推荐下，我于2016年经过支部选举，开始担任南清芙党支部书记。支部现有7名在册党员，20多名流动党员。

2020 年王兴忠捐赠被套 110 多条

支部始终将党员发展作为党员队伍建设的重要抓手，从严从细从实抓好党员发展工作，为商会工作提供坚强保障。商会党委的影响力、凝聚力很强，每年申请入党的会员都有十几人。支部本着成熟一个发展一个的思路，将党员质量作为发展党员工作的生命线贯穿始终，落实发展党员推荐、培养、预审、公示、全程纪实等制度，对递交入党申请书的年轻人落实联系人，把好党员"人选关""思想关""素质关"，把思想素质高、专业能力强、文化水平高的优秀分子吸纳到组织中来。近年来，我们共培养发展了 4 位优秀青年加入党组织。

我深知学习的重要性，虽然我自身的文化水平不高，但我每天都会看中央电视台一套的《新闻联播》和二套的《经济半小时》，了解全球形势及国家重大路线、方针和政策，一方面提高自己的文化理论素养，另一方面帮助自己把握企业运营决策方向。2016 年 3 月，根据组织安排，我在浙江省委党校参加了市场党委支部书记培训班，受益匪浅。

在我的提议下，我们支部把每个月的 25 日作为固定的党员学习日。到了学习日，支部全体党员在党员之家集中学习，学习内容包括政治理论学习、业务知识学习和企业经营管理分享。有时，我们也会邀请浙江省委党校、浙江大学的专家来支部授课，为大家解读最新的领导讲话、重要会议和文件精神，这对支部党员经营公司很有帮助。因为支部党员基本都是从事纺织生产或销售行业的，在企业生产经营、行业发展等方面有很多可以交流探讨的地方，所以每一位成员都很珍惜每月一次的学习交流机会，哪怕在外地，也尽量赶回来参加集体学习。

参与慈善公益事业、开展志愿服务是企业体现社会责任感的重要途径。担任支部书记以来，我和其他党员同志经常看望、资助困难群众，与柯桥街道新双梅社区、王坛镇新建村开展结对帮扶。2020 年疫情暴发之初，我了解到武汉被套紧缺，而我的工厂正好有可以制作被套的面料。当时，工人都在家乡还没返回，我就和几名工人及几名自愿来帮忙的党员同志一起加班加点做了 4 天，生产出 110 多条被套，总价值15000 元，第一时间送往武汉。当然，和冲在抗疫前线的医护人员相比，我们的工作微不足道。但是，作为一名基层党员，能够在疫情防控中发挥党员先锋模范作用，践行志愿服务精神，为全面打赢疫情防控阻击战贡献力量，我感到非常自豪。

访谈时间：2023 年 6 月 30 日

访谈地点：中国轻纺城乐清商会会议室

访谈整理：郑旭阳　蔡雪菲　白贺鹏　周一帆

商会赋能"回家",不断拓宽眼界

人物名片

黄支辉,温州乐清雁荡镇人,1975年9月生,中共党员。现任中国轻纺城乐清商会党委委员,乐清市雁荡镇驻绍兴党支部书记,乐清商会理事;绍兴山姆纺织品有限公司总经理。

从北国到江南、从青年到中年,黄支辉面对未知的不确定性,总能在波动中找到自己的着力点。精彩波澜的人生故事,充满了奋斗与希冀。

"欢迎你们!"我们刚刚走到办公室门口,黄支辉就微笑着迎上来,与我们一一握手。交谈中,他的温润谦和给我们留下了深刻印象。

告别石家庄,来柯桥二次创业

2002年,我开始创业,在河北投资开服装厂。

当时,河北虽然有很多服装厂,但是想找到一个合适的投资对象也不是一件容易的事情。成熟又有稳定营收的企业,接受外来投资的意愿不强;不成熟的企业,投资风险又比较大。我和合作伙伴跑了很多家企业,经过比较后,最后在石家庄投资了一家服装厂。

因为南北供应链原因,那时我们的工厂虽然在石家庄,但不少原材料要到绍兴柯桥等地去采购,一来二去,久别江南的我对水乡绍兴柯桥的发展变化有了了解。

2009年,受在绍兴做生意的亲戚的邀请,我正式来到柯桥。当时,我在老轻纺城租了一间门面房,经营起面料生意,开始了在柯桥的创业生涯。

做企业最重要的是"稳"

刚来柯桥时我内心有些不安,但柯桥优质的营商环境、高效率的工作节奏、亲清的政商关系、周到的服务保障,让我一下子爱上了这里。在柯桥的十几年里,我真真切切地感受到绍兴这座城市的魅力。当我们遇到困难时,绍兴县(柯桥)党委政府第一时间就会帮助我们。如在新冠疫情期间,纺织外贸企业受影响巨大。为减轻大家的负担,柯桥区委、区政府对租赁轻纺市场的实际经营户及时给予物业服务费补贴,这个纾困的举措帮我们缓解了困难。

做好生意有什么秘诀？我觉得最主要的秘诀就是一个"稳"字。

第一个"稳"是做企业的节奏要稳，稳扎稳打。我愿意把每一步走踏实，把每一个脚印踩深，把公司的"地基"打好。我认为，我们正处于一个信息化、数字化和市场快速变化的时代，做事情不能只是一味地求快、求进、求超越，还要学会慢下来，练好内功。就像造一座大楼，如果一味缩短工期，容易根基不稳，最后楼宇倒塌，就会前功尽弃。

第二个"稳"是产品的质量要稳，做到稳中求进。我们做色织布产业，不像别的面料品种生产时间短、出品快。我们生产产品有个流程，先将纱线或者长丝进行染色，后将色线织成布，产品质量要求高，生产周期往往要一个月左右。这要求我们必须小心谨慎，每一个步骤都不能出错。这么多年来，我们始终把质量放在第一位，严把质量关。正因为如此，我们企业于2015年12月荣获由中国纺织科学研究院、中国纺织出版社、深圳市纺织行业协会联合颁发的"第二届全国最佳婴童装绿色环保面料企业"称号。这份荣誉让我更加坚定了"做最好的产品"的信念。目前我们公司专注于生产色织格子布、记忆布、提花布，未来我们也将继续深耕纺织行业，紧跟纺织步伐，稳固基态，创新发展。

2021年以来，市场竞争更加激烈，整个纺织市场的不稳定因素有所增加。面对瞬息万变的市场，应该怎样积极应对？我认为，还是要靠质量取胜，尽心地去打磨产品，确保产品优质，在此基础上去优化营销组合及售后模式，同时寻找有实力的信息技术公司进行合作，提升企业的韧性和活力，助力企业的转型升级。

柯桥的发展是飞跃式的。这些年，中国轻纺城向世界树起了一面闪亮的旗帜，从"河边布街"到"世界布市"，从"铺天盖地"到"顶天立地"，从"一块布"到"5＋3＋4"现代产业体系，柯桥给纺织企业和经营户创造了无数机会。柯桥的发展

黄支辉（右一）组织捐赠活动

让世界看到了中国速度和改革力度，我留在这里从来没有后悔过。

商会是个大家庭

2009 年，落户柯桥后，我在亲戚的介绍下第一次来到了乐清商会。老乡相见，分外亲切，大家很热情地为我介绍商会的基本情况，在商会工作人员的建议下，我当即加入了乐清商会。找到了家乡的组织，对我来说，不仅仅是工作的需要，更有了一种归属感。

乐清人团结的精神是刻在骨子里面的，不论是在家乡还是在异地，乐清人都把老乡看作自己的家人，互帮互助。在绍兴你可以看到很多乐清人，虽然他们来自不同的乡镇，也并不都从事同一个行业，但商会这个平台把大家团结在一起，迸发出了巨大的能量。

我很庆幸我加入了乐清商会，在我扎根柯桥的过程中，商会给予了我帮助和温暖。如在 2023 年开展的"新春送祝福，助企开门红"活动中，商会走访慰问我们企业，送来办公物资及鲜花祝福，并且帮助我规划企业下一阶段的经营思路。

我在河北也参加了商会，但中国轻纺城乐清商会更让我找到了"大家庭"的感觉：一是会员体量大，有 2000 多名会员，能够认识很多优秀的老乡，增长见识。二是会员很团结，大家相互扶持、相互进步，一方有难、八方来助。商会经常组织活动，会员们交流办企业的心得体会，分享各自行业的最新信息，每年还组织我们去实地考察一些优秀企业，学习汲取好的经验。

因为乐清商会这个平台，我认识了更多的商业合作伙伴，我的眼界也因为乐清商会而不断拓宽。

当了支部书记，多了一份责任与担当

我是一个土生土长的乐清人，少年时代都是在乐清度过的。因为家庭环境的熏陶，自小我就有个党员梦，平常除了帮家里干活和学习外，我就抱着伟人传记，看伟人的英雄事迹，想着有一天我也要加入中国共产党，为人民服务。抱着这样的念头和决心，2004年，我向中共乐清市虹桥镇驻石家庄支部提交了入党申请书。在支部的关心培养下，2005 年，我通过组织考察，成为一名光荣的中国共产党预备党员，2006 年如期转正。

黄支辉（左三）组织雁荡镇网格党支部志愿服务活动

自递交入党申请书至今，我始终坚持学习和实践并重。每次支部发下来的学习资料，我都认真研读，商会举办的学习辅导讲座，我都尽量抽时间参加。我的体会是，学习领会党和政府最新的会议精神，对于办企业的人来说，有方向性的指导意义。2019 年 6 月 28 日，通过支部选举，我有幸担任了雁荡镇驻绍兴支部的支部书记，让我在商务工作之外，又多了一份责任与担当。我们党支部虽然人不多，在册党员和流动党员共 7 位，但是我们支部根据上级要求定期组织党员学习，按时开展主题党日活动。每个月 15 日是我们党支部的集中学习时间，在党员同志的共同努力下，整个支部的氛围非常好，形成了热爱学习、积极向上的浓厚氛围。

我们支部有帮贫扶困的传统。乐清市雁荡镇上阳村是我们支部的结对帮扶对象，从支部成立至今，我们每年向上阳村支部捐赠 10000 元帮扶基金。2022 年 5 月，我们党支部与上阳村开展了党员"1＋1 结对"活动，推进党建和乡村振兴融合。自召开"三方四联六共富"行动动员部署会以来，我们每个季度至少去村里对接一次，一方面带去慰问补贴及粮油等生活物资，另一方面和村民、村干部交流，为他们提供力所能及的帮助。我们希望通过党建结对帮扶，让困难群众感受到党的关心关怀，帮助上阳村早日实现乡村振兴。我们做这些事，是因为我们都明白，没有党、没有党的好政策，就没有我们现在的好生活，我们一定要坚定不移地跟党走，用自己的实际行动带动困难群众共同增收致富，为共同富裕做些力所能及的事情。

未来，不管是工作还是生活，我都将迎着光继续向上，不忘初心，诚信为本，脚踏实地，稳扎稳打走好每一步。我始终相信，国家好，行业才会好；行业好，大家才会好；大家好，我们才会更好。

访谈时间：2023 年 6 月 29 日

访谈地点：中国轻纺城乐清商会会议室

访谈整理：陶美霞　严　格　刘伊睿　陈欣雅

有了诚信，就会经常遇到"贵人"

人物名片

马剑海，温州乐清芙蓉镇人，1971年5月生。现任中国轻纺城乐清商会副会长，南清芙分会会长；绍兴超驰针织有限公司总经理。

改革开放后，许多乐清人走出临海的山区，足迹遍及大江南北，从事各类商品贸易活动。其中一部分乐清人落脚绍兴柯桥，依托轻纺城，或从事贸易，或兴办工厂，或做工贸一体化，不仅使自己的事业蓬勃发展，而且繁荣了地方经济。绍兴超驰针织有限公司总经理马剑海就是其中一位。

马剑海非常谦虚，他说在自己的创业历程中没有什么惊心动魄的故事，有的只是以一颗平常心踏踏实实做好每一件寻常事。

柯桥的营商环境好

20世纪80年代，马剑海中学辍学后，受父辈乡邻的影响，走出乐清谋出路。他首先跟着父母到大西北的甘肃兰州，在兰州服装市场做了8年纺织服装贸易生意，后又辗转到石家庄和北京做了四五年生意。

在这10多年间，起初马剑海只是帮父母打下手，因为他是家中老二，家里还有哥哥和妹妹，父母会让哥哥多做一点。但马剑海不愿落后，把父母如何做生意看在眼里、记在心里，慢慢地他学会了进货、谈价格、搞批发……

无论在兰州、石家庄还是北京，他们都是家族抱团做生意。在家族成员中，马剑海承担采购员的角色，经常外出采购面料做批发，其他家族成员都是做销售，到年底分红。当年马剑海家的北京公司就有二三十人的销售团队，除了家族成员外，还聘请了有多年工作经验的员工，保证了销售的顺利开展。

马剑海说，当时最棘手的是资金问题，他们都是通过民间借贷。2003年左右，他们开始做"皮毛一体"生意，把自己工厂生产和采购的皮毛发到北京，由家族成员和员工送到各个服装加工厂进行加工制作，然后将服装出口到俄罗斯等国家，生意做得很顺利，也赚到了钱。但到2008年，因遭遇金融危机，生意受阻，服装出口后厂家收不到钱，没有资金付面料款，马剑海家族累计损失近1800万元。当时家里人痛苦不堪，但马剑海很坚强，他跟家人说：生意不可能一帆风顺，亏损不可怕，我们可以从头再来，坚持到底就是胜利！

其实，2000 年马剑海就来到了绍兴柯桥，边办工厂边做批发，把面料运往北京。

谈到选择落脚柯桥的原因，他说，一是绍兴本身就是传统的纺织业阵地，产业链相对完整。虽然那时候轻纺城各项条件不如现在，但是他相信柯桥轻纺城的未来会很好。二是从 20 世纪 80 年代柯桥建设轻纺市场以来，乐清的老一辈中，有相当数量的人在这里从事纺织业，他们占的比例很大，甚至可以说，柯桥中国轻纺城能取得今日的发展成就，与老一辈乐清人的艰苦奋斗有着密切的关系。加入这个群体，大家都是乡里乡亲，从心里感觉很亲近。三是一些省份的营商环境不如浙江，存在地域歧视和偏见，导致他们在经营时有诸多不便，而柯桥政府和柯桥人很包容、很友好。乐清人在轻纺城成立商会后，积极协调沟通行业与地方政府的关系、解决行业内部各种问题，给大家搭建了一个非常好的平台。

技术人员是企业发展的宝贝

在柯桥中国轻纺城从事纺织品贸易的 10 多年间，马剑海始终觉得"唯有自己生产，才能真正满足客户的需求，才能引导市场消费"。说干就干，2013 年，他成立了绍兴超驰针织有限公司。6000 多平方米的工厂坐落在绍兴袍江开发区，目前有员工30 人，主要生产提花针织坯布，并销售到轻纺城，从轻纺城销往世界各地。后来他又与老乡在柯桥马鞍合股成立了绍兴蕾笙针纺有限公司，占地 30000 多平方米，有员工 100 多名。公司配有自动化生产线，有纺织圆机 400 多台，每年生产 40 万～50万匹坯布。

马剑海深知，只有不断进行技术更新开发新产品，才能保持市场竞争力。起步那些年，企业专门到杭州、上海、南京等一些大专院校聘请专家，合作研发产品，同时也加大力度培养能够独当一面自行研发的技术人员。随着企业规模不断扩大，企业的技术实力也大为增强。目前，公司的产品主要依托生产技术人员自行研发，他们不但了解市场，而且技术过硬，还能和普通员工打成一片，所以在新产品上市销售中，很少碰到大的阻力。近年来，公司主要生产雪尼尔纱线，年产 5000 吨，在市场上很畅销。说到这里，马剑海颇为自豪。

"当前国际市场环境日益复杂多变，国内纺织行业竞争加剧，行业内卷严重，市场变化莫测，各类优势资源也变得相对少了。中小型纺织企业的生存压力比以前更大。"马剑海强调，面临如此严峻的形势和激烈的市场竞争，公司不断投入科技力量改善新的生产流水线、更新设备，产品得到了相应的升级。虽然有些淘汰下来的设备很贵，但为了生产出更前沿的拳头新产品，必须更换旧设备。当然，为了避免浪费，有时马剑海会带领技术员工，对老设备进行改造，减少资产损失。马剑海说，"保持勤俭节约、艰苦奋斗的工作作风是我们乐清人的好传统"，"技术人员是我们企业的宝贝，我们一定要关心他们的生活"。

马剑海（后排左四）参加商会组织的赴澳大利亚考察学习

　　除了引进、更新设备外，马剑海还在研发上投入了更多的资金。他深知，产品质量就是企业的生命线，"说别的都是虚的，客户就是看你的产品质量"。目前，公司每年都能保证三五百万元的技术研发经费投入，约占公司收入的 2%，这些投入能保证产品开发进入良性循环。

　　经过这么多年的工作积累，马剑海对管理企业的感悟是：不管干什么，只要沉下心，就能干好一件事。

待人诚信，就会有人追随你

　　马剑海的另一个心得是：无论是办工厂还是做贸易，诚信是最重要的，诚信为本是经商的基本原则。孟子说过："人而无信，不知其可也。"一个无诚信可言的人，一定会为众人所不齿；反之，一个讲信用的人，一定会离成功更近。对此，他深以为然。"红顶商人"胡雪岩的故事他耳熟能详，"修合无人知，诚心有天知"，而且把他常说的话奉为圭臬："做人无非是讲个信义。"做生意与做人的本质是一致的。一个真正成功的商人，往往也是一个讲信义之人。

　　"我不仅自己一直信奉诚信为本的原则，还要求下属和员工做到诚信，做到在生产经营中不欺客。正是由于我们做到了这一点，才能发展到今天。"在马剑海这番理念的指引下，绍兴超驰针织有限公司一直秉承诚信经营、以质量为本的理念，善待每一位客户。马剑海强调，生意做久了，总会有一群暖心的老客户，大家彼此真诚相待，客户自然成了朋友。

　　马剑海的两个女儿和一个儿子在大学毕业后都在柯桥做纺织生意，女婿和儿媳妇都是乐清老乡，四个外孙和一个孙女活泼可爱，一家人其乐融融，幸福美满。

　　一路走来，马剑海始终怀着一颗感恩的心，感恩这个伟大的时代，感恩柯桥这座纺织城市，感恩相亲相爱的乐清商会，感恩家族中的每一位成员……他相信明天一定会更加美好！

采访时间：2023 年 6 月 29 日

采访地点：中国轻纺城跨境电商产业园

采访整理：张　杰　董鹏程　吉素芬

我在柯桥古镇还开了三家餐饮民宿店

人物名片

张岩周，温州乐清淡溪四都人，1975 年 2 月生。现任中国轻纺城乐清商会副会长；绍兴米得洲针织有限公司总经理。

在绍兴和郑州之间，"走"出了一条脱贫路

我们家有四姐弟，我有三个姐姐，我是老小，父母和姐姐们特别疼爱我，记忆中我没怎么吃过苦。

1991 年，17 岁的我就跟着姐夫的哥哥来到绍兴县钱清镇，与一帮乐清老乡合伙做纺织品买卖。我们先到萧山衙前去进坯布，然后到梅湖印染厂染布，再将染好的布发往河南郑州，由我姐姐在郑州的门市部售卖；赚到钱再从柯桥继续进坯布、染布、发货……循环往复，就这样我们在绍兴和郑州之间走出了一条"脱贫路"。我们一般隔几天发一次货，发货途中，七八户人家轮流押运。每次进货需要的成本，都由大家凑齐，年终再分红。记得第一年我和姐姐一共分到了 2.8 万元，第一次赚到这么多钱，我们别提有多开心了。

那会儿，亲戚朋友都是搭伙一起做生意的，有分工、有合作，但没有合同，靠的是相互间的信任，遇到困难相互扶持。众人拾柴火焰高，我想乐清人在 20 世纪 80 年代、90 年代赚到第一桶金，率先脱贫致富，就是因为有刻在骨子里的那份吃苦耐劳、团结互助的精神吧。

20 世纪 80 年代末 90 年代初，因为市场供不应求，尽管生产的纺织面料比较低端，但价格低廉，在市场上还是比较畅销的。1993 年后，市场供过于求，低端面料就不受欢迎了。当时我们并没有意识到这个变化，还在大量生产低端面料，造成库存积压，后来低价处理掉，几乎没赚到钱。这给了我一个教训：卖布绝不是简单的体力活，需要敏锐的洞察力，紧跟市场变化，把好产品质量关是硬道理。

1996 年，我改变策略，决定把阵地转移到柯桥的轻纺城市场。这里有大量的用喷水机做出来的时尚印花面料，特别好卖。我就直接从轻纺城发货到郑州，避免了库存积压，这一做就是 6 年。

内贸和外贸，一个都不能少

2002 年，我在轻纺城老市场租下了一个店铺经营印花布。2007 年，我注册了自己的品牌"浙豪盛"。为了获取最前沿的时尚信息，紧跟时尚潮流，我经常去深圳考察，回来后组织设计花型、打板、实施生产，流行什么花型就印什么花型，与市场需求完全同步，门店生意很火爆，"浙豪盛"渐渐地有了名气。

虽然那些年卖布效益不错，但我不满足于现状，想进一步拓展生意。2009 年我又注册了一家公司，专做外贸。为了打开国外市场，巴西、欧洲的博览会我都去参加过，往往飞机一坐就是二三十个小时。同时，我特别想有自己的实业。2009 年，我和朋友合伙在越城区孙端镇办了一家针织厂，投资 1300 多万元，但由于双方的经营理念不同，工厂效益一般。2018 年，我们决定分开各自经营，我重新添置了一些设备，现在有 70 多台机器、20 多名工人，生产效益不错。

2015 年，我还在柯岩与朋友合伙买下了 60 亩土地，建了 5000 平方米的厂房和仓库。

我们乐清商人吃苦耐劳，善于发现商机。这些年因为疫情，厂里的生意受到影响，面对压力我没有放弃。我相信只要坚持不懈，不断学习和创新，就能够在竞争激烈的市场中立于不败之地。通过不断完善产品质量和服务，我积累了一批忠诚的客户群体。同时，我也积极响应国家政策的号召，加大对环保绿色产业的投入，与当地政府合作，申请了一些环保类的项目资金，用于生产设备的更新和节能减排。通过这些举措，我希望体现出一个企业应该承担的社会责任。

多元发展，涉足餐饮住宿行业

现在靠一样东西赚钱很难，我认为涉足多个行业是有好处的，投资多元化，能减少对某个行业的依赖。当一个行业面临困境时，其他行业的发展可以起到支撑作用，降低整体风险。多个行业的发展可以创造更多的就业机会，可以促进不同行业之间的技术创新和交叉应用，也给我们提供了更多的选择。经过调研，我开始涉足餐饮、住宿行业。

柯桥古镇历史悠久。如今，1700 多年的江南名镇经过改造和修缮，将古典和时尚完美融合。柯桥既有曲折蜿蜒的街巷和错落有致的青石板路，也有宽阔大气的工厂和小资别致的商店，吃喝玩乐一应俱全。在绍兴生活了 30 多年，我已经深深爱上了这座承载着文脉的城市。我特别喜欢柯桥古镇这个城市客厅，也特别看好柯桥的文旅发展前景，所以在古镇招商伊始，我就投资了三个项目。习近平总书记也曾专程来到柯桥浙东古运河沿线考察，进一步提振了我们的信心。

我在柯桥古镇租下了一幢 700 多平方米的房子，花了 200 多万元装修，加盟"花筑奢"做民宿。花筑奢是花筑民宿酒店的品牌，主攻高端精品民宿酒店领域，目

张岩周在柯桥古镇开的民宿和餐饮店

前酒店生意不错。我还在古镇上开了一家火锅店和一家名叫"河月"的绍帮菜餐馆。河月餐馆离柯桥古镇入口不远，做中规中矩的绍兴菜，环境古典优雅，坐在窗前可以看到江南水乡的小桥流水，要是晚上用餐，还可以看到外面的喷泉。两家餐饮店都特别受年轻人的青睐。

"朋友圈"，一代更胜一代

如今，我的几个姐姐也都在柯桥从事面料生意，我们大家庭都把柯桥当成了自己的家，其乐融融。

我儿子在柯桥出生、在柯桥长大，上完国际高中后赴美留学，归国后开始接手我的生意。他们年轻一代不像我们，朋友圈限制在老乡的圈子里，他们更乐意接受自己是绍兴人，视野也比我们这代人开阔得多。做生意、经营企业，儿子都有他自己独特的见解。目前他正在学习管理公司的财务、联络客户，也兼顾着学习管理餐饮。看着孩子一天天进步，我很高兴。站在更高的起点，我相信，儿子一定会把我们的家族企业做得更加兴旺。

我是乐清商会第五届、第六届副会长，商会在吴建春会长的带领下，取得了不小的成绩，在乐清外地商会中声名远播。商会理事会成员团结一致，拧成一股绳，劲往一处使，各项工作只要商会一声号令，大家就会齐心协力完成好任务。我们感到特别自豪的是，商会还拥有郑司令这样一位德高望重的高级顾问。他老人家和蔼可亲，值得我们敬佩和学习。

特别感谢商会这个平台给我提供了学习、交流的机会，在商会里我认识了很多新朋友。为了拓宽思路、增长知识，商会每年都会组织我们去商务考察。比如，我们组团去成都考察，考察团一行游览了宽窄巷子，参加了2011年四川汇美助燕飞翔慈善晚会，参加了成都汇美服饰皮草广场开业典礼，还参观了汶川地震重灾区漩口中学遗址，并向在地震中遇难的同胞敬献了鲜花。这样的学习机会对我个人的成长是非常有益的。商会还贴心地安排我们每年参加体检，给了我们家的温暖。在商会这个大家庭里，我们不是亲戚，胜似亲戚。作为副会长，我也会努力做好力所能及的事情，为商会建设添砖加瓦。

访谈时间：2023 年 9 月 20 日

访谈地点：电话采访

访谈整理：周群芳　唐根年　宋汉卫

高山放风筝，全靠四面风

人物名片

傅克波，温州乐清淡溪镇人，1956年1月生，中共党员。1983年开始从事纺织行业，2005年创办上海金指数实业有限公司，上海福民街小商品市场经营管理有限公司，2014—2017年担任中共乐清市淡溪镇西林村支部书记。

"30多年前，得益于绍兴柯桥地区的政策扶持，创造了良好的营商环境，吸引了一批嗅觉灵敏的商人从全国各地来此经商。经过30多年的蓬勃发展，绍兴柯桥的中国轻纺城已经成为了全球规模最大的纺织品集散中心。"傅克波一边说着，一边翻起那本封皮泛黄的笔记本，向我们讲述了他辉煌的创业史。

他是较早来柯桥经营纺织品生意的乐清人

傅克波于1956年出生于浙江省乐清市淡溪镇西林村。因家境贫困，年仅16岁的他就早早地外出经商养家。他摆过地摊，擦过皮鞋，跑过码头……

1983年，傅克波通过朋友介绍，来到山西临汾市，开始涉足纺织行业。他从西安供销社批发面料，到临汾各地售卖和加工服装，随着西安面料价格的升高，从西安进货到临汾售卖没有了竞争优势。1984年，他转移到安徽阜阳进货，到湖北鄂州零售面料。傅克波凭着天生的商业天赋，加上胆大心细的性格，通过分析面料批发市场的销量数据，发现江浙地区面料销量较大，于是便萌生了将生意转移到江浙地区的想法。

念头一起，他立即行动，先后考察了多个城市的经商环境、租金成本和税收等。相比之下，他认为绍兴柯桥纺织品生产销售历史比较悠久。"当时工商部门采用定额征收的税收政策，就是说无论营业额多少，每月均缴纳税金300元，而当时江苏江阴需要缴1000多元，这个区别可是非常之大啊！"通过对成本和政策的综合考量，1986年，傅克波决定转战绍兴柯桥。此后，在傅克波的带动下，乐清人陆陆续续地来到了柯桥。大家都认为傅克波是较早来柯桥经营纺织品生意的乐清人。

千淘万沥皆辛苦，最是难忘275号"铺"

来柯桥后，傅克波发现这里没有一家店是做面料批发生意的，都是销售自己生产的面料。凭着多年南征北战的经验及充分的市场调研，别具慧眼的傅克波想：那么多人到柯桥来进货，我为什么不能来个错位发展，将其他地区的面料拉到柯桥来卖呢？他迅速行动起来，怀揣着千辛万苦攒起来的 12 万元资金，去各地寻找品质优良的面料。果然，功夫不负有心人，他发现广东佛山西樵镇的面料品相不错，运到柯桥去售卖，定能一炮打响。

"我的铺位在轻纺城的 2 楼 275 号。"尽管 30 多年过去了，傅克波依然记得非常清楚。他的面料以优良的品质受到极大的欢迎，一开门就出现了排队抢购热潮，第一批面料 3 天就销售完毕。于是他趁热打铁，连夜赶到广东进货，把第二批面料进回来，依然是排队抢购，快速销售完毕。看到如此热销的景象，柯桥当地的纺织厂家坐不住了，他们将面料买去研究其中的工艺，更新织布机和相关设施设备，复制产品。由于厂商的快速复制，傅克波店铺热销的场景只延续了 4 个月左右。面料的采购来源也逐渐被市场认知，信息差产生的价格优势无以为继，利润空间被快速压缩。"当时是我创业那几年第一次遇到较大的瓶颈。"

如此境地，如何突围？在感到价格竞争激烈之后，傅克波凭借多年积累的经商经验，当机立断不再继续采用价格竞争的策略，而是把眼光转投向绍兴本地的产品"阿婆衫"面料上去，选择将这种只有绍兴本地才有的 6～7 元一米的面料引入广东西樵镇，以 10 元一米销售出去，生意也是异常火爆。热销维持了 3～5 个月，当竞争加剧、利润压缩的情况再次发生时，他举一反三，又将广东的"朱丽纹"和各种进口面料引进柯桥销售，结果不出意料，引领了一波又一波抢购热潮。傅克波逐渐总结出自己独特的营销理念：重市场、抓品质、行灵活。

市场扩容服务多，感恩商会和政府

随着技术的进步和市场需求的变化，柯桥轻纺市场在不断调整和优化中逐渐崭露头角，甚至超过了江苏地区，傅克波认为这一成就绝对离不开绍兴政府的大力支持和推动。"来到绍兴，我是看中了政府超前的意识和眼界。轻纺市场的不断跃升与政府的大力推动有很大关系。"傅克波说。

五湖四海的商户纷纷涌入轻纺城掘金，也有很多老乡跟随他的脚步来到柯桥，这给老市场带来了容量压力。

为了满足市场需求并提供更好的服务，绍兴县委县政府征收了北区大量的田地来扩建中国轻纺城，增加市场容量，改善设施条件。同时绍兴县委县政府也加大对纺织企业的扶持引导，提供更好的发展环境和政策支持，促进纺织产业不断迭代升级，由此，柯桥也确立了在国内国际纺织产业中的地位。

在柯桥打拼的那些岁月里，傅克波说，他对中国轻纺城乐清商会是充满感激之情的。乐清商会在推动绍兴的经济发展方面也发挥着重要作用，给予商户和个体户支持与帮助，定期组织会议，让商户们有机会互相交流经验、分享成功故事。这种交流不仅仅是经济层面的，更是文化和社交层面的，使商户们在一个友好和开放的环境中共同成长。商会积极与政府部门沟通合作，帮助解决许多经营中的难题，提供宝贵的资源和信息，推动企业的创新与发展。

别具慧眼拼特色，传承创新加速度

说起传承，傅克波露出欣慰的笑容，他的亲戚家人也一直在做纺织业务。他说："传承与发展的结合也是乐清商会一直倡导的理念，通过传统的经验和新兴的创新，推动绍兴经济的持续繁荣。"傅克波也深信，公司在保留传统文化和技艺的基础上，通过改革和创新不断提升产业竞争力，能够在全球市场中赢得更大份额，只有这样才能让绍兴经济在激烈的市场竞争中立于不败之地，并为当地人民带来更多福祉。

"成功的背后所付出的辛酸，只有自己最清楚。"傅克波深知创业之路并非一帆风顺，但他从不畏惧困难和风险，坚信创新是成功的关键，因此在创业过程中，他始终保持着独特的思维和胆识。回想起当初为什么要将进口面料拉到绍兴售卖，傅克波清楚地认识到国内设备尚未达到要求，同时也看到了进口面料运输成本高、运输过程困难的问题。面对困境，他凭借勇气和胆量，迎难而上，最终取得了成功。傅克波深入研究市场需求和竞争对手情况后，意识到通过引进先进设备和技术改造现有工厂是解决问题的关键，于是他积极寻找合作伙伴，在技术研发方面投入大量资源，并与国内外专家紧密合作。经过不懈努力和持续创新，傅克波的公司逐渐建立起了自己的品牌优势，推出了一系列高品质产品，并通过与国内外知名品牌合作，不断提升产品的竞争力和市场份额。傅克波始终保持着乐观的态度，时刻总结经验，审时度势，勇敢面对困难和挑战，锲而不舍，最终在竞争激烈的市场中脱颖而出。

傅克波认为轻纺城这个市场富有活力，带动了各行各业的发展。绍兴政府的英明执政和相关部门的通力协作为来自全国各地的经营者提供了良好的营商环境，乐清商会为绍兴地区的经济发展做出了重要贡献。他们通过传承和创新，推动了绍兴各行各业的发展，政府的支持和合作为经营者们提供了良好的营商环境，使大家能够更好地发展自己的事业。这不仅成就了傅克波的创业之路，也驱动绍兴诸多产业和地方经济的高效发展。

党恩乡情显大爱，回报社会是义务

"高山放风筝，全靠四面风"是乐清的一句俗语，傅克波深刻领会到了这句俗语的含义。他说："今天，我能过上好日子，都是依靠党的好政策，都是大家帮助的结果。过去走街串巷、居无定所，有时还要遭白眼，生活多艰辛；现在住高楼、驾名车，不愁吃不愁穿，知足了。做人做事不能只顾自己，上半夜想想自己，下半夜想想别人，所以社会上有人需要帮助，我就尽一点力。与其留钱给子孙，还不如先留德给子孙，幸福的来源是德而非金钱。"

作为党员，傅克波是一个在社会主义市场经济建设中敢打敢拼的开路先锋。傅克波说，他的幸福源于党的好政策、家乡的关怀和朋友的支持，党恩、乡情、大家的爱，他永远不能忘也不会忘。2008 年汶川发生地震，傅克波发起组织向灾区人民献爱心的募捐活动，自己带头捐款 1 万元，在场的人纷纷解囊，1 个半小时就募得 14 余万元。时隔半月，他又带队参加安徽六安福佑希望小学奠基仪式暨"六一"捐赠活动，在活动中他捐款 30 万元。他带头在老家捐资建造了西林村小学，每年还承担着安徽六安福佑希望小学青年教师到上海培训的费用；他积极参与上海中华路第三小学、上海市第八初级中学等共建工作。"一个孩子不仅要很好地学会书本上的知识，更要认真学好社会这本无字之书，不能忘记党和国家之恩。不管是自己的孩子，还是他人的子孙，我都想为教育事业出一份力。"

上海世博会前夕，傅克波作为福民街小商品经营管理公司党支部的一员，积极响应社区综合党委牵头开展的迎世博"文明诚信经营户示范店、文明诚信经营户标兵"评选的双创活动。他管理的福佑商场选拔出 21 名从事个体经营的劳动者，被社区五大部门评选为"文明经营户标兵"。傅克波亲自带头参加为期 4 天的平安值勤任务；他个人出资组织慰问活动，向商场内参加平安世博志愿者服务队的成员表达关怀和支持；他以出色的组织领导能力，带领福佑商厦成为区域内商业街市场中的引领者，在培育和引导经营业主提升经营品质和品牌方面起到了重要作用。他时刻以自己的实际行动，在社会中体现自身和企业的价值。

傅克波深情回忆起自己的青春奋斗往事，几次提到习近平总书记强调的"青春是用来奋斗的"这句话。他说，奋斗是青春最亮丽的底色，行动是青年最有效的磨砺。他勉励青年人在创业中要充分发挥吃苦耐劳精神，树立正确的价值观念，不断提升自身素质，带动他人共同前行，积极履行社会责任，为社会做出更大贡献。

访谈时间：2023 年 7 月 5 日

访谈地点：浙江工业大学之江学院

访谈整理：王维康　金雨婷

老家在乐清，主业在北方，心系轻纺城

人物名片

王申钱，温州乐清淡溪镇人，1960年1月生，中共党员。现任河北金指数房地产开发有限公司董事长。曾任安徽定远交通材料有限公司董事长、北京中服科园科贸有限公司董事长；石家庄市新华区十六届、十七届人大代表、常委，浙江省河北商会常务副会长。

"两个原因"举家迁到柯桥定居

1983年，王申钱与家人朋友前往甘肃兰州白银展开了他们的小本生意。最初他们资金有限，仅能摆摆路边摊。在两棵树之间拉一根绳子，挂着布料，既能卖布，也能现场量体裁衣。随后，他又辗转于甘肃兰州、宁夏西吉、山西临汾、江西景德镇、安徽阜阳等地从事面料批发生意。直至1988年10月，绍兴轻纺市场开业之后，王申钱将生意的重心逐步转移到了柯桥。他发现彼时的绍兴面料颜色相对单一，而广东的面料颜色更加丰富且鲜艳，于是他与妹夫傅克波、弟弟王信友共同将广东佛山西樵的面料运至柯桥销售，十分畅销。在1989年3月，王申钱举家迁移至柯桥定居。

1992年，绍兴轻纺市场发展壮大为中国轻纺城，随后萧山也开始招商，准备建设轻纺原料市场，包括王申钱在内的诸多乐清商人为了拓宽市场，都相约前去登记。时任绍兴县委书记纪根立意识到，乐清商人是柯桥市场的中坚力量，失去乐清商人的中国轻纺城将面临"空城"的困境。时任绍兴县轻纺市场工商所所长濮耀胜为此亲自来到市场开展劝导工作，他承诺市场不够可以扩建，小孩上学有困难也可以解决，有任何要求都可以提。经历过在兰州单枪匹马做生意的艰辛，王申钱真切感受到了绍兴县政府给予的政策支持和便利，坚定了他在中国轻纺城继续经营的决心和信心。

还有一个让王申钱决定留下的重要因素，就是这里有一个乐清商会。王申钱刚到柯桥时，商会还叫"乐清县个体劳动者协会驻绍兴轻纺市场分会"，1997年正式升级更名为中国轻纺城乐清商会。商会是可以跟政府直接对话的，王申钱深知企业的经营离不开政府指导和政策支持，通过商会更有利于和政府沟通，表达企业的诉求。

王申钱意识到商会是政府和商户联系的重要渠道，要做大做强，就要依托中国轻纺城乐清商会这个平台。遇到理解不透的政策规定，可以找商会了解；遇到执法不规范的情况，可以找商会反映；需要拓宽商业人脉的时候，可以找商会作为纽带……中国轻纺城乐清商会给王申钱带来了资源，也带来了发展的新契机。虽然王申钱由于后续企业发展战略的调整，前去北京、河北开拓新的发展版图，但他始终与中国轻纺城乐清商会保持着联系并担任商会副会长之职，将各种信息、资源反馈回商会，帮助更多的会员企业获得发展。

石家庄唯一一个零贷款、建设速度快、环境优的商业综合体

多年的生意经验，让王申钱深刻明白生意人的难处和需求，无论在哪里，有属于自己的经营场地都尤为重要。2002 年，已北上发展的王申钱了解到，每年北京开全国"两会"的时候，都要把五环内的工厂疏散到五环外去。掌握到这个信息，王申钱迅速成立了北京中服科园科贸有限公司，并联系了几个发展已较为成功的乐清企业家，在北京五环外共同建设了占地千亩的工业园区，专门给那些被疏散的商户提供经营场所。工业园区成规模后，附近有个部队搬走了，他们又转租了院子过来，经过一番打造后专门租给服装企业。由此，王申钱逐渐积累起了商业地产的经营经验。

2005 年，王申钱和妹夫傅克波合伙买下了地处上海城隍庙附近的福佑商厦，成立了上海金指数实业发展有限公司，王申钱担任股东。在 2002 年到 2010 年这 8 年时间里，王申钱先后参建或参股运营了北京中服科技园、北京大红门开发工业园、上海七浦路豪浦高端市场、江苏常熟国际服装城、江苏苏州玉水世家、江苏镇江地下商业步行街、武汉汉正街天下第一楼服装市场、广州中大九州布匹大市场、广东西樵布匹市场等。目前这些项目运营得都很成功，已经成为全国行业内知名度很高、影响力很大的专业市场。

2010 年，适逢石家庄市政府对新华集贸商圈进行升级改造和北京疏解大红门服装市场，王申钱又一次抓住了商机，深入市场走访调研服装从业者，洞悉服装行业的发展方向和动态，借鉴国内先进市场的建设经验，承担起了引领新华集贸服装商圈升级改造的重任，成立了河北金指数房地产开发有限公司，打造了新一代专业服装批发市场——金指数品牌服装广场。

经过一年多的考察和征地拆迁，在石家庄新华区委区政府的大力支持下，2012 年王申钱投资近 3 亿元，以地王价格取得该项目的土地证。在建设的过程中，为了确保工期，能在计划时间内开业，公司高层们天天下工地，抓安全、盯进度，仅用了两年时间就以最快速度完成了 15.6 亿元投资，建成总建筑面积达 15 万平米、有 26 层高的超大体量的商业综合体，囊括了写字楼、公寓、酒店、餐饮、旅店等服务

2012 年 7 月，王申钱（右二）陪同时任石家庄市市长姜德果一行视察金指数品牌服装广场施工现场

功能。时任新华区委书记蔡建星评价说，这个项目是石家庄市唯一一个零贷款、建设速度最快、环境最优的商业综合体。2013 年，金指数品牌服装广场项目被河北省政府列为重点推动的大型商业综合体项目。

建一个市场难，运营好一个市场更是难上加难。2014 年 10 月，金指数品牌服装广场即将完成内部装修，开业前夕，王申钱却遭遇了巨大的挑战。有传言新华集贸中心市场要往外搬迁，很多已经在这里登记了的商户都开始观望动摇。当时在石家庄新华区植物园街有个巨大的新华世贸中心项目在规划建设，在张家口市桥东区胜利大街有个塔坛国际商贸城也在招商，招商部都开到了金指数对门，发传单拉商户的人直接进入了金指数商场，明争暗斗的激烈程度可想而知。"商业项目能否运营成功，第一次开业商户的入驻率非常重要。"王申钱针对这一情况，组织几位老总、公司所有员工连夜开会商讨对策，组建了最优秀的管理团队，确定了市场经营方向，即"提供优良的经商环境，经营高品质的中高档品牌服装，以优惠政策与商户共享"。他们敲定的招商政策为"租一年免两年"，即签订三年租赁合同，只收取一年的租金，并将开业思路和对策向新华区政府、市场管委会、商会做了汇报沟通，获得了区委、区政府和乐清商会的支持，最终商场得以顺利招商开业，商场入驻率达到 99.3%。

个人被收录在《2018 年中国人大年鉴》

在激烈的市场竞争下，王申钱日渐体会到党的政策和政府的支持是非公企业做大做强的坚强后盾，因此金指数广场确立了"党建引领促发展，红色筑基强堡垒"的指导思想，并于 2016 年 10 月成立了"金指数品牌服装广场党支部"。党支部率先建立党群活动中心、流动党员服务站，给广场内的党员商户悬挂"共产党员商户"

的牌子，要求他们亮明党员身份，带头文明经营；对发挥模范带头作用的、有突出经营业绩的共产党员商户悬挂"共产党员先锋岗"，树立文明经商标杆；坚持年终评议，对文明经商典范年终评优评先，设立党史学习教育墙、荣誉墙和党员风采展示墙，为模范党员和党员积极分子发放荣誉证书，并将照片展示在荣誉墙上。多举措调动了商户们诚信自律、文明经营的积极性和主动性。他用诚信经商理念和"不忘初心，牢记使命"的责任担当凝聚党员、凝聚商家。

同时，党支部积极协助商户拓展营销渠道，深入市场了解商户的需求，帮助他们维权，联系组织商品交流会，协调资金，组建协会。优良的环境、暖心的服务，换来了商户对党的政策的拥护和对公司的信任，实现了公司和商户的双赢，使商户松散的经济实体成为紧密型党建共同体和利益共同体。金指数党支部彰显党组织的号召力、凝聚力、战斗力，走出了一条非公企业党建试点探索、典型示范、特色形式、推动市场经济发展有机融合的诚信党建新路子。金指数党支部被扶贫村称赞为"心系贫困户，播洒党恩情""扶贫济困，真心为民"的党支部，并先后被评为非公企业党建工作示范单位、先进基层党组织。

2017年，金指数品牌服装广场在新华集贸中心市场首个提出"买贵退双倍，七天无条件退换货"的服务承诺。在王申钱的带领下，金指数品牌服装广场始终坚持"诚信立企，真诚服务"的经营理念，信守"诚信、敬业、务实、高效"的宗旨，要求进驻市场的全体商户必须做到规范经营、遵纪守法、保证质量、优质服务、公平竞争、透明消费。顾客对金指数服装广场的评价一直都是"买得放心，穿上舒心、质量上乘、货真价实，退换方便"，提高了金指数品牌服装广场的知名度、美誉度、信任度，市场人气大增，货品批发量、零售量直线上升。金指数品牌服装广场开业以来，上千家国际、国内品牌商家入驻，生意兴隆，产生了良好的经济效益和社会效益，拓展了就业空间，年商品成交额高达100亿元，年创利税5000万元以上，接纳失业、下岗就业人员达3万余人，为发展魅力新华做出了贡献。金指数成功的业

王申钱（左一）出席金指数
品牌服装广场开业典礼

绩获得了各界好评：金指数品牌服装广场被评为"2014 年度全国商品交易市场系统先进单位""2015 年度全国商品交易市场系统转型升级示范市场"，2015 年金指数国际商务广场被评为"全国文明经营示范市场""华北品牌服装第一市"。

在当选石家庄市新华区第十六届、十七届人大代表期间，王申钱认真履职，积极建言献策。在人大代表调研、走访市场商户的过程中，他了解到房地产项目完成后，需要房产测绘所打钉实测面积，但因为打钉实测时间拖延太久，很多企业因为市场需要，在实测前就迫不及待装修开业，致使部分房间无法完成实测，造成多年无法办理产权证的问题。他首先向新华区人大常委会提交建议，但是此项职权不在区政府职权范围。但他没有轻言放弃，继续联合石家庄市人大代表向石家庄市人大常委会提交了关于解决建设项目未全部完成实测无法办理产权证的建议；2017 年 8 月，建议得到了石家庄市政府和市住建局的高度重视，并运用方向距离法测量房屋实际面积，减少了拆除装修实测的经济损失，维护了正常经营秩序。

此外，王申钱长期热心公益，自觉地把企业的发展融入社会发展大局中，在引领企业发展的同时，将追求经济效益与增强社会责任感有机结合起来，带头践行各种社会责任，回报社会、奉献社会，积极参加各项公益活动。自 2016 年起，他多次前往贫困山村考察扶贫、慰问社区老党员、支持残疾事业、改善山区教学环境、捐款支援灾区。特别是在抗击新冠疫情中，王申钱不仅亲临抗疫现场，还带头交纳"特殊党费"，组织企业、党支部和党员、职工捐款捐物支援慰问在抗击疫情一线的战斗员。爱心奉献不仅展现了企业家良好的形象和风采，更充分体现了一位共产党员就是一面旗帜的先锋模范作用。王申钱个人先后被评为"中国市场领军投资人""全国市场发展功勋人物""全国商品交易市场优秀职业经理人""热爱支持工商联工作民营企业家"，相关事迹更被收录在《2018 年中国人大年鉴》。

金指数服装广场正在不断发展壮大，在未来的工作中，王申钱将继续带领全体职工、商户，以党建引领经济为指导思想，创新载体强化服务，拓宽市场营销渠道，立志将品牌服装理念和产销集群优势发挥到极致，去创造金指数更大的辉煌。

访谈时间：2023 年 6 月 23 日

访谈地点：视频在线

访谈整理：宋汉卫　金梁英

一定要让"小世界"的孩子快乐成长

人物名片

金秀萍，温州乐清虹桥镇人，出生在20世纪60年代初，幼儿园高级教师。现任杭州市小世界学前教育集团总园长，中国学前教育研究会理事，浙江省民办教育协会学前教育分会副会长，中国西部学前教育顾问，全国未成年家庭教育高级指导师。

中国轻纺城小世界幼儿园位于绍兴市柯桥区万商路409号，紧邻轻纺市场。这里环境幽雅，文化氛围浓厚，充满了老师和孩子们的欢声笑语。

30年来，这里培养了一批又一批孩子。而孩子们长大了，又把自己的孩子也送了进来。

筹资600万元，高水平起家，"小世界"的创业经历也颇为传奇。我们来到这里，见到了金秀萍园长。她年逾六旬，却童心依旧，言谈举止温婉随和，将幼儿园与自己的故事慢慢道来。

开办幼儿园，既是教育传承也有商业机会

改革开放以后，市场经济的发展为教育事业带来了新的机遇与挑战。在绍兴柯桥这个新兴商贸中心，中国轻纺城吸引了全国各地的商家扎根落户，并带来了大批学龄前儿童。如何让商户子女在不影响家长经商活动的同时接受相应的学龄前教育，成为轻纺城经营者面临的实际问题。金秀萍在1994年来到柯桥后就发现了这个问题，觉得这是一个良好的创业机会。"我之前在温州老家也是从事学前教育工作，担任园长有12年之久，很多我曾经教过的学生在柯桥做生意。"就这样，金秀萍决定在柯桥开设幼儿园，将自己的教育经验和理念带到这里。

当时，中国轻纺城正在迅速兴起和发展。有人质疑金秀萍为什么要选择开办幼儿园，毕竟门市部和市场更赚钱。然而，金秀萍坚定地认为自己来自教师世家，应该传承教育事业的衣钵。对她而言，创办幼儿园不仅是一个商业行为，更是对教育事业的热爱和责任感的体现。她希望能够将自己多年积累的学前教育经验和理念应用于实践，并为孩子们提供一个优质、关爱和有益的学习环境。1995年，金秀萍毅然决然地将家里全部积蓄投入幼教事业中，还借了高利息的贷款，可以说她将自己

的身家性命都押在了这个创业项目上，她身上展现出来的勇气与胆量令人钦佩。当时她并没有过多考虑风险和困难，认为只要有想做的事情，就应该保持简单而坚定的态度去做。对她来说，追求教育事业的梦想和为孩子们提供更好教育环境的责任是最重要的，即使面临各种挑战和艰辛，她依然选择坚持下去。

金秀萍坚定不移的办园决心，感动了绍兴市、县和柯桥区镇街等各级政府的负责人，并给予了她极大的关怀和支持。在他们的帮助下，投资达600万元的小世界幼儿园按计划开学。这一巨额投资也为金秀萍的幼教事业带来了迅猛的发展势头。凭借独特的教学理念和扎实的专业能力，她吸引了大量家长的关注和信任。不久之后，她的幼儿园就成为当地最受欢迎的教育机构之一。

"为了满足家长需求，幼儿园的定位是全托。我清晰地记得当时开学的时候，一个个家长带着孩子来园的场景。"幼儿园第一期招收了216个孩子，分6个班，每半个月只放假两天。作为投资人、园长，那个时候是非常困难的。"开学后，我坚持事事亲力亲为，每天无微不至地照看孩子。每次都要等所有小朋友睡熟，没有发生什么意外的状况，直至深夜才放心回家，第二天一早6点就要起床。后来，幼儿园广泛吸纳人才，培养了一支高素质的稳定的教师队伍，为幼儿园发展增添了积极向上的活力。"金秀萍回忆起当初的艰难，有着无数的感慨。

当时，轻纺城的众多家长迫切需要一所一流幼儿园，能够让他们在经商时没有后顾之忧，这些家长在强调幼儿园硬件设施的同时，也要求幼儿园提供高素质、高品位、全方位的服务。可以说小世界幼儿园的应运而生就是为了满足家长对于优质学前教育的需求。小世界幼儿园坐落在柯桥万商路，紧邻轻纺城市场，不仅拥有先进的硬件设施，还注重提供高品质、个性化的服务。家长们可以放心地将子女托付给这所幼儿园，专心致力于自己的经商活动。

2023年7月6日，金秀萍（第三排中）参加杭州小世界国际幼儿园第12届毕业典礼

爱在"小世界"，情满"幼儿园"

正是因为金秀萍深知幼教事业的重要性，她坚信每个孩子都有无限的潜力等待开发，因此，她不仅注重提供高质量的学习环境和资源，还注重培养孩子们的创造力、想象力和社交能力；她特意邀请朱家雄教授担任顾问，并由他领衔编制了国内第一套运用多媒体技术的主题式立体化课程，作为小世界的园本课程。该课程结合了"英语自然拼音法课程"和"浸入式语言教学法"，并以区域活动为载体，还包括多元化潜能开发工作坊等课程，从而构建起了以"爱的教育、创造力发展、跨文化交流培养"为基础的小世界课程体系。她坚信通过这样的教育方式，可以更好地促进儿童全面发展。

不仅如此，金秀萍坚持走中外融合式的幼教创新路子，她加大投入，创造条件吸引国内外的幼教精英。她聘请来自加拿大的翁恩赐博士担任小世界定安国际幼儿园园长。这样做的原因是，只有具备海外教育背景和娴熟英语能力的管理者，才能很好地应对中英双语的管理沟通。而翁博士出生在香港，长期在国外求学和工作，专攻心理学和学前教育，并在多个国家和地区专业机构从事过幼教工作。毫无疑问，翁博士是"小世界"这个中西结合团队的领军人物。除了翁博士之外，"小世界"的整个师资团队都由精通中英两种语言的专业教师组成，每个班都配有外教，为孩子们创造了良好的语言环境，使他们在幼年时期就打下了坚实的语言基础。

正是由于这样的组合，中外融合式的幼教创新路子得以实现，并为小世界带来全新的国际化课程体系。随着时间的推移，金秀萍逐渐建立了一支优秀的教师团队。她注重选拔具有爱心、责任心和创新精神的教师，并为他们提供持续的专业培训和发展机会。小世界这种团队合作与共同成长的氛围使幼儿园取得了卓越的成绩。

"小世界教育"秉持"帮助儿童身心自然发展，保证儿童健康快乐成长"的教育理念，致力于给孩子一个丰富多彩的童年。金秀萍一再强调："一定要让'小世界'里的孩子快快乐乐。"她的目标是培养具有"国际视野、中国胸怀和乡土情结"的未来全球公民。在幼儿园，孩子每分每秒都受到了爱的滋养，有热爱、有理想和懂礼貌，就像璀璨星辰点缀着幼儿纯真而美好的童年。

小世界毕业生回馈社会，培养未来领袖风采

"小世界"的第一届毕业生现已经成为家长，他们将自己的孩子也送到"小世界"幼儿园里，显示了他们对"小世界"充分的认可和信任。有一个小朋友对金园长说："园长奶奶，我非常喜欢小世界，我长大后还想回到这里来。"这让金秀萍动容。

在小世界幼儿园，金秀萍注重培养学生的创造力、社交能力及全面发展。她通过精心设计的课程和活动，让孩子们在快乐中学习，在游戏中培养兴趣和爱好。同

时，金秀萍也注重培养孩子们良好的品德和价值观，教导他们要关心他人、乐于助人，并将这种关爱传递给社会。

她的教育理念和不懈努力也得到了显著的回报，许多学生长大后进入了清华大学、北京大学、哈佛大学等知名大学深造，在各个领域都取得了优异的成绩。他们谨记园长奶奶的谆谆教诲，积极参与志愿者活动、社区服务和慈善事业，并通过自己的专业知识和技能为社会做出贡献。

金秀萍对于这些学生的成就感到非常自豪。这些优秀毕业生不仅是因为个人努力，更是因为金秀萍在坚持提供高质量教育、培养创造力和社交能力等方面的引导。他们在幼儿园时期接受的教育为未来的发展奠定了基础。正是在这样有爱有责任感的教育环境下，小世界的毕业生们才能在进入大学后展现出耀眼的才华和领袖潜质。

她由衷地感到骄傲和满足，相信小世界幼儿园将继续为更多孩子提供优质教育，培养未来的领袖和社会栋梁。

"小世界"上规模，引领优质幼教事业

努力总是有回报的。

小世界幼儿园已成为绍兴市首家上规模、模范化、高品质的幼儿园，影响力广泛。《浙江日报》《温州日报》《绍兴日报》等十余家新闻媒体曾对幼儿园做了一系列的报道，省、市、县（区）、镇（街）领导多次来园视察，对幼儿园的发展给予了高度肯定。

小世界幼儿园先后被评为浙江省示范民办幼儿园、浙江省优秀民办幼儿园、浙江省一级幼儿园，金秀萍也获得绍兴市教育局颁发的优秀园长等荣誉；她还担任西部教育顾问，为西部地区学前教育贡献自己的一份力量；作为浙江省学前教育协会副会长兼秘书长，她主动推动学前教育的发展。小世界幼儿园老师的论文在各大媒体发表并获奖无数，幼儿文艺汇演也多次获国际、国家级奖项。

金秀萍（后排左六）与杭州小世界国际幼儿园第十二届大A班毕业生和教师代表合影留念

　　除了在本地区广受赞誉外，金秀萍的幼教事业也逐渐扩展到其他城市。她与各地的教育机构合作，开设了分校，共同推进优质幼教资源的共享和交流。金秀萍坚信，每个孩子都应该有平等接受高质量教育的机会。

　　在幼教事业取得巨大成功的背后，金秀萍也面临着诸多挑战和困难。她不断面对着人才培养、教育资源、家长需求多样化等问题，她始终保持着乐观和坚持不懈的精神，努力寻找解决问题的方法。

　　在未来的日子里，小世界的老师和教研团队将会花更多的时间和精力与孩子们一起，共同构建课程、创造课程、打磨课程，做更有意思的教育，更有意思地做教育。热爱、圣洁、卓越、创造，这些"小世界人"骨子里的文化和精神，决定了小世界高品质办学的核心与内涵。

访谈时间：2023 年 7 月 6 日

访谈地点：中国轻纺城小世界幼儿园

访谈整理：陈　丽　金雨婷

请记住，爱拼才会赢

人物名片

杨海波，温州乐清雁荡镇人，1973年7月生。浙江溢雅纺织品有限公司总经理。

　　杨海波是一家年创产值10亿元的大型企业的创始人，颇有温文儒雅的学者风度。说起过往，他推了推鼻梁上的金丝边眼镜，便思路清晰地娓娓道来。

风餐露宿，初试牛刀

　　"一个地方的文化与自然环境的关系非常大，"杨海波说，"改革开放初期，温州人到外地去，并不是全在做生意，更多的是劳务输出。我知道我们同村的都去湖北、江西那边挖山洞、修公路。"杨海波的父亲是老师、非农业户口，母亲和三个孩子是农业户口，但只有4分田。"在家里我是老大，有一个弟弟、一个妹妹。1994年，我和弟弟随老乡去石家庄做服装生意，当时弟弟20岁，我22岁。"

　　乐清外出务工的大都是农民，有些人脑子比较灵活，就发现了商机，如有人发现湖北的竹笋特别便宜，就把竹笋"倒"到大城市去卖，有的人贩卖服装也赚钱了。所以后来大家逐渐都开始做生意，这是一个自然的过程。

　　当时，石家庄是北方服装产业的重要城市之一，其中以裕华区和长安区为主要集聚区，涉及服装生产、销售、批发、零售等业态。很多乐清人在此经营。

　　回想起当初的情景，杨海波仍然记忆犹新。早期他自己做服装生意，为了多赚一些钱，他白天卖衣服，晚上加班加点生产，起早贪黑，风餐露宿。通过刻苦努力，杨海波不仅有了自己的门面房，对外批发服装，还开办了一个小型服装加工厂，生意越做越大。在石家庄的9年时间里，他从最基础的服装销售干起，对销售、生产、设计和市场需求规律的整个流程和环节有了深入的了解，为以后的自主创业打下了坚实基础。

　　"那时候我觉得生产、经营服装比较辛苦，同时我们手上已有几百万元的积蓄，哪怕买个店面租给人家，一年租金也能收几十万元。碰巧当时我的大女儿出生，我就萌发了回南方发展的想法。"杨海波说。他把手上的现金和弟弟分一分，便独自回到家乡浙江重新创业。

一招不慎，打了水漂

2003 年，30 岁的杨海波来到杭州四季青服装市场，专门做服装批发生意。

杭州四季青服装市场是中国最具影响力的服装一级批发与流通市场之一，创办于 1989 年 10 月，位于杭州钱塘江畔的清泰立交桥附近。如今市场建筑面积达 5 万平方米，是杭派服饰的主要集散地。

2002 年，杨海波在四季青意法市场花了 80 多万元买了两个档口，没有产权，只有经营权和优先租用权。意法市场刚刚建起来，硬件设施非常好，杨海波感觉挺满意的。然而，令杨海波意想不到的是，花了这么多钱买的档口，人气一直旺不起来。生意不好但管理费每年要照常交，如果不经营了，这 80 多万元一分都拿不回来。杨海波硬着头皮继续经营。更加吊诡的是，杨海波代理的广东一家休闲品牌的工厂倒闭了，他的保证金和货源都没了。无奈之下，杨海波只好放弃意法市场的经营，前期投入的 200 多万元钱全部打了水漂。

再经磨难，险酿大祸

早在杨海波还在杭州四季青意法市场经营时，他的连襟已经在柯桥经营布料。为了东山再起，杨海波来到了柯桥，母亲帮他借了 40 万元高利贷，让他在柯桥中国轻纺城经营，但杨海波没有做布料生意的经验，做了几年也没有赚钱，甚至把借的高利贷也基本亏尽。

"服装和面料行业的生产体系和供应体系完全不一样。服装注重面料和款式；面料注重印染、品种和质量，这些都需要去熟悉、去琢磨。"

为了尽快把亏损的钱赚回来，杨海波和爱人商量，决定到市场去摸底，到生产一线去探寻。他们每天早出晚归，除了送孩子到幼儿园，其他时间都在市场上逛，了解和摸清各种畅销产品。晚上市场经营人员都下班了，杨海波就去工厂和印染厂，了解厂里正在生产和印染的畅销品种。

2007 年 12 月的一天深夜，疲惫不堪的杨海波开着面包车准备回家，月色照在池塘上泛着白光，杨海波误以为是柯岩大道，飞速行驶的面包车一头冲进池塘，掉进了水里。当时天气很冷，杨海波冻得浑身发抖，他从车窗钻出来爬上岸，肩膀上被安全带勒出来的伤痕一个月后才消下去。

在柯桥的四五年时间里，杨海波兜兜转转都在交学费，最困难的时候是 2008 年，当时他给人开了一张 5000 元的支票，银行查到他账户上没有钱，认为这是空头支票，通知杨海波赶紧把这个钱补上，否则就是诈骗。"我当时非常恐慌，不知道到哪里去借钱，能借的差不多借遍了，也不能再向父母开口了。"后来亲戚借了 5000 元钱帮他渡过了这个险关。

眼看着自己的生意实在做不下去了，杨海波的爱人决定去帮妹妹带孩子，杨海波则去印染厂打工。在轻纺城租的店面还有几个月到期，他们打算到期也不再续租了。

绝处逢生，追寻"时尚"

一天，落魄中的杨海波无意中听说格子布休闲时尚，很好卖，但十分紧缺，很难拿到。杨海波抱着破釜沉舟的心态，发疯般地到江苏多家纺织厂去寻找，真是皇天不负苦心人，竟然让他找到了。印染厂老板答应每天给他两三千米布，这让杨海波喜出望外。当时一米布可赚2~3元钱，一天下来就可以赚到近一万元钱。布料进入市场后，果然十分抢手，这种货一直卖到年底，仅用了4个多月时间，他就把前期的亏空补了上来，就这样翻身了。

2016年，杨海波重新注册成立了浙江溢雅纺织品有限公司，市场定位为主营梭织面料，集研发、生产、销售于一体的面料供应企业，全线产品涵盖了化纤类型、TR类型、进口高弹类型、全天丝类型、天丝交织类型、棉交织类型、醋酸类型、羊毛类型、天然纤维、功能性产品等。

凡事变则通，通则久。"从2012年开始，我们改变了经营策略。"杨海波说。此前，公司做印花布、绣花布，因为那些布料时效性比较强，流行趋势变化比较快，印花布可能下一年就过时了，不好卖。杨海波决定做时尚女装中时效性比较长的素色面料，即便当年卖不掉，后面几年还可以卖。"当时市场上的时尚女装面料都以订货为主，不做现货，服装厂要多少我们就提供多少。"杨海波发现很多客户对这种方式都不适应，他们想要走现货模式。其实从2012年、2013年开始，随着电商的发展，以及国外Zara、H&M等快时尚品牌进入中国，服装企业需要加快节奏，从生产、出货到上市，都是在极短的时间内完成，就像Zara一样，从下单到货品到国外消费者手中，只有一个月甚至更短时间。而国内生产销售服装周期很长，最快也要五六个月。杨海波决定朝快时尚发展，在中国轻纺城做时尚现货女装面料，成为轻纺城最早做时尚女装面料的现货企业。这一行动使企业得以快速发展。

2012年电商发展起来之后，服装上市速度更快，价格更便宜。杨海波的现货模式正好撞上了这个风口，于是他决定跟电商合作。此后，企业每年增速都很快，员工从15人发展到130人。近两年每年都有7亿多元营业额，2023年预计有9亿~10亿元，业务范围遍及全国各地。

"做现货要备很多货，像超市一样等着客户来买，客户不来买就变成库存了。"杨海波说，现货买卖存在风险，但这个风险与收益是成正比例的。如今，浙江溢雅纺织品有限公司已成为柯桥大型时尚面料现货供应商之一，长期保持3000万米现货供应，有3万多平方米仓储，配备了国际标准恒温恒湿实验室及高级检测设备。其合作伙伴涵盖国内外一线品牌、新兴电商品牌、小众设计师品牌。

"溢雅纺织秉承客户利益最大化的经营理念，赢得了合作伙伴的广泛信赖，我们将为推动中国纺织行业健康发展而努力。"杨海波说。

女儿接班，眼光长远

生在乐清、长在乐清的杨海波，非常珍视温商的百折不挠精神，他希望在新时代续写新温商的精彩。

一份事业让杨海波耗去了大半生的时光，正如他的名字一样，他在波涛海浪中搏击风雨，虽然道路坎坷不平，但他终于挺了过来。近年来，国内很多行业都在往下走，柯桥这个市场却在向上运行，这确实难得。

"我们公司目前还是以内销为主，接下去我们准备组建外贸部门、品牌建设部门，用内外贸'两条腿'走路。"杨海波想把公司规模再扩大一点，把外贸做起来，合作绑定一些大品牌，一起发展。

杨海波的两个女儿都已大学毕业，其中，大女儿是留美"海归"。杨海波准备开辟一个市场平台，成立一个团队，让女儿们去做外贸。"把她们带出来之后，我就慢慢退到幕后去了。让年轻人都成为老板，企业才会有生机、有生命力。"

杨海波目前是乐清商会的理事，他认为，"进入商会有一种归属感，商会就是我们的大家庭"。

访谈时间：2023 年 7 月 3 日
访谈地点：浙江溢雅纺织品有限公司
访谈整理：张增祥　刘友平　陈　琳

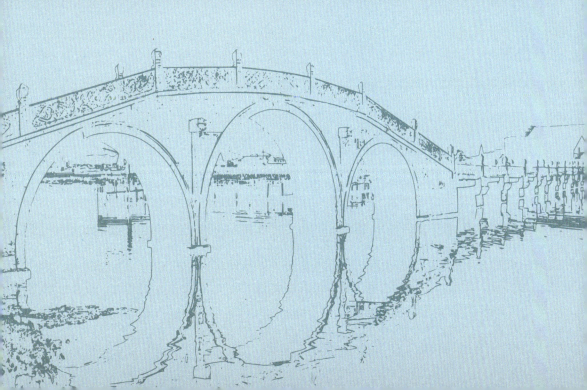

CHAPTER 10 第十章

以商会友　以诚聚财

做人、做生意的极致，就是"认同感"和"价值感"，在这一点上，乐清商人深谙其道。

人生而孤独，但可以活得不孤独。他们的团结、他们的诚信，注定了他们不会在异乡哭泣；他们的勇敢、他们的聪慧，注定了他们不会在原地止步。从南到北，他们来到了柯桥，又在柯桥抱团取暖，闯荡世界。

在闯荡中结交的"友情"，从"诚信"中拼来的事业，对于乐清商人来说，都是无价之宝。

同"城"相谋，甘当乐商"好朋友"

人物名片

王铢根，浙江绍兴人，1963年7月生，高级经济师，绍兴市第八届人大代表。现任绍兴金时代控股有限公司董事长、总经理，云南世界恐龙谷旅游股份有限公司董事长，浙江梅轮电梯股份有限公司董事；曾任绍兴市物资贸易中心总经理，浙江中国轻纺城集团股份有限公司副总经理兼中国轻纺城市场总经理。

乐商"东方犹太人"的商业品格，最博眼球

1996年3月，王铢根调任至中国轻纺城集团工作，担任中国轻纺城集团市场公司总经理（后兼任集团副总经理），专门从事中国轻纺城市场的建设和管理工作。

在从事轻纺市场建设管理工作的8年时间里，王铢根接触最多、印象最深的是乐清商人。这些年来，不断发展壮大的中国轻纺城涌现出诸多来自全国各地的成功企业家，其中，乐清商人最博人眼球。

在王铢根看来，乐清商人不仅仅是一个群体的代名词，更是一种精神的象征。"乐清商人的魅力，只有在跟他们真正深入交流合作时才能逐渐体会到。"此前，王铢根并不认为生意人好接触，但在日复一日的市场管理工作中，他渐渐发现，乐清商人最具备"东方犹太人"的特质，整个群体都饱含极高的商业天赋。他们大多从小就确立了赚钱致富的目标——他们立志要当老板，成为能够真正挺起腰杆的有钱人；他们自立自强、敢想敢干、永不言败；他们四海为家、敢为人先，有市场的地方就有他们，有他们的地方就能开拓出一片市场；他们白手起家，运筹帷幄，永远能在细微处发现商机。

"征服"王铢根的不仅仅是乐清商人的商业头脑，还有他们的契约精神。乐清商人始终如一地尊崇诚信原则，并格外珍视口碑。在30多年前的轻纺市场，交易大部分是没有书面合同或协议的，主要依靠双方的口头约定。商业诚信在这个过程中便起到了至关重要的作用。而在业界，乐清商人的口碑始终是一流的，尤其是在内部合作中，他们总是言出必行，说到做到。王铢根向笔者详细地描绘了30多年前乐清商人的形象，他们的群体精神给他留下了难以磨灭的印象。"在乐清商人群体中，如果有人不讲诚信，就无法在群体中生存、在社会上立足。他们重口碑、讲情义，平时就像一块钢板一样牢固地团结在一起，让外人无法欺负他们，更不能侵犯他们的利益。"王铼根对乐清商人表达了抑制不住的赞许。

"乐清商贾重情义"的美德，令人钦佩

"与乐清商人的交往，不仅加深了我对生意场上人情世故的理解，更让我充分领略了这个群体的鲜明特质，也逐渐与他们结下了深厚的友谊。"王铼根说。浙江兴发印染有限公司董事长傅岩姆，无疑是对乐清商人最生动的诠释。他坚韧、勤勉、爱钻研，更善于交流与沟通，既展现了乐清商人的敬业精神，又显示出他高超的情商。与他接触后，王铼根明显能感受到傅岩姆是值得信赖的。

2009 年 7 月 28 日，时任中共中央总书记、国家主席、中央军委主席胡锦涛视察云南禄丰世界恐龙谷。该项目一期占地 1 平方公里，由王铼根投资兴建，于 2008 年 4 月开园迎客。

2004 年，王铼根远赴云南考察，并负责投资当地的恐龙谷旅游项目。项目落地后，他深知旅游管理过程中的困难与挑战，便邀请了傅岩姆前往参观指导，向其请教有关人员招聘及旅游管理等方面的策略，希望得到傅岩姆的帮助。尽管自身生意繁忙，但傅岩姆欣然答应了王铼根的请求。在此后的半个月里，傅岩姆全心投入，细致梳理每个管理环节，尽力运用其多年积淀的管理经验为王铼根提供帮助。"虽然他也没有做过旅游项目，但是生意是相通的，最终他在各方面都给了我很大的帮助。在这半个月的共事中，我真切地感觉到他特别具有商业头脑。我们俩还经常在一起探讨轻纺市场经营管理方面的内容，有时候一旦有了思路，即使是深夜，他也会来敲我的门，一聊聊很久，颇有苏轼文中'怀民亦未寝，相与步于中庭'之感。"王铼根感慨道。

2009 年 9 月 16 日，云南禄丰世界恐龙谷赠送中国科技馆 3 条恐龙化石仪式在北京举行，著名两院院士韩启德、万钢、徐匡迪和时任中国科协党组书记邓楠出席，王铼根和傅岩姆作为赠送方代表参加了仪式。

除了傅岩姆，老会长徐祥川的两个侄儿也是让王铼根钦佩的乐清商人。20 世纪 80 年代中期，徐家两兄弟就开始在柯桥做布料生意。1988 年，兄弟俩创办了华强布业有限公司，在轻纺市场中第一个走上了纺织品公司化经营之路。2000 年，华强布业有限公司改组成为浙江华强纺织集团有限公司，开始集团化运营，随即与港商共同投资 1800 余万美元，建立了浙江华东纺织印染有限公司，成功实现了工贸一体化的飞跃。

徐家兄弟致富不忘回报，热心公益，乐善好施，他们不仅为乐清老家的道路和村里基础设施建设数次捐款，更在作为第二故乡的柯桥持续奉献他们的爱心。他们为柯

云南禄丰世界恐龙谷赠送给中国科技馆
3 条恐龙化石

桥中学建设、绍兴县防洪工程、绍兴市"关心下一代"工程捐款出力，还在 2000 年
捐资兴建了新昌县长征乡"华强希望小学"。在后续的十几年间，为改善希望小学的
教学环境和教师办公条件，徐家兄弟陆续出资达数百万元，并每年亲自前往看望那里
的孩子们。王铼根也曾多次陪同徐家兄弟一起前往华强希望小学，在那里王铼根看到
了他们对贫困落后地区教育事业的支持，看到了他们助力教育振兴的信念。

乐清商会坚守会员权益，赢得尊重

市场进入了新的时代，企业家们面临的竞争对手更多，问题更复杂，只有机遇
共享、合作共商，才能实现发展共赢。乐清商人在中国轻纺城做大做强，既靠自身
奋斗，也靠群体力量。中国轻纺城乐清商会是在当时的绍兴县委、县政府的关怀下，
由在中国轻纺城从事经营的乐清籍商人自愿组建的非营利性社会团体。"作为中国轻
纺城的第一个商会，乐清商会在这 30 多年间不断展现出了强大的凝聚力和影响力，
其在会员利益保护方面的执行力可谓坚定有力。乐清商会在为经营户维护切身利益
的同时，也为市场繁荣做出了积极贡献。"王铼根对乐清商会表示了由衷的认可，他
说："乐清商会历届领导的个人品质和为人处世态度，对乐清商会凝聚力和影响力的
形成和提升起到了至关重要的作用，只有具备公道和无私的品质，人们才会发自内
心地尊重他们，他们在商会内部的威信也会自然而然地提高。对政府来说，乐清商
会所发挥的作用也会更加被重视和珍视。"

在王铼根的印象中，老一辈乐清人郑文法、王美松、林银汉、薛金闹等人在乐清
商会中都有极高的威望，他们为商会做出了很多贡献，尤其是郑文法司令。他们视野
广阔，处事公正，拥有极强的责任心和刚毅的性格。他们坚定地维护自己的立场，秉
持着"该怎么处理就怎么处理"的原则，虽然在商会中大家都是朋友，但在商场上他
们始终坚守着原则底线，从未因私情而有所袒护。这些商会领导是一股强大的力量，
他们顾全大局，一旦达成共识，就不会改变初衷；他们非常注重沟通策略，在与人交

流时，表现得礼貌而不失礼节，从而赢得了大家的尊重。

"金时代"助力纺城新时代，乐商有功

2001 年，绍兴县政府搬迁至柯桥。彼时的柯桥还比较冷清，土地的价格也不高。为了尽快实现城市繁荣，中国轻纺城集团公司必须有所作为。于是，绍兴县委、县政府对轻纺城集团下达了"优化轻纺市场交易方式，打造现代商贸之城"的工作要求，并规划建设一个占地 500 亩的物流中心及占地 50 亩的商务楼，由王铼根担任筹建组组长，要以最快速度和最有效的方式提升柯桥的城市建设水平，并优化轻纺城市场的交易方式。"其实当初我们的决策及行动最终将会发展成什么样，心里是不太有底的。"王铼根很坦率地说。

2004 年，因轻纺城集团公司体制改革、倡导国退民进，王铼根决定从中国轻纺城集团公司离职，自行创业。凭借着在集团公司积累的经验，以及在乐清等商人身上学到的战略眼光，王铼根成功创建了绍兴金时代控股有限公司，同时也接手了中国轻纺城建设开发有限公司，并将其更名为中国轻纺城时代房地产有限公司，继续承担中国轻纺城国际贸易区（时代广场）的建设项目。自此，王铼根的自主创业之路正式拉开序幕。

2006 年，坐落在金柯桥大道 1288 号的中国轻纺城国际贸易区（时代广场）经历了为期近 3 年的建设，正式开业。为了提升时代广场的人气，王铼根决定找乐清、台州和绍兴的商会共同商量对策，并承诺商会能以最优惠的价格优先购买时代广场中的办公场地。此后通过商会的推荐，吸引了更多的经营户以租赁的方式将交易场所迁至时代广场。随着后续入驻的商户越来越多，时代广场成为柯桥第一个公司化交易的商务楼，也为中国轻纺城实施"布满全球"战略，坚定不移走好高质量发展之路打下了一剂强心针。

市场上很多人都说王铼根是乐清商人的好朋友，他并不否认。如今时代广场 C 幢入驻的基本都是乐清商人，乐清商会的办公室就在时代广场的 13＋1 楼。"乐清商会的办公场地都是无偿使用的。"王铼根对乐清商人和乐清商会的情谊埋于心中。

访谈时间：2023 年 8 月 29 日

访谈地点：浙江工业大学之江学院

访谈整理：周群芳　金梁英

乐清商人一句话，我从广东到柯桥

人物名片

许志鸿，广东揭阳人，1971年11月生。现任联亚国际发展（控股）有限公司董事长；浙江省广东商会会长，绍兴潮汕商会会长，广东外语外贸大学浙江校友会会长，第九届国际潮商大会荣誉主席；广东省揭阳市第五、第六届政协委员；江苏省新沂市第九、第十届政协委员；浙江省绍兴市柯桥区第一届政协委员；广东省工商联合会第十二届执行委员；浙江省绍兴市工商联合会第七届常务委员，浙江省绍兴市柯桥区工商联副主席。

1988年，轻纺城市场开业后的第二年，乐清人看准了时机，陆续入驻市场；1992年，徐祥川和当时第一批进驻市场的老乡成立了首个乐清县个体劳动者协会驻绍兴轻纺市场分会，2008年正式改名为中国轻纺城乐清商会。这时的许志鸿还是一个刚毕业的年轻人，在广东寻找着适合自己的工作。谁也想不到，当时八竿子打不着的人会在绍兴柯桥相遇，一同参与中国轻纺城的建设与发展。

乐清商人的特征可以概括成"三个词"

我是广东揭阳人，我们揭阳的普宁流沙镇是全国进口面料的集散地，一直以来都有很多人从流沙镇进货到柯桥来卖，其中不乏乐清的商人。20世纪90年代，这些人在流沙镇差不多都有过经商的经历，那时他们从流沙镇拿进口面料到柯桥销售。当时，我在家乡从事面料生意，有一位乐清客户买我的面料到柯桥销售，他问我为什么不到柯桥来找找机会。那个时候的我还不知道柯桥在哪里，记得第一次来柯桥，我是先坐飞机到宁波，然后再打车过来，来了才知道原来这就是一个布商自发形成的市场，20世纪80年代末的时候才正式规划起来。2001年左右，由于技术不断发展、管理水平日渐提升，国内面料迎来了发展的春天，开始逐渐替代进口面料。随着市场的发展，柯桥这个迷人的市场也渐渐发展壮大，并开始辐射全国，而流沙镇的市场反而慢慢萎缩，我便萌生了来柯桥寻找面料出口业务商机的想法。就这样，乐清商人的一句话，让我了解了美丽的柯桥；一块布的神奇缘分，把我带到了迷人的柯桥。

从第三方的角度来看，我觉得乐清商人是轻纺城发展的重要参与者，也是主要的推动者，他们在轻纺城的发展进程中发挥着不可或缺的作用。在我的印象里，乐清商人的特征可以概括成三个词，那就是：创新、团结、敬业。

"乐清商人把'四千'精神很好地继承并发扬"

乐清商人创新意识很强，而且敢于尝试。乐清和我们揭阳、潮汕差不多，本地环境并不优越，资源相对缺乏，因此在 20 世纪，很多人为了谋生选择走出家乡闯荡，做生意的人更是嗅觉敏锐，哪里有商业机会，大家就到哪里去。乐清商人也把浙商的"四千"精神体现得淋漓尽致：走遍千山万水、说尽千言万语、想尽千方百计、吃尽千辛万苦。他们身上有一种筚路蓝缕、披荆斩棘、敢为天下先的创业精神，他们成立的商会也是轻纺城第一个商帮组织，是那个时代第一个敢吃螃蟹的人群。

20 世纪八九十年代，乐清商人可以说吃尽了苦头。那个时期交通和物流还没有如今这么便捷和畅达，布匹的运输更是面临着很多困难。从广东普宁流沙进货，一路北上，跋山涉水，过路越桥，最终运输到水乡柯桥，多变的天气和长途的奔波，不仅考验着布匹保存的完整度，更考验着乐清商人的毅力和耐心。当时，面临人生地不熟、交通不便利、治安不好等困难，很多人会在一次次的尝试和失败后陆续放弃，而乐清商人就是不一样，这群人秉持着最初的勇敢和乐观精神，一路开疆拓土，耕耘出日渐繁盛的商业版图。现如今，乐清人发展的业态很丰富，这是值得我们潮汕商会学习的地方。

乐清商人"聚是一把火，散是满天星"

乐清人很团结，他们有了挣钱的机会与方法，就会叫上亲朋好友一起，形成一个团体，心往一处想，劲往一处使，把"蛋糕"做大做强，内部争抢的事情很少发生，大家都非常团结。

当时在轻纺城做面料生意的很多都是乐清人，后来诞生的乐清商会是中国轻纺城最早的商会，也是规模最大的商会。商会帮助乐清商人解决在经营中遇到的困难，提供商业信息的互动资源，调解经营中产生的有关纠纷，现在乐清商会的会员企业不断发展壮大，是中国轻纺城的领头羊。乐清商会管理能力强，有自己的核心领导层和骨干力量，下辖的 9 个分会也都井然有序。他们不仅聘请了柯桥这边有经验的人士做管理层，还邀请了乐清那边有政府工作经历的退休干部做顾问智囊团，进行指导，这些都是值得其他商会学习的管理经验。从我自己的观点来看，商会也是一个平台，它有许多的会员，是同乡的商人互相熟识、交流经验的组织，同时它也是政府和企业交流沟通的桥梁，它可以帮政府把许多事情传达给每一位会员，在一些方面，商会也能用自己的方式和力量，协助政府把事情处理好。当初龙禧中心的出让遇到困难，也是乐清商会同会员深入谈心，做好思想工作，解决好各种问题，才使龙禧中心成功出让。还有就是有家针纺厂发生火灾，乐清商户租用了厂房的仓库，存放的布匹全被烧毁了，也是商会的负责人多次与厂方负责人进行沟通，给四位乐清商会会员拿回了相应的经济赔偿。所以说，管理好一个商会是件挺费时、费力的事，需要智慧、需要经验，更需要互相交流和协同，乐清商会的管理经验值得我们一直去学习。

乐清商会的党建工作也做得很优秀，商会内部设立了党委，由会长兼任党委书记，下面还设有 10 个支部，办公室也都设在企业附近，方便平时交流学习。他们对外的党建形象、商会形象都做得很好，平时党建活动的内容和形式也都丰富多彩，好像每年都有表彰大会，隆重而又热闹，这也能进一步团结商会会员，增加彼此间的交流，增进感情。人多了，队伍壮大了，更要用心去做管理，这些也是值得我们学习的地方。

乐清商会里成员互相帮助的精神，对于我们这个社会也有很强的借鉴意义。竞争越激烈的社会，就越需要保持底线，诚信互助，毕竟合作才能共赢。

乐清商人可以说是轻纺城发展的"领头雁"

乐清商人敬业。乐清商人属于闻到哪里有商业气息，就去哪里寻找商业机会，找到机会后就脚踏实地干的那种商人。市场是竞争的，其中一家商帮做得好了，有值得学习的地方，就会带动其他商帮一起进步，起到一种榜样引领作用。轻纺城的发展可以说是乐清商人带起来的，领头雁做得好了，我们肯定也不甘落后，会想办法发展自己，打牢自己的经营基础，大家有竞争也有合作，这才是一个正常的、有活力的市场。乐清商会促进经济发展，是一个精神榜样。领头雁的精神是指明方向，带动轻纺城一起往前冲的精神，我认为更重要。

就拿我们企业来说，很多客户和我们都是朋友。诚信和口碑很重要，有了口碑，就会一传十、十传百，我们有很多客户都是十几年的生意伙伴，在合作过程中，大家慢慢成了朋友，在生意上有什么资源都会互相分享。我们根据客户的需求生产销售面料，一般来说，要有很多工厂的供给才能满足不同客户的需求，一个工厂是满足不了所有需求的。我自己的工厂卖坯布给别人，我也向别的工厂购买坯布，必须跟很多人合作，所以生意合作伙伴非常重要。跟乐清商会的一些朋友合作交往时，大家彼此讲诚信，也有一些共性，更能互相理解，所以这些年我们彼此之间相处得很好。

乐清商会让人"切实感受到大家庭的温暖"

2020 年新冠疫情期间，大家都遇到了不少困难，但也都坚持以自己的微薄之力去回馈社会。当时不单是我们潮汕商会捐赠了一辆负压救护车给绍兴柯桥中心医院，乐清商会也前前后后捐了上百万元现金与物资。当时他们给园区的企业免去了一年的停车费，对处于艰难时期的企业来说也是一种很大的帮助。而且他们没有辞退员工，反而还给员工加薪。企业的员工需要养家糊口，不能因为疫情就把他们裁掉，这是企业的责任，也是企业的格局，能更加激发员工奋发有为、积极进取的精神。

在汶川大地震、玉树地震、2019 年"利奇马"台风灾害发生的时候，大家也都马上行动起来组织捐款捐物。新冠疫情刚暴发的时候，乐清商会有一个理事在澳大利亚，他就直接买了飞机客舱的座位，把口罩运回国内。在抗疫物资极度紧缺的情况下，大家都是一点一点地把物资传到一线，虽然速度不快，但也都坚持在做。后面商会都成立了线上线下防疫检疫小组，成功调解多起纠纷。疫情防控平稳之后，各个商会都团结在一起克服重重困难，响应柯桥区委区政府号召，做好复工复市工作。

前几年，乐清商会的妇委会还和 18 位学生结对，那 18 位学生高考考得都挺好，去了各大名校深造，我觉得这种精神也值得我们学习，以博爱之心帮助更多需要帮助的人，让他们切实感受到社会主义大家庭的温暖。

"作为先行者，我还是挺开心的"

其实乐清商会的发展，也是我们其他商会发展的缩影。我们与轻纺城共呼吸，成为柯桥一道靓丽的风景线。目前，大家都在积极寻找新的商业模式，在原来纺织品经营的基础上不断发展新的产业。一批又一批的新企业家积极进取，发展新技术、引进新工艺，不断打开新市场、开拓新道路，传承了老一辈不断寻找新机遇、新机会的精神，作为先行者，我还是挺开心的。

在开拓创新、扎实工作、凝聚力量中，柯桥区委区政府和市场也给了我们很多机会，培养和造就了一批积极履行社会责任、充满竞争活力的企业家。有时候看到新一代企业家活动的新闻，就好像看到了以前的自己。

商业的发展充满着机会，我很希望继续和乐清商会的朋友们进行友好的合作。祝乐清商会发展越来越兴旺，我们商会之间的友谊长存。

访谈时间：2023 年 7 月 10 日

访谈地点：绍兴柯桥潮商商会（财富大厦）

访谈整理：冯志红　李晓霞　夏佳龙　袁雨璐　许海辉

与"吃螃蟹"的乐清人一起闯世界

人物名片

蔡少雄，福建晋江人，1967年9月生。现任绍兴市柯桥区政协委员，中国轻纺城企业发展促进会会长，中国轻纺城海外联合商会会长，绍兴市福建商会创会会长，冠南集团董事长。先后荣获"绍兴市荣誉市民""绍兴市十大风云越商"等荣誉称号。

"东方犹太人"：爱拼才会赢

改革开放后，我一直在纺织行业经营，先是在广东，1999年的时候才来到柯桥。那时候乐清人侧重市场，在柯桥打下这么大一座江山，而我的主要精力是放在完善产业链和引进技术上面，这也为我以后在柯桥的发展埋下了机缘。

我与乐清商会的很多成员都是老朋友，我们有很多相似之处。我是福建晋江人，他们是温州乐清人，大家都是靠海吃海的人，要知道吃海的人是要跟海斗的，不然就会饿肚子。温州地少山多，资源匮乏，交通不便，为了养家糊口，他们只能外出打拼。所以我们都有一种精神——拼搏的精神。就像那句歌词一样："三分天注定，七分靠打拼，爱拼才会赢。"我们敢闯敢拼，也正是因为有这种精神，我们才走到了今天。

乐清人的成功，还源于他们具有创新精神。仅仅敢闯敢拼是不够的，很多企业家都有这种品质。乐清人很会创新，而且胆子大，跟绍兴本地人的温和稳妥不一样。一些机构部门的设置总是由乐清商会先发起的，比如乐清商会最早成立了妇委会，让女性参与企业管理，而且取得了不错的成就——很多乐清女性都成就斐然。很多领域也都是乐清人率先开拓的，做印花、毛纺等高档产品的人中乐清人占多数，而且在纺织领域获得了很高成就后，他们还会投身其他行业，比如光伏、教育等行业。他们精明、能干、务实、灵活，具有极强的经商能力，被誉为"东方犹太人"。

乐清人具有独特的市场思维和创业精神。他们追求自主、自立，人人都敢冒风险。很多商人都很谨慎，但乐清人不同，绍兴高档楼盘出来的时候，乐清人看准了就出手，我不得不佩服他们的果断，而事实也证明他们眼光独到。他们带动了柯桥房地产行业的发展。

乐清人很讲诚信。疫情期间有位乐清商人的生意遭遇了很大的危机，但他还是很坚决地把欠我的几十万元加工费结清了。20 世纪 80 年代，有一些企业卖假货牟利，但是乐清商人坚守原则，他们认为卖假货是对顾客的不负责、不诚信。当时，顾客评价乐清商人的货"质量好是好，但价格偏贵"。他们始终坚持原则，诚信经营，顶着压力走了过来，也成功收获了很多老顾客。这些都是乐清商人的显著品质。

优秀企业家胸怀天下，回馈社会。2020 年新冠疫情期间，中国轻纺城跨境电商产业园和园区的企业都遇到了不少困难。乐清商会会长吴建春就给公司定了规矩，一是不辞退员工，二是给员工加薪，三是对园区的企业给予扶持政策。无论是发生汶川大地震、玉树地震、"利奇马"台风还是新冠疫情，乐清商会都会第一时间组织捐款捐物，累计捐赠达 800 万元。在我看来，乐清人的成功不是偶然的。而我们身上相似的品质同样是我们走到一起的原因。

紧随"时尚柯桥"：从制造走向智造

20 世纪 90 年代，我在广东发展多年后，了解到纺织业是绍兴县（现为柯桥区）的支柱产业，占绍兴县生产总值的 70% 以上，而且绍兴县政府对纺织业的支持力度很大。后来通过实地考察，我了解到柯桥的纺织业有很深厚的历史基础，又有着先天的地理优势，发展前景很好。综合考虑后，我选择来柯桥发展。我来的时候，已经有不少乐清人在柯桥发展了。

乐清人很有战略眼光，是敢于第一个吃螃蟹的。乐清商会会长吴建春是最早探索入驻柯桥纺织市场的那批人。那时候柯桥市场刚刚开辟，柯桥本地产的布的颜色只有单调的黑与藏青，而广东产的布匹质量要比柯桥好，色彩也鲜艳得多。所以乐清人就把布从广东拉到柯桥来卖，这样一步步打开了柯桥市场，也加速了轻纺城的建设，毕竟轻纺城刚开始的时候靠的就是乐清人。轻纺城是 1988 年建立的，而乐清人也是 1988 年来的，所以乐清人和柯桥是相互成就的，谁也离不开谁，从这里可以看出乐清人敢闯敢拼的性子。

刚来柯桥的时候，柯桥当地的主要产品是梭织布和化纤布，品类比较单一。而我多年的发展方向正是柯桥薄弱的方面，我带来了与纺织相关的技术和知识及整条生产经营链，包括针织、针织印染、针织研发等，新产品有摇粒绒、烫金、亮片，还有蕾丝长巾、蕾丝衬衫等。那时候柯桥只有小圆机，加工汗衫不用裁片，一体成型，而我带来了大圆机，把台湾、香港地区的人才及设备引进来。我们不仅给柯桥带来了新的面料，这些年里更是开发了宝龙和金龙工业园区、中国轻纺城创意园（西区），还拥有一个专业市场——柯北轻纺城贸易中心，以及一个专业的纺织品O2O 展贸服务平台——布码头。布码头是一个全新业态的纺织品展贸平台，有 5 万平方米的面料展馆及会议中心，可同时容纳 5000 个展示单位、100 万个纺织产品常年布展，致力于发展全球化的线上线下相结合的连锁面料展厅服务，建立便捷的网络信息交易系统，提供多类型的第三方配套服务，以全新的纺织品展贸模式，帮助纺织品买卖双方提高效率、降低成本、发展贸易伙伴。

我们还开发建设了中国轻纺城创意园（西区）这个平台，抱团发展，做成产业群，为柯桥纺织业高质量发展贡献一份力量。经过多年的培育发展，中国轻纺城创意园（西区）企业集聚群从制造走向智造，成为各纺织企业及相关创意公司突破自身发展瓶颈、实现业务倍增与企业飞跃发展的创意基地，助力企业走向更广阔的市场。近年来，中国轻纺城创意园（西区）一直以研发设计、软件开发、工程设计、总部经济、创意企业及创业投资企业、融资担保机构等为招商方向，引进各类企业。目前入驻的时尚创意设计、文化创意、高科技研发、电子科技、时尚家居等类别的企业达上千家，其中青年创业创新高层次人才占比达80%以上。这也将是我们与乐清商会共谋发展的良好平台。

响应"一带一路"：走出去创未来

在全球化的背景下，受人工成本等因素影响，柯桥纺织企业国际竞争压力增大。2020年，我担任中国轻纺城国际联合商会的会长，国际联合商会的作用就是帮政府把进口面料引到柯桥来，然后把中国的面料推向海外，也有可能去国外设点、布展或者长期合作，包括我们想做"一带一路"的产业基地。目前我们已在"一带一路"共建国家及南美、非洲地区发展了98家海外分销商，带动超过1000家柯桥中小企业成功"走出去"，未来我们将在全球20个以上国家和地区建立50余家海内外分馆、体验馆及公共仓，其中也有乐清人的参与。

同时，我也是绍兴柯桥轻纺城海外市场促进会的会长，海外促进会作为"丝路柯桥，布满全球"面向海外推介拓展的服务外贸纺织企业平台之一，将在"一带一路"共建国家设置多个海外分支机构（分会），预计在3年内覆盖全球主流纺织市场，助力柯桥纺织企业出海拓市。目前，初步考虑有12个国家，包括越南、印度尼西亚、马来西亚、美国、英国、土耳其、巴西、意大利、菲律宾、缅甸等，这个数量还在持续增加，每个海外分会都会有落地的分会长和执行会长，其中意大利分支机构的会长便是乐清人。

接下来，我们将与乐清商会一同合作，一起出海，走向世界，争取把更多大订单拿回来。我们要实施两大战略：一是刚刚提到的"布码头"战略。我们通过现有的"布码头"，帮商家把布料推广到全世界，减少中间环节。从前中国轻纺城大部分的业务是通过印度、巴基斯坦等中间商向外出售；现在我们通过减少中间商，直接点对点进行贸易来减少成本。二是海外产业园战略。因为产城融合是大趋势，园区产业、人才集聚后，我们要让这些人才的工作、生活、休闲、学习、娱乐、教育等事务在同区域内实现，这是产业园的发展方向。目前中国轻纺城创意园（西区）立足产城融合，把产业升级带动城市升级作为核心，首推国际人才公寓、时代天幕大平层，国际化的设计、先进的服务管理、多元化的配套设施，致力于打造"产城一体、职住一体、旅居共享"的活力国际高端社区，就是对未来产业园建设的探索。

我们将与乐清商会以"丝路柯桥，布满全球"行动为载体与纽带，共同组建境外考察团，更广、更深地去开拓市场，携手走向世界。

访谈时间：2023 年 6 月 26 日

访谈地点：中国轻纺城创意园七楼

访谈整理：陈　华　周一帆　白贺鹏

"乐商"让我们心生敬佩

——兄弟商会心目中的乐清人和乐清商会

　　因为"一块布"，五湖四海的客商汇聚到了柯桥，他们与绍兴人一起同甘苦、共命运，共同把柯桥这个千年古镇建设成了现代化的国际纺都。在这片开放、包容的土地上，他们恣意挥洒青春，早已将柯桥当成了自己的第二故乡。从陌生到熟悉，从单打独斗到抱团发展，他们共同将柯桥纺织贸易从国内市场推向全球，共同编织了柯桥纺织产业链。他们相互学习、共同进步，从单个商会发展到商会联盟，在中国轻纺城 40 多个商会中，乐清商会是最早成立的外地商会，具有示范标杆作用。

　　让我们一起听听兄弟商会眼中的乐清人和乐清商会吧！

（绍兴商会）余金方：他们就是东方"犹太人"

　　温州乐商在柯桥这方自由开放的创业热土上取得了巨大的成就。值此共建"一带一路"倡议提出十周年、"八八战略"实施二十周年、中国轻纺城乐清商会成立三十一周年之际，作为兄弟商会的负责人，我想与大家分享对温州乐商的印象。

中国轻纺城绍兴商会会长
余金方

　　他们肯吃苦。吃别人吃不了的苦，干别人干不了的活，哪怕白天当老板，晚上睡地板，他们也努力把各种"不可能"变为可能，这就是"乐商"。作为一名老纺织人，我见证了轻纺城三十多年的发展史，从河边布街到轻纺市场，再到国际纺都，这里面温州乐商从自发经营，到大胆开拓，再到勇于创新，可以说，我们绍兴商会、乐清商会是跟中国轻纺城同呼吸、共成长的，我们一直在探索中发展，在改革中跃升，在创新中涅槃。

　　他们是精明的"东方犹太人"。绍兴商人是"师爷文化"演绎出的儒商，温州人则是"东方犹太人"。虽然没有犹太人的千年经商史，但是温商的智慧却促使他们在短短的 40 多年就创造了世界商界的奇迹，他们走出国门，遍布全球。说到精明，温州乐商精于人情世故，主张堂堂正正的精明。在金钱上，他们主张把钱花在刀刃上，对于成本，他们锱铢必较，创业期间，他们住最廉价的房子，吃最便宜的饭菜。他们做事很实在，从来不玩花花肠子，只要是他们看准的项目，一定能以迅雷不及掩耳之势将大量的资金"砸"下去。温州乐清人信奉朋友就是财富、有义就有利的人生信条。

　　他们的互帮互助令人感动。打虎亲兄弟，上阵父子兵。20 世纪 80 年代，柯桥率先建设轻纺专业市场，在这么多的经营商户中，最早建立商会的就是乐清商会。那个时候，乐清商户基本都是带着兄弟姐妹、亲戚朋友一起经营。他们只要与别人成功合作过，就是好朋友、好兄弟，接下来也会一起创业。即便失败了，他们也不气馁，互相抱团，共渡难关。他们成功了，也不会忘本，而是"先富带后富，共奔富裕路"，勤劳、务实、创新是他们的共同品质，团结、互助、共赢是他们长期发展的根源。

（湖北商会）彭水俊：乐清人是温州人的典范

中国轻纺城湖北商会会长彭水俊

一方水土养一方人。每个地方都有不一样的区域文化，绍兴有山有水，人文底蕴深厚，又有一定的经济基础，是一个非常好的创业地点。

绍兴是一个风水宝地，这么好的地方，当然吸引了号称"东方犹太人"的温州商人的到来。在我看来，温州人敢为人先，有胆有识，他们遍布在世界各地，很会做生意，用自己的聪明才智和吃苦耐劳，经营着自己的生意和事业。

乐清人是温州人的典范，他们精明、能干、务实、灵活，具有极强的经商能力，他们筚路蓝缕、披荆斩棘，具有创业的胆识和才干。在柯桥这个地方做生意，我认为乐清商人的优势有几点：第一，他们是浙江本省人，家乡离柯桥相对比较近，从乐清到杭州，绍兴是必经之路。乐清人来柯桥最早，轻纺城的发展他们功不可没。第二，乐清人非常勤劳、有拼劲，而且非常团结，无论是纺织行业还是其他行业，没有乐清人做不成的项目。第三，乐清人信息资源丰富，因为有好多温州人都在海外做生意，他们具有较高的站位和国际的视角，能第一时间掌握行业最新的信息，商场如战场，信息资源非常重要。

柯桥中国轻纺城有40多家商会，平时商会之间的学习交流也很多，大家关系非常和睦，遇到了矛盾就沟通解决。这方面，乐清商会做得非常好，是我们学习的榜样。一个地区的经济水平提高了，人文环境自然就优化了，精神文明自然就提高了。乐清商会成立的时间非常早，在柯桥具有很大的影响力，他们的高级顾问郑文法司令在乐清人心目中有很高的威信，历届会长，尤其是吴建春会长具有很强的组织能力和协调能力。他们始终不断凝聚商会各方力量，组织、引导商会蓬勃发展。

（临安商会）曹天龙：乐清商会是"四力"凸显的商会

改革开放以来，数以万计的乐清人陆续来到绍兴柯桥，他们发扬乐商敢为人先、艰苦创业的精神，积极参与中国轻纺城市场的建设和发展，为中国轻纺城市场成为"世界布市"做出了不可或缺的贡献。目前约有 5 万名乐清人在柯桥经商工作，安居乐业，成了新柯桥人。

乐清商会作为轻纺城成立较早、规模较大的商会，从最初不到20家会员单位发展到如今上千家会员单位，注册会员有2000余名。作为柯桥中国轻纺城成立最早的一批商会，乐清商会有号召力、组织力、战斗力、凝聚力。商会上下团结、有担当、有爱心，成为在绍的乐清籍企业家的共同家园，更为推动柯桥经济建设和社会事业发展做出了贡献。30多年的发展，乐清商会始终如一，得到了社会各界的广泛认可。

中国轻纺城临安商会会长
曹天龙

作为兄弟商会，我们希望与乐清商会一道，团结带领广大会员，坚持"爱国、敬业、诚信、守法"理念，努力拼搏，致力于发展，不断开创商会工作新局面。同时，我们也希望与乐清商会不断加强联系、增进友谊、团结互助、信息共享、资源互补，携手共创辉煌的明天。

愿我们的商会事业兴旺发达！

（福建商会）林龙卿：乐清商会是我们学习的榜样

"瓯江拍天流，东海走渔帆。"乐清是一座以音乐命名的城市，相传是周灵王太子姬晋骑白鹤仙游至此，弄箫奏乐的地方，钟灵毓秀，人杰地灵。福建和温州乐清山海相连，文化相通。乐清人的敏锐果敢、抱团取暖、敢闯敢拼，一直让我心生敬佩。

在我看来，中国轻纺城乐清商会能取得今天如此耀眼的成就，原因有三个方面：一是眼光精准。乐清人很擅长在行业细化优化的领域发现新的商机，并做出快速果断的反应。当年正是凭借这样的眼光，以乐清人为代表的温州商人在柯桥闯出了一片天地，成就了一番事业。二是抱团取暖。乐清人

中国轻纺城福建商会党支
部书记 林龙卿

的团结是出了名的，他们依靠同乡之间坚如磐石的信任，可以在很短的时间整合各方资源、集聚众人的力量，做成大项目、大事业。三是奋勇争先。乐清商会是绍兴地区各商会中的佼佼者，在党建引领、社会公益等方面，乐清商会都发挥了重要的"领头羊"作用。

乐清商会2010年就成立了党委，组织架构齐全，管理规范有序，基层党组织战斗堡垒作用显著，在商会的高质量发展过程中发挥了实质性作用，成为商会的"红色动力引擎"。在新冠疫情、汶川地震、玉树地震、浙江遂昌泥石流、"利奇马"台风等突发事件发生后，乐清商会党委总是第一时间响应，积极组织捐款捐物、志愿服务工作，发挥模范带头作用，充分体现了"两新组织"的责任和担当，是我们学习的榜样。

后 记
POSTSCRIPT

连接世界的"赶潮人"

"1988 年，他们敏锐地冲到柯桥，成为第一个参与轻纺城建设发展的外地商人团体。回望 30 多年，从单一的纺织品买卖，到如今的跨越多产业、多领域，年产值达千亿。他们成为连接乐清与柯桥，乃至柯桥与世界的赶潮人……"

这是在 2022 年 11 月 16 日第五届世界布商大会上，乐清商会获得"中国轻纺城冠名 30 年功勋奖"时，组委会给予的"颁奖词"。

30 多年，柯桥从一个"小镇"发展为"县城"，进而成为"都市"，如今冲向"杭绍星城"……乐清商会也跟着柯桥同步成长、一起壮大。当绍兴地铁 1 号线直通杭绍、城市融入全新的时代，当商会发展到新的阶段，站在过去与未来的交会点，商会领导敏锐地意识到，应该对过去的历程予以总结，也必须对后来者有所交代。

于是，当绍兴国际会展中心"功勋奖"如潮的掌声还余音绕耳、《中国轻纺城发展口述史》再版之时，乐清商会与浙江工业大学之江学院、绍兴市布商研究中心一拍即合，决定编撰一部关于"乐清人在柯桥"的发展史志。

本书项目一启动，即受到了浙江省委原副书记陈法文、绍兴市军分区原司令郑文法等领导的高度关注与指导。绍兴市文史馆馆长冯建荣先生曾主政绍兴县、履职绍兴市，当他得知本书的编撰后指出："（敢为天下先的）乐清人又在人文情怀和人生境界的升华上带了好头。现今，在以钱衡量成败的商界，他们却选择花时间和精力搞人文、办教育、写历史，展现了极强的人文情怀，这也是他们与时俱进的具体体现。在这个浮躁的时代里，当别人没有意识到历史的重要性时，乐清人意识到了；当别人忽视人文精神的时候，乐清人去重视了，这个壮举无不说明这个群体具有高度的历史自信和'前瞻性'。"

在各级领导的关心和商会的重托下，我们本着对历史负责、向创业者致敬的态度和视角，兢兢业业、勤勉有为，辗转柯桥、乐清、杭州，或连线北京、上海、广州等地的会员，分别采访商会创立者、骨干创业者和纺城决策者、社科工作者、兄弟商会负责人等 90 余人，以第一人称口述、第三人称报告文学等文体，多角度、多层面反映乐清商会的发展轨迹和人文精神、浓缩经营者在生产技艺、产品开发、科技创新、技术改造、知识产权保护和团队建设、爱心义举等方面的经历和情怀。

本书编撰工作在 2023 年 6 月全面展开，耗时半年多，全书计 50 余万字，相信会成为见证和研究轻纺城的重要史料。

——

1980 年，罗中立绘制的油画《父亲》成为代表中国农民的集体肖像，面庞上的沟壑俨然写满了这片古老土地的沧桑。而如果要给同时代的乐清农民画像，他们在山海之间淬炼出清秀、坚毅、果敢、精明的特点，土地不多，生存艰难，他们身上不安分的基因渐渐显现并爆发出来，似乎这些"算盘放在头顶上都能打准"的青年农民注定是要从商的——正逢新中国成立后第二次"婴儿潮"（1962—1975）中出生的人口到了青壮年阶段，每家每户几乎都有几个兄弟姐妹，都要张嘴吃饭。但他们是不认穷的，"有人已经隔夜无粮，他也会拍着胸脯说，怕什么！瓦背上还有个青金瓜哪！"（赵乐强语，引自《中国册页》，黑陶著）

当我们翻看身在柯桥的乐清人的经历，就会得出这样的集体面孔——他们大部分都受过初中教育，具有基本的文化素养，期待早日养家；对于商业有着天然的兴趣，敢想敢闯，大多从事过油漆工、木工、理发师、篾匠、裁缝、西裤商贩、包工头、木材商、修鞋匠、铺路工等技术工种，去过东北、中原、西北、青藏、西南等地创业。在广袤国土上的人们刚从农田的束缚中松绑，还在四顾茫然、不知所措之时，以乐清人为代表的温州人已经迈着坚定的步伐，深入这个国家山川大地的"毛细血管"，也将市场经济之风吹到大江南北。

他们中的许多人，因布料关系到千家万户且市场前景广阔而做起了布商；又因绍兴乡镇企业众多、柯桥轻纺市场营商环境好，先后选择在柯桥一个叫"独山"的村子及周边居住，在市场上做生意——购买白坯布、送印染厂、熬夜守着染缸，第二天拉回门市部开张……没过多久，他们又运来广东布，冲击了绍兴市场，也提升了绍兴市场。随着绍兴布料质量的提高，他们将产业做大做强，并向上下游拓展。他们随着中国加入世界贸易组织而做起了国际贸易，并在完成原始积累之后向其他领域进军。他们陆续在柯桥安家，住进了瓜渚湖旁或是鉴湖边的美宅……听着他们的讲述，你会恍然想起两百多年前托马斯·潘恩在《常识》中提出的"企业家宣言"——"我是不会选择做一个普通人的。如果我能够做到的话，我有权成为一位不寻常的人。我寻找机会，但我不寻求安稳，我不希望在国家的照顾下成为一名有保障的国民，那将被人瞧不起而使我感到痛苦不堪。我要做有意义的冒险。我要梦想，我要创造，我要失败，我也要成功……宁愿要达到目的时的激动，而不愿要乌托邦式毫无生气的平静……我的天性是挺胸直立，骄傲而无所畏惧。"

乐清人，诚如斯！

同样的故土，同样的机遇，同在这个叫作"柯桥"的福地，他们的经历有着一致性。而怎么把来自同个地区的乐清人都写得有个性，成为我们的挑战，我们也尽力将每个人的经历，写出不一样的精彩。

二

约瑟夫·熊彼特在《经济发展理论》一书中说："社会进程本是整体，密不可分。所谓经济，不过是研究者从这洪流中人工提炼出的部分事实。何谓经济，本身已然抽象，而之后大脑还须经过若干抽象，方能复刻现实。没有什么事是纯粹经济的，其他维度永远存在，且往往更为重要。"由此，本书的编撰是对中国轻纺城乐清人过往经济生活的阶段性总结，但我们还在抽象的经济之外，找到更丰富的维度，通过个人的生活来反映一个城市乃至一个国家与时代的变迁。

需要指出的是，本书收录的采访对象都是商会中卓有成就的企业家和经营者。而他们在接受访谈时也一再提醒我们，市场经济大潮有起有落。一位企业家感慨："做生意苦，亏得一无所有的人有的是，我们只是比较幸运罢了。"在经营活动中，显然不仅仅只有成功的喜悦。"卫青不败由天幸，李广无功缘数奇。"商海无边，有些人不愿意接受采访；接受访谈的企业家，有的也讳言自己的挫折……从中，我们也能多少读出乐清人的倔强、男性的包容与隐忍（企业家以男性为主）。一个事实是，在柯桥，除了公共单位，企业大都实行每周单休制，门市的业务员与工厂工人以他们的辛劳，支撑起"国际纺都"的高效运转。而企业家或者经营者呢？"单休"也别提了。即便是给自己放个假，好不容易坐下来，手机一拿，一天的时间零敲碎打又交给了工作。他们像是哺乳期的母亲呵护新生婴儿一样，呵护着自己手头的业务。企业家们接受访谈的时间，常常是在夜晚，处理完了公司的业务，他们才有空坐下来喝杯茶、聊聊天，待访谈结束时，已近午夜。一位老板告诉我们，看着自己的员工携着家人休假旅游，他甚至会羡慕这些员工。

三

有人坦言，纺织业并不是高端的产业，是国际之间"击鼓传花"的游戏，一旦迈入发达国家的门槛，纺织业就会转移到劳动力等生产要素更便宜的国家。全球市场格局确定后，纺织业历经英、美、日、再到韩国，现阶段到了中国（尤其是江浙沪地区）。如今，越南、印度等后发国家又凭借强大的人口红利，吸纳着纺织业的转移，争夺"世界工厂"地位。中国经济下行压力增强，政府也在做着"腾笼换鸟"的工作，力图进行产业升级，从"中国制造"到"中国智造"。但升级不是地方政府一厢情愿的运动式清退与引进就能实现的，而是要遵循经济规律、完善法制，让企业家尤其是民营企业家有恒久的信心来布局长线的发展。勤劳是致富的手段，并不是目的。唯有产业升级，从一寸寸、一米米的布头生产销售，发展到科技智能的纺织业，才有"纺都"的未来。于是我们看到早期来柯桥的乐清商人在相关的科技赋能、环保、跨境电商等领域大显身手，并开始尝试布局国外。而在这个急需升级的时段，本书中的企业家与经营者们也有不少将事业交棒给"二代"甚或"三代"。

对于新一代企业家，我们也进行了一定篇幅的报道，但还不多。资源与经验的代际转移，已经不足以应对他们所面临的复杂形势。他们很多都接受过很好的教育，不乏曾在国外留学的。他们自幼生长在柯桥，既是乐清人，也是绍兴人，见惯了父母忙于事业的样子，耳濡目染，也敬业、兢业。由于他们正在接班与创业的初期，关于他们的事迹，大约需要时间的酝酿，我们期待以后有机会再续写。

我们不得不提到"乐清女人"。她们美丽大方，有着雁山瓯水赐予的明秀与俊俏。这些被称为"老板娘"的女子，与乐清男人一样勤勉精干，以女性特有的柔性，在生意场留下一道美丽的风景。早年，她们凭着灵巧的手，做起裁缝。丈夫进面料，她们手裁布料、脚踏缝纫机，一针一线，经营起生意，也经营起一个家；随后她们与丈夫一道，来到柯桥市场……乐清女人们并不觉得自己有多么伟大。她们低调，不爱抛头露面，安静地站在丈夫身后。但一旦有需要，她们便会义无反顾地站到前台，为丈夫挡风，为家庭担责，为企业续力。每当见到她们，就会让人想起乐清籍画家、中国美术学院教授周昌谷先生笔下的女子：明媚如春天的熏风。

四

我们认为，本书收录了中国轻纺城中最具影响力的一批乐清人的第一手史料，有重要的研究价值和传承意义，限于篇幅，以下内容只能略叙一二——传统宗社到现代同乡会的演变；同乡、同业会馆（商会）与党支部的结合；从农村的乡绅调解到"枫桥经验"；到小镇到都市，柯桥作为商贸型城市在40年间走过的别国几百年的城市化历程，有哪些得与失；绍兴县由乡镇企业主导的"苏南模式"，转变为接纳乐清人对市场"搅局"的"温州模式"；堪称浙江"最保守"的绍兴民风遇上最生猛的温州人，文化上产生的碰撞；全球化对于一个江南小镇的影响；中国特色社会主义道路中的地方政商关系……

我们致敬商会！他们对历史高度负责，拨出经费支持本书的编撰工作，专门成立了顾问团与审稿组，组织协调联络，做了大量工作。感谢陈法文副书记！他不仅关心我们的工作，还特意题写了"乐清人在柯桥"的书法手迹作为本书封面题字；感谢郑文法司令！他为具体的访谈提供了许多建议，做了很有意义的指导和补充；感谢吴建春会长！他专门召开会议研究确定选题，为本书提出了指导性意见和采写要求，帮助我们改进工作方式。感谢王锦汀常务副会长！他审校整书文稿、协同核实当事人访谈细节、与编辑人员多次沟通交流，花费了大量的时间和精力，付出了很多心血。感谢林旭光副会长！他在审校文稿之余，还带编辑人员去企业访谈。感谢陈中芬副会长！她帮我们联络部分访谈人员，为编辑组提供图片。感谢王萍主任！她在联络中不厌其烦地做了许多具体的工作；感谢朱利奇、王志浩、沈尧如，他们在联络采访中给予了大力支持。

本书由浙江工业大学之江学院原党委书记、绍兴市布商研究中心负责人郑雅萍研究员领衔统筹，浙江工业大学之江学院图书馆馆长周群芳、人文学院副教授吉素芬、青年作家徐显龙担任文稿编辑，前言与后记由徐显龙主笔；在这里，特别感谢绍兴市新闻传媒中心（集团）高级编辑李武军和柯桥区社科联副主席陈月芳，书稿结构体例尤其是各篇章的大小标题大都经过李武军的打磨。本书的十个章节序言由陈月芳撰写（时遇亚运会前夕，她正担任亚运场馆之一的柯桥羊山攀岩中心副指挥长、新闻发言人，赛事接待十分繁忙）；本书采访工作由浙江工业大学之江学院的 8 个访谈小组完成，负责人分别是周群芳、宋汉卫、董勇、陈皓、唐根年、汪俊东、冯志红、陶佳苹。此外，还有 70 多名浙江工业大学之江学子参与其中，本次采访也扩展了他们的学习领域，增加了他们的阅历积累，是浙江工业大学之江学院秉承"尚德致知，敢为人先"院训的生动体现。

此外，本书的出版还得到了柯桥区社科联的大力支持，在此表示衷心感谢！

个人发声的口述史作为一种史料体裁，原生且生动，然而也会有其局限性。有些历史事件，因年代久远而当事人记忆不清，我们只能通过交叉印证，努力核实。有的当事人个人化的视角不一定全面，也不一定恰切，甚至不能够完全符合客观现实。于是，我们述而不议。

我们在见证，在记录，也在参与。感慨、感激、致敬、祝福！

本书的采编出版，还要感谢浙江大学出版社部门负责人吴伟伟和编辑杨茜，为整理、排版和编校做了不懈努力；陆少坎为本书封面设计几易其稿；周群芳和张增祥老师在最后的核校阶段付出了大量的辛勤劳动……

由于采访量大面广，且成书时间较紧、专业能力有限等原因，本书肯定还有诸多可完善之处，恳请广大读者赐教，以利我们择机补正、提升！

《乐清人在柯桥》编委会

2023 年 12 月

郑雅萍主编（前排左三）和她的团队骨干